L'ETRE ET L'ESSENCE

BIBLIOTHÈQUE DES TEXTES PHILOSOPHIQUES

Fondateur : Henri GOUHIER   Directeur : Jean-François COURTINE

L'ETRE ET L'ESSENCE

par

Etienne GILSON
de l'Académie française

Troisième édition
Cinquième tirage

PARIS

LIBRAIRIE   PHILOSOPHIQUE   J. VRIN

6, Place de la Sorbonne, Ve

—

2008

© *Librairie Philosophique J. VRIN*, 1972

Imprimé en France

ISSN 0249-7972

ISBN 978-2-7116-0284-1

www.vrin.fr

La raison n'a qu'un seul moyen
d'expliquer ce qui ne vient pas
d'elle, c'est de le réduire au néant.

E. MEYERSON, *La déduction
relativiste*, art. 186, p. 258.

INTRODUCTION

Tous les échecs de la métaphysique viennent de ce que les métaphysiciens ont substitué à l'être, comme premier principe de leur science, l'un des aspects particuliers de l'être étudiés par les diverses sciences de la nature [1]. A supposer qu'on l'admette, cette conclusion pose elle-même un nouveau problème. Si l'être est vraiment le premier principe de la connaissance, comment ne serait-il pas inclus dans toutes nos représentations ? Mais, s'il l'est, comment se fait-il qu'au lieu de le saisir immédiatement comme une évidence première et de le tenir ferme jusqu'à la fin de leurs spéculations, tant de métaphysiciens, dont certains des plus grands, se soient dès l'abord détournés de lui ou, après quelques tentatives malheureuses, l'aient finalement récusé ? Il y a quelque chose d'étrange dans un tel fait et pourtant il n'en est pas de plus constant. Tout se passe, au cours de l'histoire, comme si la crainte du premier principe de la sagesse était elle-même le commencement de la sagesse. Tel est le paradoxe dont une réflexion critique sur certaines données de l'histoire nous permettra peut-être d'éclaircir la nature. Poser ce problème ne sera d'ailleurs que revenir à celui qu'Aristote considérait déjà comme le constant souci des philosophes : qu'est-ce que l'être ?

L'être, répondra-t-on, c'est ce qui est. Rien de plus juste, mais les difficultés commencent dès que l'on cherche à définir le sens du mot « est ». La nature de ce paradoxe a été mise en

---

1. Cf. E. GILSON, *The Unity of Philosophical Experience*, Scribner's Sons, New York, 1937, p. 136.

pleine lumière par Kant, dans le célèbre passage de la *Critique
de la Raison pure* où, à propos de la preuve ontologique de
l'existence de Dieu, il faisait observer que « l'être n'est évidemment pas un vrai prédicat, un concept de quelque chose qui
puisse être ajouté au concept d'une chose ». Cette proposition
signifie qu'il n'y a aucune différence entre notre notion d'une
chose posée avec l'existence et notre notion de la même chose
posée sans l'existence. Plus exactement, aucun concept ne
représente jamais une chose avec ou sans l'existence, pour la
simple raison que l'existence n'est pas représentable par mode
de concept. Ceci revient à dire que le concept d'un objet réel
ne diffère en rien du concept de ce même objet pensé comme
simplement possible : « Quels que soient les prédicats que j'attribue à une chose, et fussent-ils même assez nombreux pour la
déterminer complètement, je ne lui ajoute rien, en ajoutant
que la chose existe. » Bref, l'existence n'est représentable ni
par un concept, ni dans le concept.

Ces remarques de Kant sont bien connues, mais on sait
aussi que le philosophe n'a pas été sans voir l'autre côté du
problème, celui qu'on pourrait nommer son aspect « existentiel ». L'exemple même dont use Kant ne lui permettait d'ailleurs
pas de l'ignorer, car s'il est vrai que la notion de cent thalers
reste la même, qu'il s'agisse de thalers réels ou de thalers simplement possibles, ce n'est pourtant pas pour moi la même
chose d'avoir cent thalers possibles dans l'esprit et d'avoir
cent thalers réels dans ma poche. En accordant que, si j'ajoute
cent thalers réels à ma fortune, je l'accrois plus qu'en lui ajoutant simplement leur concept, Kant concède simplement ce
fait évident que, strictement parlant, les deux ordres du réel
et du possible sont incommensurables. Dire d'une chose qu'elle
existe n'est pas ajouter l'attribut existence à ceux qui constituent son essence, c'est dire que la chose elle-même, avec la totalité des attributs qui la constituent, est un sujet non moins réel
en soi que ne l'est celui qui la pense. On ne peut pas dire correctement que Dieu soit sage, bon, tout-puissant, infini *et* existant,
comme si l'existence était pour lui un attribut du même ordre
que les autres. Si Dieu n'existait pas, il n'aurait pas d'attributs
du tout et tous ceux qu'il possède paraissent avec son être ou
disparaissent avec lui.

Telle est précisément la racine des paradoxes qui grèvent
tout usage philosophique de la notion d'être. D'une part, la

première chose que nous désirions savoir, à propos d'un objet connaissable quelconque, c'est s'il existe ou non. Rien n'est plus important, si du moins il est vrai de dire qu'un chien vivant vaut mieux qu'un roi mort. D'autre part, puisque le concept d'une chose réelle ne diffère en rien de celui de la même chose en tant que simplement possible, notre représentation conceptuelle du réel est congénitalement aveugle à l'existence. Nos concepts présentent tous le même caractère de « neutralité existentielle ». De là naissent les difficultés qui grèvent l'usage philosophique de la notion d'être, car s'il est un concept qui semble connoter l'existence, c'est bien celui-là et néanmoins, en tant précisément que concept, il ne la connote pas plus que ne font les autres. « Quoi que contienne notre concept d'un objet, disait Kant, nous sommes toujours obligés d'en sortir pour lui attribuer l'existence. » Oui, sans doute, mais ce qu'il y a ici d'étrange est que ce soit vrai du concept d' « être » lui-même. Concevoir x comme un être n'est pas penser qu'il existe, ou, si l'on préfère, il est complètement indifférent au concept d'être, que « ce qui est » soit ou ne soit pas. L'unique objet du présent travail est de jeter quelque lumière sur cette ambiguïté fondamentale et même, s'il est possible, de la dissiper.

L'épigraphe de ce livre est empruntée à l'œuvre d'Émile Meyerson. Comme tous les philosophes, ce grand esprit n'a jamais dit qu'une seule chose mais, à la différence de la plupart, il l'a irréfutablement démontrée. L'illusion dénoncée par les lignes que nous citons est la vie même de la science. Émile Meyerson le savait, mais si la science en vit, la métaphysique en meurt et nous n'avons pas voulu dire autre chose. Il nous est difficile de savoir ce qu'en eût pensé l'auteur d'*Identité et réalité*, ou plutôt, pour peu qu'on ait eu le privilège de le connaître, on a quelques raisons de croire qu'il eût refusé d'en penser quoi que ce soit. Ce scrupule nous a seul retenu de dédier à sa mémoire un livre où tout parle de cette métaphysique avec laquelle on sait assez qu'il ne se faisait point d'affaire, mais sa pensée nous a été trop constamment présente, durant les années où nous préparions cet ouvrage, pour que nous résistions au plaisir d'y inscrire au moins son nom.

Mais peut-être convient-il de préciser d'abord le sens de certains termes. Chercher ce que c'est que l'être, c'est s'interroger sur le sens d'un mot. On dit parfois que les métaphysiciens se payent de mots et il est vrai que certains mots sont la matière même sur laquelle la réflexion du métaphysicien s'exerce, mais ce n'en est peut-être pas assez pour disqualifier la métaphysique. On ne reproche pas à ceux qui parlent de vouloir comprendre le sens des mots dont ils usent. Pour qu'on le reproche aux métaphysiciens, il faut évidemment que cette objection superficielle en couvre d'autres. Peut-être veut-on dire qu'ils s'interrogent sur des mots dépourvus de sens, ou qu'ils cherchent, derrière des mots dont la signification est toute pratique, une connaissance positive du réel qui ne s'y trouve pas.

Ainsi entendue, l'objection devient pertinente et il ne doit guère y avoir de métaphysicien qui ne se soit au moins une fois demandé, au cours de ses réflexions, s'il ne perdait pas son temps à méditer sur des mots vides. Pourtant, les mots sur lesquels sa réflexion s'exerce ne sont pas choisis au hasard. Ils présentent même des particularités remarquables. On dit que ce sont des mots vagues, et ils le sont, mais ce sont aussi des mots clefs, en ce sens du moins que, sans eux, le langage serait impossible. Combien de phrases prononçons-nous sans dire « est », « à cause de », « afin de »? Sous ces mots usuels et intelligibles pour tous se dissimulent pourtant les trois redoutables problèmes métaphysiques de l'être, de la causalité et de la finalité. Pour nous en tenir au premier de ces mots, ni le verbe « être » ni le nom « l'être » ne sont des termes savants créés par les philosophes en vue d'exprimer quelque concept technique; ils ont été trouvés dans la langue commune par les premiers métaphysiciens, dont le rôle s'est borné à s'interroger sur leur sens. Nous savons de quoi nous parlons en disant « homme » ou « cheval », mais de quoi parlons-nous en disant « être » (esse), un « étant » (ens, un être), ou l' « essence » (essentia), c'est-à-dire la condition de ce qui est en tant même qu'il est? Assurément, « essence » est un terme savant, mais ce qu'il désigne est simplement, si l'on peut dire, l' « étance », et il n'y a rien de secret ni de technique à dire de l'étant qu'il « est ».

La métaphysique se pose donc un problème auquel nulle autre discipline ne s'intéresse et elle part d'une hypothèse qu'elle seule peut confirmer ou infirmer. Il s'agit pour elle de savoir si la langue vulgaire, prise dans sa spontanéité la plus naïve, est ou non connaissance du réel. On a raison de dire qu'elle porte sur des mots, mais elle ne les considère que pour se demander s'ils signifient ou non quelque chose et, s'il se trouvait que l'affirmative fût vraie, pour déterminer leur contenu réel. Dans le cas en question, il s'agit de savoir si le mot « être » n'a d'autre valeur que celle d'un algorithme indispensable au calcul logique ou s'il exprime quelque propriété fondamentale réellement attribuable à ce dont on dit qu'il « est ».

Celui qui reproche à la métaphysique de porter sur des mots, est donc en retard d'une idée, mais on peut faire la même réponse à ceux qui lui reprochent de réfléchir sur un langage particulier, car s'il est vrai que des familles linguistiques différentes peuvent poser des problèmes métaphysiques différents ou poser de manière différente le même problème, il ne suit pourtant pas de là que ces diverses positions ne soient pas toutes métaphysiquement valides. L'objection suppose que chaque métaphysicien soit tenu de découvrir à lui seul, complètement et une fois pour toutes, le secret de l'être, à partir des quelques langues particulières qu'il connaît ou de celle même dont il use. Rien n'oblige à le supposer, mais il faut plutôt penser qu'un grand nombre d'enquêtes distinctes, portant sur l'expression spontanée du réel dans des familles linguistiques différentes et se complétant mutuellement, permettront seules d'obtenir des conclusions de portée vraiment générale. C'est donc bien aux langues qu'il connaît, et particulièrement à celle dont il use, que la réflexion du métaphysicien doit d'abord s'attacher.

Même ainsi posé, le problème n'est pas simple. Les langues peuvent inclure la matière sur laquelle s'exercera la réflexion du métaphysicien, mais elles ne sont pas l'œuvre de métaphysiciens et leur fonction normale n'est pas d'exprimer des connaissances métaphysiques. Si les mots dont elles se composent peuvent être parfois lourds de sens philosophique, les usages pratiques qu'elles servent d'abord ne sauraient manquer d'agir sur ces mots pour en infléchir le sens dans les directions les moins rationnelles et parfois les plus inattendues. Bref, si la réflexion métaphysique doit partir du langage, elle doit aussi prendre la forme d'une critique du langage. Il n'est d'abord certain ni que le langage contienne des éléments de connaissance philosophique, ni qu'il n'en contienne pas, mais on peut être assuré d'avance que, s'il en contient, la tâche première du métaphysicien consiste à les en dégager.

Le mot *être* peut s'entendre soit comme un verbe, soit comme un nom. Pris comme verbe, il signifie le fait même qu'une chose soit; pris comme nom, il signifie « un être », c'est-à-dire l'une quelconque des choses dont on dit qu'elles sont. Cette ambiguïté n'affecte pas toutes les langues indo-européennes, ni même latines. Tolérée en italien, où l'on peut parler d'*essere* et d'un *essere*, bien que les puristes préfèrent *ente à essere* au sens nominal du mot, elle n'existait pas en latin technique, où, surtout à partir de Boèce, le verbe *esse* se distinguait nettement du nom *ens*, ni en grec, où l'on ne pouvait confondre εἶναι avec τὸ ὄν et elle ne l'est pas aujourd'hui en anglais, où l'on distingue non moins nettement le verbe *to be* du nom *being*.

En français même, il semble que la langue philosophique ait d'abord hésité. Héritière de la scolastique latine, elle paraît avoir trouvé difficile de rendre *ens* par être et c'est pourquoi, au XVIIe siècle, certains auteurs ont préféré forger le nom *étant*. Dans sa *Métaphysique*, dont une édition revue par lui-même fut publiée en 1617, Scipion du Pleix intitulait son Livre II : « Qu'est-ce que l'étant »? Après avoir noté que, comme tous les participes, et c'est pourquoi on les nomme ainsi, celui-ci participe du nom et du verbe, il ajoutait : « Toutefois les philosophes ont tiré ce mot *étant* à l'usage d'un pur nom, le prenant simplement et absolument pour quelle que chose que ce soit, pourvu qu'elle soit réellement, vraiment et de fait, comme Ange, Homme, Métal, Pierre, etc. »

Ce néologisme n'a pas prévalu, même dans l'usage philosophique. On peut le regretter, non seulement parce qu'il rendait exactement *ens*, mais surtout parce qu'il eût évité l'amphibologie dont souffre le mot « être ». A première vue, rien n'oblige à la tenir pour dangereuse. On pourrait même supposer que, puisque la forme verbale est ici devenue nominale, c'est le sens verbal qui a finalement prévalu. Ainsi que s'accordent à le dire nos dictionnaires, le nom *être* signifie « tout ce qui est ». Comme l'*étant*, qu'il a supplanté, il signifie donc d'abord, pour reprendre les termes dont usait Scipion du Pleix, « ce qui est réellement et de fait en tant qu'il est réellement et de fait ». Et rien n'est plus naturel. Ce qu'il y a de plus important et de premier, dans « ce qui est », c'est le fait même qu'il soit. Si l'on nomme *être* tout ce qui est, c'est que, s'il n'était pas, il ne saurait être quoi que ce soit d'autre. Ce qui n'est pas n'est même pas un « ce qui ». Exactement, ce n'est rien.

Pourtant, la relation des deux mots peut s'établir en sens inverse. Au lieu de penser qu' « être » un être soit être, on peut aussi bien penser qu'être soit être « un être ». On le pense même plus facilement, car dans tout « ce qui est », ce qu'il est nous est beaucoup plus aisé à concevoir que le fait brut qu'il soit. Si l'on cède à cette pente, on en vient rapidement à confondre être avec l'étant. L'être pris comme nom absorbe alors si complètement le même mot pris comme verbe, qu' « être un être » et « être » semblent désormais se confondre. En effet, si c'est parce que x est qu'x est| un être, dire « x est un être » semble immédiatement équivaloir à dire « x est ». Or il s'en faut de beaucoup que les deux formules soient équivalentes et c'est ici même que se découvre le plus clairement l'amphibologie du mot, car s'il est vrai qu'x soit, il est également vrai qu'x soit un être, mais on ne peut convertir la proposition sans introduire une importante distinction. S'il est vrai qu'x soit un être, il n'en résulte pas immédiatement qu'x soit, sinon en ce sens indéterminé et fort différent de celui dont on était parti, qu'x est un être réel ou possible. C'est d'ailleurs pourquoi le langage lui-même, suivant ici l'incertitude de la pensée, a spontanément doublé le verbe « être » d'un autre verbe, dont le rôle est précisément d'assumer la fonction existentielle qui était primitivement la sienne et qu'il a progressivement cessé d'exercer.

En français, c'est le verbe « exister » qui s'est chargé de ce rôle. Dans une langue où la même forme verbale signifie « être » et « un être », il était à peu près inévitable qu'une forme verbale distincte fût employée pour dire d'un être, non pas simplement qu'il est « un être », mais qu'il est. C'est pourquoi, lorsqu'on veut exprimer en français, sans équivoque possible, le fait même d'être, au lieu de dire simplement d'un être qu'il « est », on dit qu'il « existe ». Il est d'ailleurs remarquable que le même phénomène s'observe en anglais, bien que sous une forme moins nette. Assurément, nulle confusion n'y est possible entre *to be* et *being*; pourtant, le verbe s'y trouve si étroitement lié à sa fonction de copule, il annonce si fréquemment un attribut que, pour compenser la déception dont son usage purement verbal s'accompagne, il n'est pas rare qu'une phrase anglaise le double spontanément d'un autre, comme pour préciser qu'on le prend bien au sens qui lui appartient pourtant de plein droit. D'où, semble-t-il, la fréquence de formules de ce genre : *God is, or exists*. Dans les deux langues, le mot « être », au sens où l'on veut dire d'une chose quelconque : elle « est », tend donc à se traduire par un autre verbe, qui est le verbe « exister ».

L'usage ayant consacré cet emploi d' « exister », il serait sans doute vain de s'y opposer. Encore faut-il savoir que le langage échange ainsi une amphibologie pour une autre, au risque de multiplier les malentendus qu'il tente d'éviter. Car si l'on s'en rapporte au *Dictionnaire* de Littré, qui ne fait ici que suivre l'usage, *exister* signifierait « avoir l'être », c'est-à-dire « simplement, être, se trouver, avoir lieu actuellement », mais cela n'est pas tellement sûr et, en tout cas, il est certain que le mot latin dont il dérive avait primitivement un autre sens.

Existere, ou mieux *exsistere*, est manifestement composé de *ex* et de *sisto*, verbe dont le participe passé, *status*, indique assez clairement quel ordre de notions il introduit. *Sistere* peut recevoir bien des sens, notamment ceux d'être placé, de se tenir, de se maintenir, et, par conséquent, de subsister. *Ex-sistere* signifie donc, ainsi d'ailleurs que l'usage latin le plus constant l'atteste, moins le fait même d'être que son rapport à quelque origine. C'est pourquoi les sens les plus fréquents d'*exister* sont ceux de paraître, se montrer, sortir de, au sens où nous lisons par exemple dans Lucrèce, que les vers naissent du fumier : *vermes de stercore existunt*. On voit d'ailleurs par là même comment, dès le temps du latin classique, ce sens précis a pu se rappocher de celui du verbe *esse*. Dire, avec Cicéron, *timeo ne existam crudelior*, c'est encore dire : je crains de me montrer trop sévère et l'on résiste sans peine à la tentation du faux sens qui traduirait *existam* par « être », mais lorsqu'on lit, chez le même auteur, *existunt in animis varietates*, la tentation devient presque irrésistible, car il est bien vrai qu'ici *existunt* signifie apparaître, se montrer, se rencontrer, mais, précisément, si des variétés apparaissent entre les esprits au regard de qui les observe, c'est qu'elles y sont.

Il n'en est que plus remarquable que les scolastiques, dont la langue philosophique est la source de la nôtre, aient si longtemps résisté à la tentation de remplacer *esse* par *existere*. Pour eux, *existere* signifie proprement *ex alio sistere*. De même que le mot *existentia* évoquait d'abord à leur esprit *essentiam cum ordine originis*, *existere* désignait d'abord dans leur langue l'acte par lequel un sujet accède à l'être en vertu de son origine. Un tel sujet subsiste donc, mais à partir d'un autre : qu'est-ce en effet qu'*existere*, demande Richard de Saint-Victor dans son *De Trinitate* (IV, 12), sinon *ex aliquo sistere, hoc est substantialiter ex aliquo esse*? Si, comme le dira plus tard Gilles de Rome, l'existence apparaît avec l'union de l'*essentia* et de l'*esse*, c'est précisément qu'elle en résulte. La notion d'origine est donc, en principe, connotée chaque fois qu'on emploie ce terme en son sens précis.

On sait assez qu'il n'en est pas ainsi dans la langue philosophique du XVIIᵉ siècle. En 1617, discutant dans sa *Métaphysique* la relation de l'essence à l'existence, Scipion du Pleix se plaignait au contraire qu'un mot lui fît ici défaut : « Il faut observer, disait-il, qu'en notre langue française nous n'avons point de terme qui réponde énergiquement au latin *existentia*, qui signifie la nue entité, le simple et nu être des choses sans considérer aucun ordre ou rang qu'elles tiennent entre les autres. Mais le mot *essentia*, que nous pouvons bien dire *essence*, marque la nature de la chose, et par ainsi quel ordre ou rang elle doit tenir entre les autres choses. » Ainsi, pour Scipion du Pleix, « essence » et « existence » sont encore des néologismes, mais il parle comme si *existentia* s'était déjà spécialisé dans la signification du pur fait d' « être » et c'est d'ailleurs ce que signifieront après lui pour Descartes le nom « existence » et le verbe « exister ». Le titre même de ses « Méditations touchant la philosophie première, dans lesquelles on prouve clairement l'existence de Dieu... », celui de la IIIᵉ Méditation : « De Dieu, qu'il existe », impliquent manifestement que, dans son esprit, « exister » veut dire « être ». De même encore, lorsque Fénelon écrit un traité ou une *Lettre sur l'existence de Dieu*, tout lecteur comprend le sens exact de son titre. Une « lettre sur l'être de Dieu » laisserait au contraire l'esprit dans l'incertitude, car au lieu d'attendre un écrit prouvant que Dieu « est », on attendrait plutôt une étude sur « ce qu'il est ».

Ce glissement de sens, qui transforme *existere* en un simple substitut d'*esse*, s'explique assez aisément. Dans l'expérience sensible, tous les êtres connus sont des existants, parce que tous accèdent à l'être en vertu d'une certaine origine. L'existence constitue donc en fait le seul mode d'être dont nous ayons l'expérience, et c'est pourquoi, de tous les êtres directement appréhendés par nous, il est correct de dire qu'ils existent pour signifier le fait qu'ils sont. Pourtant si la métaphysique voulait s'exprimer dans une langue technique faite à la mesure exacte de nos concepts, elle dirait ici de chaque « étant » qu'il « est » par suite de son « existence », au lieu de dire qu'il « existe » pour signifier qu'il « est ».

Il y a donc eu dévaluation du verbe « être » au profit du verbe

« exister » ou, plutôt, valorisation spontanée du verbe « exister »
provoquée par une dévaluation préalable du verbe « être »
dont on trouve ce bien curieux témoignage dans le *Dictionnaire*
de Littré : « Il sert, en général, à lier l'attribut au sujet, à indi-
quer l'existence de l'attribut dans le sujet, à attribuer à quelqu'un
ou à quelque chose une qualité, un état, etc. ; c'est là le sens
propre et primitif. » C'est à n'y pas croire et pourtant Littré le
croit. Ainsi, pour reprendre les exemples mêmes dont il use,
lorsqu'on dit « la terre est ronde » ou « Louis XIV fut roi de
France », on use du verbe « être » en son sens propre et primitif,
ce qui ne serait plus le cas si l'on disait que « la terre est » ou
que « Louis XIV fut ». Bref, fidèle à une longue tradition dont
nous aurons à discuter les titres, Littré pense que la fonction
propre et primitive du verbe « être » n'est pas de signifier
l'existence, mais l'attribution. Dans une langue où le sens
existentiel du verbe « être » s'est à ce point obnubilé, il n'est pas
surprenant qu'on ait eu recours, pour remédier à cette carence,
au mot qui désignait l'acte en vertu duquel les sujets donnés dans notre connaissance empirique méritent le titre d'êtres,
le verbe « exister ».

Pour mettre le comble à la confusion du langage, une tentative
se poursuit de nos jours pour dissocier de nouveau les deux
notions que, depuis le XVIIe siècle, la langue philosophique
française tendait à confondre. Les mouvements divers que l'on
réunit, parfois en dépit de leurs protestations, sous le vocable
commun d' « existentialisme », s'accordent du moins en ceci,
que l'existence s'y distingue de l'être au point, dans certains
cas, de s'y opposer. A mettre les choses au mieux, exister n'y
est jamais qu'une certaine manière d'être, liée à la durée et en
rapport essentiel à sa propre origine. D'où une nouvelle équivoque, dont la langue métaphysique moderne se trouve désormais grevée et qui vient de ce que le premier sens d' « exister » et
d'existence » tend à se substituer au deuxième, ce qui ne va
pas sans créer d'innombrables confusions.

Le pis est qu'on sait rarement au juste avec laquelle de ces
confusions on est aux prises. Dire qu'un être quelconque « existe
peut signifier simplement qu'il « est » ou, alternativement, qu'il
accède à l'être à partir de son origine et dire qu'un être quelconque « est » peut signifier simplement qu'il « existe » ou, s'il n'a
aucune origine, qu'il n'existe pas. Si l'on dit, par exemple, que
« Dieu est », la plupart entendront aussitôt par là qu'il existe, et

si l'on dit que « Dieu n'existe pas », les mêmes entendront
aussitôt que « Dieu n'est pas ». Pourtant, la conséquence
n'est pas valable aux yeux de l'existentialisme contemporain,
car si Dieu est, à partir de quoi existerait-il? Il devient alors
nécessaire de dire que, si Dieu « est », Dieu n'existe pas. Nous
avons donc assisté à deux éliminations spontanées du sens
verbal d' « être » et de la notion qui s'y attache. D'abord,
ce sens verbal s'est vu éliminer par celui du nom, « être »
se confondant alors avec « être un être » ou, en d'autres termes,
le fait même d'être se confondant avec « ce qui est »; ensuite,
le même sens verbal s'est vu confisqué au profit de l'existence,
comme si le fait même d'être se confondait nécessairement
avec le mode d'être spécifiquement distinct que désigne ce
verbe « exister ». Dans les deux cas l'acte d'être se trouve
radicalement éliminé de la métaphysique et son élimination
par l'existence conduit aux mêmes conséquences que son élimination par l'essence de « ce qui est ». C'est pourquoi, si l'on conserve le sens français classique des mots « exister » et « existence »,
qui ne signifient que « le simple et nu être des choses » ou,
en d'autres termes, ce par quoi tout réel se distingue du néant,
on peut dire sans paradoxe que les existentialismes contemporains ne posent à aucun moment le problème de l'existence,
leur objet propre étant une nouvelle essence, celle de l'être
en devenir dans le temps. Comment l' « étant » est et dure,
telle est leur préoccupation principale, mais qu'il « soit » ne
leur pose aucun problème, le néant que l'être de l'existentialisme ne cesse de surmonter, jusqu'à ce qu'enfin il y succombe,
n'étant jamais qu'un néant intérieur à son propre être qui,
lui, n'est l'objet d'aucune question. Or c'est là pour nous
la question principale. Il importe peu qu'on nomme « être »
ou « exister » l'acte en vertu duquel l' « étant » est lui-même
« un être » et nous ne contestons pas un instant, bien au contraire,
que l'existentialisme ne trouve dans l'existence, telle qu'il
l'entend, l'objet d'une phénoménologie utile et même nécessaire;
la seule erreur de l'existentialisme est de se prendre pour
une métaphysique, d'oublier la présence de l'acte en vertu
duquel l' « étant » existe et, dans son effort légitime pour remettre
de l'existence dans l'être, de l'avoir une fois de plus essentialisé.

Mais, à son tour, qu'est-ce que l'essence? Ce nom français
dérive du latin *essentia*, que Sénèque tenait pour un néologisme

indispensable, nulle autre forme latine ne pouvant rendre exactement le grec οὐσία (*Ad Lucilium*, 58, 6). Longtemps après, saint Augustin parlait encore d'*essentia* comme d'un mot étranger à la langue ancienne et lui reconnaissait exactement la même fonction. En fait, les traductions françaises de Platon rendent presque invariablement οὐσία par « essence », ce qui est parfaitement correct, pourvu seulement qu'on entende « essence » au sens primitif du grec οὐσία. La langue elle-même s'y prête, car, en bon français classique, l' « essence » signifie d'abord « l'être », c'est-à-dire le réel même, ce qui est. Tel est bien le sens que présente généralement l'οὐσία des Grecs, car Platon en use pour désigner l'Idée comme Aristote pour désigner la substance. Il l'a conservé chez saint Augustin, pour qui dire que Dieu est *summa essentia* signifie manifestement : Dieu est l'être suprême ou le suprêmement être. De même en français, où dire que Dieu est l'essence suprême revient simplement à lui attribuer le suprême degré de réalité.

Notons pourtant que nul mot français dérivé d'*essentia* ne s'emploie au sens absolu du grec οὐσία. Lorsque nous parlons absolument de « l'essence », ce n'est pas à « l'être » *(esse)* que nous pensons, mais à « ce qui fait qu'une chose est ce qu'elle est ». C'est là, disons-nous, « l'essence de la chose ». Or il est bien vrai que, sans ce qui la fait être ce qu'elle est, la chose en question ne serait pas ; il est même vrai, de ce point de vue, que l'essence coïncide avec ce qu'il y a de plus intime et de presque secret dans la nature de la chose, bref à ce qu'il y a en elle d' « essentiel », mais, pour cette raison même, plus notre pensée s'engage dans la poursuite de l'essence ainsi entendue, plus elle risque de perdre contact avec la solide réalité que désignait d'abord l'*essentia*. Lorsque, dans le même passage de sa *Métaphysique* (II, 3, 5), Scipion du Pleix distingue de l'existence, qui signifie le fait brut qu'une chose soit, l'essence qui marque « la nature de la chose », on voit bien qu'il les distingue comme le réel de l'abstrait. Cela est si vrai, et il l'ajoute aussitôt, que si l'on ne peut concevoir l'existence d'une chose sans penser cette chose comme existante, on peut au contraire fort bien concevoir l'essence d'une chose qui n'existe pas.

Il semble donc une fois de plus qu'un certain nom, d'abord voué à la désignation de l'être actuel, ait progressivement cessé d'exercer cette fonction. De même que l'*ens* des Latins aurait dû nous fournir un « étant », leur *essentia* aurait dû conduire à la formation d'un nom tel que serait l' « étance », grâce auquel nous disposerions d'un dérivé du verbe être correspondant à l'οὐσία des Grecs. Ce terme nous fait défaut, mais ce n'est sans doute pas sans raison qu'il ne s'est pas formé. Tout se passe en effet comme si l'intellect avait cherché dans l'*essentia* le moyen de dissocier l'être du fait même qu'il existe, car si l'essence de la chose est vraiment ce qu'il y a en elle d'essentiel, il est remarquable que cette essence reste la même, que la chose existe ou qu'elle n'existe pas.

On aperçoit sans doute déjà quelles amphibologies grèvent le langage dont use inévitablement toute métaphysique de l'être, mais elles traduisent assez bien les difficultés réelles que doit surmonter le métaphysicien. Ici comme ailleurs les variations du langage expriment celles de la pensée dans son effort sans cesse renouvelé pour définir la nature de l'objet. C'est pourquoi le mode d'emploi de mots, tels qu' « essence », « existence » ou « être » suffit d'ordinaire à situer une philosophie et, inversement, l'attitude fondamentale d'un philosophe envers le réel permet seule d'expliquer le sens qu'il leur donne. Ce sont précisément certaines de ces attitudes que nous nous proposons d'examiner, non pas du tout pour les réfuter en démontrant qu'elles sont fausses, mais pour discerner les embarras dont elles souffrent et faire voir que ces embarras tiennent à ce qu'elles ne sont que partiellement vraies. Or la partialité même d'un point de vue requiert une explication. Ce que l'on voit peut seul cacher le reste. Il doit donc y avoir, dans l'être même, quelque chose de trop visible pour que le reste soit aisément perçu, mais une expérience historique plusieurs fois séculaire, si du moins, dans son ensemble, nous l'interprétons correctement, permettrait peut être de placer sous le jour qui convient ce que l'entendement tend spontanément à laisser dans l'ombre.

C'est ce que nous nommerons le plus souvent « existence », mais que nous entendrons toujours, sauf référence expresse à l'existentialisme contemporain, au sens devenu classique en français depuis Descartes, d'*esse*. Il doit pourtant rester clair que si l'usage autorisait l'emploi du mot « étant » *(ens)* pour désigner ce que nous nommons « un être », on éviterait toute obscurité. L' « étant » *(ens)* serait alors l'essence *(essentia)* concrètement actualisée par l'être *(esse)*, l'existence *(existentia)* servant uniquement à désigner, comme le fait très correctement l'existentialisme contemporain, le mode d'être propre au

devenir dont il tente à bon droit de construire la phénoménologie. Ce dont notre temps a besoin, c'est d'une métaphysique
de l'être conçue comme prolégomène à toute phénoménologie.
Rien n'est plus curieux à observer que le contraste entre la
pénétration, le soin minutieux ou même le génie que les existentialistes dépensent sans compter dans leurs analyses de l'« étant »
et l'insouciance avec laquelle ils déblaient sommairement en
quelques pages des problèmes métaphysiques dont les conclusions, acceptées par eux à la légère, compromettent parfois
ensuite l'exactitude de leurs analyses et en faussent toujours
l'interprétation. Assigner à l'existentialisme le seul fondement
sûr que l'on puisse concevoir est exactement le contraire d'en
méconnaître l'importance. La vraie métaphysique de l'être n'a
jamais eu la phénoménologie à laquelle elle avait droit, la
phénoménologie moderne n'a pas la métaphysique qui peut
seule la fonder, et, en la fondant, la guider.

Il est donc souhaitable que ces deux méthodes philosophiques
finissent par se rejoindre. Obtenir qu'elles le fassent ne saurait
être l'œuvre d'un seul, mais il n'est interdit à personne d'y
travailler et toute manière de le faire est justifiable, pourvu
seulement qu'elle ne soit pas entièrement stérile. Réfléchir en
philosophe sur les données de l'histoire n'est certes pas la
méthode la plus directe ni par conséquent la meilleure, mais on
cherche la vérité comme on peut et l'on n'est jamais seul à suivre
la voie particulière où l'on se trouve engagé, beaucoup plus à
vrai dire qu'on ne s'y engage. Celle où nous désirons entrer
est la voie de « l'étant et de l'essence ». Il nous semble d'ailleurs
avoir lu un livre qui porte ce titre, mais *de ente et essentia*
vaut mieux que sa traduction française et c'est la seule raison
pour laquelle, par une timidité peut-être fautive, nous n'avons
pas osé l'adopter. L'« être » auquel nous désirons aboutir n'en
reste pas moins l'*ens* de la métaphysique latine classique,
c'est-à-dire l'« étant ». Nous aurions pu nommer encore cette
voie celle de « l'être et de l'existence », mais, nous l'avons dit,
l'existentialisme a sur le terme « existence » des droits de propriété légitimes, qu'il tient du génie de Kirkegaard et que
nulle métaphysique n'a le droit d'usurper. Nous avons donc
finalement préféré « l'être et l'essence », le mot « être » désignant
à la fois le nom ou le verbe, c'est-à-dire, selon les cas, l'essence
concrètement actualisée par l'*esse* qui fait d'elle « un être »,
ou l'acte d'« être » que l'essence spécifie et dont l'existence

manifeste dans le temps la fécondité. Mais peut-être vaut-il mieux oublier ces précisions, au moment d'aborder telle doctrine qui les ignore et travaille même à les exclure, non d'ailleurs sans pâtir de mainte angoisse métaphysique dont elles seules peuvent nous libérer.

CHAPITRE PREMIER

L'ÊTRE ET L'UN

Lorsque les Grecs inaugurèrent la spéculation philosophique ils se demandèrent d'abord de quoi les choses étaient faites. A elle seule, la question décelait une des nécessités fondamentales de l'esprit humain. Comprendre et expliquer rationnellement quelque chose, c'est assimiler l'encore inconnu au déjà connu; en d'autres termes, c'est le concevoir comme identique en nature à quelque chose que nous connaissions déjà. Connaître la nature du réel en général est donc savoir que chacun des êtres dont se compose l'univers est, au fond et quelles que soient les différences apparentes qui l'en distinguent, identique en nature à n'importe quel autre être réel ou possible. Mus par cette conviction, d'autant plus irrésistible qu'elle était moins réfléchie, les premiers penseurs grecs ont successivement essayé de réduire le réel à l'eau, puis à l'air, ensuite au feu, jusqu'à ce que l'un d'eux, allant hardiment à la solution la plus générale du problème, déclarât que l'étoffe primitive dans laquelle toutes choses sont, pour ainsi dire, taillées, est l'être.

La réponse était manifestement correcte, car il est évident que, tout élément du réel généralement concevable étant un être, les propriétés essentielles de l'être doivent appartenir à tout ce qui est. Lorsque Parménide d'Élée fit cette découverte, il atteignit une position métaphysique pure, c'est-à-dire infranchissable à toute pensée qui s'engagerait dans la même voie, mais il s'obligeait du même coup à dire ce qu'il entendait par « être » et la description qu'il en a donnée mérite aujourd'hui encore de retenir l'attention.

Tel qu'il apparaît dans la première partie du poème philosophique de Parménide, l'être est doué de tous les attributs qui s'apparentent à la notion d'identité. Tout d'abord, il est de l'essence même de l'être que tout ce qui participe à sa nature soit, et que tout ce qui n'y participe pas ne soit pas. Mais si tout ce qui est être est, et inversement, l'être est à la fois unique et universel. Pour la même raison, l'être ne peut pas avoir de cause. Afin de causer l'être, il faudrait d'abord que cette cause fût, ce qui signifie que, l'être étant sa seule cause concevable, l'être n'a pas de cause. Il n'a donc pas non plus de commencement. En outre, puisque toute cause imaginable de sa destruction devrait d'abord être, pour pouvoir le détruire, l'être ne saurait périr. Inengendrable et indestructible, l'être est donc éternel. On ne peut pas dire de lui qu'il ait été dans le passé, ni qu'il doive être dans l'avenir, mais seulement qu'il est. Ainsi établi dans un perpétuel présent, l'être n'a pas d'histoire, parce qu'il est essentiellement étranger au changement. Toute modification de l'être supposerait que quelque chose qui n'était pas ait commencé d'être, c'est-à-dire, en fin de compte, que de l'être puisse à un certain moment n'avoir pas été, ce qui est impossible [1]. D'ailleurs, comment la structure de l'être pourrait-elle se modifier? L'être n'a pas de structure, il est l'être homogène, et rien d'autre. Aucune discontinuité, aucune division interne ne sont concevables en lui, car tout ce que l'on pourrait y introduire de tel serait, c'est-à-dire serait encore de l'être. Bref, on ne peut rien en dire d'autre, sinon qu'il est, et que ce qui n'est pas l'être n'est pas.

Gardons-nous pourtant, même en reproduisant les formules de Parménide, de trahir sa pensée. Ce Grec posait en effet le problème de l'être sous une forme si concrète qu'il semble l'avoir moins conçu qu'imaginé. D'abord, comme on l'a fait remarquer [2], il ne parle pas exactement de l' « être », mais plutôt de « ce qui est ». C'est nous qui, traduisant son langage en termes d'une ontologie plus évoluée, lui faisons poser le problème de l'être abstrait en général. Le « ce qui est » auquel pense Parménide est au contraire la plus concrète des réalités. Ce qu'il désigne de ce nom est manifestement le tout ou l'univers,

---

1. Texte traduit dans John BURNET, *L'aurore de la philosophie grecque*, Paris, Payot, 1919, p. 201, t. VIII.
2. J. BURNET, *op. cit.*, p. 206.

et il se le figure limité, « complet en tous sens, comme la masse d'une sphère arrondie, également pesant à partir du centre dans toutes les directions [1] ». En revanche, s'il importe de ne pas attribuer à Parménide une ontologie abstraite qui, à cette date, serait un anachronisme, il ne faut pas non plus fermer les yeux sur la portée générale de ses conclusions. Lui-même ne l'a peut-être pas vue, mais d'autres après lui ne pouvaient manquer de la voir. Les propriétés qu'il avait attribuées à l'être imaginé sous l'aspect d'une sphère, finie, homogène et immobile, valaient pour tout être généralement quelconque, de quelque manière qu'on le dût concevoir. L'illustration sensible de sa thèse importe peu. Parménide était encore un de ces « physiciens » qui, en quête de la « nature » ou réalité ultime, cherchaient à déterminer l'étoffe dont est fait tout ce qui est. Pourtant, la solution débordait de toutes parts les données de son propre problème. Quel que fût l'être auquel il pensait, puisqu'il le concevait simplement en tant qu'être, ce qu'il en disait valait nécessairement pour tout être en général. Dès que l'on atteint, par-delà l'imagerie de son poème, les exigences rationnelles ultimes dont il voulait donner le sentiment concret, Parménide apparaît de nouveau tel que le vit Platon : « un homme également digne de respect et de crainte [2] ». Il y a dans sa pensée quelque chose de l'inflexibilité qui caractérise sa notion du réel. Dès le Ve siècle avant notre ère, bien que lui-même n'en eût pas conscience, Parménide a vraiment fondé l'ontologie.

Supposons en effet qu'on élargisse sa conclusion et qu'on l'étende du tout concret qu'il imagine à l'être pris dans toute son abstraction. On obtient immédiatement une ontologie générale réduite/ à cette constatation, que l'être est, et que l'on ne saurait en dire autre chose. Or, sur le plan où se pose alors le problème, cette constatation ne signifie pas d'abord que l'être existe, mais plutôt que ce qui est soit ce qu'il est, et qu'à moins de cesser d'être il ne saurait devenir autre chose. C'est d'ailleurs pourquoi nous venons de voir Parménide exclure de l'être tout commencement et toute fin, toute discontinuité et toute hétérogénéité. Bref, l'être se définit ici comme l'identique à soi-même et comme l'incompatible avec le changement. Dès son origine, l'ontologie du « ce qui est » aboutit donc à la négation

---

1. J. BURNET, op. cit., p. 203.
2. PLATON, Théétète, 183 E.

du mouvement qui, parce qu'il contredit l'identité de l'être à soi-même, se trouve exclu d'entrée de jeu comme étant à la fois irréel et impensable. Il résulte immédiatement de là que tout le monde de l'expérience sensible, avec les changements perpétuels dont il est le théâtre, doit être exclu de l'ordre de l'être et renvoyé à celui de l'apparence, ou, ce qui revient au même puisqu'on ne peut penser que ce qui est, exclu de l'ordre de la connaissance vraie et renvoyé à celui de l'opinion. Traduite en langage simple, cette conclusion équivaut à refuser l'être à tout ce qui naît et meurt, à tout ce qui cause ou est causé, à tout ce qui devient et change, c'est-à-dire à tout ce qui nous apparaîtrait d'abord comme doué d'une existence empiriquement constatable. Comparée aux données les plus obvies de l'expérience sensible, la doctrine de Parménide aboutit donc à opposer l'être à l'existence : ce qui est n'existe pas ou, si l'on veut encore attribuer l'existence au devenir du monde sensible, ce qui *existe* n'*est* pas.

Platon reste sur ce point l'héritier et le continuateur de Parménide, ou plutôt de l'intuition fondamentale dont l'Éléate avait reconnu la nécessité. Assurément, rien n'est plus opposé au matérialisme de Parménide que l'idéalisme de Platon, mais puisque tout ce que l'on dit de l'être en tant qu'être relève des mêmes nécessités fondamentales, peu importait au fond qu'on attribuât l'être à une sphère parfaitement homogène ou aux Idées. La métaphysique de Platon diffère profondément de la physique de Parménide, leur ontologie obéit à la même loi.

Ce que Platon cherche à définir, lorsqu'il aborde ce problème, c'est ce qu'il nomme lui-même l'ὄντως ὄν. La formule est ordinairement traduite en latin par *vere ens*, ou, en français, par « véritablement être ». Ces traductions sont assurément correctes, mais non pas parfaites. On s'en contente, faute de meilleures. En rendant l'adverbe ὄντως par « véritablement », on laisse perdre le redoublement, si expressif dans la formule grecque, de la racine qui connote par deux fois la notion d'être. « Réellement réel » serait un redoublement analogue, mais on y substitue la notion de *res*, ou de « chose », à celle d'être, qui disparaît alors complètement. De quelque manière qu'on la traduise, le sens de cette formule reste clair. Platon veut manifestement désigner par elle, dans l'ensemble des objets de connaissance, ceux qui méritent véritablement et pleinement le titre d'êtres, ou, en d'autres termes, ceux dont on peut dire à bon droit qu'ils sont.

Qu'est-ce qu'être « réellement réel »? Comme Platon ne se lasse pas de le dire, c'est être « soi-même en tant que soi-même ». La marque propre de l'être est donc ici l'identité de la chose avec elle-même. Nous retrouvons aussitôt par là cette relation mystérieuse, et pourtant inévitable, que Parménide avait déjà constatée entre les deux notions d'identité et de réalité. Cette relation est une égalité. « Être », pour une chose quelconque, c'est « être ce qu'elle est ». Cette formule abstraite prend un sens concret, si nous nous demandons ce que ce serait, pour l'un quelconque d'entre nous, que de « devenir un autre ». Strictement parlant, l'hypothèse est dénuée de sens, car elle implique contradiction. « Devenir un autre » serait cesser d'être, parce que ce serait cesser d'être l'être qu'on est. Être l'être qu'on est ne fait donc qu'un avec être. La même constatation vaudrait pour tout être généralement quelconque : l'abolition de l'identité d'un être avec lui-même équivaut à son annihilation.

Dans une telle doctrine, où l'identité à soi-même est la condition et la marque de la réalité, l'être apparaît nécessairement comme un, le même, simple et exempt de tout changement. Ce sont là beaucoup moins des attributs de l'être que des aspects de l'identité même. Ce qui est identique à soi-même est un. Comme Leibniz ne cessera de le répéter, c'est une seule et même chose d'être *un* être, et d'être un *être*. Pour la même raison, l'être véritable est incompatible avec toute complexité et toute altérité : à l'équation de l'être avec le même correspond inévitablement celle du non-être avec l'autre. Enfin, disons-nous, être est être exempt de changement, car si changer est être tantôt une certaine chose, tantôt une certaine autre, au moins sous un certain rapport, c'est, pour autant et sous ce rapport même, cesser d'être. L'être est donc immuable de plein droit.

Cette stabilité, cette permanence dans l'identité à soi-même, qui est le propre de l'être, est ce que Platon nomme l'οὐσία : terme dont la fortune fut brillante, mais dont le sens a souvent varié depuis. On le traduit en français tantôt par « être », tantôt par « essence », mais on serait souvent tenté de le traduire encore par « réalité ». En fait, l'οὐσία correspond, dans la pensée et dans la langue de Platon, à l'auto-ipséité fondamentale qui, selon lui, justifie seule l'attribution de l'être, parce qu'elle seule le constitue. Souvenons-nous de la page célèbre du *Phédon*, où Platon lui-même, aux prises avec son propre vocabulaire, s'efforce de formuler clairement cette équation fondamentale :

« Cette réalité en elle-même (αὐτὴ ἡ οὐσία), de l'être de laquelle nous rendons raison dans nos interrogations comme dans nos réponses, dis-moi, se comporte-t-elle toujours de même façon dans son identité, ou bien tantôt ainsi et tantôt autrement ? L'Égal en soi, le Beau en soi, le réel en soi de chaque chose, ou son être (τὸ ὄν), se peut-il que cela soit susceptible d'un changement quelconque ? Ou plutôt chacun de ces réels (αὐτῶν ἕκαστον ὃ ἔστι), dont la forme est une en soi et par soi, ne se comporte-t-il pas toujours de même façon en son identité, sans admettre, ni jamais, ni nulle part, ni en rien, aucune altération ? — C'est nécessairement de la même façon, dit Cébès, que chacun garde son identité, Socrate [1]. » En d'autres termes, tout ce qui est le même, est ; tout ce qui est « autre », n'est pas. Cette exclusion de l'autre hors du domaine de l'être devient ici une nécessité de pensée inéluctable, et l'on atteint cette limite de l'ontologie platonicienne, qui est peut-être une limite de l'ontologie de l'essence en général, dès qu'on égale l'identité à la réalité.

Ayant accepté l'étalon de réalité qu'avait posé Parménide, Platon devait nécessairement tout mesurer par lui. Si cela seul qui est « soi-même en tant que soi-mêem » mérite vraiment le nom d'être, qu'allons-nous faire de la réalité sensible, qui devient sans cesse autre qu'elle-même et ne demeure jamais entièrement fidèle à ce qu'elle était ? La question se trouve si clairement posée dans le *Timée* 27 D, qu'on ne saurait faire mieux que d'en reproduire les termes : « Quel est l'être éternel et qui ne naît point, et quel est celui qui naît toujours et n'existe jamais [2] ? » Telle qu'elle est ici formulée, la question implique sa réponse. D'une part, le genre de ce dont la forme est toujours identique à elle-même, inengendrable et indestructible : c'est celui de ce que Platon a cent fois décrit comme étant « divin, immortel, intelligible, forme simple, indissoluble, et qui possède toujours en même façon son identité à soi-même [3] », entendons par là, ce qui est vraiment parce que, comme la sphère de Parménide, il est d'une parfaite homogénéité interne (μονοειδές) et d'une

1. PLATON, *Phédon*, 78 D ; trad. L. Robin, Paris, Les Belles-Lettres, 1926, p. 36.
2. PLATON, *Timée*, 27 D ; trad. A. Rivaud, Paris, Les Belles-Lettres, 1925, p. 140.
3. PLATON, *Phédon*, 80 B ; trad. L. Robin, Paris, Les Belles-Lettres, 1926, p. 29.

pureté essentielle absolue (καθαρόν). D'autre part, le genre de
ce qui naît et meurt est toujours en mouvement, tombe sous
les prises des sens et ne peut être par conséquent objet de science,
mais seulement d'opinion [1]. L'antithèse entre ce qui « est
toujours » et ce qui « n'est jamais » repose donc bien sur l'opposition primitive entre le même et l'autre. Si l'être se confond
vraiment avec la pureté ontologique d'une essence que ne souille
nul mélange, tout le monde de l'expérience sensible se trouve
relégué dans l'ordre de l'apparence et, pour autant, du non-être.
Platon reste donc ici fidèle à l'enseignement de Parménide, car
bien qu'il ait transféré aux Idées intelligibles l'être que Parménide avait attribué à la sphère corporelle, la qualité fondamentale qui justifie pour lui l'attribution de l'être reste la même.
« Posséder toujours en même façon son identité à soi-même »,
voilà le propre de la réalité.

Même si l'on admet que telle ait bien été la pensée de Platon,
une ambiguïté fondamentale affecte encore le sens de sa doctrine.
La signification du terme « être » est double, sinon dans la
pensée de Platon, du moins dans la nôtre, et comme cette dualité
de sens restera l'objet principal de notre enquête, il importe de
la définir dès que l'occasion s'en offre. Les termes « être », ou
« réalité », peuvent signifier ou bien « ce qui » est, ou bien le
caractère qui appartient à « ce qui » est, en raison du fait même
qu'il « est ». Autrement dit, lorsqu'on parle d' « être », la question
se pose toujours, ou devrait du moins toujours se poser, de savoir
si l'on pense à la « réalité » ou à l' « existence »; à « ce qui », de
par sa nature même, mérite la qualification d'être réel, ou au
fait que ce réel soit actuellement existant. La question n'est
pas sans importance, même pour la simple interprétation historique de la pensée de Platon. Lorsqu'il attribue l'être aux
Idées, que veut-il dire? Devons-nous comprendre qu'elles sont
pour lui douées de toutes les marques de la réalité véritable,
ou devons-nous admettre qu'elles existent? C'est la nature
même du « réellement réel » qui se trouve mise en question.

Si l'on acceptait sans réserve le témoignage des traducteurs
de Platon, le problème serait promptement résolu. De même
qu'ils usent librement du terme « création » pour décrire la
formation du monde par le Démiurge, ils n'hésitent pas à dire
des Idées de Platon qu'elles existent. Assurément, c'est là une

---

1. PLATON, *Timée*, 52 A.

des interprétations possibles du platonisme et l'on ne saurait
la rejeter *a priori*. Ajoutons que le langage dont use Platon lui-
même semble souvent la favoriser. Bien plus, elle a pour elle
comme le consentement universel de l'histoire, car la plupart
des critiques dirigées contre le « réalisme platonicien » reviennent
à tourner en dérision l'hypothèse d'une existence quelconque
des Idées. Comment en effet ne pas se demander ce que peut
bien signifier cette proposition : l'Égalité est, ou existe? Pour
lui trouver un sens acceptable, on précise d'ordinaire que
l'existence des Idées ne doit pas être confondue avec celle des
choses sensibles, puisque, précisément, c'est comme purement
intelligibles que les Idées possèdent l'être véritable. Accordons-
le donc. Épurons à l'extrême limite notre concept de l'existence
des Idées, éliminons-en jusqu'aux dernières traces de tout
« réalisme crasse », qu'en reste-t-il? Si peu que rien. Il n'en reste
à vrai dire qu'un mot, c'est-à-dire le minimum nécessaire et
suffisant pour que le platonisme s'offre à l'imagination comme
la négation de l'univers du sens commun la plus paradoxale
qu'on puisse concevoir. Attribuer aux Idées cette existence
sensible que Platon considérait comme un quasi non-être, ce
serait affirmer ce qu'il n'a cessé de nier. En revanche, leur
refuser ce genre d'existence, c'est ne leur attribuer qu'un être
dont aucune représentation ne nous est possible, à moins qu'on
n'aille franchement, par une dissociation complète des notions
de réalité et d'existence, jusqu'à dire que les Idées sont des
êtres, mais que, pour cette raison même, elles ne sont pas.

Cette antinomie invite à penser que ce qui s'impose à nous
comme un problème urgent n'était peut-être pas tel du point
de vue de Platon lui-même. Ses lecteurs se sont souvent
demandé comment il avait pu soutenir que le feu qui brûle nos
doigts n'est pas vraiment ou est à peine, au lieu que le Feu en soi,
« qui possède toujours en même façon son identité à soi-même »,
est éternellement. L'innocent artifice typographique qui consiste
à écrire les noms des Idées avec des majuscules, comme le Feu,
le Beau ou l'Égalité, ne suffit certainement pas à les faire exister.
Mais peut-être cette question ne s'est-elle jamais offerte à la
pensée de Platon et peut-être même ne saurait-on littéralement
la traduire dans la langue dont il usait. Dans son livre si suggestif
sur *La nature de l'existence*, McTaggart a posé la même question
sous une autre forme : Mrs. Gamp est-elle réelle ou non? Écrivant pour un public de lecteurs français, ce métaphysicien eût

demandé, par exemple, si Tartufe existe. Pour nous en tenir à la formule de McTaggart lui-même, disons que, si l'on avait interrogé Dickens sur ce point, le créateur de Mrs. Gamp eût sans doute été fort empêché de répondre. Pour lui, Mrs. Gamp et sa petite goutte de whisky étaient probablement, comme elles le sont encore pour nous, incomparablement plus réelles que des centaines de gens dont nous tenons l'existence pour certaine, parce que nous les rencontrons plus ou moins souvent dans la vie. Nous savons fort bien ce que nous voulons dire, lorsque nous affirmons que Mrs. Gamp est réelle et que Kitty ne l'est pas ; mais il n'y a pas de raison de croire que Dickens ait attribué l'existence actuelle à Mrs. Gamp ni à Scrooge. Pour lui comme pour nous, leur réalité est celle de types, ou, pour parler la langue de Platon, d'Idées. Mrs. Gamp, Scrooge, Tartufe et Harpagon ne nous semblent en effet si réels que parce qu'ils « possèdent toujours en même façon leur identité à eux-mêmes ». Bref, ils sont, bien qu'ils n'existent pas, au lieu que la plupart des individus dont nous constatons empiriquement l'existence existent en effet, mais ne sont pas.

Dickens n'était pas un métaphysicien et l'on ne saurait attendre de lui la solution d'un tel problème, mais il semble que Platon du moins eût dû s'intéresser à la question. Elle intéresse d'ailleurs vivement ses interprètes, qui manquent rarement de se demander si, pour lui, les Idées *existent* vraiment, ou s'il ne les considérerait pas plutôt comme de simples objets de pensée. En fait, lui-même paraît avoir posé tout autrement le problème, puisqu'il s'emploie sans cesse à faire voir que les Idées sont en effet de purs objets de la pensée, mais que, précisément pour cette raison même, elles sont. Ainsi, tandis que Platon nous apparaît, en un sens, comme le père de tout idéalisme parce qu'il identifie le réel à l'Idée, il nous apparaît en un autre sens comme le père de tout réalisme, parce qu'il semble ériger partout en êtres réels des notions dont nous sentons nous-mêmes qu'elles ne peuvent être que de simples concepts. En effet, si Platon unit à un véritable idéalisme de l'existence un véritable réalisme de l'essence, c'est que, pour lui, être n'est pas exister. Le commun des lecteurs n'a donc pas tort, lorsqu'il refuse d'admettre que, pour Platon, le Juste en soi ou l'Égal en soi puissent constituer autant d'êtres actuellement existants, mais il a peut-être tort d'en conclure que, dans le platonisme authentique, ce ne soient là que de simples concepts. D'abord, Platon

lui-même l'a formellement nié dans le *Parménide* (132 B-C),
mais, en outre, il importe de comprendre que l'objet platonicien
du concept peut fort bien être sans aucunement exister. Disons
même que, puisque notre notion de l'existence est tout entière
d'origine sensible, nous ne saurions l'appliquer aux Idées de
Platon sans les détruire. Il faudrait en effet, pour le faire, après
avoir refusé l'être vrai au monde sensible du devenir, en retenir
pourtant la notion d'existence concrète pour l'attribuer subrepticement aux Idées, ce qui reviendrait à transformer les modèles
idéaux de Platon en copies de leurs propres copies. Pour interpréter Platon en termes de sa propre doctrine, le mieux serait
donc sans doute d'oublier provisoirement l'association, qui nous
est si familière, de l'être à l'existence, et de raisonner comme
si le dilemme être ou ne pas être signifiait tout autre chose
qu'exister ou ne pas exister. Supposons en effet que le terme
« être » ne signifie rien de plus chez Platon que « ce qui est »,
découvrir l'être véritable consisterait dès lors à discerner, entre
les divers objets de connaissance, ceux qui répondent à un
étalon défini de réalité. Il y a de bonnes raisons de penser que le
platonisme ait été précisément une ontologie de ce genre, entièrement centrée sur le problème de l'essentialité de l'οὐσία et,
abstraction faite de l'ordre du mythe qui ne relève plus de la
science proprement dite, indifférente à tout problème d'existen-
tialité.

Ce fait permettrait d'abord de comprendre pourquoi, dans
la doctrine de Platon lui-même comme dans toutes celles qui
dépendent plus ou moins d'une ontologie du même genre, il
s'agit moins de discerner ce qui est de ce qui n'est pas, que
» ce qui est vraiment » de ce qui « n'est pas vraiment ». Cette
conséquence est inévitablement liée au thème platonicien primitif du « véritablement être » ou du « réellement réel ». La
simple présence de ces adverbes invite d'ailleurs à penser que
de telles ontologies se meuvent hors de la sphère de l'existence.
Dans les doctrines où « être un être » veut dire exister, tout
intermédiaire entre l'être et le non-être est difficilement concevable. Il devient alors littéralement vrai de dire : « être ou ne
pas être, voilà la question », car entre exister vraiment et ne
pas exister du tout, il n'y a pas de moyen terme. Il en va tout
autrement dans une doctrine où l'être se réduit à l'essentialité.
On peut, et même on doit alors distinguer des « degrés d'être »
proportionnels à ceux de la pureté de l'essence. C'est ainsi que

Platon peut dire du monde sensible qu'il est, mais pas tout à fait, sans s'engager pourtant dans aucune contradiction. Dans une telle doctrine, les choses matérielles sont dans la mesure où, participant à l'essence des Idées, elles participent à l'essence de ce qui « est véritablement », mais aussi elles ne sont pas, dans la mesure où leur instabilité et leur mélange les exclut de la pureté de l'essence. On reconnaît de telles ontologies à ce que l'être s'y présente comme une valeur variable, proportionnelle à l'essence dont il dépend.

Ayant accepté cette solution du problème de l'être, Platon lui-même n'a pourtant pas manqué de voir quelles difficultés elle impliquait. Après tout, concevoir que quelque chose ne soit pas tout à fait un être, n'est pas beaucoup plus facile que le concevoir comme n'existant pas tout à fait. Platon pouvait d'autant moins ne pas s'en apercevoir, que sa thèse contredisait plus directement la loi qu'avait formulée Parménide : si l'on parle du réel, « il doit ou bien être tout à fait ou n'être pas du tout [1] ». A la lumière de ce principe, comment ne pas voir que la notion d'un quasi-être est confuse et peut-être impossible ? Et rien ne servirait de recourir à la doctrine de la participation pour sortir d'embarras, car elle-même est contradictoire. Comment soutiendrait-on que chaque être matériel est et, tout ensemble, n'est pas, l'Idée dont il participe ? La notion de participation est le type même de ce que l'on a nommé le « prélogique », et s'il faut se dégager de la « mentalité primitive » pour concevoir l'Idée, il faut au contraire s'y replonger pour concevoir que le sensible y participe. On n'est donc pas surpris que, dans un dialogue justement intitulé *Parménide*, Platon ait chargé le vieil Éléate de mettre sa propre doctrine des Idées à l'épreuve du principe de contradiction.

Il serait difficile d'exagérer l'importance de ce dialogue, où Platon dirige d'avance contre le réalisme des Idées plus d'objections que ses adversaires n'en imagineront jamais dans la suite. S'il y a, par exemple, une seule Idée ou essence de l'Homme, chaque être humain devra participer à cette Idée soit totalement, soit seulement en partie. Or, si l'Idée est une, elle ne pourra pas être à la fois toute en elle-même et toute dans chacun des individus ; mais si, au contraire, on admet que chaque individu ne participe à son Idée qu'en partie, il faudra néces-

---

1. J. Burnet, *op. cit.*, p. 202.

sairement admettre que l'Idée soit divisible et qu'elle manque d'unité. Or manquer d'unité c'est manquer d'être. Ainsi, le « véritablement être » ne serait pas; le « réellement réel » lui même serait dépourvu de réalité.

Le pis n'est pourtant pas là. Quand bien même nous réussirions à expliquer, sans en rompre l'unité, que plusieurs individus participent à l'unité de quelque essence commune, il nous resterait encore à comprendre comment, prise en elle-même, cette essence peut être une. Il faut bien en arriver là. Définir l'être par la parfaite identité de l'essence à elle-même, c'est le réduire à l'unité. Est, ce qui est parfaitement un. Si donc c'est en vertu de son unité fondamentale que ce qui est un mérite le titre d'être, il est également vrai de dire que l'être est un, ou que l'un est. Mais c'est justement ici que le problème qu'on pouvait croire résolu se pose de nouveau dans toute son acuité : non plus, cette fois, expliquer comment le multiple peut participer à l'unité de l'Idée, mais comment l'Idée elle-même peut, sans cesser d'être, participer à l'unité. Car si l'on commence par dire qu'elle est parce qu'elle est une, on s'oblige du même coup à concevoir que l'être est un, ou un « un qui est ». Or cet « un qui est » forme lui-même un tout composé de l'un et de l'être. Ainsi, dire que l'un est, c'est dire que l'un est composé de parties, dont, à son tour, pour pouvoir être partie, chacune doit être, et posséder par conséquent elle-même l'être et l'un. Le même raisonnement s'appliquant non moins validement à chacune des parties prise à part, on voit que l'un n'est pas seulement multiple, mais qu'il l'est indéfiniment. Supposons au contraire cet « un » pris en soi et à l'état pur; il ne sera plus « être » mais seulement « un »; il sera donc autre que l'être, c'est-à-dire qu'il ne *sera* pas [1]. En d'autres termes, lorsqu'on fonde l'être sur l'un, l'être de ce qui est un n'est pas plus facile à concevoir que celui de ses multiples participations.

Depuis Plotin, qui découvrit dans ce texte la base même dont il avait besoin pour fonder sa métaphysique de l'Un, jusqu'à A. E. Taylor, qui pense que ce dialogue tient, « dans une large mesure, de la nature d'un jeu d'esprit [2] », le *Parménide* a reçu d'innombrables interprétations, mais en tant qu'elle concerne notre problème, le sens de l'œuvre est clair. D'une

---

1. PLATON, *Parménide*, 143-144.
2. PLATON, *Parménide*, 166 C; conclusion du dialogue.

part, il est impossible de concevoir l'être essentiel autrement que fondé sur l'unité : « si l'un n'est pas, rien n'est » ; d'autre part, la relation de l'être essentiel à l'un est inconcevable : « que l'un soit ou ne soit pas, l'un lui-même et les autres, qu'on les prenne par rapport à eux-mêmes ou tous les uns par rapport aux autres, sont et ne sont pas, paraissent et disparaissent ». Conséquence nécessaire d'une dialectique parfaitement correcte, mais dont la conclusion négative marque une des limites infranchissables de toute ontologie de l'essence. La leçon permanente qu'elle nous enseigne est que, si l'on réduit l'être à son unité essentielle, il devient impensable à la fois comme un et comme être. Être doit donc être autre chose qu'être un. Mais qu'est-ce ?

Platon était d'autant plus embarrassé par ce problème qu'il espérait toujours réconcilier le principe de Parménide avec l'apparente réalité du devenir sensible. La question que, dans le *Sophiste*, l'Étranger pose aux « amis des Formes », montre avec quelle lucidité Platon se définissait à lui-même sa propre position : « Le devenir et, tout à part de lui, la réalité (τὴν οὐσίαν), voilà bien la division que vous établissez, n'est-ce pas [1] ? » Mais l'Étranger ne tarde pas à marquer le choquant paradoxe qu'entraîne une position de ce genre : « Eh ! quoi, par Zeus ! nous laisserons-nous si facilement convaincre que le mouvement, la vie, l'âme, la pensée, n'ont réellement point de place au sein de l'être universel, qu'il ne vit ni ne pense, et que, solennel et sacré, vide d'intellect, il reste là, planté, sans pouvoir bouger [2] ? » La seule manière d'éviter cette scandaleuse conséquence serait de montrer que, si l'on refuse l'être au devenir sous prétexte que le devenir rompt l'identité de l'être avec soi-même, on doit aussi refuser l'être à l'identité elle-même, et, si étrange qu'il puisse paraître, pour la même raison.

Pour justifier cette nouvelle conclusion, il suffisait à Platon de montrer que les mêmes difficultés, qui accompagnent la réduction de l'être à l'un, grèvent d'abord sa réduction à l'identique. Dire que « l'être » est ce qui est toujours et sous tous les rapports « le même », c'est admettre qu'il n'y ait aucune distinc-

---

1. PLATON, *Sophiste*, 248 A ; trad. A. Diès ; Paris, Les Belles-Lettres, 1925, p. 355. Nous substituons « la réalité » à « l'existence » pour rendre τὴν οὐσίαν, non certes par désir de retoucher le texte d'un traducteur hors de pair, mais pour attirer l'attention sur le caractère non existentiel de l'être dont il s'agit ici.
2. PLATON, *op. cit.*, 248 D-249 A.

tion entre ces deux termes. Si l'on adhère rigoureusement à cette hypothèse, il deviendra contradictoire d'attribuer l'être à deux objets différents quels qu'ils soient. Ainsi, par exemple, deux contraires comme le mouvement et le repos ne seraient qu'un, si, l'être étant par définition « le même », on admettait qu'ils sont [1]. La seule alternative serait alors, pour toutes choses, celle que Parménide avait déjà formulée, n'être qu'une seule et même chose ou n'être pas du tout. Allons plus loin. Si l'on refuse l'être à tout ce qui n'est pas identiquement « le même », l'existence de tout être généralement quelconque s'en trouvera rendue impensable. Nous disions en effet que, pour tout ce qui est vraiment, être est être identique à soi-même; mais on ne peut être identique à soi-même sans être autre que le reste. Dans une doctrine où « le même » est la condition de l'être, « l'autre » est la condition du non-être. Par conséquent, au lieu de concevoir l'être comme exclusif du non-être, il nous faudra nécessairement soutenir que, puisque être le même que soi est en même temps être autre que le reste, être est en même temps ne pas être. Comment donc soutenir encore, avec Parménide, qu'il est impossible que le non-être soit? Autour de ce que chaque chose est, et nécessairement posée par son être même, surgit l'immense multiplicité de ce qu'elle n'est pas. Pour une fois que chaque être est ce qu'il est, et que par conséquent il est, il y a une infinité de fois qu'il est autre que ce qu'il n'est pas, et que, par conséquent, il n'est pas [2]. Ainsi le non-être s'installe au cœur même de l'être, le mélange des genres devient la règle et le tout homogène de Parménide s'ouvre à toutes les contradictions [3].

Ne traitons pas comme les conclusions fermes d'un système clos des positions que la dialectique de Platon n'a fait que traverser, mais ne méconnaissons pas non plus les nécessités permanentes qui dominent les souples démarches de cette dialectique. La première de toutes est celle même que Parménide avait acceptée sans discussion : cela seul qui est peut être connu, on ne peut connaître ce qui n'est pas. « Celui qui connaît, connaît-il quelque chose ou rien? Réponds à sa place, toi. — Je répondrai, dit-il, qu'il connaît quelque chose. — Qui

1. PLATON, op. cit., 255 B-C.
2. PLATON, op. cit., 256 et 258.
3. PLATON, op. cit., 258 E-259 B.

est, ou qui n'est pas? — Qui est, car le moyen de connaître quelque chose qui n'est pas [1]? » D'autre part, Platon conçoit manifestement « ce qui est », comme une réalité stable, identique à elle-même sous tous les rapports. C'est pourquoi la seule discipline compétente pour juger en dernier ressort de ce qui est et de ce qui n'est pas, est la dialectique. En déterminant par son art le contour des essences, ou, ainsi que le dit Platon dans une comparaison célèbre, en découpant le réel selon ses articulations, comme font les bons écuyers tranchants, le dialecticien fait du même coup le départ entre l'être et le non-être. L'ontologie se constitue donc tout entière sur le plan de la pensée pure, où le seul indice concevable de la réalité d'un être est son aptitude à devenir objet de définition.

Ce qu'il y a peut-être de plus constant dans la pensée de Platon, c'est sa fidélité à cette ontologie de l'essence. Il n'a cessé de la parcourir en tous sens pour en explorer les possibilités et en reconnaître les limites, dont la plus infranchissable est celle que nous venons de constater avec lui : l'être ainsi conçu ne réussit pas à s'accommoder de ses propres conditions formelles, si bien que tout effort pour le penser oblige à le détruire. Si οὐσία est ce qui est un, elle est deux; si elle est ce qui est toujours le même, elle est une infinité de fois autre, « de sorte que l'être, incontestablement encore, des milliers et milliers de fois n'est point, et que les autres, soit individuellement, soit en leur totalité, sous de multiples rapports, sont, et, sous de multiples rapports, ne sont point [2] ».

La deuxième de ces limites est celle que marquera si fortement Aristote, mais que Platon avait déjà reconnue : l'impossibilité, pour une ontologie de ce genre, de fonder une science du devenir. Et comment en justifierait-elle la science, puisqu'elle doit lui refuser l'être? Si du moins elle pouvait le lui refuser totalement, la difficulté ne serait pas si grande. En fait, le devenir sensible est composé de « choses ainsi faites qu'elles sont à la fois et ne sont pas », si bien qu'elles tiennent en quelque sorte « le milieu entre l'être pur et le non-être absolu ». C'est même pourquoi, flottant entre l'être et le non-être, elles tombent sous les prises de cette connaissance bâtarde, inter-

1. PLATON, *République*, V, 476 E; trad. E. Chambry, Paris, les Belles-Lettres, 1933, p. 93.
2. PLATON, *Sophiste*, 259 A; trad. A. Diès, p. 375.

médiaire entre la science et l'ignorance, que nous nommons l'opinion [1]. C'est aussi pourquoi, chez Platon, alors que la science porte de plein droit sur les purs objets abstraits que la raison définit et que l'intellect contemple, tout ce qui relève du devenir et de l'existence concrète rentre par là même dans le domaine du mythe, c'est-à-dire du simple récit. Histoire des origines du monde dans le *Timée*, histoire des origines et de la destinée des âmes dans le *Phédon* et dans la *République*, rien de tout cela n'atteint le niveau de la science, parce que les existants ne sont pas des êtres, mais de simples images de « ce qui est ».

Incapable de rattacher le devenir concret à sa notion du réellement réel, Platon se heurte donc à de sérieuses difficultés lorsqu'il s'agit pour lui d'expliquer, par l'être tel qu'il le conçoit, le monde de l'apparence qui, nous assure-t-il, en dépend. Il est aisé de dire que le sensible dérive de l'intelligible et le mouvement de l'immobile, mais il est beaucoup plus difficile de le faire comprendre. Platon lui-même l'a bien vu. S'il y a des Idées, ou formes archétypes, elles sont ce qu'elles sont en elles-mêmes ou, tout au plus, en vertu de leurs relations mutuelles, mais elles sont sans rapport avec le monde où nous vivons. Aristote ne se lassera pas de dire que, soit qu'elles existent ou n'existent pas, les Idées n'expliquent rien de ce qui pour nous existe, mais, ici encore, Platon se l'était déjà dit. Les esclaves ne sont pas des esclaves de l'essence du maître en soi, mais d'un homme concret qui est leur maître, et qui, de son côté, ne commande pas à l'οὐσία de l'esclave en soi, mais aux esclaves particuliers qu'il possède : « Les réalités qui sont nôtres n'ont point leur efficace sur ces réalités de là-haut et celles-ci ne l'ont point davantage sur nous. » Conclusion dévastatrice en vérité, car si les Idées sont sans efficace sur le monde concret du devenir, comment, à partir de ce même devenir, pourrions-nous acquérir la science des Idées? Cette science proprement dite, il se peut qu'un dieu la possède, « mais nous, du moins, ne connaissons aucune des formes, puisque nous n'avons point de part à la science en soi... Inconnaissable donc est pour nous et le beau en soi essentiel, et le bien, et tout ce que nous admettions à titre de formes en soi [2] ». Telle est la conclusion

1. PLATON, *République*, V, 477 A-B; trad. E. Chambry, p. 93.
2. PLATON, *Parménide*, 133 D-134 C; trad. A. Diès, pp. 66-67.

« terrible » à laquelle la dialectique de Platon s'accule elle-
même. Le scepticisme de la Nouvelle Académie s'offre ici
comme une issue naturelle. Sans doute, Platon lui-même n'a
pas cédé à cette tentation, mais il n'est resté fidèle à son
ontologie de l'essence qu'en renonçant à la rejoindre aux existences concrètes, qu'elle avait pourtant charge d'expliquer.

La spontanéité même de sa démarche initiale explique
pourquoi, s'étant d'abord engagé dans la voie de l'essence,
Platon n'a jamais fait d'effort suivi pour revenir sur ses pas.
La seule manière concevable de rejoindre les existences à partir
de l'Idée eût été de diviniser l'une d'entre elles, d'en faire le
Démiurge et la Cause efficiente du devenir, bref de transformer
une essence en un existant. C'est ce que font à sa place les
commentateurs qui se croient autorisés à ériger en dieu l'Idée
du Bien. Aucun texte connu n'autorise pourtant à le faire et
rien ne permet de croire que Platon lui-même eût accepté cette
identification. En fait, il ne l'a jamais proposée. Aux prises avec
les difficultés inhérentes à toute ontologie des essences, il ne
s'est pas demandé si la notion de « réellement réel », en dépit
de sa plénitude apparente, ne présupposait pas l'exclusion de
l'existence et n'impliquait pas, par là même, une irrémédiable
mutilation de l'être. La seule conclusion qu'il ait tirée des
difficultés où la discussion de l'οὐσία l'engageait montre au
contraire que, dans ses velléités mêmes de la dépasser, Platon
lui resta toujours fidèle. Elle était pour lui l'expression si complète de l'être, que, comme nous allons le voir, il n'hésita pas à
sacrifier l'être lui-même, chaque fois que sa propre critique de
l'essence lui fit voir la nécessité de le dépasser.

Si le « réellement réel » s'avère finalement insaisissable à la
pensée, il ne reste d'autre ressource que de chercher un au-delà
de l'être, à partir duquel l'être même devienne intelligible.
Deux fois au moins, dans l'ensemble de ses Dialogues, Platon
semble avoir été tenté de transcender l'οὐσία. Dans le *Sophiste*,
la constatation que l'être est l'identique à soi-même lui fit risquer l'expérience de réduire l'être à l'un ; dans la *République*,
le besoin de justifier la causalité de l'Idée le conduisit à subordonner tout le « réellement réel » à un terme situé lui-même
au-delà de la réalité, le Bien, qui est ἐπέκεινα τῆς οὐσίας
et la dépasse en puissance comme en dignité [1]. Ce Bien, nous

---

1. PLATON, *République*, VI, 509 B.

dit-on — τὸ Πλάτωνος ἀγαθόν — passait proverbialement
dans l'antiquité pour quelque chose d'obscur [1]. On voit aisément pourquoi. Dans une doctrine où l'être lui-même refuse
de se laisser saisir par la pensée, comment l'au-delà de l'être
serait-il pensable? Montrer qu'un tel au-delà de l'être est
nécessaire, mais qu'il est nécessairement impensable, devait
être l'une des tâches principales de la philosophie de Plotin.

Le néoplatonisme n'est pas né du platonisme par voie de
déduction logique. Si, en un certain sens, Plotin prolonge
Platon, c'est au contraire pour avoir usé de certaines conclusions, que Platon posait comme ultimes, en vue de résoudre
des problèmes essentiellement étrangers au platonisme. Parmi
ces problèmes, l'un des principaux était précisément d'unifier
l'ordre philosophique et l'ordre religieux, ou, plus exactement
peut-être, le monde intelligible des principes et le monde sacré
des dieux. On ne pouvait entreprendre pareille tâche sans
faire subir au platonisme authentique un remaniement qui en
affectât profondément la structure, et l'esprit même. Ériger
les dieux en principes, ou les principes en dieux, c'était transformer la dialectique en cosmogonie et demander à la science
de résoudre des problèmes qui, dans la pensée de Platon lui-
même, relevaient exclusivement du mythe. Entreprise dont,

---

1. PLATON, *République*; éd. Em. Chambry, p. 134; note à VI, 506 B. Cette
note conclut : « La majorité des interprètes s'accordent à présent à identifier le bien de Platon avec sa conception philosophique de la divinité.
Cf. SHOREY, *On the Idea of Good in Platos' Republic* (Chicago Studies in
classical Philology). » Nous ne saurions discuter ici cette interprétation du
Bien de Platon. Disons du moins que, cette identification n'étant justifiée
par aucune déclaration formelle de Platon lui-même, elle exprime moins sa
propre pensée que celle de certains des interprètes qui la commentent. En
outre, la formule même de cette interprétation est équivoque. Si l'on veut
dire que le Bien joue chez Platon, dans l'ordre de l'essence, un rôle analogue
à celui du Démiurge dans l'ordre de l'existence, rien n'est plus juste; mais
si l'on infère de là que le Bien de Platon soit pour lui, non seulement du
divin, ce qui serait autre chose, mais Dieu, ou même le plus haut des dieux,
on infléchit sa doctrine dans une direction où elle ne s'est jamais engagée
et que, chose remarquable, Plotin lui-même n'a pas suivie. Les dieux, chez
Platon, relèvent de l'ordre de l'existence et du mythe; ils sont des causes
du devenir. Au contraire, le Bien se pose, à titre de cause de l'essence, au-
delà de l'essence, mais dans son prolongement dialectique et sur la même
ligne. Le Bien est aux essences ce que le Démiurge est aux existences, mais
aucun dieu platonicien n'est une idée, aucune idée platonicienne n'est un
dieu. Cf. Et. GILSON, *God and Philosophy*, ch. I.

quel qu'en fût d'ailleurs le succès, l'ontologie devait être inévitablement affectée.

Il arrive en effet parfois que Platon, remontant analytiquement la hiérarchie de l'être, s'élève à quelque principe absolument premier de ce qui est. C'est ce qu'on le voit faire au
livre VI de la *République*. Mais ce qui n'est chez lui qu'un effort
exceptionnel est une démarche familière à la philosophie de
Plotin, chez qui un incessant va-et-vient des êtres au Premier
Principe et du Premier Principe aux êtres est comme la trame
même de la doctrine. Ce premier principe, que Plotin déclare à
maintes reprises innommable, il l'a pourtant nommé, et même
de deux noms, qui se trouvent être précisément ceux dont
Platon s'était servi pour désigner, au-delà de l'être, la racine
de ce qui est. Ce sont l'Un et le Bien, mots qu'il convient cette
fois d'écrire avec des majuscules, parce qu'ils désignent assurément ici autre chose et plus que des abstractions réalisées,
mais dont il n'est que plus malaisé de savoir ce qu'ils désignent.

Plotin lui-même l'a souvent donné à entendre, le Bien et
l'Un sont la même chose, sous deux réserves pourtant, dont
l'une est qu'ils ne sont pas à proprement parler une chose, et
dont l'autre est qu'ils correspondent à deux aspects, complémentaires mais nettement distincts, de ce qu'ils désignent.
Ainsi que celle de Platon, la pensée de Plotin se présente, dans
une large mesure, comme une réflexion sur l'être. C'est pourquoi
l'ontologie est au cœur des deux doctrines. Comme chez Platon
encore, l'ontologie atteint chez Plotin son ultime profondeur
au moment où, cherchant à le définir dans son essence, elle
constate que l'être en tant qu'être dépend finalement lui-même
d'un au-delà de l'être, qui n'est autre que sa répugnance essentielle et primitive au multiple, c'est-à-dire l'Un : « Car le non-un
est conservé par l'un, et il est ce qu'il est grâce à lui ; et, si une
chose faite de parties multiples n'est pas devenue une, on ne
peut dire encore : *elle est*. Et si l'on peut dire de chaque chose
ce qu'elle est, c'est grâce à l'unité, et aussi à l'identique [1]. »
Prise dans chacun des êtres multiples dont elle assure l'unité,
et par conséquent l'être, cette identité à soi-même n'est encore
qu'une unité participée ; mais ce qui n'est en soi qu'unité pure,
libre de toute multiplicité à unifier, c'est l'Un lui-même, source

---

1. Plotin, *Ennéades*, V, 3, 15 ; éd. E. Bréhier, Paris, Les Belles-Lettres,
1931, t. V, p. 69.

de toute unité participée, et par conséquent de tout être. L'Un est donc une puissance immense, capable de tout engendrer, et l'on n'aurait rien de plus à en dire, s'il ne s'agissait que de le déterminer, statiquement en quelque sorte, comme cause de l'intelligibilité de tout ce qui est [1]. Le problème revêt pourtant un autre aspect, lorsqu'on se demande pourquoi cette puissance immense engendre en effet tout le reste. Ainsi conçu, l'Un prend le nom de Bien, et c'est à ce titre qu'il est cause de « ce qui est après l'Un », c'est-à-dire de la multiplicité.

On aurait mauvaise grâce à exiger de Plotin des précisions, alors qu'étant au-delà de l'être et de l'intelligible, il est aux prises avec l'ineffable. Comment se prévaloir d'un texte quelconque sur l'Un? D'autres textes, en apparence contraires, pourront toujours faire valoir leurs droits, puisque rien de ce que l'on en dit ne suffit à l'exprimer. Nos contradictions s'opposent sur le plan de l'être et de l'intelligible, alors que l'Un est bien au-delà de l'un et de l'autre. En un certain sens, il les accueille toutes. Il y a pourtant chez Plotin quelques positions fondamentales, auxquelles certaines de ses formules préférées correspondent, et qui définissent une ontologie assez ferme.

La première et la plus importante de ces positions est la transcendance de l'Un sur l'être. Il devient ici parfaitement clair que l'être n'est plus premier, mais n'occupe au contraire qu'une position seconde dans l'ensemble des principes. Plotin lui-même a clairement défini sa doctrine sur ce point, en disant que « c'est parce que rien n'est en lui, que tout vient de lui; et que, pour que l'être soit, lui-même n'est pas être, mais le générateur de l'être; et l'être est comme son premier né [2] ». Deux points sont ici d'importance décisive : l'Un n'est pas l'être, et, précisément parce qu'il ne l'est pas, il peut le causer. Comme le dira l'auteur du *De causis* en une formule que le moyen âge latin aimera citer et commenter : *prima rerum creatarum est esse.*

Que l'Un ne soit pas l'être, Plotin n'a cessé de le répéter, et la raison en est claire. Comme l'avait déjà vu Platon, tout être est une certaine unité, mais, pour cette raison même, chaque

---

1. PLOTIN, *loc. cit.*, p. 70. Cf. *Enn.*, III, 8, 10; V, 4, 1 et V, 1, 6. C'est en tant que fécondité primitive que le Bien a la vie en lui et que toutes choses sont en lui (*Enn.*, V, 4, 2; t. V, p. 81, l. 16-17). Sur l'accord de cette formule avec celle de saint Jean (I, 3-4), voir saint AUGUSTIN, *Conf.*, VII, 9, 13.

2. PLOTIN, *Enn.*, V, 2; éd. E. Bréhier, t. V, p. 33.

être particulier n'est qu'une certaine unité particulière, et
non pas l'Un. Si donc l'Un était « un certain un (τὶ ἕν), il ne
serait pas l'Un en soi (οὐκ ἂν αὐτοέν); car l'Un en soi est avant
un certain un (τὸ γὰρ αὐτὸ πρὸ τοῦ τι) [1] ». C'est d'ailleurs pourquoi l'Un est véritablement inexprimable. Quoi que l'on en
dise, on dira qu'il est « quelque chose », un certain τὶ, que,
précisément, il n'est pas. Et remarquons bien qu'il ne s'agit
pas simplement ici d'une insuffisance de notre humaine pensée
à saisir l'Un. L'antinomie est beaucoup plus radicale, puisqu'elle
est entre l'Un et toute pensée en général. Quelle que soit la
pensée qui prétendrait le saisir, elle en ferait immédiatement
un être, c'est-à-dire « une certaine unité » qui ne serait plus
l'Unité. Et non seulement on ne peut pas penser l'Un, mais il
ne peut pas se penser soi-même, puisque, pour se penser, il
lui faudrait être à la fois connaissant et connu, c'est-à-dire
être deux. L'Un de Plotin transcende donc la connaissance de
soi-même : « S'il y a une réalité qui soit la plus simple de toutes,
elle n'aura pas la pensée d'elle-même; si elle l'avait, elle aurait
un être multiple. Elle ne se pense donc pas, et on ne la pense
pas [2]. » C'est pourquoi, au sens rigoureusement défini où l'intelligibilité et l'être s'impliquent mutuellement, l'Un n'est pas,
mais c'est aussi pourquoi, comme on va le voir, l'Un peut être
la cause de ce qui pense, et par conséquent de ce qui est.

Ce passage de l'Un au νοῦς et à l'être est si important dans
la cosmogonie de Plotin, que l'interprétation qu'on en donne
commande celle de toute sa doctrine. Il n'est pas rare de la voir
présentée comme un « monisme », un « panthéisme », ou un
effort pour concilier le « théisme » et le « panthéisme » [3]. En réalité, de tels problèmes sont étrangers au plotinisme authentique.
Ce que l'on nomme le panthéisme de Plotin est une illusion de
perspective née du mélange de deux ontologies hétérogènes.
Elle se produit dans l'esprit de ses interprètes, au moment
précis où, identifiant l'Un et le Bien de Plotin avec l'Être du
Dieu chrétien, ils transposent l'émanation plotinienne du mul-

---

1. PLOTIN, Enn., V, 3, 12; t. V, p. 66.
2. PLOTIN, Enn., V, 3, 13; t. V, pp. 67-68. Cf. V, 6, 4; t. V, p. 115, I. 24-27.
Noter pourtant que l'Un n'est pas « inconscient », mais sa conscience de soi
est supérieure à la pensée : Enn., V, 4, 2; t. V, p. 81.
3. M. DE WULF, Histoire de la philosophie médiévale, 6ᵉ éd., 1934, t. I,
p. 109. — Hans VON ARNIM, Die europäische Philosophie des Altertums, dans
Allgemeine Geschichte der Philosophie, Teubner, 1913, p. 259,

tiple à partir de l'Un en une émanation chrétienne des êtres à partir de l'Être. C'est là une erreur, car ce ne sont pas deux ontologies qu'il s'agit ici de comparer entre elles, mais une « ontologie » et, si l'on peut dire, une « énologie ». Or une telle comparaison est impossible parce que chacun de ces deux points de vue comporte des exigences contradictoires avec celles de l'autre. Dans une doctrine de l'Être, l'inférieur n'est qu'en vertu de l'être du supérieur. Dans une doctrine de l'Un, c'est au contraire un principe général que l'inférieur n'est qu'en vertu de ce que le supérieur n'est pas; en effet, le supérieur ne donne jamais que ce qu'il n'a pas, puisque, pour pouvoir donner cette chose, il faut qu'il soit au-dessus d'elle [1]. C'est d'ailleurs précisément en ces termes que Plotin lui-même a posé le problème : « Comment l'Un a-t-il conféré ce qu'il ne possédait pas [2] ? » Or nous connaissons déjà sa réponse : « C'est parce que rien n'est en l'Un, que tout vient de lui, et, pour que l'être soit, il faut que l'Un lui-même ne soit pas être, mais ce qui l'engendre. L'être est donc comme son premier né [3]. » Dans une pareille doctrine, la cause de l'οὐσία se trouvant au-delà de l'οὐσία, il devient évident que la cause efficiente de l'être n'est pas elle-même de l'être [4]. Nous sommes donc à l'exact opposé des ontologies chrétiennes de l'être. *Quid enim est, nisi quia tu es?* demandera bientôt saint Augustin [5]. S'il se fût adressé, non au Dieu chrétien de l'Exode, mais à l'Un de Plotin, Augustin eût sans doute formulé sa question de tout autre manière; non plus, « qu'y a-t-il qui soit, sinon parce que tu es »? mais, au contraire, « qu'y a-t-il qui soit, sinon parce que tu n'es pas »?

Situer exactement la position de Plotin, c'est faire plus que cataloguer avec précision quelque fait historique, ou même que ressaisir en sa pureté l'esprit authentique d'une grande philosophie; c'est dégager les implications ultimes d'une certaine position philosophique pure, qui est ici la métaphysique de l'Un. Lorsque Plotin dit que l'Un est toutes choses et qu'il n'en est aucune [6], il ne faut pas en conclure que l'Un soit dans les choses par son être. Ce qui est dans les choses, c'est de

1. PLOTIN, *Enn.*, VI, 7, 17; t. VI, p. 88.
2. PLOTIN, *Enn.*, V, 3, 15; t. V, p. 69.
3. PLOTIN, *Enn.*, V, 2, 1; t. V, p. 33, 1. 4-6.
4. PLOTIN, *Enn.*, V, 3, 17; t. V, p. 72, 1. 12-14.
5. S. AUGUSTIN, *Conf.* XI, 5, 7; éd. P. de Labriolle, t. II, pp. 300-301.
6. PLOTIN, *Enn.*, V, 2, 1; t. V, p. 33, 1. 1.

l'être, c'est-à-dire un émané, qui n'est pas lui-même l'Un, de l'Un, qui n'est pas lui-même de l'être. La coupure radicale qui sépare les choses de leur principe passe là, et nulle part ailleurs, dans la doctrine de Plotin. D'autres philosophies ne se lasseront pas de redire que le mot *ens* dérive du verbe *esse*, comme les êtres viennent de l'Être. L'étymologie proposée par Plotin est toute différente, mais non moins expressive de sa propre pensée : « Dans les nombres, la participation à l'unité faisait naître la quantité ; ici, la trace de l'Un fait naître l'essence, et l'être n'est que la trace de l'Un. Et si l'on disait que le mot être, *einai*, dérive du mot un, *en*, on atteindrait sans doute la vérité [1]. » Il importe donc de distinguer les ordres. Dans une doctrine où *ens* dérive d'*esse*, toute émanation serait panthéiste ou moniste de plein droit, mais il en va tout autrement dans une doctrine où *einai* dérive d'*en*. C'est que, comme le dit Plotin lui-même : « Quand il s'agit du principe antérieur aux êtres, l'Un, celui-ci reste en lui-même [2]. » On ne saurait donc le confondre en aucun point avec ce qu'il engendre : « Le Principe n'est pas l'ensemble des êtres, mais tous les êtres viennent de lui ; il n'est pas tous les êtres ; il n'est aucun d'entre eux, afin qu'il puisse les engendrer tous [3]. »

Que l'être dérive de l'Un dans la doctrine de Plotin, la chose est donc certaine, mais on ne voit pas d'abord pourquoi, dans cette même doctrine, être et penser se confondent. Plotin l'affirme pourtant : « être et penser, c'est la même chose [4] ». La manière la plus simple de découvrir le sens de cette thèse est peut-être de l'aborder sous cette autre forme : être et être objet de pensée, c'est la même chose. A la question : qu'est-ce qu'un être ? plusieurs réponses sont possibles, mais elles auront toutes ce caractère commun d'être des déterminations ou des

---

1. Plotin, *Enn.*, V, 5, 5 ; trad. E. Bréhier, t. V, p. 97.
2. Plotin, *Enn.*, V, 5, 5 ; trad. E. Bréhier, t. V, p. 96.
3. Plotin, *Enn.*, III, 8, 9 ; trad. E. Bréhier, t. III, p. 165. Ces formules ne sont en rien contredites par celles, non moins nombreuses, où Plotin affirme l'omniprésence de l'Un. On doit dire, en effet, que l'Un est partout et qu'il n'est nulle part. Pourquoi ? « Parce qu'il faut que l'Un soit avant toutes choses, il faut qu'il emplisse tout et qu'il produise tout, mais non pas qu'il soit tout ce qu'il produit. » *Enn.*, III, 9, 4 ; t. III, p. 174. Cf. « Ce n'est pas en tant qu'il est, que l'Un produit ce dont on dit : *il est* », *Enn.*, VI, 8, 19 ; t. VI, p. 159.
4. Plotin, *Enn.*, III, 8, 8 ; trad. E. Bréhier, t. III, p. 162. — Cf. *Enn.*, V, 4, 2 ; t. V, p. 82, 1. 45 ; et V, 9, 5, p. 166, 1. 29-30.

délimitations par la pensée de cet x que nous nommons « être ». Fidèle à la tradition platonicienne qui lie le problème de l'être à celui de la connaissance, Plotin voit l'être surgir au point précis où, circonscrivant par la définition une aire intelligible, la pensée engendre un objet dont on peut désormais dire qu'il est, parce qu'il est pensable. C'est même pourquoi la notion de réalité et les notions d'essence ou de quiddité peuvent être signifiées par un seul terme, l'οὐσία, ou essence intelligible, étant cela même qui est. Or, nous l'avons dit, l'Un transcende l'être, parce qu'il transcende la pensée ; après l'Un, ce qu'il y a de meilleur est la connaissance de l'Un. On placera donc aussitôt après lui, comme deuxième hypostase, l'Intelligence (νοῦς), ou connaissance subsistante de tout ce que l'Un a le pouvoir de produire, bien que lui-même ne le connaisse pas. Ces choses, qui viennent de l'Un, sont comme autant de fragments virtuels du premier principe, que l'Intelligence morcelle, en quelque sorte, par l'acte qui pose toutes choses comme des participations possibles à l'Un : « Et c'est pourquoi ces choses sont des essences ; car chacune d'elles a une limite et comme une forme ; l'être ne peut appartenir à l'illimité ; l'être doit être fixé dans une limite déterminée et dans un état stable ; cet état stable, pour les intelligibles, c'est la définition et la forme, d'où ils tirent aussi leur réalité [1]. » Ainsi posés, et littéralement causés, par cet acte subsistant qu'est la connaissance de l'Un, ou l'Intelligence, les intelligibles ne s'en distinguent sous aucun rapport. Ils sont l'Intelligence, l'Intelligence est ses objets. Or nous venons de dire que chacun de ces objets est un être. Pris ensemble, ils constituent donc la totalité de l'être, et puisque l'Intelligence est identique à l'ensemble de ces objets, on peut dire qu'elle est l'être même, ou, inversement, que « l'intelligence ou l'être, c'est la même chose [2] ». Conclusion par laquelle, au-delà de Platon, Plotin rejoint Parménide : « Être et penser, c'est la même chose [3]. » Il est vrai qu'au moment où il revendique cette formule, Plotin prend soin de marquer en quel sens personnel il l'adopte, mais le durcissement qu'il lui impose n'en

---

1. PLOTIN, *Enn.*, V, 1, 7 ; trad. E. Bréhier, t. V, p. 24. — Pour une description de l'être, *Enn.*, III, 6, 6 ; t. III, p. 102.
2. PLOTIN, *Enn.*, V, 4, 2 ; éd. cit., t. V, p. 82, 1. 4-5.
3. PLOTIN, *Enn.*, V, 9, 5 ; trad. E. Bréhier, t. V, p. 166, 1. 29-30. La même formule est expressément rapportée à Parménide, V, 1, 8 ; t. V, p. 26.

fait que mieux ressortir la nécessité abstraite qu'elle exprimait dès son origine. La cosmogonie plotinienne traduit, sous une forme presque tangible, l'inconcevabilité dont souffre l'être lui-même, lorsqu'on le réduit à l'état d'essence pure. L'intellect ne trouve plus alors en lui de quoi le justifier. Il lui faut donc en prononcer la déchéance au bénéfice de quelque autre dont il se déduise; d'où ce paradoxe d'une ontologie où l'être n'est plus l'étoffe dont le réel est fait, puisque au-delà de l'être, et comme à sa source même, il y a ce non-être qu'est l'Un.

CHAPITRE II

L'ÊTRE ET LA SUBSTANCE

Le nom seul de Platon évoque à l'imagination une foule d'images plastiques d'hommes, d'événements et même de choses : Socrate et Alcibiade, les scènes finales du *Phédon* et du *Banquet*, un endroit ombragé sous un platane sur les bords de l'Ilyssus. Il en va tout autrement d'Aristote, dont le nom ne nous rappelle guère que les titres d'écrits arides et des couples abstraits de termes antithétiques : acte et puissance, matière et forme, substance et accident. Pourtant l'imagination trahit ici la réalité. Platon était à la fois un philosophe et un artiste : il parlait concrètement de notions abstraites. Aristote, tel du moins que nous le connaissons, n'était pas un artiste, mais plutôt un philosophe et un savant : il parlait abstraitement de choses concrètes. C'est Platon, non Aristote, qui fut l'abstracteur des essences. Aristote lui-même ne l'ignorait pas, et le vif sentiment qu'il en eut inspire toute sa critique de la philosophie de Platon.

Les arguments dialectiques dirigés par Aristote contre la doctrine des Idées sont bien connus. S'il y a des Idées de tout ce qui est commun à une pluralité d'objets, où finira-t-on d'en poser ? Il devrait alors y avoir des Idées, non seulement des substances, mais encore des accidents, des relations et peut-être même des négations. En outre, supposé qu'il y ait des Idées, comment expliquer que chacune d'elles soit à la fois une en elle-même et partagée par une pluralité d'individus ? Si célèbres soient-elles, ces objections n'ont rien d'original. Platon lui-même les avait déjà formulées, et avec une force telle qu'on ne peut rien dire contre sa propre doctrine de la participation qui n'ait été déjà dit par lui. Si, malgré les difficultés qu'il y trouvait lui-même, Platon n'a jamais abandonné sa doctrine des Idées, c'est sans doute qu'elle lui semblait exprimer une vérité fondamentale qu'il fallait maintenir à tout prix, quoique peut-être il ne fût pas possible de l'élucider complètement. Après tout, ces difficultés n'étaient chez Platon qu'autant de moments d'un calcul dialectique, dont aucun ne se donnait pour un résultat final. Quand tout est dit contre elle, la doctrine des Idées reste intacte. L'objection authentiquement aristotélicienne contre les Idées naît d'une source entièrement différente. Elle exprime la conviction primitive et toute spontanée, que ce que Platon nommait l'Idée n'avait rien de commun avec ce que nous nommons l'être réel.

Il importe en effet de comprendre que la relation historique d'Aristote à Platon n'est pas d'ordre dialectique. Il serait satisfaisant pour l'esprit de pouvoir désigner, dans la doctrine de Platon, un problème dont la discussion critique aurait progressivement conduit Aristote à ses propres conclusions. Mais les choses se sont passées autrement. Aristote n'a pas déduit son ontologie de quelque critique préalable de la doctrine platonicienne des Idées; c'est au contraire une certaine vue ou un certain sentiment spontanés de la nature du réel qui lui ont dicté sa critique de l'ontologie platonicienne. C'est donc sur cette vue, ou sur ce sentiment, qu'il nous faut porter d'abord notre attention.

Lorsqu'il parlait à son tour d'οὐσία, Aristote se représentait une unité ontologique, c'est-à-dire un noyau d'être distinct, capable de subsister et d'être défini à part. C'est le terme aristotélicien que nous traduisons en français tantôt par celui de substance, tantôt par celui d'essence, ce qui convient mieux, mais οὐσία connote toujours, de quelque manière qu'on le traduise, la propriété fondamentale de « ce qui est » au sens plein de l'expression. Précisément parce qu'elle désigne la réalité ultime, l'οὐσία est difficile à décrire, et chaque fois qu'Aristote entreprend de dire ce qu'elle est, il finit par se contenter de dire ce qu'elle n'est pas.

Une première classe d'objets qui ne méritent pas vraiment le titre d'οὐσία, parce qu'ils ne sont pas vraiment des êtres, comprend tous ceux qu'Aristote désigne comme « présents dans un sujet ». Entendons par là : les êtres qui sont incapables d'exister à part d'un autre être. Il s'agit donc là d'objets dépour-

vus d'être propre et qui n'en ont pas d'autre que celui du sujet
où ils résident. Leur réalité, c'est sa réalité. Telles sont les
qualités des corps matériels, leurs dimensions ou leurs couleurs
par exemple. Une dimension ou une couleur appartiennent
toujours à un corps particulier; elles n'ont pas d'autre existence
que la sienne, et c'est pourquoi de telles déterminations sont
appelées « accidents » des sujets en qui et par qui elles existent.
Manifestement, l'οὐσία doit être autre chose : les accidents ne
répondent pas pleinement à la notion de « ce qui est ».

Tournons-nous à présent vers une classe d'objets toute différente. En disant qu'un certain être est « blanc », nous voulons
dire que la « blancheur » est présente dans cet être comme dans
un sujet. Au contraire, si nous disons qu'un certain être est un
« homme », nous n'entendons pas par là qu' « homme » soit
quelque chose qui, comme la taille ou la blancheur par exemple,
se trouve exister actuellement dans cet être. « Homme » n'est
pas une propriété physique observable *en* certains sujets, c'est
quelque chose que l'on peut dire *de* certains sujets. Nommons
« prédicabilité » cette propriété particulière. Elle n'est assurément pas un pur néant, mais elle n'est pourtant pas une chose,
puisqu'elle n'a même pas assez de réalité pour qu'on puisse la
dire présente dans un sujet. « Homme », « cheval » ou « pierre »
ne peuvent donc pas être considérés comme des termes désignant une οὐσία, c'est-à-dire un « ce qui est ».

Cette double élimination nous laisse en présence des seules
unités ontologiques distinctes dont nous avons parlé d'abord.
A vrai dire, tout ce que l'on en sait, est que ce ne sont ni des
idées générales, comme « homme » ou « cheval », ni de simples
accidents comme la taille ou la couleur d'un cheval ou d'un
homme. Pourtant, cette double négation peut se changer en
une double affirmation. Si l'οὐσία n'est pas une simple notion
générale, c'est sans doute que tout être digne de ce nom est
individuel par définition. D'autre part, dire qu'un être proprement dit n'existe pas seulement comme « présent dans un
sujet », c'est affirmer que tout être réel est sujet de plein droit.
Mais qu'est-ce qu'être un sujet? C'est être cela seul en quoi
et par quoi les accidents peuvent exister. En d'autres termes,
une οὐσία proprement dite est ce qui, ayant soi-même de quoi
exister, confère en outre l'existence à ces déterminations
complémentaires qu'on nomme ses accidents. A ce titre, il
prend le nom de substance, parce qu'il se tient pour ainsi dire

sous les accidents qu'il supporte, et comme tout être empiriquement observable possède des accidents, le terme de substance s'emploie couramment pour désigner les êtres donnés
dans l'expérience, ou, comme on dit, les choses, les réalités.

Le caractère indirect de cette détermination de l'être se
révèle clairement par les formules mêmes dont use Aristote :
« La réalité (οὐσία), au sens véritable, premier et rigoureux de
ce terme, est ce qui n'est ni prédicable d'un sujet ni présent
dans un sujet, par exemple, un homme ou un cheval particuliers [1]. » Cette définition revient finalement à dire que le réel
proprement dit est autre chose et plus qu'un simple concept
ou qu'un simple accident, puisqu'il est ce en quoi l'accident
réside, ou ce dont on prédique le concept. A vrai dire, c'est là
situer l'οὐσία plutôt que la définir, mais notre problème est précisément de savoir si le réel comme tel est définissable, et
l'embarras d'Aristote tient peut-être à la nature même de la
question. Quoi qu'il en soit de ce point, Aristote en dit assez
pour faire comprendre que, telle qu'il la conçoit, l'οὐσία est très
différente de ce que Platon désignait de ce nom. Décrite en
langage aristotélicien, une Idée platonicienne n'est rien de plus
qu'un terme « prédicable d'un sujet ». Elle n'est donc pas un
« être », au sens véritable, premier et rigoureux du terme, parce
qu'elle n'est pas un « sujet ».

Ayant ainsi relégué les Idées dans la classe des réalités secondaires ou dérivées, Aristote ne s'en trouve pas moins en présence du même problème : qu'est-ce qui, dans le sujet individuel, constitue l'οὐσία? La manière authentiquement aristotélicienne de discuter la question est de la transformer en cette
autre : à quels signes reconnaît-on la présence d'une substance?
Dans notre expérience sensible, la seule d'ailleurs dont nous
disposions, le signe le plus frappant et le plus immédiat de la
présence d'une substance est celle des opérations qu'elle accom-
plit et des changements dont elle est cause. On nomme précisément « nature » toute substance considérée comme principe
d'un changement de type quelconque [2]. Ainsi conçues, les substances sont les causes des diverses actions et opérations (telles
que déplacements dans le lieu, croissances et changement de
qualités) que nous observons sans cesse dans le monde des

---

1. ARISTOTE, *Catégories*, V, 2 a 10. Cf. *Metaph.*, Δ, 8, 1017 b 23-26.
2. ARISTOTE, *Métaphysique*, Δ, 4, 1014 b 13-15.

corps. Mais le pouvoir d'agir et d'opérer qui décèle leur présence n'est encore que l'indice extérieur de leur nature. Les substances ne déploient ainsi leurs énergies, que parce que chacune est elle-même une énergie (ἐνέργεια) ; elles n'exercent ces diverses activités que parce que chacune d'elles est d'abord un acte. Tel est donc le fond de la réalité proprement dite : l'être est l'acte même en vertu duquel chaque substance est ce qu'elle est, et subsiste à part comme une réalité qui se suffit.

Une fois rendu là, Aristote ne pouvait plus que s'arrêter. Il savait fort bien qu'être était être en acte, et par conséquent être un acte, mais dire ce qu'était un acte échappait à ses moyens. Tout ce qu'il pouvait encore faire était de diriger nos regards vers l'actualité, comme vers quelque chose qu'on ne peut manquer de reconnaître, pourvu seulement qu'on le voie. Par exemple il pouvait nous en désigner le contraire, c'est-à-dire la simple puissance, ou possibilité. Mais cela même n'avance pas à grand-chose, car comprendre la puissance sans l'acte est moins possible encore que comprendre l'acte sans la puissance. Il ne lui restait donc enfin que cette dernière ressource : recourir à des exemples divers et, rappelant à son lecteur qu' « il ne faut pas chercher des définitions de tout », l'inviter à s'imaginer lui-même, par analogie, le sens de ces deux termes : « L'acte, donc, est l'existence d'un objet, mais non pas de la façon que nous avons exprimée par puissance. Nous disons, par exemple, qu'Hermès est en puissance dans le bois, et la demi-ligne dans la ligne entière, parce qu'elle pourrait en être tirée. Nous appelons aussi savant en puissance celui qui ne spécule pas, s'il a la faculté de spéculer ; l'état opposé, dans chacun de ces cas, existe en acte. La notion de l'acte que nous proposons peut être connue par induction, à l'aide d'exemples particuliers ; il ne faut pas chercher à tout définir, mais il faut savoir se contenter de saisir l'analogie ; l'acte sera donc comme l'être qui bâtit est à l'être qui a la faculté de bâtir, l'être éveillé à l'être qui dort, l'être qui voit à celui qui a les yeux fermés mais qui possède la vue, ce qui a été séparé de la matière à ce qui a la matière, ce qui est élaboré à ce qui n'est pas élaboré [1]. » Bref, toutes les fois qu'une possibilité se réalise, dans un ordre quelconque et d'une manière quelconque, il y a acte, et par

---

1. ARISTOTE, *Métaphysique*, Θ, 6, 1048 a 30-1048 b 4 ; trad. J. Tricot, Paris, J. Vrin, 1933, t. II, p. 37.

conséquent il y a être, c'est cela qu'il faut comprendre, et il faut bien que comprendre cela nous suffise, car la pensée ne saurait aller au-delà.

Il est caractéristique du réalisme d'Aristote que, pleinement conscient du caractère irrémédiablement « donné » de l'être actuel, il n'ait pourtant pas été tenté de l'expulser de sa philosophie. C'est ce qui permettra plus tard à des conceptions authentiquement existentielles de l'être de se greffer sur son ontologie, non seulement sans en trahir l'intention première, mais plutôt en lui conférant la portée plénière qui lui revenait de plein droit. En effet, l'objection fondamentale d'Aristote au platonisme, celle que toutes les autres explicitent ou justifient, est l'indifférence radicale de l'οὐσία platonicienne au monde de choses concrètes actuellement existantes dans lequel nous vivons. C'est pourquoi, après avoir discuté tout au long les difficultés dialectiques soulevées par la doctrine des Formes ou Idées séparées, Aristote ajoute cette remarque décisive : « La plus importante question à poser, ce serait de demander quelle peut bien être la contribution des Idées aux êtres sensibles, soit aux êtres éternels (sc. les astres), soit aux êtres générables et corruptibles. En effet, elles ne sont pour ces êtres les causes d'aucun mouvement ni d'aucun changement [1]. » C'est le centre même du problème. Le changement est une donnée empirique première. S'il existe une cause des choses sensibles, elle doit être en même temps celle de leur incessant devenir. Or causer le changement est de tout ce dont les Idées sont le moins capables, et, tout d'abord, elles ne peuvent causer celui qui leur donne l'existence : « Les autres objets ne peuvent provenir des Idées dans aucun des sens où l'on entend d'ordinaire cette expression, de » [2]. Causer, c'est agir, et la première condition pour agir est d'être soi-même un acte, c'est-à-dire un être actuellement existant. Simples abstractions, les Idées ne sont ni des êtres ni des actes, et parce qu'elles ne sont pas des actes, elles ne sauraient être des causes. Les réduira-t-on alors à la condition de simples modèles des choses qui sont faites? Soit, mais qui donc fera les choses? « Quant à dire que les Idées sont des paradigmes, et que les autres choses en participent, c'est prononcer des mots vides et faire des métaphores poétiques. Qu'est-

---

1. ARISTOTE, *Métaphysique*, A, 9, 991 a 8-11.
2. *Métaphysique*, A, 9, 991 a 19-20. Cf. trad. J. Tricot. Paris, J. Vrin, 1933, t. I, p. 48, note 2.

ce donc qui travaille en fixant les yeux sur les Idées [1]. » En effet, pour Platon lui-même, le Démiurge n'avait jamais été plus qu'un mythe; des êtres actuellement existants peuvent bien expliquer la présence de leurs idées dans l'intellect humain qui les pense, mais des Idées n'expliqueraient en rien l'existence actuelle des êtres concrets qui leur correspondent. Comme elles n'entrent pas dans sa composition, les Idées ne peuvent en rien nous aider à connaître la réalité.

L'opposition d'Aristote à Platon sur ce point est un des lieux communs de l'histoire de la philosophie, et à bon droit, car elle exprime celle de deux exigences intellectuelles qu'il est malaisé d'accorder, mais qui sont également impérieuses, et qu'on voit d'ailleurs toutes deux à l'œuvre dans l'esprit de Platon comme dans celui d'Aristote. Il s'agit en effet de savoir si le terme « réalité » inclut tout ce qui est intégralement intelligible, et rien d'autre, ou s'il peut éventuellement inclure des éléments d'une nature opaque à la pensée, qui, bien qu'à peine intelligibles en eux-mêmes, semblent conditionner tout le reste, et son intelligibilité même. En tant que philosophe, Platon est assoiffé d'intelligibilité pure, mais dès qu'il aborde les problèmes concrets où elle n'est plus qu'incomplètement accessible, il renonce à la science et se contente de ce succédané qu'est la probabilité du mythe. Le contraire est vrai d'Aristote. Au lieu de poser d'abord comme réel un type d'être intégralement satisfaisant pour la pensée, et d'autant plus « être » pour elle qu'il la satisfait davantage, il commence par accepter les faits bruts comme tels, quitte à pousser ensuite aussi loin que possible son enquête sur leurs conditions abstraites d'intelligibilité.

C'est ce que nous le voyons faire à propos de l'être même. Sa première démarche est de poser les substances concrètes actuellement existantes comme le meilleur exemple concevable de « ce qui est ». Des analyses ultérieures lui permettent de discerner ensuite, dans ce réel même, comme des couches de réalité étagées en profondeur. A la surface, pour ainsi dire, sont les accidents; au fond, la substance individuelle qui partage avec eux son être et, pour cette raison même, constitue l'οὐσία proprement dite. Voilà pourquoi l'être se confond en dernière analyse avec la substantialité. En effet, les dimensions, qualités, relations et autres accidents ne sont pas « ce que la

1. *Métaphysique*, A, 9, 991 a 20-23.

chose est », mais seulement ce qui appartient à ce que cette chose est, c'est-à-dire à l'être de cette chose. Ainsi, parmi les diverses significations du terme « être », il en est une fondamentale, qui l'identifie à « ce que » la chose est. Aristote lui-même le dit, en termes aussi précis qu'on le peut souhaiter : « Parmi les sens nombreux d'*être*, il est clair que le premier est celui où *être* signifie *ce qui est*, et où il signifie l'οὐσία [1]. »

En s'exprimant ainsi, Aristote prenait une décision capitale et, comme il arrive souvent en pareils cas, sans s'apercevoir qu'une autre eût été possible. Ce n'est pas que l'importance ni la complexité du problème lui eussent échappé. Tout au contraire, il avait claire conscience d'être ici aux prises avec la question des questions, celle qui, parce qu'elle décide de l'objet de la métaphysique, domine la philosophie tout entière; mais la manière même dont il posait à son tour ce problème, que s'étaient posé tous ses prédécesseurs depuis Thalès jusqu'à Platon, le maintenait sur le plan de l'essence et de la substance qui avait toujours été le leur : « Et, en vérité, l'objet éternel de toutes les recherches, présentes et passées, la question toujours posée : qu'est-ce que l'étant (τί τὸ ὄν)? revient à ceci : qu'est-ce que l'οὐσία? C'est cette οὐσία, en effet, dont les philosophes affirment, les uns, l'unité, d'autres la pluralité, cette pluralité étant, pour les uns, limitée en nombre, et pour d'autres, infinie. C'est pourquoi, pour nous aussi, notre objet capital, premier, unique pour ainsi dire, sera d'étudier ce qu'est l'étant pris en ce sens [2]. » Constatons donc cette série d'équivalences fondamentales : ce qui *est*, au sens premier du terme, c'est l'*être*, ou la réalité (οὐσία); cette réalité s'identifie à son tour à *ce que la chose est*, c'est-à-dire, pour employer un terme dès longtemps en usage, sa *quiddité*, ou *essence*. Il nous reste donc à chercher, dans l'individuel concret qui forme l'objet de notre expérience, où se trouve ce noyau ontologique résistant, qui en fait un être digne de ce nom, une réalité.

Partons d'un individu quelconque, un homme ou un cheval par exemple. Ce n'est pas un objet simple; il a une structure propre, et puisque nous cherchons ce qui le qualifie comme être, le problème est pour nous de savoir ce qui, parmi les éléments dont il se compose, le définit dans « ce qu'il est ». Les analyses

---

1. Aristote, *Métaphysique*, Z, 1, 1028 a 13-15. Cf. Θ, 1, 1046 a 26-32.
2. Aristote, *Métaphysique*, Z, 1, 1028 b 2-7; trad. J. Tricot, t. II, p. 239.

précédentes nous autorisent à éliminer d'abord tous les accidents quantitatifs ou qualitatifs qu'il possède, puisque de tels accidents n'existent, par définition, que par l'être subsistant qu'il s'agit précisément de découvrir. On éliminera pour la même raison les facultés ou énergies diverses que cet être possède ou exerce, puisque, nous l'avons dit, elles ne sont que le déploiement de l'acte premier et fondamental dont nous poursuivons la recherche. Restent donc seulement la matière, ou la forme, ou le composé des deux. Or, il est vrai que toutes les substances empiriquement données sont composées de matière et de forme. Il est par conséquent certain qu'elles ne peuvent être sans être à la fois l'une et l'autre; mais cette constatation ne résout pas le problème, car toute substance doit son unité à ce que les éléments dont elle se compose sont hiérarchiquement ordonnés. Savoir qu'une substance ne serait pas sans sa matière ou sans sa forme, ne dit pas lequel de ces deux éléments actualise l'autre, et lui donne par conséquent d'exister.

Puisque la substance sensible ne serait pas sans sa matière, il faut bien qu'en un certain sens la matière soit substance. Aristote affirme donc à l'occasion qu'elle l'est, entendant par là qu'elle est un des objets qui peuvent être et sont correctement désignés par le terme de substance, mais il est très difficile d'admettre que la matière, qui est substance, soit la substance même. Tout au contraire, elle n'est que dans et par la substance dont elle fait partie. Jamais la matière ne se rencontre telle quelle dans l'expérience. Elle n'y est observable que déterminée par des accidents, tels que ses dimensions quantitatives, ses qualités, le lieu qu'elle occupe et ses relations avec d'autres substances. Or ces déterminations elles-mêmes lui viennent de la forme qui fait d'elle une individualité distincte de toutes les autres, mais classable pourtant dans une espèce et dans des genres déterminés. C'est donc finalement vers la forme qu'il faut se tourner si l'on veut découvrir le principe ultime en vertu duquel toute substance est vraiment telle. C'est d'ailleurs ce que le langage confirme. Si l'on se demande « ce que cette chose est », on répondra par la définition de son essence, c'est-à-dire de sa forme. Sans doute, la définition de l'essence d'un être matériel doit tenir compte de sa matière : ainsi, la définition de l'homme le détermine d'abord comme un animal, donc comme un corps vivant; mais ce corps lui-même n'est déterminément celui d'un homme qu'en vertu de l'âme raisonnable qui

en est la forme, et c'est pourquoi l'essence ou forme de chaque
être reste la racine ultime de sa substantialité.

On ne voit pas, en effet, comment Aristote aurait évité cette
conclusion, mais tous ses critiques ont attiré l'attention sur
les difficultés qu'elle rencontre dans sa propre doctrine. Chaque
être y possède sa propre forme, en vertu de laquelle il existe
comme une unité ontologique distincte qui se suffit. D'autre
part, la forme de tout individu donné est ce que nous exprimons
par sa définition. Or la définition d'une chose porte directement
sur sa forme, qui est une et la même pour tous les individus
d'une certaine espèce. « Ce que l'homme est » reste identiquement le même en tous les hommes, à tel point que cela ne souffre
aucune variation, ne fût-ce que de degré, soit entre les divers
êtres humains, soit à l'intérieur du même homme. Aristote
lui-même l'affirme expressément dans un texte bien connu des
Catégories : « Une substance particulière, *homme*, ne peut pas
être plus ou moins *homme*, soit qu'elle-même en un autre temps,
soit qu'un autre homme. Un homme ne peut pas être plus *homme*
qu'un autre, comme ce qui est blanc peut être plus ou moins
blanc qu'un autre objet blanc, ou comme ce qui est beau peut
être plus ou moins beau que quelque autre bel objet... Une
substance ne peut pas être dite plus ou moins ce qu'elle est;
un homme n'est pas plus vraiment *homme* à un certain moment
qu'il ne l'était avant. Bref, rien de ce qui est une substance ne
peut être plus ou moins ce qu'il est. La substance n'admet donc
aucune variation de degré [1] ». Rien de plus clair, et l'on ne saurait arguer qu'Aristote parle ici en simple logicien, car il n'a
pas deux univers distincts, l'un pour sa logique et l'autre pour
sa métaphysique. Pour lui comme pour Platon, « la quiddité
(τὸ τί ἦν εἶναι) de chaque être, c'est ce que chaque être est
dit être par soi (καθ᾽ αὐτό) [2] ». C'est même pour cela que, dans
un individu donné, cette quiddité, ou « ce que la chose est »,
« appartient premièrement et absolument à l'essence (τὸ τί ἦν
εἶναι... ὑπάρξει πρώτως... καὶ ἁπλῶς τῇ οὐσίᾳ) [3] ». Ainsi,
« ce qui est évident, c'est que la définition et la quiddité (τὸ τί
ἦν εἶναι), au sens premier et absolu, appartiennent aux substances [4] ». Un être ainsi conçu est donc premièrement une

1. ARISTOTE, *Catégories*, I, 5, 3 b-4 a.
2. ARISTOTE, *Métaphysique*, Z, 4, 1029 b 13-14.
3. *Loc. cit.*, 1030 a 29-30.
4. *Loc. cit.*, 1030 b 4-6.

substance déterminée par une essence et exprimable par une définition. Or cette conclusion nous invite à voir en Aristote un métaphysicien fort différent de Platon certes, mais moins affranchi de l'ontologie platonicienne qu'il ne souhaitait et ne croyait l'être. Disons plutôt qu'Aristote n'a pas trouvé la justification métaphysique complète de ce sentiment aigu de l'individuel concret qui le distinguait si nettement de Platon. Certain que l'individu seul mérite vraiment le titre d' « être », toutes ses enquêtes sur ce qui fait de l'individu un être véritable le ramènent pourtant à poser l'essence, ou la forme, comme la racine ultime de l'être de « ce qui est ». L'ontologie d'Aristote est donc sollicitée par deux tendances opposées : celle, toute spontanée, qui lui fait situer le réel dans l'individuel concret et celle, héritée de Platon, qui l'invite à le situer dans la stabilité intelligible d'une essence une, qui reste toujours identique à elle-même malgré la pluralité des individus. On l'a fort justement remarqué : « Le fait est qu'οὐσία ne signifie d'abord pour Aristote rien de plus défini que *ce qui est dans toute la vérité et plénitude du terme.* Il la conçoit parfois comme ce qui, dans les choses, est au sens plein du terme : le τί ἐστι, ou l'essence; et parfois aussi comme ce qui est au sens plein du terme, parce qu'il n'est pas dans quelque chose, mais existe par soi-même : le τόδε τι, ou l'individu [1]. » En effet, Aristote savait que l'individuel seul est, ou existe, mais la seule sorte d'être qu'il pût se rendre intelligible était l'essence. Or saisir intelligiblement ce qu'est l'être était précisément pour lui la tâche propre du philosophe, et surtout celle du métaphysicien, puisqu'il définissait la métaphysique comme « la science qui étudie l'être en tant qu'être et les attributs qui lui appartiennent en tant que tel [2] ». Étudier l'être en tant qu'être, c'était inévitablement pour lui analyser l'être en ses éléments constitutifs ou, selon l'expression d'Aristote lui-même, en ses « causes »; et comme il n'y en a pas de plus intelligible que l'essence, c'était non moins inévitablement à elle que cette analyse devait finalement aboutir.

L'ambiguïté fondamentale de l'ontologie d'Aristote se reflète dans le double aspect de son œuvre et de l'influence qu'elle a exercée au cours de l'histoire. Il y a un premier Aristote, très différent de Platon par sa vive curiosité du réel concret et les

---

1. D. Ross, *Aristotle's Metaphysics*, Oxford, 1924, t. II, pp. 159-160.
2. Aristote, *Métaphysique*, Γ, 1, 1003 a 21-22.

dons d'observateur dont il fait preuve en l'étudiant, car l'Aristote qui a écrit l'*Historia animalium*, s'intéresse au développement du poussin dans l'œuf, au mode de reproduction des
requins et à la vie des abeilles. C'est aussi l'Aristote pour qui
le réel est le τόδε τι. Mais il y en a un second, beaucoup plus
proche de Platon, et pour qui ces enquêtes sur le particulier
n'ont finalement d'autre objet que de conduire à la connaissance de l'essence, qui est seule objet de science proprement
dite, parce qu'elle est universelle de plein droit : « Les individus
compris dans une espèce, tels que Socrate et Coriscus, sont les
êtres réels ; mais puisque ces individus possèdent en commun
la forme de l'espèce, il suffira d'assigner une fois pour toutes
les attributs universels de l'espèce, c'est-à-dire les attributs
communs à tous les individus [1]. » On conçoit d'abord par là
qu'Aristote soit devenu, au moyen âge, à la fois le savant par
excellence, celui qui, par opposition à l'idéaliste Platon, s'intéresse au monde concret où nous vivons, et le maître d'une philosophie des formes substantielles qui passe communément pour
avoir retardé de plusieurs siècles la naissance de la science
moderne, parce qu'elle réduisait le réel à une hiérarchie de
formes abstraites et se contentait de déduire alors qu'il s'agissait d'observer. La controverse plusieurs fois séculaire sur le
problème des universaux atteste d'ailleurs mieux encore cette
dualité interne de l'aristotélisme. Réalistes et nominalistes du
moyen âge, pour leur donner leurs noms traditionnels, n'avaient
pas tort de se réclamer pareillement d'Aristote, bien qu'ils
l'interprétassent, comme l'on sait, en deux sens diamétralement
opposés, car les réalistes déféraient aux exigences platoniciennes de la doctrine, et les nominalistes suivaient au contraire
la pente si forte qui l'entraîne sans cesse vers le réel concret.
L'ontologie du τὸ τί ἦν εἶναι conduit naturellement au réalisme
de l'essence et de l'espèce, celle du τόδε τι ou de l'*hoc aliquid*
aboutit non moins naturellement au nominalisme du terme
universel et au réalisme de l'individuel concret. Ce débat, intérieur à l'aristotélisme lui-même, ne faisait donc que développer
au cours du temps une opposition qui, latente dès l'origine,
éclaire l'histoire qu'elle engendre.

Dominée par cette ambiguïté fondamentale, la conception

---

1. Voir tout le passage relatif au problème de la classification, dans le
De partibus animalium, 642 b 5-644 b 15.

aristotélicienne de l'univers offre à bien des égards l'aspect d'un compromis entre les deux ontologies qui s'y trouvent aux prises. Sous sa forme la plus générale, le problème qu'Aristote doit résoudre revient en effet toujours à concilier les exigences de l'essence universelle avec celles de l'individuel concret. En fait, la solution qu'il en propose consiste le plus souvent à réduire l'individuel concret au minimum indispensable pour qu'on ne puisse pas dire qu'il a complètement cessé d'être. Disons, en d'autres termes, que l'individuel, qui en principe est tout, s'y réduit en fait à n'être plus que le sujet porteur de l'universel, comme s'il n'avait lui-même d'autre fonction ontologique que de lui permettre d'exister. Car il est bien vrai que l'individu seul existe, mais de l'universel seul on peut dire, il *est* ; et comme l'universel inclus dans l'individuel en constitue finalement l'être même, toute cette philosophie, qui ne s'intéresse en principe qu'à ce qui existe, l'aborde pourtant toujours de telle manière que le problème de son existence n'ait pas à se poser.

Cette subtile élimination des problèmes liés au fait fondamental de l'existence affecte d'abord la question de l'origine du monde. Platon ne l'avait pas posée sur le plan de la science proprement dite, mais il l'avait du moins abordée sur celui du mythe; Aristote eût sans doute jugé indigne d'un vrai philosophe de recourir à pareil subterfuge, mais lui-même n'aborde la difficulté sous aucune forme, parce que, dans une ontologie comme la sienne, le problème n'a pas de sens. De quelque manière qu'on le traduise, le terme οὐσία désigne toujours pour lui « ce qui est », c'est-à-dire quelque chose qui est. On ne saurait donc se demander sans absurdité, au sujet de « ce qui est », s'il est ou s'il n'est pas. C'est ce qu'Aristote donne lui-même à entendre dans un passage qui a retenu longuement l'attention de ses commentateurs médiévaux : ταὐτὸ γὰρ εἷς ἄνθρωπος καὶ ὢν ἄνθρωπος καὶ ἄνθρωπος [1]. « Homme », « homme existant », « un homme », c'est la même chose. A vrai dire, Aristote pense surtout ici à bien marquer l'identité foncière de l'être et de l'un : dire « un homme existe » ne diffère en rien de dire « homme existe ». Il n'en affirme pas moins expressément à cette occasion, que le cas de l'être est le même que celui de l'un. De même qu'il appartient essentiellement à l'οὐσία d'être une, il lui appartient essentiellement d'être. La preuve en

1. ARISTOTE, *Métaphysique*, Γ, 2, 1003 b 26-27.

est qu'autant il y a d'espèces d'unité, autant il y a d'espèces d'être. Pour user d'une terminologie qui sera celle du moyen âge, disons qu'on ne voit pas comment une distinction réelle entre l'essence et l'existence pourrait se justifier dans une doctrine comme celle d'Aristote. Leur identité est inscrite dans la formule même qui définit l'objet de son enquête : τί τὸ ὂν, τοῦτό ἐστι τίς ἡ οὐσία[1]. Remarquons d'ailleurs que pour que la critique aristotélicienne du platonisme soit justifiée, il faut que l'essence soit identique à « ce qui est ». En effet, si elle ne l'était pas, notre science des essences ne serait pas une science du réel concret. Nous retomberions dans tous les inconvénients qu'offre la doctrine des Idées, puisque la connaissance de la quiddité, ou essence, ne serait plus la connaissance du réel donné dans l'expérience, mais celle d'un monde abstrait, pur produit de notre imagination à l'image du monde sensible. La quiddité se confond donc bien avec l'οὐσία, c'est-à-dire avec l'être même dont on peut dire qu'il existe comme par définition[2]. Une fois rendus en ce point, il est inutile de vouloir pousser plus avant dans l'analyse de l'être. Non pas seulement inutile, mais absurde. La seule cause qui fasse qu'une chose soit ce qu'elle est, c'est en effet sa forme, quiddité, ou essence; or cette forme, quiddité, ou essence, n'est la cause de cet être, que parce qu'elle en est l'οὐσία et la réalité même[3]. Chercher pourquoi une chose est, c'est chercher pourquoi elle est elle-même, c'est donc vraiment ne rien chercher du tout[4].

Si l'on conçoit qu'Aristote ait identifié l'existence à l'essence lorsqu'il s'est posé directement le problème de la nature de l'être, on comprend moins aisément qu'il ait pu maintenir la même position, lorsqu'il s'agissait pour lui d'expliquer le devenir des êtres générables et corruptibles. Puisque de tels êtres naissent et meurent, il faut bien que leur οὐσία elle-même commence et finisse d'exister. Il semble donc que le seul fait de s'être posé le problème de la nature des causes eût dû nécessairement conduire Aristote à distinguer l'essence de l'existence, au moins dans le domaine des êtres soumis à la génération et à la corruption. Il n'en est que plus digne de remarque, qu'il soit

1. *Op cit.*, Z, 1, 1028 b 4.
2. *Op. cit.*, Z, 6, 1031 b 31-32.
3. *Op. cit.*, Z, 17, 1041 b 7-9 et 27-28.
4. *Op. cit.*, Z, 17, 1041 a 14.

extrêmement difficile de savoir ce qu'Aristote entend par ce
que nous nommons « cause efficiente ». Des quatre genres de
causes qu'il distingue, aucun ne correspond exactement et
exclusivement à la causalité efficiente. « Cause », déclare Aristote, se dit en quatre sens : l'essence ou quiddité; la matière
ou le sujet du changement; l'origine ou principe du mouvement; le bien, enfin, ou « ce en vue de quoi » le mouvement se
produit. Parmi ces quatre genres de causes, on ne s'étonne pas
que l'essence vienne en premier. L'οὐσία, ou τὸ τί ἦν εἶναι,
est manifestement la première de toutes les causes puisque,
comme on vient de voir, étant ce par quoi la chose est ce qu'elle
est, elle se trouve être, par là même, ce par quoi la chose est.
Or c'est en vertu d'un seul et même principe qu'un être est,
et qu'il est cause. On peut donc affirmer que l'essence est à la
fois la racine première de tout être et celle de sa causalité.

C'est sans doute pourquoi Aristote a plusieurs fois comparé
le rapport des effets à leur cause avec celui des attributs au
sujet ou des raisonnements aux concepts dont ils développent
le contenu. « La substance est un principe et une cause »,
affirme-t-il; puis il ajoute : « Or, se demander le pourquoi, c'est
toujours se demander pourquoi une certaine chose appartient
à une certaine autre [1]. » Manifestement ce « pourquoi » ne peut
se trouver nulle part ailleurs que dans l'essence du sujet lui-
même. L'origine du rapport d'effet à cause se trouve donc bien
dans l'essence, et nulle part ailleurs : « Ainsi donc, dans toutes
les productions comme dans les syllogismes, le principe est
l'essence (οὐσία); car c'est à partir de la quiddité que se font
les syllogismes (ἐκ γὰρ τοῦ τί ἐστιν οἱ συλλογισμοί εἰσιν),
et c'est à partir de là aussi que se font les générations (ἐνταῦθα
δὲ αἱ γενέσεις) [2]. » On peut aussi bien ajouter, et les productions. S'il est en effet, parmi celles que distingue Aristote, deux
productions causales apparentées à ce que nous nommons
causalité efficiente, ce sont assurément la « génération » naturelle et la « production » artificielle. Or toutes proviennent en
dernière analyse de la forme, les « générations » ayant pour cause
la forme naturelle du vivant qui engendre un autre vivant, et
les productions ayant pour cause la forme, ou quiddité — car
ces deux termes signifient la même chose [3] — qui se trouve

1. *Op. cit.*, Z, 17, 1041 a 10-11.
2. *Op. cit.*, Z, 9, 1034 a 30-32.
3. *Op. cit.*, Z, 7, 1032 b 1.

dans la pensée de l'artiste ou du technicien. C'est la maison
conçue par l'architecte qui est cause première de la maison
réelle bâtie ensuite selon ce modèle; c'est la santé conçue par
le médecin qui est cause de la santé dont jouit ensuite le malade.
Il ne s'agit pas simplement ici de manières figuratives de
s'exprimer. Aristote ne veut pas dire seulement que, sans la
présence de ces modèles dans la pensée de l'architecte ou du
médecin, il n'y aurait ni maison construite ni santé rendue au
malade. C'est très précisément et expressément qu'Aristote
attribue à la forme, ou essence, l'efficace productrice de l'effet :
« Le point de départ du mouvement de la guérison, et ce qui
l'effectue (τὸ δὴ ποιοῦν), du moins lorsqu'elle est un effet de
l'art, c'est la forme qui est dans l'âme (τὸ εἶδός ἐστι τὸ ἐν τῇ
ψυχῇ) [1]. » Ainsi, de même que la forme naturelle est le principe du mouvement qui aboutit à la génération d'un être naturel, la forme qui est dans la pensée de l'artiste ou du technicien
est le principe du mouvement qui aboutit à la production de
l'œuvre d'art ou du résultat qu'il s'agissait d'obtenir. S'il en
est ainsi, la cause d'où provient le changement (ὅθεν ἡ ἀρχὴ
τῆς κινήσεως) se confond en fait avec la cause formelle, qui
n'est elle-même qu'un autre nom de l'essence. Toute génération
ou toute production est un mouvement; toute cause généra-
trice ou productrice est donc une cause motrice, et toute cause
motrice se réduit en dernière analyse à l'οὐσία, ou essence, de
ce qui est.

On comprend par là même pourquoi, dans une doctrine où
la notion de cause efficiente se trouve à ce point oblitérée, le
problème de l'origine radicale des choses n'ait pas trouvé où
se poser. S'il se posait pour Aristote, ce ne pourrait être que
sur le plan de la science et de l'essence même. Or Aristote ne
s'est pas fait d'illusion sur ce point. Platon lui-même n'avait
pas cherché réponse à ce problème dans la doctrine des Idées,
qui ne pouvait en effet lui en fournir aucune. Pour expliquer
l'existence du monde, il avait dû recourir à l'artifice du
Démiurge qui, étant bon et pur de toute envie, désirait que tout
lui fût aussi semblable que possible. « Que tel soit le principe
essentiel du Devenir et du Monde », dit Platon, « on aura pleinement raison d'accepter cette opinion de la bouche d'hommes

---

1. *Op. cit.*, Z, 7, 1032 b 21-23.

sages [1] ». Accueillons-la donc avec Platon lui-même, comme une tradition en effet vénérable, mais non pas comme la solution rationnelle d'un problème philosophique. Aristote ne peut s'accorder de telles facilités, et comme le seul genre de cause efficiente dont il dispose, l'οὐσία, est existentiellement aussi stérile que l'Idée platonicienne, il ne lui reste plus d'autre ressource que d'éviter simplement la question. S'il y avait, chez Aristote, quelque chose de semblable au Démiurge de Platon, ce serait le Premier Moteur immobile, mais on constate aussitôt qu'entre l'univers et une telle cause, aucun rapport d'ordre existentiel ne saurait s'établir. Le Premier Moteur d'Aristote est éternellement; il fait donc éternellement que les substances, engendrées dans une matière elle-même éternelle, soient les substances qu'elles sont. En bref, le Premier Moteur immobile d'Aristote est la substance première, cause de la substantialité de toutes les autres substances et, par conséquent, cause de leur être même en tant qu'elles sont des substances, mais s'il est cause de ce que le monde est, il ne l'est pas que le monde soit. L'οὐσία désexistentialisée d'Aristote ne permet pas de résoudre les problèmes d'existence, et dans la mesure où la causalité efficiente implique un problème d'existence, elle ne permet pas même d'offrir une interprétation adéquate de ce genre de causalité.

L'habitude s'est établie de dire « théologie chrétienne », parce qu'elle est la moins mal connue des théologies médiévales, mais peut-être vaudrait-il mieux parler ici de « théologies de l'Ancien Testament ». Ce livre sacré n'appartenait pas exclusivement aux Chrétiens, puisqu'il avait été d'abord la propriété des Juifs et qu'ils le partageaient en commun avec les Musulmans. Il n'est donc pas surprenant que le problème de l'existence ait été discuté entre philosophes et théologiens du monde de l'Islam avant même de l'être entre chrétiens.

Averroès s'offre en ce point à notre observation comme une expérience de choix. Si les analyses qui précèdent sont exactes, on peut dire que la pensée d'Aristote lui-même, si intensément réaliste d'intention et de fait, est pourtant restée vierge de toute préoccupation proprement existentielle. Quelle eût été sa réaction en présence de la cosmogonie biblique? Sans aucun doute la même qu'en présence du *Timée* de Platon, qu'il écarte

---

1. PLATON, *Timée*, 30 A; trad. A. Rivaud, p. 142.

par une allusion dédaigneuse comme relevant de la poésie plutôt que de la science. La seule différence est qu'il l'eût sans doute assimilée plutôt aux mythes d'Homère et d'Hésiode qu'à celui de Platon; mais la doctrine d'Averroès nous permet d'ailleurs de dépasser ici le plan de l'hypothèse, car même si l'on ne peut admettre que ce philosophe ait été tout à fait ce qu'il voulait être, un *Aristoteles redivivus*, on ne peut douter que l'esprit de l'aristotélisme le plus authentique n'ait animé sa doctrine, et, dans la mesure où cela est vrai, il l'est aussi qu'en Averroès, Aristote se soit enfin trouvé aux prises avec le problème de l'existence sous la forme du problème de la création.

Il est très remarquable qu'Averroès n'ait pas hésité à reconnaître et dénoncer aussitôt l'adversaire. Ce qu'il trouvait là devant lui n'étant plus de la philosophie mais de la religion, c'était donc finalement un mythe qui, socialement utile et même nécessaire comme tous les grands mythes religieux, relevait pourtant d'un autre ordre que celui du savoir proprement dit.

Comme Aristote, et d'ailleurs comme tout le monde, Averroès pouvait constater sans peine qu'il y a, dans le monde, des êtres sujets à génération et corruption; expliquer comment de tels êtres naissent et périssent est un problème philosophique. C'est même l'un des problèmes philosophiques fondamentaux, puisque c'est celui du possible et du nécessaire. Il est si essentiellement philosophique, que les révélations religieuses n'en disent rien, parce que les réponses qu'on y peut faire sont incompréhensibles à la masse du peuple, et n'affecteraient d'ailleurs en rien sa conduite pour le rendre plus discipliné ou plus heureux. Usant contre les Ach'arites d'un argument *ad hominem*, Averroès leur rappelle à ce propos un texte du Talmud qui invite le théologien à la sobriété dans les recherches de ce genre. En tout cas, s'il plaît aux théologiens de philosopher, il importe de savoir que dès qu'un philosophe pose un problème de ce genre, il théologise [1]. A partir de ce point précis, celui qui

---

1. « Et debes scire quod innovatio, quam Lex declaravit de hoc mundo, est ejusdem speciei cum innovatione quae apparet hic [chez Avicenne] : et est illa quae est in formis entium, quas appellat secta Assaria [les Acharites] attributa animalia, et eas appellant Philosophi formas, et haec innovatio est ex alia re, et in tempore. Quomodo autem sit dispositio naturae entis possibilis cum ente necessario, tacuit de hoc Lex propter remotionem ejus ab intelligentia vulgi : et etiam, quia non est necessaria scientia ejus quoad

commet une telle faute délaisse donc le terrain de la science
et de la démonstration pour s'engager sur celui de la rhétorique
ou, tout au plus, de la dialectique, au terme de laquelle il ne
rencontrera jamais que la probabilité. Tel est notamment le
cas d'Algazel, qui ne dissimule d'ailleurs pas ses intentions
théologiques [1], mais tel est aussi celui d'Avicenne, qui se pose
en philosophe et parle néanmoins ici en théologien. Averroès
le dit avec beaucoup de perspicacité, dans une remarque dont
Duns Scot fera d'ailleurs son profit : « Avicenne a eu grandement tort de penser que l'un et l'être signifient des disposi-
tions ajoutées à l'essence de la chose. Et l'on se demande comment cet homme a commis une telle erreur; mais c'est qu'il a
entendu les théologiens de notre religion, et mélangé leurs propos à sa propre science divine [2]. » C'est par cette intrusion de la
théologie révélée dans la théologie naturelle que s'explique la
célèbre thèse avicennienne : ainsi que l'un, l'être s'ajoute à
l'essence comme une sorte d'accident.

Averroès ne s'est pas lassé de dénoncer cette erreur, ni même

vulgi felicitatem. Quod vero existimat secta Assaria quod natura possibilis
sit innovata, et creata ex nihilo, est id in quo certant cum eis Philosophi,
tam qui dicit innovationem mundi, et qui non dicit eam; et quod dixerunt,
cum inspexeris id, in veritate non est a lege Maurorum, et non constituitur
de eo demonstratio [ce n'est ni un article de foi ni un objet de démonstra-
tion], quod vero est ex Lege, est jussus ut removeatur a speculationibus,
quas Lex tacuit, et ideo dicitur in *Talmud* : De eo, quod concessum est tibi,
inquire, et non debes incumbere rebus occultis, et scias quod vulgus deve-
nire ad quaesitum hujusmodi est ex involutionibus et erroribus. » AVERROES,
Destructio destructionum, Disp. VIII; dans *Aristotelis Stagiritae... Opera*,
Venetiis, apud Juntas, 1552, vol. IX, f. 43 v.

1. « Igitur declaratum est tibi, quod in rationibus, quas recitavit [Algazel]
ex Loquentibus [*sc.* les théologiens] de innovatione mundi, non est suffi-
cientia ad tangendum gradum veritatis, et quod non deveniunt ad gradum
demonstrationis : nec rationes, quas recitavit ex philosophis in hoc libro
[*sc. Destructio philosophorum*], perveniunt ad gradum demonstrationis, et
hoc est, quod intendimus declarare in hoc libro ». AVERROES, *op. cit.*, Disp.
I, t. IX, f. 9 v.

2. « Avicenna autem peccavit multum in hoc, quod existimavit quod
unum et ens significant dispositiones additas essentiae rei. Et mirum est
de isto homine, quomodo erravit tali errore; et iste audivit Loquentes in
nostra Lege, cum quorum sermonibus admiscuit ipse suam scientiam
divinam. » AVERROES, *In IV Metaph.*, c. 3; éd. citée, t. VIII, f. 32 r. — En
ce qui concerne Duns Scot, voir *Opus Oxoniense*, Prol., 1, 2, 12; éd. Qua-
racchi, t. I, p. 12; ou E. GILSON, *Les seize premiers Theoremata et la pensée
de Duns Scot*, dans *Archives d'hist. doctr. et litt. du moyen âge*, 1938, pp. 51-52.

de rappeler ce que, pour un aristotélicien, elle comporte d'un peu ridicule. La racine s'en trouve en effet, comme il vient d'être dit, dans une confusion d'ordres, mais dire que l'on mélange des opinions religieuses aux philosophiques, c'est exactement dire qu'on mélange la langue du peuple à celle des savants. Pour signifier qu'une chose existe ou n'existe pas, on dit parfois simplement qu'elle « se trouve là », ou qu'elle « ne s'y trouve pas », ce qui est, en effet, radicalement accidentel à l'essence de la chose. On imagine alors la chose en question comme une essence antérieure à la propriété qu'elle a de pouvoir être ou n'être pas là, et à qui cette propriété n'appartient donc, pour parler cette fois la langue des philosophes, qu'à titre d'accident. Telle est précisément, au dire d'Averroès, l'erreur initiale d'Avicenne, lorsqu'il soutient *quod esse sit accidens eveniens quidditati*. Or cette première erreur l'engage dans plusieurs autres. Si le fait même d'exister se distingue de ce qui existe, tout être réel se trouve par là composé de son *essentia* et de son *esse*. De plus, puisque l'essence ne mérite plus alors le titre d'être qu'en vertu de son *esse*, cette composition d'essence et d'existence se présente comme celle d'un conditionné, qui est l'essence, avec sa condition, qui est l'existence. Enfin, et c'est le plus grave, puisque l'être réel se trouve ainsi composé, l'actualité de son être devient dépendante du fait que sa composition est ou non réalisée, ce qui revient à dire que, composé, il est par là même simplement possible. Assurément, et Avicenne ne s'était pas fait faute de le dire, des êtres ainsi composés peuvent encore se trouver nécessaires en vertu de la nécessité de la cause qui les produit. Ce sont alors des *necessaria ex alio*. Cette nécessité conditionnée n'empêche pourtant pas que, d'eux-mêmes, ils ne restent intrinsèquement de purs possibles. Ce sont donc alors des *necessaria ex alio possibilia ex se*. Un tel univers, formé d'êtres dont chacun se trouve ainsi frappé, dans son essence même, d'une contingence radicale, convient exactement aux théologies bibliques de la création. Or l'on ne peut admettre cette thèse sans accueillir en même temps celles qui la justifient ou l'explicitent : composition d'essence et d'existence, accidentalité de l'*esse*. Voilà, tel qu'Averroès le comprend, l'univers d'Avicenne. Pris en lui-même, il est parfaitement cohérent. Pourtant, si rigoureusement déduites qu'elles paraissent, ces diverses propositions n'en dépendent pas moins toutes de la même erreur initiale, dont nous avons vu Averroès dénoncer l'origine populaire, mais que, en vrai philosophe, il va s'attacher en outre à réfuter.

Supposons, comme le veut Avicenne, que l'existence s'ajoute à l'essence à titre d'accident, comment la concevrons-nous? On ne peut se la représenter que comme un être réel ou comme un être de raison. Admettant que ce soit un être réel, dans laquelle des dix catégories pourra-t-on la classer? Puisqu'elle s'ajoute à la substance, l'existence devrait se confondre avec l'une des neuf autres catégories. Or on sait qu'il n'en est rien. Ou bien encore on pourrait la concevoir comme un genre distinct d'accident, commun aux dix catégories, de sorte que l'objet de chacune d'elles existerait ou non selon la présence ou l'absence de cet accident. Mais qui ne voit que ce seraient là des hypothèses désespérées? Comme dit Averroès, *hoc totum est falsum et vituperabile*. Renonçons donc à faire de l'existence un accident réel de l'essence. Reste alors qu'elle soit un simple être de raison, en ce sens qu'elle-même n'existe que dans l'intellect. Et c'est bien en effet ce qu'elle est. Prenons un jugement vrai quelconque. Il est vrai parce qu'il dit « ce qui est ». Notre proposition n'est donc vraie que parce que l'essence dont elle parle est posée par l'entendement comme réelle, et c'est cette réalité même de l'essence que désigne le verbe *est*. De ce verbe *est* est venu le nom d'*être*, qui signifie « ce qui est », comme du mot « homme » est venu le mot « humanité », ou le mot « individualité » du mot « individu ». Qu'a donc fait Avicenne? Il a simplement imaginé que l'*est* du jugement vrai, qui n'exprime que la constatation par la pensée de la réalité d'une certaine essence, s'ajoutait à cette essence pour lui conférer sa réalité. On trouve donc, à l'origine de son erreur, la même illusion qui séduit l'imagination du vulgaire, et qui consiste, techniquement parlant, à confondre l'être logique, affirmé du réel par le jugement vrai, avec un être supplémentaire, qui viendrait se surajouter à celui de la substance, mais que l'on ne voit pas où loger. Et comment le verrait-on? Le réel n'a pas besoin d'un autre être que sa réalité même pour exister [1].

---

1. AVERROES, *Epitome in librum Metaphysicae Aristotelis*, Tract. I; éd. citée, t. VIII, f. 169 r. — Cf. *Destructio destructionum*, Disp. V; éd. cit.; t. IX, f. 34 v. Ce texte, particulièrement explicite, est reproduit dans A. FOREST, *La structure métaphysique du concret selon saint Thomas d'Aquin*, Paris J. Vrin, 1936, p. 143, n. 2.

L'univers d'Averroès est donc composé, comme celui d'Aristote, de substances dont chacune possède de plein droit l'unité et l'existence qui font d'elle un être; la substance de ce qui est un, par laquelle il est un, est son être, par laquelle il est un étant : *substantia cujuslibet unius, per quam est unum, est suum esse, per quod est ens* [1]. Il n'en devient que plus intéressant de se demander en quoi peut bien consister, dans une telle doctrine, le rapport du possible au nécessaire, c'est-à-dire, en fin de compte, l'origine des générations et des corruptions. Car enfin, s'il est des moments où le problème de l'existence se pose à propos d'un certain être, c'est bien lorsqu'il commence ou lorsqu'il cesse d'exister. En distinguant aussi franchement qu'il l'avait fait l'existence d'un être de son essence, Avicenne avait cédé à la tentation, qui n'est peut-être pas complètement surmontable, d'imaginer l'existence comme une chose qui s'ajoute à une autre pour la faire être, ou qui la laisse sans être lorsqu'elle la quitte, comme si ce qui n'existe pas encore pouvait déjà recevoir quelque chose, et ce qui n'existe plus l'avoir perdu. Pourtant, par delà ces prestiges de l'imagination, Avicenne déférait à une exigence de la pensée autrement profonde, en concevant tout être soumis au devenir, pris dans le temps même de son existence, comme en puissance à l'égard de l'acte en vertu duquel il existe. Ce qui existe par soi existe toujours. Ce qui n'existe pas toujours ne saurait, tandis même qu'il existe, exister de plein droit. C'est ce qu'Avicenne avait exprimé, en disant qu'un être sujet à génération et corruption reste toujours, quant à ce qui est de lui, un pur possible, bien que peut-être sa cause le fasse nécessairement exister. Cette nécessité d'exister est alors en lui, mais à aucun moment elle n'est sienne. Le sens réel et profond de l'accidentalité de l'existence dans la doctrine d'Avicenne ne doit donc pas être cherché là où ses critiques ont d'ailleurs bien montré qu'il est introuvable, dans quelque nouvel aménagement de la doctrine des catégories, mais plutôt sur le plan métaphysique de cette doctrine du *possibile ex se*.

Cela aussi, il est à l'honneur d'Averroès de l'avoir clairement vu, et c'est en portant la guerre jusqu'en ce cœur même du territoire ennemi qu'il a le mieux révélé la nature de ses propres

---

1. AVERROÈS, *In IV Metaph.*, cap. 3; éd. citée, t. VIII, f. 32 r.

forces. Réduite à l'essentiel, la solution averroïste du problème de l'existence revient à dire qu'il s'agit là d'un faux problème, et qu'une philosophie qui se pique de rigueur démonstrative refusera toujours de le poser. Rendre raison d'un être, c'est en assigner la cause ; la cause une fois découverte, on sait pourquoi cet être est, et lorsqu'on sait pourquoi un être est, il est absurde de se demander en outre pourquoi il existe. C'est ce qu'Averroès a dit, avec une force insurpassable, dans sa critique du *possibile ex se* d'Avicenne. Car Avicenne avait eu raison de poser que l'être nécessaire ne peut finalement se concevoir que comme un être nécessaire par soi, ou comme un être nécessaire par autrui. Il avait encore eu raison d'ajouter que, s'il s'agit d'un être nécessaire par autrui, son existence ne peut finalement s'expliquer, quel que soit le nombre des intermédiaires qui l'y rattachent, que par un être nécessaire par soi, mais c'est ici que, selon Averroès, son erreur s'est produite. Car il a estimé que ce qui est nécessaire dans son être en vertu d'autrui, n'est que possible dans son être quant à ce qui est de lui-même. Addition superflue, et d'ailleurs fausse. En effet, « s'il s'agit d'un nécessaire, de quelque manière qu'il ait été posé, la possibilité en est entièrement absente. On ne peut rien rencontrer dont la nature soit telle, qu'il puisse être dit de cette nature qu'elle soit possible d'une certaine manière et nécessaire d'une autre manière. Car on a fait voir que ce qui est nécessaire n'est en absolument aucun sens possible, puisque le possible contredit le nécessaire. Lorsqu'il y a possibilité dans un être, c'est que cet être contient, outre quelque chose de nécessaire du point de vue d'une certaine nature, quelque chose de simplement possible du point de vue d'une autre nature. Tel est le cas des corps célestes, ou de ce qui se trouve au-dessus d'eux [*sc.* le premier mobile], puisque c'est du nécessaire quant à l'être, mais du possible quant au mouvement selon le lieu. Ce qui l'a induit à cette distinction, c'est qu'il a cru que les cieux sont éternellement nécessaires par autrui, mais qu'ils sont néanmoins possibles par eux-mêmes [1] ».

Pour achever sa critique, il ne restait plus à Averroès qu'à identifier la causalité de l'existence requise par Avicenne pour expliquer l'être du *possibile ex se*, avec la causalité de l'existence

---

1. AVERROES, *Destructio destructionum*, Disp. VIII ; éd. cit., t. IX, f. 43 v.

requise par les religions pour expliquer la création d'un monde nouveau. C'est ce qu'il a fait : *Et debes scire quod innovatio, quam Lex declaravit de hoc mundo, est ejusdem speciei cum innovatione quae apparet hic* [1]. Mais, ici encore, la critique averroïste d'Avicenne aide merveilleusement à comprendre la position d'Averroès lui-même et les nécessités intrinsèques qui la régissent. Rejetant, avec la notion religieuse de création, toute contingence radicale de l'existence, notre philosophe attend naturellement la question : et vous-même, comment expliquez-vous que du mouvement puisse commencer ou qu'il puisse finir? A quoi il répondra simplement : le mouvement n'a jamais commencé, et c'est pourquoi le mouvement ne finira jamais. Tous les mouvements célestes qui meuvent l'univers s'offrent à l'imagination cosmique d'Averroès comme un seul et même mouvement qui se perpétue : « Et c'est pourquoi, lorsque les théologiens ont demandé aux philosophes si les mouvements antérieurs au mouvement présent ont cessé, les philosophes ont répondu qu'ils n'ont pas cessé, car, d'après leur position, comme ces mouvements n'ont pas de commencement, ils n'ont pas de fin. » A défaut d'une immobilité parfaite, qui est incompatible avec la potentialité de sa matière, l'univers du changement a donc du moins ceci de stable, qu'il ne cesse jamais de changer, et de changer toujours de la même manière, les mêmes mouvements engendrant sans cesse des individus de même espèce, et cela éternellement. Mais cette stabilité dans le changement, dont l'univers est le lieu, n'est que l'indice d'une stabilité plus profonde encore, celle de son être. A la question, pourquoi les possibles passent-ils à l'acte? il n'y a pas d'autre réponse, sinon que leur acte est déjà là, dans celui de leur cause. Car de même que, si le mouvement pouvait cesser, il ne pourrait plus recommencer, on peut dire que si l'acte de ce qui est cessait un seul moment d'être, il n'y aurait plus jamais rien. Or nous sommes ici dans un ordre de nécessités absolues et transcendantes au temps, et nous pouvons donc aussi bien dire, inversement, que l'actualisation empiriquement donnée des possibles implique la présence éternelle de leur acte dans le passé comme dans l'avenir [2]. Tel est l'univers d'Averroès, bloc ontologique sans fissures dont, en vertu d'une substantialité

1. AVERROES, *Destructio destructionum*, Disp. I; éd. cit., t. IX, f. 9 v.
2. AVERROES, *Destructio destructionum*, Disp. VIII; éd. cit., t. IX, f. 43v.

que ne contamine aucune trace d'existence, l' « être là » se suffit.

Ce magnifique parti pris d'ontologie substantialiste, si vivace chez Aristote et chez Averroès, répond d'abord à la décision, sans cesse réitérée dans les écrits averroïstes, de maintenir la philosophie sur le plan de la science, c'est-à-dire de la démonstration nécessaire, sans mélange de dialectique ni de rhétorique. De là le soin jaloux qu'on y remarque de concevoir l'univers tel qu'il doit être pour que ce qui, de sa nature, ne tomberait pas intégralement sous les prises de la raison démonstrative, en soit autant que possible éliminé. Telle serait, au premier chef, la notion d' « innovations » véritables dans le monde des êtres, comme si la totalité de l'être vrai n'était pas toujours intégralement donnée. Telle serait surtout cette « innovation » radicale et globale de l'être du cosmos, que les théologiens nomment création. Attitude que l'on observe commodément chez les historiens, mais que l'on peut bien dire « métahistorique » dans son essence même, s'il est vrai qu'elle ne fait que déférer à l'horreur innée de la raison pour tout ce qui, prétendant à un degré de nouveauté quelconque, refuse de se laisser intégralement inclure dans la catégorie du « déjà là ».

Il n'est donc pas surprenant qu'Aristote se soit survécu dans Averroès, ni Averroès dans l'averroïsme, mais cette deuxième survie s'est effectuée dans des conditions si particulières, et l'on peut même dire si paradoxales, qu'elle mérite d'être considérée comme une expérience distincte de celles qui l'ont précédée. Chrétiens, les premiers averroïstes latins du XIIIe siècle se sont trouvés aux prises avec une orthodoxie religieuse particulièrement nette et ferme, qui leur imposait, comme une vérité de foi au-dessus de toute discussion, la création du monde *ex nihilo* et même sa création dans le temps ou, si l'on préfère, sa non éternité. Le souci de construire une ontologie compatible avec ces dogmes devait naturellement amener certains théologiens chrétiens à se rallier, eux aussi, à la distinction métaphysique de l'essence et de l'existence dans les êtres créés. Nous aurons ample occasion de vérifier le fait à propos de saint Thomas d'Aquin. Il n'en est que plus remarquable de voir des chrétiens philosophes, parlant en tant que philosophes, rejeter une telle distinction comme incompatible avec la philosophie d'Aristote et même avec toute philosophie en général. Cet événement n'est pas seulement instructif en ce qu'on y voit s'affirmer,

contre l'opposition religieuse la plus résolue qu'elle eût jamais
rencontrée, l'affinité des ontologies de la substance avec une des
pentes naturelles les plus fortes de l'entendement humain ; il
devient plus instructif encore, du fait que le substantialisme
d'Aristote se heurte désormais à une ontologie de l'exister enfin
pleinement consciente d'elle-même et qui, comme nous le
verrons, greffée sur l'ontologie de la substance, prétend la
dépasser.

Disciple d'Aristote dont il a charge d'enseigner la doctrine,
vers 1270, à la Faculté des Arts de l'Université de Paris, Siger de
Brabant commente la *Métaphysique* pour ses étudiants et,
parvenu au livre IV, il y rencontre la célèbre définition de cette
science que l'on ne finira sans doute jamais de commenter :
une science qui a pour objet l'être en tant qu'être, avec ses
principes, ses causes et les propriétés qui lui appartiennent.
Averroès, dont maître Siger s'inspire, avait commenté avant lui
cette même thèse, et son commentaire l'avait incidemment
conduit à discuter la notion avicennienne de l'accidentalité de
l'existence. Chez Siger de Brabant, la question passe brusque-
ment au premier plan. Parmi toutes celles de son commentaire
oral qu'il choisit pour en faire une *Quaestio* écrite, la première
qui s'offre à lui sur ce point est précisément de savoir *Utrum ens
vel esse in rebus causatis pertineat ad essentiam causatorum vel
sit aliquid additum essentiae illorum*[1]. Manifestement, le problème de l'existence est désormais à l'ordre du jour et le nom
seul de l' « être » suffit à le faire surgir.

Comme tous les maîtres en renom de son époque, Siger
connaît à merveille la littérature de son sujet. Les arguments
d'Avicenne en faveur de la distinction d'essence et d'existence
lui sont familiers, et il rapporte les principaux. Siger n'ignore
pas non plus que, en un certain sens, cette distinction peut en
outre se réclamer de Boèce, pour qui, dans tout ce qui est en
deçà de Dieu, le *quod est* est distinct de l'*esse*. Surtout il voit
clairement que, de quelque manière qu'on interprète cette
distinction, la fonction que lui assigne la formule de Boèce est

---

1. Le texte de cette *Quaestio* de Siger de Brabant a été intégralement
publié par M. GRABMANN, *Neuaufgefundene « Quaestionen » Sigers von
Brabant zu den Werken des Aristoteles (Clm. 9559)*, dans *Miscellanea Fran-
cesco Ehrle*, vol. I, Roma, Bibliotheca Apostolica Vaticana, 1924, pp. 103-
147. Le titre que nous citons se trouve p. 133.

bien celle qu'elle est destinée à remplir. S'il y a un être dont l'essence soit identiquement son existence, c'est Dieu, et Dieu seul. Il faut donc que, comme l'avait bien vu Avicenne, tout ce qui n'est pas Dieu soit frappé dans son existence d'une « possibilité » radicale, celle même qu'il aurait de ne pas exister. Chrétien lui-même, Siger ne pouvait ignorer de quel poids cette considération devait peser sur les décisions doctrinales de théologiens chrétiens : *Omne per se subsistens citra primum compositum est. Ista et ultima ratio movit fratrem Thomam* [1]. On verra qu'il avait raison.

Siger ne se serait d'ailleurs pas engagé dans la voie que lui-même avait choisie, s'il n'eût aperçu le moyen d'y sauvegarder le caractère unique de l'aséité divine. Que Dieu soit l'être par soi en un sens qui n'est vrai que de lui, c'est évident, mais la distinction d'essence et d'existence dans les créatures n'est pas requise pour l'établir [2]. Il suffit à cette fin de se souvenir que l'existence n'est autre chose que l'essence en son point d'actualité suprême, et que l'Être Premier est aussi le seul en qui l'être atteigne une actualité parfaite, pure de toute potentialité. Tous les autres êtres, en qui la puissance se mélange à l'acte, sont plus ou moins selon qu'ils participent plus ou moins à l'actualité du Premier Être dont ils dépendent [3]. Il n'en faut

---

1. SIGER DE BRABANT, *op. cit.*, p. 137.

2. Siger note même qu'elle n'est pas efficace, si on l'entend à la manière d'Albert le Grand dans son traité sur le *De causis*. Pour Albert, l'existence est distincte de l'essence de la créature, parce qu'elle est causée par Dieu. Sur quoi Siger fait observer avec raison que, si l'existence de l'essence est un effet de Dieu, l'essence l'est également, ainsi d'ailleurs que tout ce qui se trouve dans la chose créée. Poser l'essence comme créée n'implique donc pas que son existence s'y rencontre comme un effet, distinct d'elle, que produirait l'acte créateur (*Op. cit.*, p. 135, à *Diversae sunt opiniones...*). La vérité paraît d'ailleurs bien être qu'Albert ait distingué des essences créées la cause de leur existence, qui leur est extrinsèque, plutôt qu'il n'ait enseigné une distinction de l'essence et de l'existence intrinsèque aux créatures.

3. « Verum est, quod Boetius et alii magistri dixerunt, quod res est illud quod est ex seipsa [*sc.* la chose est par elle-même *id quod est*], esse autem habet ex primo principio, et in solo primo principio posuerunt multi [quod] est esse pertinens ad essentiam. Illud aliquid veritatis habet, quia esse significat essentiam per modum actus maximi. Sed convenit substantiae rei habere naturam et modum actus, secundum quod est effectus primi principii. Ideo potest dici quod esse est ex Primo Principio magis proprie, et de aliis minus proprie. Sed esse videtur actum primum significare. Sed nulla

pas davantage pour distinguer les créatures du Créateur, puisque, dans une telle doctrine, l'être appartient à l'essence de
Dieu en un sens unique et vrai de lui seul.

L'univers de Siger se présente donc comme un ensemble de
substances, qui se distinguent toutes du Premier en ce qu'elles
n'existent qu'à titre de participations, alors que lui-même se
suffit. Certaines de ces substances participent plus à l'être,
d'autres moins, selon qu'elles approchent plus ou moins de
l'actualité du Premier. Il en est d'elles comme des nombres
par rapport à l'unité. On ne peut trouver deux nombres dont
les rapports à l'unité, principe et mesure des nombres, soient
identiques. C'est pourquoi les espèces de nombres se distinguent les unes des autres, et non seulement se distinguent, mais
se hiérarchisent, selon que les unes ou les autres sont plus ou
moins éloignées de l'unité. De même, dans l'ordre des êtres,
on n'en peut trouver deux espèces qui, tout en étant distinctes,
se tiendraient à la même distance de la simplicité du Premier.
Il est donc inexact que les êtres ne puissent se distinguer de
Dieu, comme l'imagine frère Thomas, que par une composition
d'essence et d'existence, car ils ne « sont » pas comme il « est »,
ils ne connaissent pas comme il connaît, bref, ils se distinguent
de leur principe en mainte autre façon [1].

Il serait difficile de se montrer plus intelligemment aristotélicien dans la discussion d'un problème aussi complètement
étranger à la philosophie d'Aristote que la distinction d'essence
et d'existence. Siger s'en tient fermement à la conception péri-
patéticienne de l'être substance, c'est-à-dire soit forme pure
s'il s'agit d'un incorporel, soit union d'une forme et d'une
matière s'il s'agit d'un corps. Prise en elle-même, chacune de
ces substances est, selon la notion aristotélicienne classique, un
être par soi qui n'a besoin d'aucun autre pour subsister. Placés
devant cette définition, certains philosophes chrétiens éprou-
vent aussitôt le besoin de préciser qu'il est au moins un point
de vue d'où les substances ne se suffisent pas à elles-mêmes,
celui de leur existence. Siger n'y contredit pas, mais il maintient que l'être de la substance en tant que telle est bien *a se*,

---

est natura in rebus quin ad naturam potentiae accedat ex aliquo primo.
Ideo ad essentiam Primi magis pertinet esse. » SIGER DE BRABANT, *op. cit.*,
p. 137.

1. *Loc. cit.*, pp. 137-138.

ex se, et même *per se*. Sans doute, concède Siger, Albert le Grand a raison de dire que chaque substance autre que Dieu est *per aliud* dans l'ordre de la cause efficiente, qui est ici Dieu lui-même. Si Dieu ne créait pas les êtres, le problème de leur nature ne se poserait pas; ce problème suppose donc que les êtres existent, et puisqu'il porte sur leur nature telle qu'elle est une fois créée par Dieu, l'effet de l'acte créateur n'a pas à intervenir dans sa solution. Ne confondons pas les genres de causes. Dire qu'une substance créée est *per se*, c'est dire qu'elle se suffit dans l'ordre de la cause formelle, qui est en effet suprême dans l'ordre de la· substantialité[1]. Albert a donc confondu la cause efficiente et la cause formelle; frère Thomas n'a pas fait mieux en essayant d'introduire, dans l'être de la substance, une existence que l'on ne sait comment y loger. Disons plutôt : que lui-même ne sait comment y loger. Dans un texte célèbre par son ambiguïté, et sur lequel nous reviendrons, Thomas d'Aquin avait dit que l'*esse* est « comme constitué par les principes de l'essence » ou, dans la transcription qu'en donne Siger : *esse est aliquid additum essentiae rei, non pertinens ad essentiam rei, nec quod sit accidens, sed est aliquid additum quasi per essentiam constitutum sive ex principiis essentiae*[2]. Ainsi, contre Avicenne, Thomas d'Aquin ne veut pas que l'existence soit un accident; contre Averroès, il veut que l'existence soit néanmoins distincte de l'essence, et, pour comble, il veut en outre qu'elle soit comme constituée par les principes de cette même essence. Mais quels sont donc ces principes? Il n'y en a que deux qui puissent entrer ici en ligne de compte, la matière et la forme. Si l'existence n'est ni matière, ni forme, ni accident, qu'est-elle donc? C'est, comme le remarque ironiquement Siger, *ponere quartam naturam in entibus*.

---

1. « Cum enim dicitur res est ex seipsa, potest *ex* denotare circumstantiam causae materialis vel efficientis. Tunc dico, quod ista simul stant, homo est homo per se, secundum quod ly *per* denotat circumstantiam causae formalis, et tamen homo per aliud est homo secundum quod *per* denotat circumstantiam causae efficientis, et sic est hic deceptio. Unde in libro *Posteriorum* primo modo dicendi per se : illud est tale, quod est tale per suam formam. Unde potest aliquod causatum, esse per se formaliter, et tamen causam efficientem habet aliam. » *Op. cit.*, p. 135. Noter l'appel à Aristote pour rappeler le principe fondamental que la forme, cause du *quod quid est*, est comme elle le principe par excellence de la substantialité et de l'être.

2. Siger de Brabant, *op. cit.*, pp. 135-136.

Il triomphe donc sur toute la ligne, du moins en parfait dialecticien qui s'enferme de propos délibéré dans l'ontologie substantialiste d'Aristote, ou, plutôt, qui ne soupçonne même pas qu'il puisse y en avoir une autre, celle précisément que Thomas d'Aquin s'efforce de construire, mais que, parce que lui aussi parle la langue d'Aristote, il éprouve quelque embarras à formuler. C'est de cet embarras que Siger triomphe. *Quasi constituitur per principia essentiae*, dit frère Thomas de l'existence. Si ce *quasi* signifie qu'elle n'est pas constituée par les principes de l'essence, il n'a rien dit. S'il signifie que les principes de l'essence constituent le sujet auquel advient l'existence, celle-ci n'est qu'un accident, ce que Thomas d'Aquin nie contre Avicenne. S'il signifie que les principes de l'essence sont cause intégrale de l'existence, le terme ne veut plus rien dire, car ce qui est ainsi constitué par les principes de l'essence, c'est la chose même : *sed constitutum per principia essentiae est ipsa res* [1]. Essence, substance, chose, être, autant de points de vue différents sur la seule réalité qui soit, et qui, du moment qu'elle est réelle, n'a que faire d'une existence qui ne peut être autre que sa réalité même. *Ens* signifie comme acte ce que *res* signifie comme *habitus*, et, en ce sens, Avicenne avait raison de dire que les deux termes ne sont pas synonymes, mais on ne doit pas conclure de là que l'*ens* d'une chose soit distinct de la *res* elle-même. En commettant ce sophisme, Avicenne a négligé de distinguer les noms qui signifient des objets différents, des noms qui signifient la même essence envisagée selon des modes différents. Autant poser l'acte de courir comme actuellement distinct de la course, ou l'acte de vivre comme autre que la vie.

---

1. « Sed dicere quod esse sit aliquid additum essentiae rei, ita quod non sit res ipsa neque pars essentiae ut materia vel forma, et dicere quod non sit accidens, est ponere quartam naturam in entibus. Item dicitur sic, quod esse est aliquid additum nec est res ipsa nec principium rei, sed est aliquid constitutum per principia essentiae. Sed constitutum per principia essentiae est ipsa res. Quare non erit additum nisi tu dicas mihi, quod sit constitutum effective sicut accidentia et tunc erit accidens. Hoc enim dicimus accidens, quod advenit alicui quod habet formam, vel quod advenit essentiae rei. » Siger de Brabant, *op. cit.*, p. 136. — Cf. le critique anonyme de Thomas d'Aquin et de Gilles de Rome : « Etiam non intelligo, quid debet esse additum tale, cum non sit materia neque forma. Ideo relinquo sibi. Sed Thomas non nominat illud additum... »; M. Grabmann, *Circa historiam distinctionis essentiae et existentiae*, dans *Acta Pont. Acad. romanae S. Thomae Aquinatis* (1934), Turin, Marietti, 1935, pp. 71-72.

Bref, Avicenne a commis l'erreur de faire correspondre une essence distincte à ce qui n'est après tout qu'un simple mode de signification [1].

L'ontologie de Siger reste donc celle même d'Aristote. L'être s'y confond avec la substance dont le noyau résistant est la forme. C'est pourquoi le problème de la cause première ou de l'origine radicale de l'être se pose chez lui, comme chez Aristote, exclusivement sur le plan de la substance. On se demande parfois si, dans les doctrines averroïstes, Dieu est vraiment cause des êtres dont l'univers se compose. A la question ainsi posée, il faut répondre oui. Pour Aristote, pour Averroès et pour leurs disciples, le monde n'est pas seulement mû par le Premier Moteur immobile; en un certain sens, il est vraiment produit par lui. Le Dieu d'Aristote ne cause pas simplement le mouvement de l'univers, il en cause l'être [2]. C'est un point sur lequel saint Thomas lui-même insistera fortement. Prenons pourtant garde d'en conclure que le Dieu d'Aristote et d'Averroès produise l'existence. Le Dieu d'Aristote et de l'averroïsme ne peut pas être cause d'un autre être que celui qu'Aristote a connu, c'est-à-dire l'être de la substance, en vertu duquel un être est ce qu'il est. Cela aussi, saint Thomas l'a bien vu, et c'est même pourquoi la question de savoir si le monde est éternel ou non ne lui semblait pas ici d'une importance décisive. Ce n'est pas en effet sur ce plan que se joue la partie. Que le Premier Moteur produise les êtres éternellement ou non, peu importe au problème de l'origine radicale de l'univers. La vraie question est de savoir si, éternellement ou non, Dieu cause seulement des substances, ou si sa causalité s'étend à l'existence même de ces substances. Or, chez Aristote et ses disciples, aucun doute n'est possible. Il s'agit bien pour eux d'un Premier Moteur qui, par le désir qu'il provoque, fait que les formes

---

1. Siger de Brabant, *op. cit.*, p. 136. Toute cette critique s'inspire directement d'Averroès, *In IV Metaph.*, c. 3; éd. cit., f. 32 r, à « Et iste homo ratiocinatur ad suam opinionem... ».

2. Cette doctrine est clairement résumée dans ce texte d'Hélie l'Hébreu sur la question *Utrum mundus sit effectus* : « Ad quaestionem jam motam breviter dico quod profundi philosophi, et majores eorum et maxime Averrois in tractatu *De substantia orbis* et in libro *Destructio destructionum* respondent quod Primum abstractum non tantum dat motum corpori caelesti, sed dat sibi esse et permanentiam aeternam in sua substantia. » Hélie l'Hébreu, *Utrum mundus sit effectus*, dans Jean de Jandun, *De physico auditu*, Bergame, 1501, f. 131 v.

engendrent sans cesse de nouvelles substances dans la matière,
et là s'arrête sa causalité. Tous les interprètes d'Aristote et
d'Averroès qui, eux aussi, identifient l'être à la substance, ont
jadis conclu, et concluent encore aujourd'hui que le Dieu
d'Aristote est un créateur. En effet, qu'est-ce que créer, sinon
causer l'être ? On argumentera donc correctement ainsi : l'être,
c'est la substance ; le Dieu d'Aristote cause les substances ;
donc il cause les êtres, et, par conséquent aussi, c'est un créateur. Mais il en va tout autrement pour qui la substantialité
n'est pas le tout de l'être. Si l'existence est un acte constitutif
de la substance réelle, la cause première des substances ne sera
tenue pour créatrice que si son efficace tombe aussi, et, en un
sens, d'abord, sur l'acte premier par lequel la substance existe.
Le problème de l'éternité du monde reprend ici son importance,
car la notion de création n'implique pas que le monde n'ait pas
toujours existé, mais elle exige que le monde puisse ne pas
avoir toujours existé. Cette « possibilité » de ne pas être est
précisément ce qui manque au monde d'Aristote et de ses
disciples authentiques, pour que le problème de son origine
radicale puisse se poser.

Pour que ce problème puisse se poser, il faut que l'existence
soit autre chose que la simple actualisation de l'essence comme
telle. *Esse*, disait Siger de Brabant, *significat essentiam per
modum actus maximi*. Tout est là. Suffit-il d'actualiser au
maximum l'essence en tant que telle pour que, sous la pression
interne de sa propre perfection, elle éclate pour ainsi dire à
l'existence ? S'il en est ainsi, la notion de substance s'offrira
comme adéquate à la notion d'être et suffira par conséquent
à fonder complètement l'ontologie ; mais il faudra renoncer
alors à poser le problème de l'existence même des substances.
Pour y parvenir, il faut concevoir l'existence comme un acte
radicalement distinct de l'actualité de l'essence, c'est-à-dire
tel qu'il ne suffise pas de porter l'essence au maximum de son
actualité propre, pour l'en voir en quelque sorte jaillir. Bref,
il faut aller jusqu'à poser l'essence comme « en puissance » à
l'égard de son acte d'exister. Si l'on va jusque-là, on dépasse
franchement le plan de l'ontologie aristotélicienne de la substance pour atteindre une ontologie de l'existence proprement
dite. C'est peut-être là l'effort suprême de la philosophie première, et c'est celui qu'a tenté, au XIIIe siècle, saint Thomas
d'Aquin.

CHAPITRE III

L'ÊTRE ET L'EXISTENCE

Les réflexions de saint Thomas d'Aquin sur la nature de l'être sont liées à la définition aristotélicienne de la métaphysique comme science de l'être en tant qu'être [1]. C'est donc de cette formule qu'il nous faut aussi partir, mais on peut l'entendre en deux sens différents.

En un premier sens, elle signifie la science de ce que l'être est et des propriétés qui lui appartiennent en tant que tel. Ainsi conçue, la métaphysique est une science distincte de toutes les autres parce que son objet, l'être en tant qu'être, est distinct des objets de toutes les autres sciences. En effet, chacune des autres sciences a pour objet un certain genre d'être : par exemple, l'être quantitatif, qu'étudie la mathématique; ou l'être en mouvement, qu'étudie la physique; ou l'être vivant, qu'étudie la biologie; mais la science dont nous parlons étudie ce que c'est que d'être, purement et simplement, c'est-à-dire ce qui, dans tout ce qui mérite, en quelque sens que ce soit, le titre d'être, nous autorise à dire que cela est [2].

En un deuxième sens, la définition aristotélicienne de la métaphysique signifie cette science qui a pour objet la classe des êtres qui méritent par excellence le titre d'êtres, parce qu'ils sont, au sens plénier du terme. Parmi les sciences théorétiques,

---

1. ARISTOTE, *Métaphysique*, K, 3, 1060 b 31.
2. ARISTOTE, *Métaphysique*, Γ, 1, 1003 a 21-31. La méconnaissance de ce principe explique toutes les tentatives faites, depuis Aristote, pour constituer la métaphysique comme science d'un des aspects particuliers de l'être, et leurs échecs. Voir sur ce point E. GILSON, *The Unity of Philosophica Experience*, Scribner's, New York, 1937, P. IV.

comme la mathématique et la physique, il s'en trouve une dont l'objet n'est en aucune manière engagé dans la matière ni soumis au devenir. C'est la science de ces formes séparées et immobiles, causes éternelles de tout devenir, qu'on nomme les Premiers Moteurs. S'il y a quelque part du divin dans l'univers, c'est bien dans ces êtres purement immatériels qu'il se trouve. A proprement parler, ce sont des dieux. C'est pourquoi la science théorétique qui porte sur ces êtres prend le nom de théologie. Or nous disons de la métaphysique, science de l'être en tant qu'être, qu'elle est la science par excellence, puisqu'elle porte sur un objet plus universel que ceux des autres sciences, mais s'il existe des êtres immatériels, immobiles, divins et par conséquent premiers, la science qui s'en occupe doit être, elle aussi, la science par excellence, puisqu'elle porte sur des êtres qui sont causes de tous les autres. La théologie ainsi conçue vient donc se confondre avec la métaphysique. Étant science première, comme science des êtres premiers, elle est par là même science universelle. En outre, elle porte sur des êtres immobiles, dont on ne peut jamais dire qu'ils « deviennent », mais dont on doit dire au contraire qu'ils « sont », purement et simplement. Chacun de ces êtres étant un être au sens plein, et tout particulièrement le Premier Moteur immobile, qui est le plus noble de tous, la théologie est donc bien, elle aussi, la science de l'être en tant qu'être. Elle se confond par conséquent avec la métaphysique [1].

Commentateur d'Aristote, saint Thomas d'Aquin a rencontré successivement toutes ces thèses, et il s'est efforcé d'y introduire un peu d'ordre ou, si l'on préfère, d'en dégager l'ordre latent. La métaphysique, déclare-t-il, est la science suprême, parce qu'elle a pour objet le suprêmement intelligible, qui est l'être commun, *ens commune*. Mais quels sont les caractères du suprêmement intelligible? Le *maxime intelligibile* peut être envisagé d'abord au point de vue de l'ordre à suivre dans l'acquisition de la connaissance. Or, connaître, c'est connaître par les causes. Le plus intelligible est alors l'ensemble des causes premières, par la connaissance desquelles on accède à celle de tout le reste. La métaphysique ainsi entendue se présente donc comme la

---

1. ARISTOTE, *Métaphysique*, E (IV), 1, 1026 a 6-32; K (XI), 7, 1064, b 6-14. La science en question devient alors science de l'οὐσία ἀκίνητης : E (IV), 1, 1026 a 29-30.

science des premières causes de tout ce qui est. Le *maxime intelligibile* peut être ensuite envisagé du point de vue de son intellectualité, car plus une connaissance est intellectuelle, plus elle est intelligible. Or une connaissance est d'autant plus intellectuelle qu'elle est moins sensible, et par conséquent qu'elle est plus abstraite ou plus universelle. La science la plus intellectuelle portera donc sur les principes les plus universels, c'est-à-dire l'être, ainsi que sur les propriétés de l'être en tant que tel, comme l'un et le multiple, ou la puissance et l'acte. On peut enfin envisager le *maxime intelligibile* du point de vue de l'intelligibilité de son objet. Ainsi entendue, la science première sera la science du premier intelligible; la science par excellence sera la science de l'intelligible par excellence. Or ce qu'il y a de plus intelligible est ce qu'il y a de plus séparé de la matière, c'est-à-dire Dieu et les Intelligences séparées. En fait, ce troisième point de vue rejoint le premier, car Dieu et les Intelligences séparées sont, en même temps que les intelligibles suprêmes, les causes universelles et premières de tout ce qui est. Le fait que ces trois points de vue sur l'objet de cette science première soient également légitimes, justifie pourtant les trois noms différents dont on la désigne. En tant qu'elle vise principalement les causes premières, elle se nomme philosophie première, *prima philosophia*; en tant qu'elle porte sur l'être en tant qu'être ainsi que sur ses propriétés, elle prend le nom de « métaphysique », parce que de tels objets sont en effet *transphysica*, comme situés au-delà de l'ordre du physique et du sensible pour qui remonte des effets à leurs causes; en tant qu'elle porte enfin sur les êtres suprêmement intelligibles, elle se nomme science divine, ou « théologie » [1].

Nous voici donc en présence de la même ambiguïté, d'autant plus gênante cette fois qu'en groupant en un seul tableau d'ensemble les divers sens aristotéliciens du mot « métaphysique », saint Thomas rend plus manifeste encore l'hétérogénéité fondamentale de deux d'entre eux. Définir la métaphysique comme la science de l'être en tant qu'être et de ses propriétés, c'est lui donner pour objet, non pas certes une simple notion générale, mais du moins une essence commune, fût-ce la première et la plus fondamentale de toutes : l'essence même de ce qui est, en tant qu'il est. Définir la métaphysique

---

1. THOMAS D'AQUIN, *In Metaph.*, Prooemium; éd. Cathala, p. 2.

comme la science des êtres divins dont on peut dire qu'ils
« sont », au sens plein du terme, c'est au contraire lui donner
pour objet des essences individuelles, c'est-à-dire des « êtres »,
et non plus simplement « l'être » commun comme tel. Entre ces
deux métaphysiques, il semblerait qu'on fût tenu de choisir.
On ne voit pourtant pas qu'Aristote l'ait fait, ni même que
saint Thomas ait cru devoir le faire pour lui dans le texte que
nous venons de rappeler. Il est vrai que, dans ce texte,
saint Thomas parlait en simple commentateur d'Aristote et
que rien ne l'obligeait à prolonger la pensée du Philosophe en
un sens que celui-ci n'avait sans doute pas prévu ; mais certains
problèmes théologiques lui présentaient la même difficulté sous
un aspect qu'Aristote ne pouvait en effet prévoir, et dont
saint Thomas ne pouvait au contraire manquer de tenir compte.
Il ne faut donc pas s'étonner que saint Thomas commentateur
d'Aristote n'ait pas résolu le problème exactement dans les
mêmes termes que saint Thomas le théologien. Aristote ne
connaissait qu'une théologie, celle qui fait partie de la métaphysique ; saint Thomas en connaissait deux, celle qui fait
partie de la métaphysique et celle qui la transcende, parce
qu'elle se fonde sur la parole de Dieu. Or ces deux théologies
thomistes ne pouvaient rester étrangères l'une à l'autre, puisque leur objet était le même, quoique connu sous deux lumières
distinctes. Il était donc inévitable que, sur ce point comme
sur tant d'autres, la théologie de saint Thomas exerçât sur son
aristotélisme une influence que certains qualifieraient de per-
turbatrice, mais où l'on doit plutôt voir la source de la pensée
philosophique la plus personnelle et la plus authentiquement
créatrice.

Nous n'avons aucun exposé d'ensemble de ce qu'eût été une
« philosophie thomiste » rédigée par saint Thomas lui-même,
mais les maîtresses thèses s'en rencontrent partout dans ses
écrits théologiques, où l'historien les voit à l'œuvre. L'intérêt
exceptionnel qu'offre leur observation tient précisément à
ce que l'on y peut toujours discerner, sans hésitation possible,
quel intérêt théologique a provoqué tel progrès philosophique
déterminé. En revanche, comme saint Thomas ne nous livre
parfois sa pensée philosophique ultime qu'à propos des problèmes théologiques dont il traite, nous y perdons de ne pas
toujours rencontrer cette pensée développée pleinement pour
elle-même et de ne pouvoir que rarement prévoir, surtout au

début d'une enquête, où il en parlera. En l'occurrence, ce n'est pas au début de son Commentaire sur la *Métaphysique* d'Aristote que saint Thomas nous livre toute sa pensée sur la nature et l'objet de cette science, mais au livre III, ch. 25, du *Contra Gentiles*, où il entreprend d'établir *Que la fin de toute substance intellectuelle est de connaître Dieu.* Le seul énoncé du problème suffit en effet à faire comprendre dans quel esprit saint Thomas arbitrera ce conflit entre deux conceptions possibles de la métaphysique, et quelle sera sa sentence. Mais le plus simple est de le laisser s'expliquer : « Ce que l'on ne doit aimer que pour autre chose est en vue de ce que l'on ne doit aimer que pour soi. En effet, on ne peut aller à l'infini dans le désir de la nature; autrement le désir de la nature serait frustré, puisqu'il est impossible de franchir l'infini. Or toutes les sciences, arts et activités pratiques, ne doivent être aimées que pour autre chose, car la fin n'y est pas de savoir, mais d'opérer. Au contraire, les sciences spéculatives doivent être aimées pour elles-mêmes, parce que leur fin est le savoir lui-même, et que l'on ne trouve, dans les choses humaines, aucune action qui ne soit ordonnée à quelque autre fin, sauf la considération spéculative. Ceci reste vrai même des jeux, qui semblent ne viser aucune fin, car ils ont pourtant une fin qui leur convient, puisque, grâce à eux, notre esprit se délasse pour ainsi dire, et nous nous sentons ensuite plus forts pour reprendre nos études. Autrement, si l'on devait aimer le jeu pour lui-même, il faudrait toujours jouer, ce qui ne se fait pas. Les arts pratiques s'ordonnent donc aux arts spéculatifs, et, pareillement, toute opération humaine s'ordonne à la spéculation intellectuelle, comme à sa fin. Or toutes les fois que des sciences et des arts sont ordonnés, la fin dernière relève de l'art ou de la science architectonique dont les prescriptions s'imposent aux autres. Par exemple, l'art du pilotage, dont relève la fin du navire, qui est l'usage qu'on en fait, est un art architectonique dont les prescriptions s'imposent à l'art de construire les vaisseaux. Tel est aussi le rapport de la Philosophie Première aux autres sciences spéculatives. En effet, toutes les autres dépendent d'elle, en ce qu'elles reçoivent d'elle leurs principes et des directives contre ceux qui nient leurs principes et, à son tour, cette Philosophie Première elle-même est tout entière ordonnée à la connaissance de Dieu comme à sa fin dernière, d'où son nom de science divine. La connaissance de Dieu est donc la fin der-

nière de toutes les connaissances et de toutes les opérations de
l'homme. »

Comment cette conclusion est-elle amenée? Il s'agit ici d'une
question tout autre que celle du Commentaire sur la *Métaphysique*. Dans ce dernier texte, le problème était de savoir sur quoi
porte la métaphysique, ou, comme s'exprime saint Thomas,
quel en est le « sujet ». Problème purement spéculatif et même
abstrait, comme on peut voir, puisqu'il s'agit alors de délimiter
l'aire d'une science, en trouvant un « sujet » réel dont l'essence
définisse l'objet de la science en question. Ce « sujet », c'est
l'*ens commune*. Tout ce qui traite de l'être en tant qu'être relève
donc de la métaphysique, et, comme les êtres divins méritent
ce titre, ils rentrent, sans en rompre l'unité, dans la science de
« ce qui est » purement et simplement. Mais la question posée
par le *Contra Gentiles* est bien différente. Saint Thomas s'y
demande si connaître Dieu est la fin de toute substance douée
d'intellect. Cette fois, c'est le théologien qui parle, mais le théologien ne se sépare jamais chez lui du philosophe, et on le voit
bien au terme de son chapitre, où il se réclame simultanément
de l'Évangile et d'Aristote pour garantir sa propre conclusion.
En effet, l'Évangile dit que les cœurs purs verront Dieu, et que
la vie éternelle est de connaître le seul vrai Dieu; mais ces
paroles concordent avec cette autre parole, d'Aristote cette fois,
que le bonheur suprême de l'homme est la connaissance spéculative de l'objet de spéculation le plus parfait[1]. Ainsi donc,
pour obtenir, non certes la vérité complète, car celle de l'Évangile se suffit, mais la vérité vue sous toutes ses faces, il suffit de
prolonger ici Aristote par l'Évangile : le bonheur suprême de
l'homme, dit Aristote, est la connaissance spéculative de l'intelligible suprême, qui est le divin; or, précisément, Jésus-Christ
a promis aux cœurs purs qu'ils verront Dieu; ainsi le bonheur
suprême de l'homme sera la vision de l'essence divine elle-même
pour l'éternité. Voici donc Aristote engagé dans une *praeparatio
evangelica* que lui-même n'avait pas prévue, et sa philosophie
ne se prêtera pas à la collaboration qu'on attend d'elle sans se

---

1. « Hinc est quod dicitur : *Beati mundo corde, quoniam ipsi Deum videbunt*
(Matth., V, 8); et : *Haec est vita aeterna ut cognoscant te solum Deum verum*
(Joan., XVIII, 3). Huic etiam sententiae Aristoteles in ultimo *Ethicorum*
concordat, ubi ultimam hominis felicitatem dicit esse speculativam quantum
ad speculationem optimi speculabilis. » Thomas d'Aquin, *Cont. Gentiles*,
lib. III, chap. 25, fin. Cf. Aristote, *Eth. Nic.*, X, 7, 1177 a 12-18.

modifier pour s'adapter au rôle tout nouveau que saint Thomas lui assigne. Remarquons que saint Thomas ne déforme aucunement la doctrine d'Aristote touchant l'objet de la métaphysique. Elle reste bien, pour lui aussi, cette philosophie première qui a pour objet l'être en tant qu'être et dont toutes les autres sciences reçoivent leurs principes, mais il se produit en elle comme une sorte de dédoublement, ou, du moins, les deux aspects déjà distingués par Aristote se hiérarchisent à leur tour au lieu de rester simplement juxtaposés. Au lieu d'une métaphysique qui contiendrait à la fois « philosophie première » et « théologie », saint Thomas parle d'une « philosophie première » ordonnée tout entière à la connaissance de Dieu, et qui, pour cette raison même, prend le nom de « science divine » : *Ipsaque prima philosophia tota ordinatur ad Dei cognitionem sicut ad ultimum finem, unde et scientia divina nominatur.* La métaphysique comme science de « ce qui est » et des propriétés de l'être en tant que tel n'est donc pas encore la science suprême, ou, si l'on préfère, ce n'est pas encore en tant que science de l'être ainsi conçu que la métaphysique est science suprême. Elle ne l'est qu'en tant que cette science des premiers principes de l'être, qu'elle détient de plein droit, s'ordonne totalement en elle à la connaissance de Dieu, l'Être qui « est », purement et simplement. Si la métaphysique est la science de l'être en tant qu'être acquise en vue de la connaissance de Dieu, elle est une ontologie tout entière orientée vers une théologie. Autant dire que, dans la métaphysique elle-même, la science de l'essence de l'être en général n'est plus là qu'en vue de la science du suprêmement Existant.

Un tel texte aide à comprendre comment, en accomplissant son œuvre de théologien, saint Thomas a conduit la philosophie dans des voies nouvelles. Le fait qu'il cite sans cesse Aristote ne prouve aucunement qu'il se contente de le suivre. On peut d'ailleurs s'en assurer en comparant le rôle que jouent les mêmes formules dans leur nouveau contexte thomiste et dans leur ancien contexte aristotélicien. Il est exact qu'Aristote ait nommé la métaphysique « science divine », parce que, s'il existe une science qui traite des choses divines, c'est elle [1]; il est non moins exact qu'Aristote ait dit que le bonheur suprême de l'homme soit de contempler les choses divines, mais il ne semble pas en

---

1. ARISTOTE, *Métaphysique*, A, 2, 983 a 6-11.

avoir jamais conclu que la science de l'être en tant qu'être fût
tout entière ordonnée à la connaissance de Dieu [1]. Sans doute,
Aristote tient la métaphysique pour le plus parfait des savoirs,
et comme il enseigne d'ailleurs que savoir parfaitement est
savoir la première cause, il faut bien, semble-t-il, qu'Aristote
ait conçu la métaphysique comme ordonnée « tout entière » à la
connaissance de la première cause. Il n'a pourtant dit rien de
tel, et peut-être même ne pouvait-il pas le dire, pour la simple
raison que la notion d'une cause absolument première dans tous
les ordres lui faisait défaut. Dans le texte même que cite saint
Thomas, Aristote dit en fait simplement ceci : « Il est donc
manifeste que la science à acquérir [sc. la métaphysique] est
celle des causes premières, puisque nous disons que nous
connaissons chaque chose, seulement quand nous pensons
connaître sa première cause. Or les causes se disent en quatre
sens [2]. » Et, en effet, la matière est elle aussi cause première à
sa façon, dans un univers comme celui d'Aristote où le Premier
Moteur immobile n'est pas un créateur. Le dieu d'Aristote est
assurément l'une des causes et l'un des principes de toutes
choses [3], il n'en est pas la cause et le principe unique. Faute de
la notion de création il y a, chez Aristote, de l'être que Dieu
n'explique pas, celui de la matière ; la métaphysique d'Aristote
ne peut donc pas s'ordonner « tout entière » vers Dieu, parce
que la matière s'oppose, comme une donnée irréductible à Dieu
lui-même, à ce que la philosophie première s'achève vraiment
toute en théologie. Rien de tel chez saint Thomas, et c'est
pourquoi la formule qu'il emprunte expressément à Aristote,
non d'ailleurs sans en modifier significativement la lettre, revêt
chez lui un sens nouveau : « Nous estimons savoir parfaitement
lorsque nous connaissons la première cause. L'homme désire
donc naturellement, comme sa fin dernière, de connaître la
première cause. Or la première de toutes les causes est Dieu.
La fin dernière de l'homme est donc de connaître Dieu [4]. » Rien
ici qui s'oppose à ce que la philosophie première s'ordonne
totalement vers Dieu ; on dirait plutôt que tout l'y invite, car
puisque savoir est savoir par la cause, la science par excellence
doit viser la cause par excellence, qui est Dieu.

1. ARISTOTE, *Eth. Nic.*, X, 10, 9, 1179 a 23-32.
2. ARISTOTE, *Métaphysique*, A, 3, 983 a 24-27.
3. ARISTOTE, *Métaphysique*, A, 2, 983 a 8-9.
4. THOMAS D'AQUIN, *Cont. Gentiles*, III, 25, ad *Amplius, naturaliter inest.*

Ce qui peut sembler d'abord un simple progrès de détail dans la présentation d'une thèse d'Aristote était au contraire une réforme d'immense portée. Si saint Thomas s'était contenté de dire que la métaphysique et la théologie naturelle s'ordonnent à la théologie du révélé comme à leur fin, sa conclusion n'intéresserait qu'indirectement l'histoire de la philosophie. Mais il a fait autre chose. En affirmant que la « philosophie première » elle-même est toute ordonnée à la connaissance de Dieu comme à sa fin, c'est bien d'abord à la connaissance de Dieu par la raison naturelle qu'il pense. Les mots qui terminent sa phrase suffisent à le prouver : *unde et scientia divina nominatur.* C'est donc bien la *prima philosophia* elle-même, ou métaphysique, qui se fait théologie en s'ordonnant à la connaissance de Dieu. S'il en est ainsi, toute la métaphysique se trouve axée, par-delà la connaissance de l'essence la plus universelle de toutes, celle de l'être en tant qu'être, sur *un être* dont on peut bien dire au contraire qu'il est éminemment singulier. Comme dit saint Thomas lui-même en termes aussi clairs que possible : « Lorsque l'homme connaît un effet quelconque, il désire naturellement en savoir la cause. Or l'intellect humain connaît l'être en général *(ens universale).* Il désire donc naturellement connaître sa cause, qui n'est autre que Dieu... La connaissance même de Dieu est donc la fin dernière de l'homme [1]. » C'est pourquoi, nous l'avons dit, elle est aussi la fin dernière de la métaphysique : *Est... ultimus finis hominis intelligere quoquo modo Deum.*

Si ce n'était pas là contredire Aristote, c'était du moins le dépasser en levant une des ambiguïtés latentes de sa doctrine, et cela sur un point où il y allait du sens de la métaphysique tout entière. Aristote avait déjà dit que l'homme se divinise dans la contemplation intellectuelle de l'intelligible, et que le peu que nous pouvons savoir des choses divines vaut mieux pour nous que la plus profonde connaissance scientifique des choses sensibles. Saint Thomas ne se lasse pas d'alléguer ces paroles d'un philosophe qu'il aime tant et qu'il sent ici tout proche de ce que lui-même a de plus cher [2]. Pour lui, ce n'est pourtant pas assez dire. Le terme « théologie » ne désignait pour Aristote qu'une science à peine accessible et misérablement limitée, parce que nous sommes devant son objet comme l'oiseau

---

1. *Loc. cit.*, ad *Praeterea, cujuslibet effectus.*
2. *Op. cit.*, I, 5, ad *Apparet etiam.* Cf. ARISTOTE, I, 5, 644 b.

de nuit devant le soleil. Pour saint Thomas, la théologie prenait
une consistance et une plénitude tout autres du fait que, Dieu
ayant parlé, elle pouvait se constituer, à partir de la révélation,
comme une science de la foi. Sans doute, même alors, on doit
encore parler de la théologie comme de « ce peu que nous savons
de Dieu », mais, d'abord, parce qu'elle se fonde désormais sur la
foi, sa certitude est devenue inébranlable, ce qui constitue une
première différence d'importance capitale ; et, en outre, parce
qu'elle est désormais science du salut, elle est devenue la fin
vitalement urgente de toute la spéculation humaine. Ainsi
constituée en Sagesse par excellence, la *doctrina fidei* a pour
ainsi dire associé à son empire la modeste théologie qu'incluait
déjà la métaphysique d'Aristote. En exploitant à fond cette
prérogative de « fin dernière » à laquelle, comme connaissance
naturelle de Dieu *(quoquo modo)*, elle se trouvait désormais
avoir droit, la théologie surnaturelle élevait la théologie naturelle
à la dignité de fin de la spéculation philosophique tout entière.
N'oublions d'ailleurs pas que, depuis le drame du Calvaire, le
rapport de l'homme à Dieu n'était plus le même. Pour Aristote,
l'obscurité de notre connaissance de Dieu était celle d'un cré-
puscule avant une éternelle nuit ; pour saint Thomas, c'est celle
de l'aube avant un plein midi qui n'aura pas de fin. Rien d'étonnant que saint Thomas ordonne toute sa métaphysique au
terme devant lequel celle d'Aristote s'arrête ; l'Être divin n'est
plus pour elle un idéal définitivement inaccessible ; il est au
contraire, et dans tous les sens du terme, une fin.

Pour interpréter correctement la doctrine de saint Thomas,
il importe de garder présente à la pensée cette dualité de plans,
tous deux indispensables mais hiérarchiquement ordonnés.
On peut dire en effet que toute sa doctrine de l'être porte la
marque de cette distinction fondamentale entre l'ordre de
l'« être en tant qu'être », qui est celui de la substance, et l'ordre
de la cause de cet « être en tant qu'être », qui est celui de l'existence et, si l'on poursuit le problème jusqu'à son terme, conduit
la pensée jusqu'à Dieu. Selon qu'on met l'accent sur l'un ou
l'autre aspect de la doctrine, on aboutit à deux interprétations
très différentes du thomisme. Son interprétation vraie est celle
qui, comme saint Thomas lui-même, maintient simultanément
les deux points de vue dans leur ordre de subordination hiérarchique, passant de l'un à l'autre selon la nature des problèmes
en cause, et toujours au moment qui convient.

La persistance, dans le thomisme, d'un plan aristotélicien de l'être conçu comme identique à l'οὐσία, ne fait aucun doute. Or, si l'on pose les problèmes sur ce plan, il ne peut être question d'une distinction entre l'essence et l'être, puisque l'être et l'οὐσία se confondent par définition. Chaque fois qu'il envisage les choses sous cet aspect, saint Thomas se retrouve par là même dans la position primitive de l'aristotélisme. C'est ce qu'il fait dans un passage justement fameux de son Commentaire sur la *Métaphysique*, et, d'ailleurs, rien n'est plus naturel : s'il est un moment où la pensée de saint Thomas doive approcher de l'aristotélisme pur au point de sembler s'y confondre, c'est bien lorsqu'il est en devoir de commenter Aristote. En relisant ce texte avec l'interprétation que saint Thomas en donne, nous recueillerons le double avantage de contrôler les conclusions auxquelles l'étude de l'ontologie d'Aristote nous a conduits, et de constater combien fidèlement Aristote a été compris par saint Thomas d'Aquin.

Il s'agit d'un passage du livre IV, ch. II, de la *Métaphysique*, que nous avons d'ailleurs déjà rencontré [1]. Dans le court ch. I, Aristote vient de dire qu'il y a une science qui étudie l'être en tant qu'être (τὸ ὄν ᾗ ὄν) et ce qui lui appartient en lui-même. Au ch. II, il va se demander ce que signifie le mot « être ». Voici quelle est alors la suite des idées. L'être se dit en plusieurs sens, mais toujours par rapport à une seule et même réalité fondamentale, qui est l'οὐσία. On nommera certaines choses des « êtres » parce qu'elles-mêmes sont des substances (οὐσία), d'autres parce qu'elles sont des propriétés de quelque substance, d'autres encore parce qu'elles engendrent quelque substance ou la détruisent. Si donc il y a une science de tout ce qui mérite le titre d'être, c'est parce que tout ce que l'on nomme de ce nom y a droit en raison de son rapport à l'οὐσία. C'est donc sur l'οὐσία, sur ses principes et sur ses causes, que devra porter la science de l'être. D'ailleurs, portant sur l'être, elle s'étendra du même coup à tous les aspects de l'être en tant que tel. C'est pourquoi, notamment, elle devra traiter de l' « un », car « être » et « un » sont une seule et même chose (ταὐτὸ καὶ μία φύσις), ce qui conduit à cette conclusion, que οὐσία, être et un sont des termes équivalents. D'où la formule célèbre que nous avons déjà

---

1. ARISTOTE, *Métaphysique*, Γ (IV), 2, 1003 a 33-1004 a 9; dans le Commentaire de saint Thomas, *In Metaph.*, lib. IV, lect. 2.

citée : « un homme », « un homme qui est », et « homme », c'est la
même chose ; ταὐτὸ γὰρ εἷς ἄνθρωπος καὶ ὢν ἄνθρωπος καὶ ἄνθρωπος (1003 b 26-27). En effet la réalité que signifient ces termes
distincts est une : « de même que la réalité (ou substance,
ou essence = οὐσία) de chaque chose est une, et cela non par
accident, de même elle est un certain étant (ὅπερ ὄν τι) »
(1003 b 32-34). L'intention d'Aristote en ce passage est donc
claire : la métaphysique traitera de l'un, comme elle traite de
l'être, parce que ce ne sont là que deux autres noms de cette
même réalité fondamentale, l'οὐσία, qui est et est une de plein
droit. S'il y a quelque part une doctrine de l'identité de l'être
et de la substance, c'est bien celle-là, et l'on conçoit sans peine
qu'Averroès ait eu conscience de rétablir l'aristotélisme authentique en critiquant la position d'Avicenne sur ce point.

   Que va faire ici saint Thomas? Commentateur, exposer
Aristote tel qu'il est. Et non pas seulement parce que commentateur, mais encore parce que, entre les limites exactes où se
développe la thèse d'Aristote, elle est vraie. Elle l'est d'abord
en ce qui concerne l'être et l'un : *unum autem et ens significant
unam naturam secundum diversas rationes.* Elle l'est même en
ce qui concerne la quiddité, ou essence (οὐσία) et l'être. En voici
la preuve : « Il ne s'engendre jamais d'homme *(homo)* sans que
s'engendre un homme existant *(ens homo)*, et il ne se corrompt
jamais d'homme, sans que se corrompe un homme existant.
Or ce qui s'engendre et se corrompt en même temps ne fait
qu'un. » Il en va de même de l'un : « Quand il y a génération
d'*homme*, c'est *un homme* qui est engendré, ou, inversement,
qui est corrompu, s'il y a corruption. » En quoi ces termes se
distinguent-ils donc? Car il faut bien qu'ils se distinguent en
quelque chose, autrement ce seraient de purs synonymes que
l'on pourrait employer les uns pour les autres, ce que l'on ne fait
pas. En fait, explique saint Thomas, les termes *homo, res, ens,
unum,* signifient bien une seule et même réalité, mais envisagée
sous des raisons différentes. Cette réalité se nomme *homo,* en
raison de la quiddité ou nature de l'homme; elle se nomme *res,*
une chose, en raison de ce fait qu'elle a une quiddité ou nature
quelconque; elle se nomme *ens,* un étant, en raison de son acte
d'être *(hoc vero nomen ens imponitur ab actu essendi)*; elle
se nomme *unum,* enfin, c'est-à-dire quelque chose d'un, en raison
de son indivision d'avec elle-même. Pourtant, ce qui a l'essence,
ce qui a une quiddité en raison de cette essence, et ce qui est

indivis en soi, c'est la même chose : *unde ista tria, res, ens, unum, significant omnino idem, sed secundum diversas rationes* [1]. Est-ce à dire qu'entre la réalité existante et son existence, il n'y a aucune distinction réelle, mais, au contraire, une identité réelle absolue, nuancée d'une simple distinction de raison [2]? Ce n'est du moins pas ce que dit saint Thomas lui-même. Il ne parle pas ici du rapport de l'*esse* à l'*essentia*, mais du rapport de l'*ens* à l'*essentia*, et ce qu'il dit, d'accord avec Aristote, c'est que ce que l'on désigne du nom d'étant est identique à ce que l'on désigne d'autre part sous d'autres noms, comme « un », ou « chose », ou « homme ». C'est exact, l'être une fois constitué, mais saint Thomas ajoute ceci, que n'avait pas dit Aristote : *hoc vero nomen ens imponitur ab actu essendi.* En d'autres termes, de même que c'est par sa quiddité que l'objet dont on parle est une « chose », c'est en vertu de son acte d'exister qu'il est un « être ». La quiddité existante est donc bien identique à l'être réel que cette quiddité définit. Qu'on dise d'un homme qui est, « c'est un homme », ou « c'est un être », on parle bien, dans les deux cas, de la même chose vue sous deux aspects différents ; mais il ne suit aucunement de là que l'acte d'exister *(actus essendi)* qui confère l'être à l'essence, ne se distingue de l'essence même que par une distinction de raison. Tout se passe donc comme si le thomisme avait hérité de l'aristotélisme la notion de la substance conçue comme un bloc ontologique sans fissure, où l'essence, l'existence et l'unité ne font qu'un.

Il est vrai que, comme nous l'avons dit, saint Thomas parle ici en commentateur d'Aristote, mais on remarquera que, sauf son allusion discrète au rôle fondamental de l'*esse* dans la constitution de l'être, il n'élève aucune protestation, ne formule aucune réserve, bref, ne trahit pas la moindre velléité de se désolidariser ici de son auteur. Bien plus, il ne manque pas de textes, empruntés à des œuvres où saint Thomas parle certainement en son propre nom, qui invitent à penser que, pour lui comme pour Aristote, l'être réel et l'existence ne faisaient vraiment qu'un. On rencontre, par exemple, dans son *Commen-*

1. THOMAS D'AQUIN, *In Metaph.*, *loc. cit.*, éd. Cathala, n. 549-553.
2. C'est d'ailleurs le texte sur lequel s'appuient principalement ceux qui soutiennent que saint Thomas lui-même n'a jamais admis qu'une distinction de raison entre l'essence et l'existence. Voir la remarquable page de P. Pelster (dans la revue *Scholastik*, 1928, p. 265) traduite par le P. Descoqs, dans *Archives de Philosophie*, vol. VI, cahier 4, pp. 134-135.

taire sur les Sentences, la division tripartite de l'*esse* que voici :
« Il faut savoir qu'*esse* se dit de trois manières. Premièrement,
on nomme *esse* la quiddité même ou nature de la chose, comme
lorsqu'on dit que la définition est la formule qui signifie ce que
l'être est, et, en effet, la définition signifie la quiddité de la
chose. Deuxièmement, on nomme *esse* l'acte même de l'essence ;
ainsi, par exemple, vivre, qui est l'*esse* de ce qui vit, est l'acte
de l'âme ; et non pas l'acte second, qui en est l'opération, mais
l'acte premier. Troisièmement, on nomme *esse*, celui qui signifie
la vérité de la composition des termes dans les propositions ;
c'est en ce sens que *est* se nomme copule, et, ainsi conçu, l'*esse*
ne se trouve pleinement constitué que dans l'intellect qui
associe ou dissocie les termes, mais il se fonde sur l'être de la
chose *(fundatur in esse rei)*, qui est l'acte de l'essence, ainsi
qu'il a été dit plus haut à propos de la vérité [1]. »

Éliminons le troisième sens, qui ne concerne qu'indirectement
l'être réel. Il reste alors deux sens du terme *esse* admis par
saint Thomas, et, autant qu'on puisse en juger d'après ce texte,
seulement deux : d'une part, l'*essentia* (ou *quidditas*, ou *natura*),
que l'on reconnaît à ce qu'elle est objet de définition ; d'autre
part, l'acte premier de cette essence même, en vertu duquel
elle est. Le premier de ces deux sens est clair. Pour éclaircir
le second, saint Thomas recourt à l'exemple de l'âme. Qu'est-ce
que l'âme ? C'est ce qui exerce les opérations vitales dans un
corps organisé. Tel est en effet son *esse*, ou être, au sens d'*essentia*, de *quidditas* ou de *natura*. Mais considérons de plus près
l'essence ainsi définie. Que fait-elle ? Nous l'avons dit, elle
exerce diverses opérations vitales, telles que végéter, croître,
et autres du même genre. Ce sont là ses actes seconds. Pour en
trouver la source, il faut remonter au-delà de ce que l'âme *fait*,
jusqu'à ce que l'âme *est*, c'est-à-dire jusqu'à son acte premier.
On constate alors que l'âme est vie, et que, parce que c'est l'acte de
son essence, c'est là son être. L'*esse* de l'âme, c'est cela même,
au sens le plus profond : *esse rei est actus essentiae*.

Acceptons ce texte tel qu'il est. Si l'on ne disposait d'aucun
autre, rien n'autoriserait à supposer que saint Thomas ait jamais
distingué l'existence de l'essence. Rien ne prouve en effet que
l'*esse* qu'il pose ici comme l'acte de l'essence soit l'acte même
d'exister. Au contraire, la lettre du texte suggère que l'*esse*

---

1. THOMAS D'AQUIN, *In I Sent.*, d. 33, q. 1, a. 1, ad 1ᵐ.

dont il s'agit se confond avec cet acte premier, en vertu duquel chaque essence est précisément ce qu'elle est. D'ailleurs, l'exemple dont use ici saint Thomas, et qu'il ne cessera de reprendre en diverses œuvres à toutes les époques de sa carrière, est littéralement emprunté à Aristote [1], et sa signification aristotélicienne du moins est claire. *Vivere est esse viventibus* signifie que, de même que « homme », « un homme » et « un homme qui est » sont une seule et même chose », de même aussi « vivant », « un vivant » et « un vivant qui est » sont une seule et même chose. Poser cet acte premier qu'est « vivre », c'est poser du même coup l' « être vivant » correspondant. Rien de plus aristotélicien que cette identification de l'*esse* (τὸ εἶναι) à l'acte premier, ou perfection première, qui fait que la substance est, et est ce qu'elle est [2]. Lorsqu'il cite à son tour cette formule, saint Thomas lui-même se tient sur le plan authentiquement aristotélicien de l'être substantiel. Toute substance est ce qu'elle est en vertu d'un acte, et cet acte, qui la fait être parce qu'il la fait être ce qu'elle est, n'est autre que sa forme [3]. Autant dire que nous restons alors au plan de la substance déjà constituée et que le problème métaphysique de son rapport à l'existence ne se pose pas.

Il en est très souvent ainsi dans la doctrine de saint Thomas lui-même, que traverse d'une extrémité à l'autre comme un vaste plan aristotélicien. Non seulement il lui arrive de s'y tenir, mais on peut dire que c'est là normalement qu'il se tient. La philosophie, et même la théologie lorsqu'elle met la philosophie en œuvre, commencent bien par poser et résoudre le problème de l'origine radicale de l'être, qui est celui de l'existence, mais ce problème liminaire une fois résolu, c'est à « ce

1. ARISTOTE, *De anima*, II, 4, 415 b 13.

2. *Op. cit.*, II, 1, 412 b 9-10.

3. « Probat [*sc.* Aristoteles] quod supposuerat. Et primo quod anima sit causa viventis corporis, ut forma : et hoc duplici ratione, quarum prima talis est. Illud est causa alicujus ut substantia, id est ut forma, quod est causa essendi [noter la formule]. Nam per formam unumquodque est actu. Sed anima viventibus est causa essendi; per animam enim vivunt, et ipsum vivere est esse eorum : ergo anima est causa viventis corporis, ut forma. » THOMAS D'AQUIN, *In II de anima*, lect. 7; éd. Pirotta, n. 319-320. De même, le « savoir » est à la fois acte premier (ὡς ἐπιστήμη) et acte second (ὡς τὸ θεωρεῖν), mais c'est bien en tant qu'acte premier que le savoir est. Cf. *De anima*, II, 1, 412 a 6-11, et, dans le commentaire de saint Thomas, éd. Pirotta, n. 216.

qui existe » que toutes deux s'intéressent. Il n'est donc pas
surprenant que, dans l'œuvre de saint Thomas, le niveau de la
substance, de l'essence et de la cause formelle soit celui où l'on
ait le plus souvent occasion de se tenir. Il n'est pas davantage
surprenant que ceux de ses interprètes qui se dérobent eux-
mêmes devant le problème de l'existence cherchent à justifier leur interprétation de sa doctrine en invoquant des
textes où, pour saint Thomas lui-même, la notion d'existence
n'a en effet pas lieu d'intervenir.

C'est un fait des plus inattendus, que l'univers de saint Thomas, effet contingent d'une volonté divine suprêmement libre,
possède néanmoins la même stabilité et la même perdurabilité
dans l'être que les mondes d'Aristote et d'Averroès, que leur
dieu produit pourtant avec la nécessité d'une nature ; mais il les
possède pour des raisons métaphysiques entièrement différentes
et même dans des conditions tout autres. L'univers d'Aristote
dépend du Premier Moteur, qui en est la cause finale, et qui est
même, en un sens moins direct mais très réel, la cause efficiente [1] de « ce qui est », c'est-à-dire de son être, mais il ne l'est
pas de son existence. La preuve en est qu'il n'a pas dépendu
du Premier Moteur que le monde existât ou non et qu'il ne
dépend toujours pas de lui que ce monde cesse ou continue
d'exister. Il en va tout autrement du monde créé des philosophes
chrétiens. De même que Dieu est éternellement libre de le créer
ou non, de même, et pour la même raison, il reste éternellement
libre de le réduire au néant en chaque instant de sa durée. Pour
le faire, il suffirait que Dieu cessât d'influer en lui l'existence
qu'il lui confère, ce qui serait l'anéantir [2]. Cette dépendance
existentielle à l'égard de sa cause est caractéristique de l'univers
chrétien, et elle y est inamissible. C'est même pourquoi, acte
de l'essence finie, l'existence ne lui appartiendra jamais de
plein droit. Saint Thomas use ici d'une comparaison, qu'il a
maintes fois reprise et dont on ne peut méconnaître la force.
On sait que, dans la physique d'Aristote, les milieux diaphanes,
l'air ou l'eau par exemple, sont les sujets récepteurs de la
lumière [3]. Or la lumière imprègne intégralement le diaphane

    1. Cf. E. GILSON, *L'esprit de la philosophie médiévale*, 2ᵉ éd. Paris, J. Vrin,
1944, pp. 75-77.
    2. S. THOMAS D'AQUIN, *Summa theologica*, P. I, q. 104, art. 3, ad *Respondeo*.
    3. S. THOMAS D'AQUIN, *In II de anima*, lib. II, lect. 14 ; éd. Pirotta,
n. 403-421.

qu'elle illumine, mais elle ne s'y incorpore pas. La preuve en est que, dès que la lumière cesse, le diaphane retombe dans ce néant de lumière qu'est l'obscurité. Tel n'est pas le cas pour toutes les énergies physiques. Par exemple, lorsque le feu échauffe une masse d'eau, il fait que cette eau possède la forme de la chaleur, et c'est pourquoi de l'eau reste chaude même après qu'on l'a retirée du feu; au contraire, l'air ne reçoit pas la forme de l'être lumineux comme l'eau reçoit de la chaleur; l'air est illuminé, il ne devient pas luisant, comme l'est le soleil, principe de la lumière. C'est pourquoi, dès que le soleil se cache, l'air retombe dans l'obscurité. En ce sens, le soleil est bien cause de la lumière, non pas seulement *in fieri*, mais *in esse*. C'est de manière analogue que Dieu cause l'existence. Or les expressions dont use ici saint Thomas sont d'une force extrême, puisqu'il dit de la lumière : *quia non habet radicem in aere, statim cessat lumen, cessante actione solis* [1]. L'existence continuellement influée par Dieu dans les êtres n'y prend donc jamais racine, et si nous substituons à l'image de l'influx celle du don, nous dirons que l'existence reste dans l'être créé comme une donation perpétuellement révocable au gré du donateur. De quelque manière qu'on se représente la distinction thomiste d'essence et d'existence, c'est là le fait qu'elle a pour objet de formuler. L'existence peut bien être *dans* l'essence, et nous allons même voir combien étroitement elle s'y trouve parfois liée, mais elle n'est jamais *de* l'essence. Le seul être qui existe par nature, c'est Dieu, et pas plus que l'air ne peut devenir le soleil, la créature ne peut devenir Dieu : *Sic autem se habet omnis creatura ad Deum, sicut aer ad solem illuminantem.* L'essence de la créature n'est donc jamais son acte d'exister [2].

Hâtons-nous pourtant d'ajouter que, précaire en droit, cette donation n'en est pas moins des plus stables, parce qu'en fait elle ne sera jamais révoquée. Assurément, s'il plaisait au créateur d'anéantir sa création, il le pourrait, mais il ne lui plaît ni ne lui plaira de le faire. Saint Thomas, qui en est tout à fait certain, justifie sa conviction par plusieurs arguments que nous pouvons peut-être nous dispenser d'examiner en détail [3], parce que, et c'est là de loin ce qu'il importe le plus de

1. S. Thomas d'Aquin, *Summa theologica*, P. I, q. 104, art. 1, ad *Respondeo*.
2. *Ibid.*, ad *Respondeo*, fin.
3. La question se trouve posée, notamment, dans *Sum. theol.*, P. I, q. 104, a. 4 : *Utrum aliquid in nihilum redigatur.* On notera la portée uni-

comprendre, la question de savoir si Dieu anéantira ou non la création est essentiellement étrangère au problème de la stabilité intrinsèque des êtres. Tous les théologiens chrétiens sont d'accord sur le caractère absolu de la toute-puissance de Dieu, mais tous ne font pas même usage de ce principe, et, pour ceux d'entre eux qui sont philosophes, son incidence sur leur philosophie est loin d'être chez tous la même. On sait quel rôle l'argument *de potentia Dei absoluta* joue chez Ockham et ses disciples. Leur empirisme s'en accommode à merveille. Un univers occamiste est le lieu d'événements dont on voit bien qu'ils s'y passent et dont on peut légitimement se demander comment ils s'y passent, mais dont il est toujours imprudent d'affirmer qu'ils ne pourraient pas s'y passer autrement, puisque, si Dieu le voulait, sa toute-puissance lui permettrait de changer le cours de la nature sans même que nous nous en apercevions.

Une telle attitude est très différente de celle de saint Thomas, pour qui, puisque Dieu a créé des natures, c'est en elles qu'il convient désormais de chercher la raison de ce qui leur arrive. C'est même pourquoi, dans le thomisme, ce qui leur arrive d'inexplicable par elles forme vraiment un ordre d'événements à part, celui du miracle, dont l'explication ne se trouve plus dans l'essence des choses, mais dans la volonté de Dieu. De même ici. Lorsqu'on se demande si l'être créé est ou non indestructible, ce n'est pas dans la volonté ni dans la toute-puissance de Dieu, mais dans la nature des êtres créés eux-mêmes qu'il faut chercher réponse. Assurément, puisque Dieu les crée, il peut les détruire, mais le problème est de savoir s'il y a la moindre raison de

verselle de la question. La réponse est non, Dieu n'anéantira rien de ce qu'il a créé. En effet, ce qui arrive à la créature de la part de Dieu peut être soit naturel, soit miraculeux. S'il s'agit d'un événement naturel, c'est dans la nature même des choses qu'il convient d'en chercher l'explication. Or, on va le voir, la nature des choses établit qu'aucune d'elles ne doit être anéantie. S'il s'agit d'un événement miraculeux, les raisons doivent en être cherchées dans l'ordre de la grâce, et, plus précisément, de la manifestation de la grâce. Or, on voit bien que Dieu ait gracieusement manifesté sa puissance et sa bonté en créant le monde, ou qu'il les manifeste encore en le conservant, mais il ne les manifesterait pas en le détruisant. Tout au contraire, il en rendrait la manifestation impossible : « Unde simpliciter dicendum est quod nihil omnino in nihilum redigetur. » *Loc. cit.*, ad *Resp.* Cf. ad 1ᵐ. Il est intéressant de noter que l'autorité théologique invoquée au *Sed contra* dans cet article, est celle de l'*Ecclésiaste*, III, 14 : « Didici quod omnia opera quae fecit Deus, perseverant in aeternum. »

penser que, étant donné ce qu'ils sont, ils ont été créés pour être ensuite détruits. Ce n'est donc pas sur le bon plaisir de Dieu, dont nous ignorons en effet les décisions, que nous spéculons ici; ce n'est même pas sur l'immutabilité de sa volonté que, comme fera plus tard Descartes, nous appuyons la stabilité de l'être; c'est sur la nature directement observable de l'être créé. Or, sur ce point, saint Thomas n'éprouve aucune hésitation; les natures des créatures font voir qu'aucune d'elles n'est réduite au néant : *creaturarum naturae hoc demonstrant ut nulla earum in nihilum redigatur.* En effet, ou bien les créatures sont immatérielles, ou bien elles sont matérielles. Si elles sont immatérielles ce sont des formes pures, simples en tant que formes, indivisibles et par conséquent indestructibles. Comme le dit saint Thomas dans un raccourci vigoureux, *sunt immateriales, et sic in eis non est potentia ad non esse.* Nous reviendrons sur cette formule. Si, au contraire, il s'agit de substances corporelles, elles sont assurément corruptibles en tant que substances, puisque leurs formes peuvent se séparer de leurs matières, mais la matière même qui entre dans leur composition est simple, donc incorruptible. Si la forme se perd, au moins celle de l'individu, la matière demeure [1]. En d'autres termes, si l'on part de l'observation des substances incorporelles et de la matière première, on n'y découvre aucune faille par où, du point de vue de ce qu'elles sont en elles-mêmes, le néant pourrait s'y glisser. L'être de la substance n'inclut rien qui en annonce la cessation ou qui la prépare. Ce n'est pas de l'être qui existe de soi-même, mais, manifestement, c'est de l'être fait pour durer.

Voilà pourquoi l'on peut dire que l'univers éternel d'Aristote est comme inclus dans l'univers créé de saint Thomas d'Aquin. Il n'a pas toujours existé, mais il pourrait avoir toujours existé, et, de toute manière, maintenant qu'il existe, il existera toujours. Aristote n'a pas su que le monde n'a pas toujours existé [2], mais c'est que, identifiant l'être à la substance, il n'avait en effet aucune raison de poser un tel problème. Comme Platon, Aristote cherchait à rendre raison de l'être du mouvement, et, comme

---

1. *Sum. theol.*, P. I, q. 104, a. 4, ad *Resp.*
2. « Tertius est error Aristotelis, qui posuit mundum a Deo factum non esse, sed ab aeterno fuisse, contra quod dicetur : *In principio creavit Deus caelum et terram* (Gen. I, 1). » *De articulis fidei*, dans *Opuscula*, éd. P. Mandonnet, t. III, p. 3.

Platon, il situait cette raison dans l'immobile. Or, sur le plan défini de la substance, son explication de l'être était complète. Qu'on pose la matière et les Moteurs Immobiles, les mouvements et les générations dont résultent les êtres en devenir s'expliquent intégralement [1]. Il ne suffit donc pas de dire qu'Aristote ait eu raison jusqu'à un certain point; il faut dire qu'en ce point, qui est celui de l'être substantiel, Aristote avait entièrement raison. Saint Thomas estime donc avec lui que, au niveau de l'être-substance, les notions de création et de conservation du monde par Dieu n'ont pas à intervenir, parce que l'ordre des substances simples est tel, qu'il n'y a en elles aucune *potentia ad non esse*. Rien ne montre mieux combien le plan sur lequel sa pensée se meut ici est autre que celui où le problème de la création et de la conservation de l'être par Dieu ont en effet à se poser. Ou plutôt, rien ne le montrerait mieux, si saint Thomas lui-même n'avait trouvé moyen de préciser encore davantage. Contre un adversaire qui soutiendrait que Dieu ne puisse anéantir une de ses créatures, il faudrait répondre au contraire que, pris en lui-même, un être créé de rien reste toujours en puissance au non-être dont il est sorti, et qu'il tend pour ainsi dire à y retourner [2], mais, même alors, la formule n'est pas tout à fait exacte, car toute créature est de l'être, et l'être comme tel ne saurait *naturellement* tendre à causer son propre non-être. Au contraire, *ens, per se loquendo, est causa essendi ;* c'est pourquoi, pour autant qu'il est, il dure. Si donc on peut parler, à propos de la créature, d'une certaine *potentia ad non esse* qui tient au fait qu'elle reçoit son être de Dieu, ce n'est pas en elle, c'est plutôt en Dieu que cette puissance se trouve. Comment y aurait-il place, dans le bloc ontologique qu'elle est, pour une possibilité de retourner au néant? Précisément parce que ce n'est pas

---

1. « Ex quo patet quod quamvis Aristoteles poneret mundum aeternum, non tamen credidit quod Deus non sit causa essendi ipsi mundo, sed causa motus ejus tantum, ut quidam dixerunt. » *In VIII Phys.*, cap. 1, lect. 3, n. 6. Saint Thomas pense ici à un texte de la *Métaphysique*, II (α), 1, 993 b 29-30. Cf. le commentaire qu'il en donne, parlant des dieux, causes non causées des corps célestes : « Secundo, quia nihil est eis causa, sed ipsi sunt causa essendi aliis. Et per hoc transcendunt in veritate et entitate corpora caelestia : quae etsi sint incorruptibilia, tamen habent causam non solum quantum ad suum moveri, ut quidam opinati sunt, sed etiam quantum ad suum esse, ut hic Philosophus expresse dicit. » *In II Metaph.*, lect. 2, éd. Cathala, n. 295.

2. *Sum. theol.*, P. I, q. 104, a. 3, ad 1m.

d'elle-même qu'elle existe, il ne dépend pas d'elle de continuer
ou non d'exister. Disons donc, si l'on veut, qu'il y a en Dieu
la puissance de l'anéantir; ne disons pas qu'elle soit d'elle-même
en puissance de cesser d'être. C'est pourquoi, parlant des substances spirituelles et des corps célestes, dont la substantialité
même est en effet indéfectible, saint Thomas a pu écrire, en une
formule dont on devra peser tous les termes : *esse per se consequitur formam creaturae, supposito tamen influxu Dei; sicut
lumen sequitur diaphanum aeris, supposito influxu solis. Unde
potentia ad non esse in spiritualibus creaturis et corporibus cae-
lestibus, magis est in Deo, qui potest subtrahere suum influxum,
quam in forma vel materia talium creaturarum* [1]. La question de
savoir si un être est corruptible ou non revient simplement à
se demander si, étant donné la structure même de cet être, il
y a ou non en lui quelque contrariété interne des éléments qui
le composent, ou du moins une matière imparfaitement actuée
par sa forme (comme c'est le cas de tous les êtres sublunaires),
bref un principe intrinsèque quelconque de corruption. C'est
même pourquoi nous disions qu'un tel problème doit se discuter
sur le plan formel de la substance, abstraction faite de la causa-

---

1. *Sum. theol.*, P. I, q. 104, a. 1, ad 1ᵐ. Cf. *De potentia*, q. 5, a. 3. C'est
en ce sens que doivent s'entendre les textes célèbres sur l'immortalité de
l'âme, où l'on a vainement cherché la preuve que saint Thomas n'a pas
réellement distingué l'essence de l'existence. Il y a des substances composées
de matière et de forme qui, dissolubles, sont « in potentia ad non esse
subjecti », bien que même elles ne le soient pas « ad non esse simpliciter »,
puisque la matière comme telle est indestructible. Lorsque ces substances
composées de matière et de forme se corrompent, en perdant leur forme d'où
suit leur être, on peut bien dire que la forme est détruite, s'il s'agit d'une
de ces formes qui ne peuvent subsister sans matière. Pourtant même alors,
on constatera que la forme ne s'est pas détruite d'elle-même; elle n'était
corruptible que par accident, en conséquence de la corruption du composé
hors duquel elle ne saurait subsister. S'il s'agit au contraire de substances
qui soient des formes subsistantes, et l'âme humaine en est une, elle est
incorruptible de plein droit. Étant forme, elle ne peut perdre sa forme,
ni par conséquent l'être qui suit de la forme (*Qu. Disp. de anima*, art. 14,
ad *Resp.*). Il est donc exact de dire, sur le plan de l'être substance où nous
sommes, que l'être est aussi inséparable de l'âme que la rotondité l'est du
cercle (*Sum. theol.*, P. I, q. 50, a. 5, ad *Resp.*, et P. I, q. 75, a. 6, ad *Resp.*);
elle est donc immortelle, *supposito tamen influxu Dei*, de plein droit. Noter,
dans le *Cont. Gent.*, un de ces coups de barre comme sait en donner saint
Thomas : P. II, cap. 54, *Quod non est idem compositio ex substantia et esse
et materia et forma*; cap. 55, *Quod substantiae intellectuales sunt incorrup-
tibiles.*

lité efficiente qu'exerce la toute-puissance divine. Comme le dit saint Thomas, « corruptible » et « incorruptible » sont des « attributs de l'essence » elle-même, premièrement et directement; c'est donc bien elle, et non pas le pouvoir divin qu'il convient de consulter pour savoir s'il y a lieu ou non de les lui attribuer[1].

Le retour obstiné, dans les formules thomistes, de la clause *supposito tamen influxu Dei*, ne nous en rappelle pas moins que l'ordre de l'être substantiel n'est pas ultime. C'est même ce qui rend difficile à beaucoup d'esprits de saisir fermement le sens de l'ontologie thomiste. Il leur semble que, si l'on suppose en effet l'influx divin, on fait assez pour rendre raison de la permanence des créatures dans l'être, mais que, si l'on en fait abstraction, rien ne reste plus, dans les créatures elles-mêmes, qui puisse expliquer leur permanence. C'est là, une fois de plus, mêler le problème de l'existence à celui de la substantialité. Or ils sont intimement unis, mais pourtant distincts dans la métaphysique de saint Thomas d'Aquin. Qu'elle soit une forme simple ou un composé de matière et de forme, la substance thomiste est essentiellement « ce qui est ». Si l'on demande en vertu de quoi elle est, il faut répondre, en vertu de sa forme ou, si tel est le cas, parce qu'elle est une forme. C'est pourquoi saint Thomas ne cesse de répéter que là où il y a forme, il y a être : *esse consequitur ad formam*. Qu'est-ce à dire? « L'être accompagne la forme », ne signifie pas que la forme soit la cause efficiente de l'être de la substance[2]. Comment le serait-elle? Une forme ne

---

1. « Corruptibile et incorruptibile sunt essentialia praedicata, quia consequuntur essentiam sicut principium formale vel materiale, non autem sicut principium activum, sed principium activum perpetuitatis aliquorum est extrinsecus. » *Qu. disp. de anima*, art. 14, ad 5ᵐ. Cf. « Non autem dicitur aliquid esse corruptibile per hoc quod Deus possit illud in non esse redigere, subtrahendo suam conservationem, sed per hoc quod in seipso aliquod principium corruptionis habet, vel contrarietatem, vel saltem potentiam materiae. » *Sum. theol.*, P. I, q. 50, a. 5, ad 3ᵐ. C'est pourquoi l'on ne saurait arguer, contre le caractère authentiquement thomiste de la distinction d'essence et d'existence, des textes où saint Thomas affirme que l'être appartient à l'âme, ou à l'ange, comme la rondeur au cercle. « Esse secundum se competit formae » (*ibid.*, ad *Resp.*) signifie en effet que l'être est un attribut essentiel de la forme comme telle, mais qu'il l'est sur le plan de la substance, le problème de la cause efficiente de son existence étant déjà résolu.

2. « Esse comparatur ad formam sicut per se consequens ipsam, non autem sicut effectus ad virtutem agentis, ut puta motus ad virtutem

peut pas causer son propre être, puisqu'il lui faudrait d'abord
être pour pouvoir se causer. La forme est donc principe d'être,
et même, si l'on préfère, cause de l'être, dans son ordre propre
qui est celui de la causalité formelle. Causalité très réelle
d'ailleurs, dont l'intervention est nécessaire pour que l'existence
des êtres soit possible. En ce sens, la forme est véritablement
causa essendi, mais en ce sens seulement. Sans la forme, pas de
substance; sans la substance, rien qui puisse exister, donc pas
d'existence possible. En d'autres termes, la forme cause l'être
parce qu'elle est cause constitutive de la substance qui est
seule capable d'exister. Ou encore, pour reprendre la comparaison dont use si volontiers saint Thomas d'Aquin, la forme est
causa essendi pour la substance, comme le diaphane est *causa
lucendi* pour l'air. En informant l'air, la qualité de « diapha-
néité » en fait un sujet propre à recevoir la lumière; de même,
en constituant la substance, la forme produit le sujet récepteur
de l'existence [1]. Bien qu'empruntée à une physique aujourd'hui
périmée, cette comparaison garde toute sa valeur illustrative
pour qui veut comprendre cet aspect capital de l'ontologie
thomiste. Le rôle propre de la forme y est de constituer une
substance susceptible de l'acte d'exister [2].

Il ne sera pas inutile de s'arrêter un instant pour méditer sur
cette formule littéralement cardinale. Faute de l'avoir comprise,
on ne saurait pas exactement jusqu'où va la profondeur de la
métaphysique thomiste; on ne saurait même pas exactement,
si on en ignore le sens, ce que l'on refuse d'accepter. Poser la

---

moventis. » *Qu. disp. de anima*, art. 14, ad 4^m. « Corruptibile et incorruptibile
sunt essentialia praedicata, quia consequuntur essentiam sicut principium
formale, vel materiale, non autem sicut principium activum, sed principium
activum perpetuitatis aliquorum est extrinsecus. » *Loc. cit.*, ad 5^m. En ce
qui concerne l'être des formes intellectuelles pures, voir *In Boetium de
Trinitate*, qu. V, art. 4, ad 4^m; dans *Opuscula*, éd. Mandonnet, t. III, p. 121.

1. « Deinde quia ad ipsam aliam formam comparatur ipsum esse ut
actus. Per hoc enim in compositis ex materia et forma dicitur forma esse
principium essendi, quia est complementum substantiae, cujus actus est
ipsum esse; sicut diaphanum est aeri principium lucendi, quia facit eum
proprium subjectum lucis. » *Cont. Gent.*, II, 54, ad *Deinde, quia.*

2. « Per formam enim substantia fit proprium susceptivum ejus quod
est esse. » *Cont. Gent.*, II, 55. Il va de soi que les textes où la substance est
dite le récipient de l'existence ne s'entendent pas au sens, d'ailleurs absurde,
où, une substance, qui n'existe pas encore, serait là pour recevoir l'acte
d'exister. La création de la substance produit à la fois l'*esse* reçu par la
substance et la substance qui le reçoit.

substance comme le *proprium susceptivum ejus quod est esse*, ou encore, dire que *substantia completa est susceptivum ipsius esse*, c'est d'abord affirmer la suffisance de l'être substantiel comme tel, sur le plan qui lui est propre et où il remplit une fonction qu'il est seul capable de remplir. La substance, disionsnous, est « ce qui » existe, et elle est un *id quod est* en vertu de sa forme. La forme est donc l'acte ultime dans l'ordre de la substantialité. Si l'*esse* doit s'y ajouter, ce ne sera pas pour en faire une substance, mais pour faire que cette substance existe. En d'autres termes, l'*esse* ne sera jamais l'acte de la forme au sens ni dans la ligne d'être où la forme est acte de la matière. Il est vrai que, n'étant de soi qu'être en puissance, la matière ne devient être en acte que par la forme qui, en constituant la substance, permet l'existence actuelle de la matière dans le composé. La forme est donc bien pour la matière une *causa essendi*, et, ajoute expressément saint Thomas, *forma non habet sic esse per aliam formam*. La forme, elle, n'a pas à être posée dans son acte de forme par une autre forme; elle est donc suprême, à l'intérieur de la substance, dans son ordre propre de forme et de l'actualité de la forme; elle n'a pas de cause formelle de son être de forme : *nec habet causam formalem sui esse*. Ce qu'elle peut encore recevoir d'actualité complémentaire ne saurait donc plus être d'ordre formel, mais, si l'on peut dire, d'ordre existentiel : *habet tamen causam influentem ei esse*. Ainsi, l'acte qui fait que la substance existe peut et même doit s'ajouter à l'acte de la forme qui cause la substance. Il le peut, car si toute forme est acte, tout acte n'est pas forme. La composition de l'existence et de l'essence, si nous étions d'ailleurs conduits à la poser, ne pourrait donc être que la composition d'un acte, qui ne soit pas lui-même celui d'une forme, avec la forme de l'être subsistant [1].

1. *De spiritualibus creaturis*, art. 1, ad 5. Ce point fondamental sur lequel on voit que saint Thomas s'est exprimé avec toute la force souhaitable est pourtant le moins compris de ses adversaires, et même, s'il faut en croire l'un d'eux, de ses partisans. « Les thomistes... » assure le P. Descoqs, « supposent toujours que l'existence est une *forme* [souligné dans le texte] proprement dite, et doit être traitée comme telle : ce qui est l'objet même du débat et ce que nie persévéramment Suarez, ce qu'en réalité ses adversaires se donnent toujours pour acquis, mais ne prouvent jamais. » (P. DESCOQS, *Le Suarézisme*, dans *Archives de Philosophie*, vol. II, cahier 2; Paris, Beauchesne, 1924, p. 205.) Sans entrer dans la discussion de la question de fait, que le P. Descoqs donne lui-même pour acquis sans en apporter

Cette composition, et par suite cette distinction de l'existence et de l'essence, saint Thomas d'Aquin l'a-t-il posée? La question revient à chercher si, par-delà le plan aristotélicien de l'acte substantiel, saint Thomas a décelé un autre plan, qui serait celui de l'acte existentiel. Pour user d'une formule reçue, dont il y aura d'ailleurs lieu de préciser le sens, nous nous demanderons si saint Thomas lui-même a soutenu la « distinction réelle » de l'essence et de l'existence. Certains interprètes de sa pensée, même entre ceux qui se réclament de sa doctrine, nient qu'il ait pu le faire, parce que, disent-ils, une telle distinction serait impensable. Pourtant, ici comme ailleurs, la question *an sit* doit passer la première. S'il est vrai que saint Thomas ait affirmé cette distinction, il faut le dire, remettant à une autre étape de la discussion le problème de savoir si cette distinction est ou non pensable, et à quelles conditions. Pour le moment, deux constatations s'imposent. D'abord, parmi les innombrables textes thomistes qui portent sur la distinction d'essence et d'existence, un nombre infime et proportionnellement presque aussi petit que possible, qualifie cette distinction de « réelle ». En fait, nous n'en connaissons qu'un seul qui soit incontestable, et il est possible que l'on en trouve d'autres, mais lorsqu'on a lu et relu en tous sens, sans l'y rencontrer plus souvent, les textes où il semblerait que cette formule dût venir comme d'elle-même, on ne peut s'empêcher de conclure que saint Thomas en a très rarement fait usage. Ceci dit, le fait demeure que, lorsqu'elle s'est offerte à lui, il n'a pas reculé devant elle. Bien plus, il en a fait usage dans un contexte tel, qu'on ne voit pas, après l'avoir lu, comment le sens précis n'en serait pas sous-entendu partout où saint Thomas présente l'*esse* comme distinct de l'*essentia*. Tout ce qui est dans le genre substance, dit-il dans ce passage, est composé *reali compositione*. La raison qu'il en

de preuve et qui, sous cette forme universelle, n'est d'ailleurs pas démontrable, nous dirons simplement que, s'il en est bien ainsi, la critique des thomistes par Suarez n'intéresse aucunement la doctrine de saint Thomas d'Aquin. Ce qui est exact, c'est que saint Thomas qualifie parfois l'*esse* de *formale* : « cum sit [*sc.* esse] formale, respectu omnium quae in re sunt » (*Sum. theol.*, P. I, q. 8, a. 1, *Resp.*); mais il n'a jamais dit, à notre connaissance du moins, que l'*esse* soit *forma*. L'expression dont il use signifie simplement que, par rapport à l'essence qui le reçoit, l'*esse* est, comme la forme à l'égard de sa matière, dans le rapport de « receptum ad recipiens ». L'*esse* se comporte donc formellement, non matériellement, à l'égard de l'essence à qui il appartient. Voir *Sum. theol.*, P. I, q. 4, a. 1, ad 3.

donne suffit, à elle seule, pour établir que sa pensée implique vraiment le double plan ontologique de l'être substance et de l'être exister, tous deux requis par la plénitude de l'être. En effet, continue saint Thomas, « ce qui est dans la catégorie substance est subsistant dans son exister; il faut donc que son exister soit autre chose que lui-même ». Toute la doctrine est là. La notion complète d'être inclut à la fois l'existence *(esse)* et quelque chose qui existe (substance). Tout être, au sens plein du terme, exige donc la co-présence de ces deux éléments, donc leur distinction réelle, et par conséquent enfin leur composition réelle. Si leur composition n'était pas réelle, c'est-à-dire si l'*esse* n'était pas *aliud* que l'*id quod est*, comme toutes les substances de même espèce ont même quiddité, l'*esse* de l'une serait le même que celui des autres, elles ne pourraient pas se distinguer. La distinction et la composition de l'*esse* et de l'*id quod est* est donc aussi réelle que celle qui distingue les uns des autres les sujets réellement existants. Autant dire qu'elle est on ne peut plus réelle. Conclusion que confirme cette remarque complémentaire de saint Thomas : il ne saurait, au contraire, y avoir de composition ni de distinction réelle d'essence et d'existence dans la forme même du composé, ou dans les accidents d'une substance parce que, n'étant pas eux-mêmes des substances, ils ne *sont* pas [1]. Ainsi, à elle seule, l'ontologie de la

1. « Omne quod est in genere substantiae, est compositum *reali compositione,* eo quod id quod est in praedicamento substantiae, est in suo esse subsistens, et oportet quod esse suum sit aliud quam ipsum; alias non posset differre secundum esse ab illis cum quibus convenit in ratione suae quidditatis; quod requiritur in omnibus quae sunt directe in praedicamento, et ideo omne quod est directe in praedicamento substantiae, compositum est saltem [car il peut l'être en outre de manière et de forme] ex esse et quod est. Sunt tamen quaedam in praedicamento substantiae per reductionem, ut principia substantiae subsistentis [la forme par exemple], in quibus praedicta compositio non invenitur, non enim subsistunt, ideo proprium esse non habent : similiter accidentia, quia non subsistunt, non est eorum proprie esse; sed subjectum est aliquale secundum ea; unde proprie dicuntur magis entis quam entia. » *Qu. disp. de veritate,* q. 27, a. 1, ad 8. — Le texte de l'*In librum Boethii de Hebdomadibus,* cap. II, où il est parlé de différence réelle entre l'*esse* et le *quod est* (à *Est ergo primo considerandum...*) semble s'en tenir au plan de l'*esse quo est* familier à Boèce, et n'est donc décisif en aucun sens.
Cf. *I Sent.,* d. 19, q. 2, a. 2 : « Respondeo esse est actus existentis inquantum ens est... Actus autem qui mensuratur aevo, scilicet ipsum esse aeviterni, differt ab eo cujus est actus, re quidem... Esse autem quod mensuratur aeternitate, est idem re cum eo cujus est actus, sed differt tantum ratione. »

substance ne suffit pas à résoudre le problème de l'être, mais, sans elle, il n'y aurait même pas lieu de le poser.

On ne peut donc douter que la distinction d'essence et d'existence ait été conçue par saint Thomas comme réelle, en ce sens du moins qu'il ne l'a certainement pas conçue comme une simple distinction de raison, même fondée en réalité. D'autre part, c'est un fait que la formule même de « distinction réelle », que tant de thomistes emploient comme allant de soi, ne se rencontre que très rarement dans les textes de saint Thomas. Le détail des controverses auxquelles ce problème a donné lieu est encore trop imparfaitement connu, pour qu'on puisse dire avec certitude quand et pourquoi l'on a commencé d'employer cette formule. Il est probable que le désir de s'opposer nettement aux partisans d'une simple distinction de raison y fut pour quelque chose, mais il se peut aussi que les disciples de saint Thomas aient cédé sur ce point à la pente d'une raison naturellement substantialiste. Si lui-même ne parle pas habituellement d'une « distinction réelle » entre l'essence et l'existence, il dit très fréquemment que l'acte d'exister est *aliud*, et que « ce qui est », ou l'essence, est *aliud*. Nous pourrions traduire *aliud* par « autre », ce qui serait tout à fait correct quant au sens même, mais nous traduisons spontanément par « autre chose ». Or il n'est aucunement certain que, bien qu'il soit « autre » que l'essence, l'exister soit une autre « chose » qu'elle. Il faudrait pour cela que l'exister fût une chose, ce qu'il n'est pas. En fait, saint Thomas ne semble pas en avoir jamais parlé comme d'une *alia res* pour le distinguer de l'essence, et puisque distinction « réelle » évoque spontanément la distinction d'une *res* et d'une autre *res*, on conçoit que la formule qui devait causer tant de controverses ne se soit pas recommandée à son choix. Sans doute y aurait-il aujourd'hui quelque affectation à refuser d'en faire usage. Ceux mêmes qui soutiennent que saint Thomas n'a jamais admis plus qu'une distinction de raison entre l'essence et l'existence, imposent à leurs contradicteurs l'obligation de dire que la distinction dont il s'agit est une distinction réelle, mais le mieux serait peut-être d'oublier aussitôt la controverse et la formule, pour tourner toute son attention sur le fait même qu'elle tente si gauchement de signifier.

Ce fait, c'est que tout être autre que Dieu, qu'il soit ou non composé de matière et de forme, est nécessairement composé de « ce qu'il est » et de son acte d'exister *(esse)*. S'il s'agit d'une substance purement spirituelle, elle comporte donc au moins une composition, qui est celle-là même. S'il s'agit d'une substance corporelle, elle comporte deux compositions étagées en profondeur : celle de la forme et de la matière, qui constitue la substance, et celle de la substance ainsi constituée avec son acte d'exister. Pour mieux comprendre la position de saint Thomas, nous considérerons surtout les cas de composition double, où la nature propre de chacune se définit par opposition à celle de l'autre. Il est d'abord certain que saint Thomas enseigne cette double composition. Voici l'une des formules les plus parfaites qu'il en ait données : « Dans la substance composée de matière et de forme se trouve un ordre double : l'un, de la matière même à sa forme; l'autre, de la chose déjà composée à l'exister qu'elle participe *(alius autem* [*ordo*] *rei jam compositae ad esse participatum).* En effet l'exister de la chose n'est ni sa forme ni sa matière, mais un *aliquid* qui advient à la chose par sa forme [1]. » Respectons cet *aliquid* pour ne pas le trahir en le traduisant par « quelque chose », et retenons seulement de ce texte que l'*esse* s'ajoute à la chose déjà composée comme substance. Comment peut-on concevoir une telle composition?

Un premier point, que nous avons déjà signalé, mais où nous devons revenir parce que saint Thomas y revient lui-même sans cesse, est que ces deux compositions, et par conséquent ces deux distinctions, se ressemblent sous un certain rapport mais diffèrent profondément sous un autre. Elles se ressemblent en ceci, que toutes deux sont des compositions d'acte et de puissance, c'est-à-dire d'un déterminant et d'un déterminé; elles diffèrent en ceci, que la composition constitutive de la substance corporelle est celle de l'acte de la forme avec la puissance de la matière, au lieu que la composition constitutive de l'être existant est celle de l'acte de l'*esse* avec la substance même, prise comme déjà constituée ainsi qu'il vient d'être dit, mais encore en puissance à l'égard de l'exister. Tout ceci peut d'ailleurs tenir dans une brève formule : *Nec est autem ejusdem rationis compositio ex materia et forma et ex substantia et esse, quamvis utraque sit ex potentia et actu* [2].

Puisque ces deux compositions ne sont pas de même ordre, bien que toutes deux soient des compositions d'acte et de puis-

---

1. *De substantiis separatis,* cap. VI.
2. *Cont. Gent.,* II, cap. LIV.

sance, il faut que l'actualité dont on parle ne soit pas la même dans les deux cas. Ce qui rend difficile de percevoir cette différence, c'est le fait que les deux actes, si distincts soient-ils, concourent l'un et l'autre au même effet, qui est l'existence. La forme d'abord, car nous avons déjà dit qu'il n'y a que l'*id quod est* qui puisse exister; or cet *id quod est* est toujours une substance, et comme c'est par la forme que la substance est telle, la forme est bien un des co-principes de l'existence. En ce sens, tout ce qui est, existe en vertu de sa forme : *forma... potest dici quo est, secundum quod est essendi principium*[1]. Non seulement on peut, mais on doit le dire, car même si la forme n'est pas l'acte ontologique ultime, elle est, comme acte propre de l'être substantiel, le récepteur et le transmetteur obligé de l'acte d'exister. N'oublions jamais la formule lapidaire qui résume toute cette doctrine : *Per hoc enim in compositis ex materia et forma, dicitur forma esse principium essendi, quia est complementum substantiae, cujus actus est ipsum esse; sicut diaphanum est aeri principium lucendi, quia facit eum proprium subjectum lucis*[2]. La formule d'allure si embarrassée dont s'amusait Siger de Brabant, où saint Thomas disait de l'*esse* qu'il est, « comme constitué par les principes de l'essence », trouve ici son éclaircissement. Rappelons-nous en effet que, à lui seul, l'exister fini n'existe pas. Il ne peut être que celui d'une essence, et puisque l'essence est une condition nécessaire de l'*esse*, il est exact de dire qu'il en résulte : *Esse in re est, et est actus entis resultans ex principiis rei, sicut lucere est actus lucentis*[3]. Si saint Thomas a parfois ajouté la restriction *quasi*, c'est qu'en effet l'essence et l'existence sont impossibles l'une sans l'autre, si bien qu'on ne peut dire de l'une qu'elle résulte de l'autre purement et simplement. C'est donc bien, comme saint Thomas le répète si souvent de la forme, *en* elle et *par* elle que l'exister atteint la substance. Ainsi, principe et cause d'existence au sens qui vient d'être défini, la forme l'est par elle-même, étant ultime en son ordre propre, et pourtant, s'il n'y a pas de forme de la forme, il doit y avoir un acte de la forme, qui est précisément l'acte d'exister[4].

1. *Cont. Gent.*, loc. cit.
2. *Cont. Gent.*, loc. cit.
3. *In III Sent.*, dist. 6, q. 2, a. 2, *Resp.*
4. « Ea quae sunt formae subsistentes, ad hoc quod sint unum et ens, non requirunt causam formalem, quia ipsae sunt formae; habent tamen

Pour que cette actualisation de la forme soit possible, il faut donc que, bien qu'elle soit acte ultime dans son ordre propre, elle soit en puissance dans un autre. C'est ce qu'enseigne saint Thomas, mais en termes tels qu'on voit un langage adéquat lui faire dès à présent défaut. Notons avec soin ces embarras de terminologie, car ils sont liés au fond même du problème. De telles fluctuations de sa langue, si révélatrices des intérêts métaphysiques majeurs et vraiment ultimes qui sont ici en jeu, peuvent aussi bien servir à discerner la pensée profonde de saint Thomas qu'à fournir d'arguments ceux qui veulent lui prêter une doctrine toute différente de la sienne. Ce sont, au gré de chacun, de précieuses indications sur le sens vrai de la courbe, ou des prétextes commodes pour s'échapper par la tangente. La langue naturelle de la raison raisonnante est celle des essences et des substances, et si l'on décrit la substance elle-même en termes de matière et de forme, la notion de puissance évoquera toujours à la pensée celle de matière, comme la notion d'acte appelle normalement celle de forme. Or il s'agit ici précisément de dépasser le plan de l'être substantiel comme tel. On ne peut le faire sans concevoir la forme, qui est acte, comme étant à la fois ultimement acte dans son ordre et pourtant en puissance dans un autre. En d'autres termes, on nous demande de concevoir une potentialité qui ne soit aucunement celle de la matière, puisque c'est celle d'un acte. La langue d'Aristote se refuse à fournir des termes pour une relation ontologique si étrangère à l'aristotélisme lui-même, et c'est pourquoi saint Thomas se trouve si fréquemment conduit à qualifier d'un *quodammodo* les seules formules dont il puisse alors faire usage. Les formes, dit-il, sont « en quelque sorte » en puissance à l'égard de l'exister qu'elles participent [1]. En ce qui concerne le rôle déterminateur de l'*esse*, l'embarras semble moindre, et saint Thomas dira le

---

causam exteriorem agentem, quae dat eis esse. » *Qu. disp. de anima*, qu. un., art. 6, ad 9m.

1. « Ipsum esse est actus ultimus qui participabilis est ab omnibus : ipsum autem nihil participat; unde, si sit aliquid quod sit ipsum esse subsistens, sicut de Deo dicimus, nihil participare dicimus. Non autem est similis ratio de aliis formis subsistentibus, quas necesse est participare ipsum esse, et comparari ad ipsum ut potentiam ad actum; et ita cum sint *quodammodo* in potentia, possunt aliquid aliud participare. » *Qu. disp. de anima*, qu. un., art. 6, ad 2m.

plus souvent sans hésiter qu'il est acte, mais aussi parfois qu'il est l' « actualité » des formes ou essences, et même, comme on l'a vu, que l'*esse* est « formel » à l'égard de tous les autres éléments du réel [1]. En effet, ici encore, la notion d'acte amène naturellement à sa suite celle de forme, bien que l'acte existentiel de la forme, puisqu'il est au-delà de l'ordre de la substance, soit lui-même au-delà de l'ordre de la formalité.

Le rapport de l'exister à l'essence se présente donc comme celui d'un acte qui n'est pas une forme, à une potentialité qui n'est pas une matière, c'est-à-dire à une certaine sorte de potentialité. C'est la possibilité même d'un tel rapport qu'il nous faut à présent établir, car on peut se demander si, dans le cas où l'acte dont il s'agit est l'existence, sa composition avec une puissance quelconque est concevable. Pour pouvoir entrer en composition réelle avec l'existence, il faut évidemment que l'essence elle-même soit réelle, c'est-à-dire qu'elle existe ; ce

1. « Ipsum esse est actus formae subsistentis. » *Qu. disp. de anima.* art. 6, ad *Resp.* — « Esse est actualitas omnium actuum, et propter hoc est perfectio omnium perfectionum. » *De potentia*, q. VII, a. 2, ad 9. — « Unde ipsum esse est actualitas omnium rerum, et etiam ipsarum formarum. » *Sum. theol.*, P. I, q. 4, a. 1, ad 3^m. — « Esse autem est illud quod est magis intimum cuilibet rei, et quod profundius omnibus inest, cum sit formale respectu omnium quae in re sunt. » *Sum. theol.*, P. I, q. 8, a. 1, ad 4^m. — Si le texte suivant est correct, saint Thomas aurait même parlé au moins une fois de l'*esse* comme d'une forme : « caret vero secundum se considerata [*sc.* materia], forma, per quam participat esse in actu secundum proprium modum. Ipsa vero res composita, in sui essentia considerata, *jam formam habet esse ;* sed participat esse proprium sibi per formam suam ». *De substantiis separatis*, cap. VI. L'expression « formam esse » n'est nullement incorrecte dans la syntaxe de saint Thomas, mais il s'agit bien ici de l'être essentiel de la substance. L'ordre des idées est tel : l'*esse* n'est ni la matière, ni la forme, mais ce qui advient au composé par sa forme ; en effet, dans les substances composées, la matière n'a de soi que l'être en puissance ; elle ne reçoit l'être actuel que de sa forme ; quant à la substance composée, la forme est bien déjà incluse dans son essence, mais c'est par sa forme qu'elle participe l'*esse* qui lui est propre. — Une autre formule, certainement authentique celle-là, représente une autre approximation de ce que saint Thomas veut dire : « quodcumque ens creatum participat, ut ita dixerim, naturam essendi » (*Sum. theol.*, P. I, q. 45, a. 5, ad 1). Il est trop clair qu'à parler rigoureusement l'*esse* n'est pas une *natura*, sauf en Dieu comme le dit saint Anselme et que par conséquent il ne saurait y avoir de *natura essendi ;* mais saint Thomas cherche ici la formule la plus forte qu'il puisse imaginer pour dire que, sauf en Dieu, l'*esse* est toujours participé ; il laisse donc passer celle-ci sous la protection d'un *ut ita dixerim* qui réserve la distinction de la créature et du créateur.

que l'on nomme composition réelle d'essence et d'existence, dira-t-on, devrait donc plutôt se nommer composition réelle d'existence et d'existence, ce qui est absurde. En d'autres termes, si l'essence dont on parle existe, elle n'a plus à se composer avec l'existence; si elle n'existe pas, comme elle n'est rien, elle ne peut composer avec rien [1]. Telle qu'elle est ici formulée, l'objection est irréfutable sur son propre terrain; on conçoit donc que ceux qui la soutiennent refusent d'en sortir, puisqu'ils y sont en effet imbattables, mais, pour la même raison, c'est de tous les terrains l'un de ceux où l'on est le plus sûr de ne jamais rencontrer saint Thomas d'Aquin. Telle qu'elle est ici conçue, la distinction réelle, ou la composition réelle, n'apparaît possible qu'entre deux réalités complètement définissables l'une à part de l'autre et dont chacune forme l'objet d'un concept distinct. Or, ce que dit précisément Thomas, c'est que l'existence n'est concevable que comme celle d'une substance qui existe. Car il est exact de dire que, si nous la séparons du concept de ce qui existe, c'est-à-dire de la substance ou de la « chose », l' « existence » comme telle est un terme sans contenu propre [2]; mais il ne faut pas se hâter d'en conclure que ce qui

1. « Au contraire, l'essence qui composerait *réellement* avec l'existence serait constituée *formellement* comme puissance *réelle*, capable d'entrer en composition réelle avec l'*esse* et au titre où elle devrait s'opposer à lui, par l'acte même d'*esse* qui définit et lui confère la réalité. Dans la ligne du *quid* pur, sans aucun doute on concède que l'essence n'a pas à être complétée, qu'elle est intelligible par elle-même, indépendamment, si l'on ose dire, de tout acte actuel d'existence : mais aussi, dans cette ligne pure [c.-à-d. prescindant de l'existence, puisqu'elle n'existe pas], elle ne compose avec rien. » P. DESCOQS, *Thomisme et scolastique*, dans *Archives de Philosophie*, vol. V, cahier 1; Paris, G. Beauchesne, 1926, p. 103. Cf. *op. cit.*, p. 101; et dans *Archives de Philosophie*, vol. X, cahier 4, Paris, Beauchesne, 1929, p. 589.

2. « Nous nions donc de façon absolue que l'existence, contredistinguée adéquatement de l'essence, constitue un concept métaphysique exprimant une réalité qui n'implique pas formellement une essence et qui s'oppose par elle-même irréductiblement à l'essence. De ce point de vue, l'existence opposée à l'essence, l'excluant ou en prescindant, n'est qu'une forme logique parfaitement vide... Bref l'existence, *existentia*, *id quo formaliter ens constituitur actu*, n'est pas un concept, mais un *pseudo-concept*. Quant à l'*esse* (ou perfection), à l'*être* proprement dit (nous n'avons malheureusement pas en français de mot pour distinguer *ens* et *esse*), il n'y a pas à l'opposer adéquatement ou réellement à l'essence : c'est *identiquement l'ens ut participium*, c'est-à-dire la réalité individuelle, objet d'intuition soit sensible, soit intellectuelle, qui, en tant que réelle, est *telle* et d'où *notre* intelligence

n'est pas objet de concept n'est pas objet de connaissance, et que ce qui n'est pas objet de connaissance n'est pas. C'est pourtant ce que l'on fait; car, nous dit-on, puisque ni pour l'homme ni pour Dieu même l'acte d'*esse* n'est concevable hors d'une essence quelconque, l'*esse* n'a pas d'existence propre qui lui permette de composer avec l'essence ni de s'en distinguer [1].

Il ne s'agit plus simplement ici de choisir entre deux interprétations possibles de l'ontologie thomiste, mais entre deux conceptions hétérogènes de la philosophie elle-même. Que nous n'ayons pas de concept quidditatif de l'*esse*, tout le monde en tombe d'accord; mais la difficulté n'est pas là. On nous dit que ce qui n'est pas concevable n'est pas pensable, et que ce qui n'est pas pensable n'est pas. Or il se peut précisément que la métaphysique de saint Thomas appelle une méthode plus complexe que ce conceptualisme intransigeant, dont la loi semble parfois vouloir régenter l'intellect de Dieu lui-même. Si l'ontologie thomiste inclut bien, comme nous l'avons dit, celle d'Aristote, elle doit en effet reconnaître la présence, dans la structure de chaque être réel, d'une cause de l'être saisissable par un concept, et qui est l'essence; mais si l'ontologie thomiste comporte en outre un effort pour dépasser celle d'Aristote, en situant au-delà de l'essence un acte de l'essence même, elle oblige à reconnaître l'actualité propre d'un *esse* qui, parce qu'il transcende l'essence, transcende aussi le concept. Les argumentations en sens contraire sont formellement impeccables, mais elles prouvent que saint Thomas n'aurait pu distinguer réellement l'essence de l'existence s'il avait identifié le

est naturellement ordonnée à abstraire la quiddité. L'*esse réel* implique formellement l'essence, ou n'est pas. » P. Descoqs, *Thomisme et scolastique*, p. 112.

1. « Aussi bien l'*esse*, de soi, ne tombe pas sous le concept : on ne saurait trop le redire. Seule tombe sous le concept l'essence abstraite universelle en tant qu'elle dit perfection, et donc relation à sa cause exemplaire, non en tant qu'actualité. L'actualité comme telle ne tombe sous le *concept* qu'indirectement, dans l'appréhension de l'essence individuelle; elle ne tombe sous notre *connaissance*, au titre de l'actualité comme telle, que par l'intuition. » *Op. cit.*, pp. 111-112. — « On ne saurait donc en [*sc.* de l'*esse*] faire un acte au sens strict du mot. Il n'est pensable et donc il n'est, pour l'intelligence finie comme pour Dieu, que dans la mesure où il s'identifie réellement avec l'essence qu'il réalise et où il dit relation avec la cause d'où il procède. ». *Op. cit.*, pp. 121-122.

réel au pensable et le pensable à ce qui est objet de concept quidditatif. Comment l'eût-il fait ? Exiger que l'*esse* soit conceptualisable, c'est vouloir qu'il soit une chose ; or, si ce que nous avons dit est vrai, l'*esse* est l'acte constitutif ultime de toute chose ; lui-même ne saurait donc en être une. Il reste donc possible, pour une ontologie qui ne soit pas un « chosisme » intégral, de composer l'exister avec l'essence et de l'en distinguer.

Que cette composition et cette distinction ne soient pas seulement de raison, c'est ce qu'il nous faut à présent établir. On peut y parvenir en définissant les relations mutuelles de l'essence et de l'acte d'exister dans la structure de la substance, mais il ne sera peut-être pas inutile, avant de le faire, de rappeler deux principes aristotéliciens que l'ontologie thomiste de l'existence met en œuvre, bien qu'elle en use ici dans un domaine où Aristote lui-même n'a jamais pénétré. Le premier est que toute composition dont l'effet soit un être doué d'unité réelle, est la composition d'une puissance avec un acte. Le deuxième est que les causes des quatre différents genres (matérielle, formelle, motrice et finale) peuvent se causer les unes les autres, sans qu'il y ait à cela aucune contradiction : *causae adinvicem sunt causae sed in diverso genere* [1]. Ceci dit, il est possible de montrer que l'exister peut et doit se distinguer de l'essence dont il est l'acte, et qu'il ne s'en distingue pas d'une simple distinction de raison.

Le principe qui fonde la nécessité de cette distinction se trouve dans le fait même qui passe pour la rendre inconcevable. L'*esse*, fait-on remarquer, n'est concevable que dans une essence. Rien n'est plus vrai, mais c'est précisément pourquoi, lorsqu'on parle d'un acte fini d'exister, il faut nécessairement que cet acte et son essence soient *aliud et aliud*. Il y a des êtres finis, c'est un fait, et ce sont même les seuls êtres dont nous ayons l'expérience ; or la possibilité d'un être fini suppose que son acte d'exister soit « autre » que son essence. S'il s'agissait en effet de l'*esse* pur, il n'en serait pas ainsi. L'acte pur d'exister est intégralement acte, c'est-à-dire qu'il l'est sous tous les rapports et dans tous les ordres, pour la simple raison qu'étant antérieur à tous comme la condition de leur possibilité même, il les transcende tous. L'*esse* pur n'est donc pas seulement illimité dans l'ordre de l'existence proprement dite, il l'est aussi

1. *In V Metaph.*, cap. II, lect. 2.

dans l'ordre de l'essence, parce qu'il précède cet ordre et que par conséquent aucune détermination essentielle ne s'applique à lui. C'est pourquoi, comme saint Thomas le remarque dans le *De ente et essentia*, certains philosophes ont pu soutenir que Dieu n'a pas d'essence; puisqu'il est l'*esse* pur, ce que l'on nommerait sa quiddité, ou essence, se confond en effet nécessairement avec son *esse* [1]. Pour des raisons liées sans doute à sa propre doctrine des noms divins, saint Thomas semble avoir évité de nier purement et simplement que Dieu ait une essence; il préfère dire que l'essence de Dieu est son acte même d'exister. De quelque manière d'ailleurs que l'on s'exprime, le fait reste ce qu'il est : l'*esse* pur n'est déterminé par aucune essence qui le ferait être tel. Au niveau suprême de l'être où nous tentons ici de nous élever, le problème du rapport de l'essence à l'existence s'évanouit par réduction de l'essence à l'acte pur d'exister.

Il n'en est que plus nécessaire de ne commettre aucune erreur sur l'*esse* dont il est ici question. Comme nous aurons à le dire, notre tendance naturelle à confondre le réel et le conceptualisable conduit immédiatement la raison à conceptualiser l'*esse* lui-même. Chaque fois qu'on se laisse aller à le faire, c'est-à-dire chaque fois qu'on ne lutte pas activement contre cette tendance naturelle à le faire, l'affirmation de l'acte d'exister se réduit à celle de l'être, et comme l'être est ce qui est, l'*esse* s'objective alors pour ainsi dire en concept de l'essence. Dieu, qui est l'*esse* pur, est dès lors conçu comme une essence infinie, qui contient éminemment en soi la cause de toutes ses participations possibles. Chaque *esse* fini ainsi entendu n'est à son tour un être qu'à titre d'essence, c'est-à-dire en tant que défini et causé par l'acte désormais suprême de sa forme. Ce que l'on nomme encore *esse* n'est plus alors que la condition formelle première pour qu'une chose mérite le nom d' « être ». Il en va tout au contraire de l'*esse* thomiste. Au lieu d'être une essence infinie à laquelle appartiendrait de plein droit l'existence, il est l'acte absolu d'exister, à qui l'existence tient pour ainsi dire lieu d'essence. Le Dieu de saint Thomas est l'*esse*, il n'est rien d'autre, et sa pureté existentielle le distingue de tous les autres êtres,

---

1. « Aliquid enim est, sicut Deus, cujus essentia est ipsum suum esse; et ideo inveniuntur aliqui philosophi dicentes quod Deus non habet quidditatem vel essentiam, quia essentia sua non est aliud quam esse suum. » *De ente et essentia*, cap. VI (IV). Saint Thomas pense sans doute ici à une formule d'Avicenne, qu'il ne reprend pas expressément à son propre compte.

dont chacun n'est qu'un acte d'*esse* qualifié et déterminé à être
« tel être » par une essence qui s'y ajoute[1]. Notons avec soin
cette distinction fondamentale, faute de laquelle certains se
demandent en vain comment une doctrine qui pose à l'origine
de tout l'acte pur d'*esse* peut éviter le panthéisme. La difficulté,
tout imaginaire, tient précisément à ce que l'on confond ici
l'acte pur d'exister avec le concept formel d'une essence pure
ou, plutôt, à ce que l'on imagine un bâtard métaphysique, qui
existerait comme acte d'*esse* et serait pourtant universel comme
essence générale de l'être. En d'autres termes, l'*esse* existentiel
pur se distingue de tout le reste par le refus qu'oppose sa plénitude à toute addition ultérieure, au lieu que l'essence reste
ouverte à toutes les additions qui viennent ultérieurement la
déterminer.

Partons donc de l'acte pur d'exister, non de son décalque
conceptuel et abstrait. S'il existe un tel subsistant par soi, qui
soit l'*ipsum esse*, il ne peut y en avoir qu'un seul. Comment, en
effet, serait-il l'exister pur et sans mélange aucun de puissance, s'il existait, hors de lui, quelque chose de réel qu'il pût
être, et que pourtant il ne fût pas, ou qui ne fût pas lui? On
peut donc affirmer qu'en vertu de sa notion même, l'exister pur
est unique : *Ipsum igitur esse per se subsistens est unum tantum.*
Comment se fait-il donc que les êtres, au contraire, soient multiples? Pour le comprendre, il faut admettre une différence
radicale entre ce qui *est* l'exister même, et ce qui l'*a*. Tout ce
qui est, hors Dieu lui-même, *a* l'existence *(omne autem quod est,
esse habet)*, c'est-à-dire qu'il ne la possède qu'à titre de participation. On est donc conduit, pour rendre raison des existants
finis donnés dans l'expérience, à concevoir chacun d'eux comme
composé de « ce qu'il est » (sa substance ou essence), et de l'acte
d'exister, ou *esse*, en vertu duquel cette substance ou essence
existe. L'objection bien connue est que, pour se distinguer ou

---

1. « Sed esse est diversum in diversis. Nec oportet, si dicimus quod Deus
est esse tantum, ut in illorum errorem incidamus, qui Deum dixerunt esse
illud esse universale, quo quaelibet res est formaliter. Hoc enim esse, quod
Deus est, hujus conditionis est, ut nulla additio sibi fieri possit : unde per
ipsam suam puritatem est esse distinctum ab omni esse... Esse autem
commune, sicut in intellectu suo non includit aliquam additionem, ita nec
includit in intellectu suo aliquam praecisionem additionis; quia, si hoc
esset, nihil posset intelligi esse, in quo super esse aliquid adderetur. » *De
ente et essentia*, cap. VI (IV).

composer, il faut que l'essence elle-même existe. Il est tout à fait exact que l'essence doive à l'existence de pouvoir composer avec elle, ou s'en distinguer, mais il reste pourtant vrai de dire qu'elle compose avec elle ou s'en distingue *in diverso genere*. Si l'on tient à cette réfutation dialectique de la distinction d'essence et d'existence, il faut en effet la pousser jusqu'au bout, car ce qui est réel, ce n'est ni l'*esse* ni l'essence, mais l'étant que leur union constitue. Non seulement l'essence doit à l'*esse* l'existence qui lui permet de composer avec lui, mais l'*esse* fini lui-même doit à l'essence l'être qui lui permet à son tour de composer avec elle. C'est par un prestige de l'imagination qu'on se représente ici un acte d'exister, qui se suffirait, informant pour ainsi dire une essence qui ne serait *rien* sans lui. L'acte fini d'exister n'est pas plus capable d'existence actuelle sans une essence que cette essence sans son acte d'exister; il ne résulte pourtant pas de là que l'un ne soit *rien* à part de l'autre, à moins, bien entendu, que l'on considère comme mutuellement adéquates les notions d'*être* et de *chose*, auquel cas on s'engage dans la tâche impossible de composer l'être avec des êtres et la chose avec des choses, alors qu'il s'agissait de savoir comment et de quoi l'être et la chose eux-mêmes sont faits. Ils le sont d'un acte d'exister et d'une essence, l'*esse* conférant l'existence à l'essence qui le spécifie, et recevant d'elle à son tour, non certes l'être que lui-même lui donne, mais la spécification qui le qualifie comme tel; inversement, l'essence reçoit bien l'existence en acte, mais elle pose en retour la détermination formelle sans laquelle il n'est pas d'acte fini d'exister [1].

Il ne faut donc pas imaginer la composition métaphysique d'essence et d'existence comme une composition physique entre deux éléments dont chacun devrait déjà jouir, pour la rendre possible, de l'existence concrète que leur composition a pour fin d'expliquer. Un existant n'est pas composé d'existants, mais d'éléments qui relèvent tous de l'ordre de l'être, quoique sous des rapports différents. Non seulement il se peut que ces éléments composants ne soient rien les uns sans les autres, mais il

---

1. Il y a donc bien composition de deux ordres d'être que l'on pourrait presque dire essentiellement différents, celui tout formel de l'essence et celui de l'acte d'exister : « esse enim quod hujusmodi est (*sc.* l'exister) est aliud secundum essentiam ab eo cui additur determinandum ». *De potentia*, q. VII, a. 2, ad 9.

faut, pour qu'une composition et distinction autre que de simple raison soit entre eux possible, que chacun de ces éléments ne soit en effet *rien* de ce qu'est l'autre. Tel est précisément le cas. Dans une substance concrète réellement existante, la forme, prise en elle-même, est un non-être d'existence actuelle, car, précisément en tant que forme, elle n'a aucune autre existence que celle qu'elle participe. Si maintenant on veut parler, non plus seulement d'un non-être d'existence actuelle, mais du non-être de l'acte ou de la forme par quoi quelque chose participe à l'existence, alors c'est la matière, naturellement dénuée de cet acte, qui devient un non-être; quant à la forme subsistante, elle ne se présente plus alors comme un non-être, mais comme étant au contraire un acte. Exactement, prise en elle-même, elle est la forme participante à l'acte ultime, qui est l'exister [1]. Nous retrouvons donc ici, sous un autre aspect, l'ordre ontologique double dont nous marquions la présence à l'intérieur de la substance même. La matière n'a d'être actuel que par la forme; qui niera pourtant qu'il y ait, chez saint Thomas, distinction réelle de la forme et de la matière? A son tour, l'union de la matière et de la forme n'a d'existence que par son acte d'*esse*, à l'égard duquel elle est elle-même en puissance, dont elle est à la fois vraiment distincte et inséparable, et avec lequel elle doit donc nécessairement composer [2]. Assurément, ces actes imbriqués ne sont pas de même ordre ni de même valeur. Il y a entre eux une hiérarchie dont l'acte d'*esse* marque le sommet. Si lui-même fait défaut, il n'y a rien, dans aucun ordre d'être

1. « Si igitur per hoc quod dico *non ens*, removeatur solum esse in actu, ipsa forma secundum se considerata est non ens, sed esse participans. Si autem *non ens* removeat non solum ipsum esse in actu, sed etiam actum seu formam per quam aliquid participat esse, sic materia est non ens, forma vero subsistens non est ens, sed est actus, quae est forma participativa ultimi actus, qui est esse. » *De substantiis separatis*, cap. VI; dans *Opuscula*, éd. P. Mandonnet, t. I, p. 97.

2. « In natura igitur rerum corporearum materia non per se participat ipsum esse, sed per formam; forma enim adveniens materiae facit ipsam esse actu, sicut anima corpori. Nam primo quidem materia est ut potentia respectu formae, et forma est actus ejus; et iterum natura constituta ex materia et forma, est ut potentia respectu ipsius esse, inquantum est susceptiva ejus. Remoto igitur fundamento materiae, si remaneat aliqua forma determinatae naturae per se subsistens non in materia, adhuc comparabitur ad suum esse ut potentia ad actum. Non dico autem ut potentiam separabilem ab actu, sed quam semper suus actus comitetur. » *De spiritualibus creaturis*, qu. un., art. 1, ad *Resp.*

concevable ; mais le propre de l'ontologie thomiste est précisément d'affirmer que l'inverse est également vrai. Il peut y avoir existence réelle sans qu'il y ait matière, mais non sans qu'il y ait une forme pour recevoir l'acte d'exister. La substance finie s'y présente donc toujours comme une structure faite d'au moins deux actes l'un et l'autre nécessaires à son existence, et qui s'entre-déterminent selon des ordres différents : l'*esse*, qui confère l'acte existentiel à la forme ; la forme, qui détermine dans l'ordre essentiel l'acte même qui la fait exister.

Ces analyses nous laissent en présence d'un univers dont l'être est cette fois tout autre que celui du monde d'Aristote. Le cœur du réel n'y est plus simplement la substance qui est, ni même la forme dont l'acte la fait être ce qu'elle est, mais l'*esse* dont l'acte la fait exister. On retrouve naturellement ici, mais sur un autre plan et à une profondeur jamais encore atteinte, la formule néoplatonicienne du *Liber de causis* tant de fois citée et commentée au moyen âge : *prima rerum creatarum est esse*. Elle ne signifie plus désormais que la première réalité qui mérite le nom d'être soit produite par un principe premier transcendant à l'être même, elle veut dire, au contraire, que d'un premier principe qui est lui-même l'*Esse* absolu, viennent par voie de création des actes d'*esse*, finis et délimités par leur essence, mais en chacun desquels on trouve d'abord, comme condition de la possibilité de tout le reste, son acte propre d'exister. C'est en ce sens intégralement existentiel qu'il devient alors vrai de dire que l'*esse* est la première des créatures : *Primus autem effectus est ipsum esse, quod omnibus aliis effectibus praesupponitur, et ipsum non praesupponit aliquem alium effectum* [1]. Ainsi posé par l'acte créateur comme le fondement même de la structure des êtres, l'*esse* est en eux ce qu'il y a de plus intime : *Ipsum enim est communissimus effectus primus et intimior omnibus aliis effectibus* [2]. Pour obtenir une vue correcte de l'ontologie thomiste, il suffit d'étendre à la notion d'être en tant qu'être les conclusions valables pour chaque substance en particulier.

---

1. *De potentia*, q. III, a. 4, ad *Resp.*
2. *De potentia*, q. III, a. 7, ad *Resp.* — Cf. « Primus autem effectus Dei in rebus est ipsum esse, quod omnes alii effectus praesupponunt, et supra quod fundantur. » *Compendium theologiae*, P. I, cap. LXVIII.

L'univers thomiste est peuplé d'actes individuels d'exister. Ou plutôt il en est fait. Depuis Dieu, qui est l'*Esse* pur, absolu et, à ce titre, unique, jusqu'à la moindre des substances dont on peut dire qu'elles sont, chaque être possède en propre l'acte d'exister en vertu duquel il est : *unumquodque est per suum proprium esse.* C'est dire que tout ce qui possède réellement l'existence est finalement de l'individuel. Or la science n'atteint directement que l'universel. Il est donc inévitable que même la plus haute des sciences, la métaphysique, n'atteigne qu'indirectement ces actes particuliers d'exister dont nous disions qu'ils sont ce qu'il y a de plus réel dans la réalité même. C'est d'ailleurs pourquoi nous l'avons vue s'orienter tout entière, en définissant son objet, vers la connaissance d'un être qui serait vraiment, par l'unicité même d'une essence indiscernable de son acte d'exister, l'Être en tant qu'Être. Cet *Esse* suprême, la métaphysique peut et doit le poser. Elle peut même, l'ayant posé, définir par une série de jugements ce qu'il n'est pas et quels rapports ont avec lui les autres êtres, mais là s'arrête son effort. Pour aller plus loin, il faut que Dieu soit vu. Or l'objet de la métaphysique n'est pas de nous le faire voir. Il n'est même pas de nous mettre en relations personnelles avec l'Exister suprême, saisi dès à présent par un acte d'amour qui l'étreindrait en quelque sorte dans les ténèbres, car c'est là l'office propre de la religion. La théologie naturelle doit donc se contenter, afin de pouvoir parler, de saisir l'*esse* divin dans le concept essentiel d'être. Mais la métaphysique le doit aussi. Puisque l'exister propre de chaque être échappe au concept, il faut bien nous contenter de l'appréhender dans l'être, qui est la détermination première et la plus immédiate de l'acte d'exister. C'est pourquoi l'*ens* est le concept suprême et le principe premier de notre connaissance. Il l'est, et il doit le rester, quoi que l'on puisse et doive dire d'ailleurs du primat de l'acte d'exister. Si nous disposions d'une intuition intellectuelle pure et affranchie du sensible, nous aurions une science de l'exister, et notre métaphysique serait cette science même. En fait, pour les substances intellectuelles que nous sommes, une science de l'exister est une notion contradictoire et une chose impossible. C'est pourquoi, si profondément qu'il ait transformé la notion d'être, saint Thomas n'avait aucune raison de modifier celle de la science de l'être en tant qu'être, ni de disqualifier la notion d'être elle-même comme principe premier

de la connaissance. Science première, la métaphysique porte
nécessairement sur le premier objet de notre connaissance
naturelle, sous lequel, en raison de sa primauté même, se
trouvent inclus tous les autres. Et cet objet est précisément
l'être : *quod non est aliud quam ens. Naturaliter igitur intellectus
noster cognoscit ens, et ea quae sunt per se entis inquantum
hujusmodi* [1]. On peut dire d'une ontologie ainsi conçue qu'elle
est pour nous la science de l'intelligible par excellence, ou,
plus exactement peut-être, de ce qui est par excellence l'intelligible pour nous. Elle resté donc chez saint Thomas d'Aquin,
ce qu'elle était déjà chez Aristote, la connaissance la plus
parfaitement adaptée à notre mode humain de concevoir.

Il semble pourtant nécessaire d'ajouter que, depuis saint Thomas d'Aquin, la métaphysique ainsi conçue ait été travaillée
d'une inquiétude féconde, née du sentiment de la limite existentielle qu'il lui fallait bien désormais se reconnaître. Au lieu de
porter sur l'être intégralement substantiel d'Aristote, elle a dû,
depuis saint Thomas, s'appliquer à un être dont la substantialité pousse ses racines au delà de la substance même. Elle
l'a dû, ou plutôt elle l'eût dû, si une si large proportion de ses
efforts ne s'était précisément employée à tout faire pour exorciser la présence, au sein de la chose, d'une cause qui ne fût
pas elle-même une chose, et pour empêcher que la science du
réel par excellence ne heurtât de l'inconceptualisable au cœur
même de la réalité. C'est d'ailleurs pour ne pas s'y heurter
elle-même, que la métaphysique thomiste canalise aussitôt
l'énergie existentielle, partout où elle la rencontre, dans le
concept d'être qui l'exprime immédiatement, puis, de là, dans
tous les concepts d'essences qui nous rendent le monde concevable. Ces essences ne sont-elles pas comme la substance intelligible de tout ce qui est? Dieu lui-même ne pourrait créer ces
monstres que seraient des actes finis d'exister libres de toute
essence, c'est-à-dire des actes à la fois finis et infinis d'exister.
Le monde de saint Thomas reste donc peuplé d'êtres, comme
l'était celui d'Aristote; nos sciences restent des connaissances
de « ce qui est », et notre science suprême, la métaphysique,

---

1. *In IV Metaph.*, lect. 6; éd. Cathala, n. 605. Cf. *In XI Metaph.*, lect.
5; n. 2211. — *Cont. Gent.*, lib. II, cap. LXXXIII. — *Sum. theol.*, P. Iª-IIªᵉ,
q. 94, a. 2, ad *Resp.*

reste par là même une connaissance de ce qu'est l'être en tant qu'il est être. Pourtant, quand tout est dit, la métaphysique thomiste est animée d'une inspiration différente de celle d'Aristote, parce que l'être sur lequel elle porte communique avec des profondeurs au seuil desquelles la pensée grecque s'était toujours arrêtée.

Puisqu'elle exprime la nature générale de ce qui est, et que tout ce qui est vraiment est substance, la notion d'être elle-même doit comporter la dualité ontologique intrinsèque à toute substance finie. Dans l'*id quod est*, il y a l'*id quod*, et il y a l'*est*, c'est-à-dire, d'une part, ce sujet propre de l'exister qu'est la substance en tant que telle et, d'autre part, l'exister qui est l'acte propre de la substance [1]. Transporté à l'intérieur de la notion générale d'être, ce clivage s'exprime dans la formule connue : l'être est « ce qui a l'exister [2] ». Ce n'est d'ailleurs pas sans raison que ce qui possède l'exister *(esse habens)* prend le nom d'être *(ens)* ; en effet, le terme même d'être *(ens)* dérive de celui qui désigne l'acte d'exister *(esse)*. Ainsi que le dit saint Thomas, *hoc nomen ens... imponitur ab ipso esse* [3]. Entendons par là, comme lui-même le précise dans un autre passage, que le terme d'*ens*, qui signifie principalement et directement la chose *(res)*, consignifie pourtant toujours l'acte d'exister [4]. Une ontologie qui porte sur l'être ainsi conçu repose donc d'abord et nécessairement sur l'assise solide des essences saisies par leurs concepts et formulées par leurs définitions, mais elle visera toujours, dans l'essence conceptualisable, l'acte d'*esse* qui n'est pas conceptualisable, et que signifie l'acte du jugement. C'est pourquoi le jugement seul, qui dit ce qui est et ce qui n'est pas, atteint finalement la vérité des choses. Il atteint leur vérité parce que, dans et par les essences, il atteint les actes d'exister. On comprend par là comment, dans la doctrine de saint Thomas, la vérité du jugement se fonde moins sur l'essence des choses que sur leur *esse*. L'adéquation de l'intellect

---

1. « Per formam enim substantia fit proprium susceptivum ejus quod est esse. » *Cont. Gent.*, lib. II, cap. LV. Et plus loin : « Substantia completa est susceptivum ipsius esse. »

2. « *Ens* dicitur quasi *esse habens*; hoc autem solum est substantia, quae subsistit ». *In XII Metaph.*, lect. 1, éd. Cathala, n. 2419.

3. *In IV Metaph.*, lect. 2, n. 558.

4. *In I Perihermeneias*, lect. 5, n. 20.

et de la chose, en quoi la vérité consiste, trouve son expression complète dans l'opération d'un intellect qui, dépassant la simple appréhension de la quiddité d'un être, atteint l'acte qui la cause, parce qu'il l'*est* [1].

1. « Cum autem in re sit quidditas ejus et suum esse, veritas fundatuz in esse rei magis quam in ipsa quidditate, sicut nomen entis ab esse imponitur; et in ipsa operatione intellectus accipientis esse rei sicut est, per quamdam similationem ad ipsum, completur ratio adaequationis, in qua consistit ratio veritatis. » *In I sent.*, d. 19, q. 5, a. 1, *Solutio*; éd. P. Mandonnet, t. I, p. 486.

CHAPITRE IV

L'ESSENCE CONTRE L'EXISTENCE

Dans l'histoire du problème de l'existence le nom d'Avicenne évoque immédiatement à l'esprit un prédécesseur de saint Thomas d'Aquin. N'est-il pas celui qu'Averroès a poursuivi de ses critiques et de ses sarcasmes pour avoir, sous l'influence de la notion religieuse de création, soutenu que l'existence est un accident de l'essence? Saint Thomas d'Aquin lui-même ne l'a-t-il pas critiqué pour avoir, en soutenant cette même thèse, exagéré en quelque sorte la distinction de l'essence et de l'existence et méconnu leur intime corrélation? Il y a pourtant une part d'illusion dans cette perspective reçue. En tout cas, c'est en un sens tout contraire à l'ontologie de l'exister que l'influence d'Avicenne s'est exercée, mais, pour comprendre la raison de ce fait, c'est aux notions de nature et d'essence, fondamentales dans sa doctrine, qu'il faut d'abord remonter [1].

Les essences des choses sont ou bien dans les choses elles-mêmes, ou bien dans l'intellect. On peut donc envisager l'essence sous trois aspects : d'abord en elle-même, c'est-à-dire hors des relations qu'elle peut avoir à l'intellect ou aux choses; ensuite comme engagée dans les êtres singuliers; enfin comme étant dans l'intellect [2]. De l'essence ainsi conçue en elle-même, avec

---

1. Nous citerons Avicenne d'après l'édition suivante : *Avicenne perhypatetici philosophi ac medicorum facile primi opera in lucem redacta, ac nuper quantum ars niti potuit per canonicos emendata*, Venise, 1508. Nous indiquerons le folio (f.), recto ou verso (r ou v), colonne de gauche ou de droite (a ou b).

2. AVICENNE, *Logica*, P. I, f. 2 r b (la *Logica* d'Avicenne ne comporte pas de lettres marginales).

son double embranchement sur l'intellect d'une part et sur les réels singuliers d'autre part, on peut dire qu'elle est au cœur même de la doctrine d'Avicenne, et, en tout cas, de son ontologie. Tout ce qui existe a une essence, par laquelle il est ce qu'il est. C'est à cette essence, comme nous le verrons, que tient la nécessité qui fonde l'être, et par conséquent son existence même. Or l'essence a pour propriété fondamentale d'être une, c'est-à-dire d'être en elle-même exclusivement ce qu'elle est, sans se confondre avec quoi que ce soit d'autre, fût-ce même les propriétés qui en découlent. Prenons, par exemple, un homme. Il a une essence, qui est l'humanité, et c'est elle qui le définit dans son être. Sans doute, il possède en outre, en commun avec tous les autres hommes, les propriétés communes de l'homme, comme d'être capable de rire, de pleurer, et ainsi de suite, mais elles résultent toutes de la présence en lui de cette essence, qui paraît en même temps qu'une âme raisonnable informe une matière apte à la recevoir, l'humanité [1].

L'attitude d'Avicenne en présence de l'essence est remarquable et d'ailleurs toujours la même. Qu'il en parle en logicien ou en métaphysicien, il refuse de la considérer comme étant, de soi, universelle ou singulière. L'essence est neutre et comme indifférente envers la singularité ou l'universalité, et c'est même pourquoi, n'ayant de soi ni l'une ni l'autre, elle peut devenir universelle dans l'intellect et singulière dans les choses : « Pour emprunter un exemple à l'ordre du genre, nous dirons qu'*animal* est en soi quelque chose, et qui reste le même, soit qu'il s'agisse d'un sensible, soit qu'il s'agisse d'un intelligible dans l'âme. Quant à lui-même, *animal* n'est ni universel ni singulier. En effet, s'il était de soi universel, de sorte que l'animalité fût universelle en tant même qu'animalité, il ne pourrait y avoir aucun animal particulier, mais tout animal serait un universel. Si au contraire *animal* était singulier du seul fait qu'il est animal, il ne pourrait pas y en avoir plus d'un seul singulier, savoir, le singulier même à qui l'animalité appartient, et aucun autre singulier ne pourrait être un animal. Ainsi, pris en soi, *animal* n'est rien d'autre que cette intellection dans la pensée, animal; et en tant qu'on le conçoit comme étant animal, ce n'est qu'animal, et rien d'autre *(et secundum hoc quod intelligitur esse animal, non est nisi animal tantum)* ; mais si, outre cela, on le

---

1. *Op. cit.*, P. I, f. 4 r a.

conçoit comme un être universel, ou singulier, ou quoi que ce soit d'autre, on conçoit par là, outre ce qu'est *animal*, quelque chose d'accidentel à l'animalité *(quod accidit animalitati*[1]*)* ».

Cette formule permet de comprendre ce qu'Avicenne veut dire, lorsqu'il pose l'existence comme un accident de l'essence. L'existence ne peut être rien d'autre, dans une doctrine qui, partant de l'essence, considère comme accidentel à son égard tout ce qui n'est pas immédiatement et nécessairement inclus dans sa définition. Tel est, par exemple, le cas de l'un. L'unité est une propriété qui accompagne inséparablement la substance, et qui ne saurait par conséquent exister en elle-même, à part de l'être dont on dit qu'il est un. Pourtant, quelle que soit la substance que l'on définisse, l'unité n'entre pas dans la définition de sa quiddité. En effet, toute définition se fait par le genre et la différence spécifique; or l'un n'est le genre ni la différence spécifique d'aucune substance; il n'entre donc dans la définition d'aucune substance, et puisqu'il n'en est ni le genre, ni la différence, il en est un accident. Accident, d'ailleurs, d'un type assez particulier; car, au fond, l'un lui-même n'est autre que la substance considérée dans son indivision d'avec elle-même, de sorte qu'il en est inséparable; mais la notion d'unité, qui désigne ce fait, s'ajoute à celle de la substance, et signifie par conséquent un accident[2]. L'unité est donc une sorte d'accident inséparable

---

1. *Op. cit.*, P. III, f. 12 r a. — Cf. la formule fréquemment citée au moyen âge, *equinitas est equinitas tantum* : « Diffinitio enim equinitatis est praeter diffinitionem universalitatis, nec universalitas continetur in diffinitione equinitatis. Equinitas etenim habet diffinitionem quae non eget universalitate. Sed est cui accidit universalitas; unde ipsa equinitas non est aliquid nisi equinitas tantum. Ipsa enim ex se nec est multa nec unum nec est existens in his sensibilibus nec in anima, nec est aliquid horum potentia vel effectu, ita ut hoc contineatur intra essentiam equinitatis. Sed ex hoc quod est equinitas tantum, unitas autem est proprietas quae cum adjungitur equinitati fit equinitas propter ipsam proprietatem, unum. Similiter etiam equinitas habet praeter hanc multas alias proprietates accidentes sibi. Equinitas ergo ex hoc quod in diffinitione ejus conveniunt multa est communis, sed ex hoc quod accipitur cum proprietatibus et accidentibus signatis est singularis : equinitas ergo in se est equinitas tantum. » AVICENNE, *Metaphysica*, tr. V, cap. I, f. 86 v a. Cf. 86 v b.
2. AVICENNE, *Metaphysica*, tr. III, cap. III, f. 79 r a C; noter la formule : « sed est (unitas) quiddam comitans substantiam, sicut jam nosti; non ergo dicitur de eis sicut genus, vel sicut differentia, sed sicut accidens; unde unum est substantia, unitas vero est intentio quae est accidens; accidens

de l'être de tout ce qui est. Conclusion inévitable dans une doctrine de la nature ou de l'essence « commune » telle que celle d'Avicenne. L'essence du « cheval » ou celle de l' « homme » ne sont rien d'autre que l' « équinité » ou l' « humanité », sans qu'aucune condition d'unité ou de pluralité s'y attache. En tant précisément qu'homme, l'*homo* que signifie l'essence *humanitas* n'est ni un ni multiple ; il est de soi étranger au nombre[1]. L'unité n'est donc à son égard qu'un accident.

Ce qui est vrai de l'un est vrai de l'être. Que l'on analyse une essence quelconque, on n'y rencontrera l'être ni comme genre ni comme différence spécifique. C'est même pourquoi l'essence de l'espèce peut se réaliser dans une pluralité d'individus, car si l'essence de l'homme, par exemple, incluait de plein droit son existence, il n'en existerait qu'un seul. Or tel n'est pas le cas. Ce que nous nommons « homme » est une essence commune, qui se trouve avoir l'être dans Platon, dans Socrate et dans Hippocrate. L'être est donc bien comme un accident de l'essence : *dicemus ergo quod naturae hominis ex hoc quod est homo accidit ut habeat esse*[2]. En d'autres termes, ce n'est pas en tant qu'il se trouve avoir l'être que l'homme se trouve avoir sa nature d'homme, ni en tant qu'il a sa nature d'homme qu'il se trouve avoir l'être. L'*esse* s'ajoute à l'*humanitas* pour constituer l'homme réel, comme l'universalité s'y ajoute, pour constituer la notion universelle d'homme, dans la pensée qui la conçoit comme attribuable aux individus. C'est cette extériorité de l'être à l'égard de l'essence que l'on exprime en disant que l'être en est un accident.

Étant donné le principe sur lequel elle se fonde, cette thèse est universalisable de plein droit, en ce sens du moins qu'elle vaut pour toute essence généralement quelconque. En effet, il résulte de ce qui vient d'être dit, qu'aucune essence n'inclut son existence, puisque, quelle que soit l'essence considérée, l'existence n'est pas incluse dans sa définition. Mais la proposition peut se retourner. S'il existe un être dont la notion inclut nécessairement l'existence, il est certain que cet être n'a pas

---

autem quod est unum de quinque universalibus, quamvis sit accidens secundum hanc intentionem, potest tamen concedi esse substantia ». Cf. 79 v a, haut de la page.

1. *Op. cit.*, tr. V, cap. I, f. 87 r a C.
2. *Op. cit.*, tr. V, cap. II, f. 87 v a A.

d'essence. Cela est certain, puisque, s'il avait une essence, l'existence devrait s'y ajouter comme un accident. Tel est précisément celui que nous nommons Dieu, et qu'Avicenne nomme plutôt l'Être nécessaire *(necesse esse)*. Cet être unique, principe et cause à qui tout le reste doit d'exister, mérite à ce titre le nom de Premier. Ce nom ne désigne d'ailleurs pas une propriété supplémentaire qui s'ajouterait à sa nécessité, mais simplement sa relation à ce qui est hors de lui. On ne doit donc pas concevoir un tel être comme ayant une essence à laquelle l'unité ou l'être viendraient s'ajouter, ce qui serait faire de l'être nécessaire par soi un être nécessaire par autrui, donc un être contradictoire et impossible. Le *necesse esse* d'Avicenne n'*a* pas l'unité et l'être, il les *est*, et c'est aussi pourquoi nous devons le poser comme la cause de tout ce qui les *a*, mais ne les *est* pas.

Nous atteignons ici le point où la notion avicennienne de la « nature commune » se présente comme immédiatement équivalente à celle d' « être causé ». Ce dont l'essence n'inclut pas l'être ne peut tenir l'être qu'il a que d'une cause qui le lui donne, et puisque tel est le cas de toute essence, on peut dire que tout ce qui a une essence est un être causé *(omne habens quidditatem causatum est)* et que, après le Premier, tout le reste a des essences purement possibles, auxquelles l'être n'échoit que comme un accident venu du dehors. Cela est si vrai qu'à bien prendre les choses il vaudrait mieux dire que le Premier lui-même n'a pas d'essence : *Primus igitur non habet quidditatem.* Il n'y a rien en lui à quoi l'être puisse survenir du dehors, mais c'est de lui que l'être s'épanche sur tout ce qui possède une quiddité, ou essence. Lui-même est l'être libre de toute condition d'essence, et c'est justement pourquoi il est nécessaire; tous les autres, qui ont des essences, ne sont que des possibles, parce qu'ils tiennent leur existence du Premier [1].

Il est donc exact de dire qu'Avicenne a fait de l'existence un accident de l'essence, et ce n'est pas à tort qu'Averroès a pu lui attribuer cette doctrine, pour la critiquer. Mais en quel sens Avicenne entend-il ici le terme « accident »? Toute la critique d'Averroès consiste à nier qu'on puisse faire de l'existence, soit l'une des catégories accidentelles de la substance, soit une catégorie accidentelle supplémentaire. En bonne doctrine aristo-

---

1. *Op. cit.*, tr. V, cap. IV, f. 99 r b B.

télicienne, la critique est certainement valide, mais elle ne porte pas contre Avicenne, qui tente ici de résoudre un problème qu'Aristote lui-même n'avait jamais posé. Avicenne ne pensait certainement pas à faire de l'existence un accident du même type que la quantité ou la qualité par exemple ; lui-même a spécifié, au contraire, qu'il entendait ici accident au sens large où le terme figure dans la liste des « prédicables » (genre, espèce, différence, propre et accident). C'est même sans doute pourquoi, au lieu de dire que l'existence est un *accidens* de l'essence, il la désigne plutôt d'ordinaire comme *id quod accidit quidditati* [1]. Elle est en effet quelque chose qui se prédique de l'essence comme n'étant pas inclus dans l'essence même ; elle en est donc vraiment prédicable et, à ce titre, puisqu'elle n'en est ni le genre, ni l'espèce, ni la différence, ni le propre, elle ne peut en être que l'accident.

Ajoutons pourtant que c'en est un accident bien remarquable, et, ici, le parallélisme entre l'être et l'un aide grandement à comprendre. Puisque l'un n'est pas inclus dans la définition de l'essence, disions-nous avec Avicenne, il s'y ajoute à la manière d'un accident. Pourtant, dans l'être réel, l'unité est inséparable de l'être. Elle ne se confond pas avec lui, puisqu'elle en découle, mais, en revanche, puisqu'elle en découle, elle est inséparable de l'essence, comme l'essence elle-même l'est de son unité. L'unité est donc un accident inséparable de l'essence. Il en va de même de l'existence. Tout être réel est une essence réalisée par sa cause et tout d'abord par sa cause première, qui est l'Être nécessaire ou le Premier. L'essence existante est donc un possible réalisé. Or, si nous prenons ce possible en tant que réalisé par sa cause, il nous apparaît comme une essence qui, possible en ce qui est d'elle-même, se trouve rendue nécessaire par l'efficacité de sa cause. L'existence s'offre donc ici comme une détermination ultérieure de l'essence. On peut dire qu'elle s'ajoute à l'essence, mais il faut dire aussi qu'elle en découle. L'existence se présente donc chez Avicenne comme un « concomitant » extrinsèque de l'essence prise dans sa quiddité pure (puisque celle-ci ne l'inclut

---

1. Encore ne s'agit-il que de la traduction latine ; le texte arabe lui-même n'impose pas ce sens, et le terme *sequitur*, qu'emploie parfois le traducteur latin, rendrait mieux l'original. Voir sur ce point A.-M. GOICHON, *La distinction de l'essence et de l'existence d'après Ibn Sina (Avicenne)*. Paris, Desclée de Brouwer, 1937, p. 90.

pas dans sa définition), mais qui l'accompagne nécessairement en vertu de la cause qui la réalise [1].

S'il en est ainsi, on peut dire que, en un premier sens, la doctrine d'Avicenne prépare celle de saint Thomas sur la distinction d'essence et d'existence, mais qu'en un deuxième sens elle en annonce une toute contraire. Ce que saint Thomas gardera de la doctrine d'Avicenne, c'est son point de départ, c'est-à-dire cette remarque, d'importance en effet capitale, que la définition de l'essence n'inclut pas son existence. Il faut donc bien, dans les deux doctrines, que l'existence s'ajoute à l'essence, et, dans les deux doctrines, c'est à l'acte créateur qu'il appartient de l'y ajouter; il y a donc distinction d'essence et d'existence chez Avicenne, au sens général où l'on peut dire qu'il y en a une dans tout créationisme, c'est-à-dire dans toute doctrine où la cause de l'existence de l'être fini lui est radicalement extrinsèque parce qu'elle se trouve finalement en Dieu. En ce sens, tous les théologiens chrétiens l'admettent, mais ce n'est pas ce sens qui se trouve ici en cause. La question est en effet de savoir si, dans l'être actuellement réalisé par sa cause, l'existence doit être posée à part de l'essence, et même, plus exactement, comme l'acte de l'essence. Nous savons déjà que, chez saint Thomas, tel est en effet le cas, mais était-ce déjà le cas chez Avicenne? Tout invite à en douter.

Remarquons d'abord que nulle part, chez Avicenne lui-même ni chez ses interprètes, on ne rencontre quoi que ce soit de semblable à la distinction d'essence et d'existence telle que saint Thomas l'a si souvent exposée. Il n'a jamais usé de cette formule. Si on lui attribue la thèse qu'elle définit, c'est que, saint Thomas l'ayant souvent déduite du principe, authentiquement avicennien celui-là, que la notion de l'essence n'inclut pas l'existence, on a spontanément raisonné comme si, chez Avicenne, le même principe avait engendré déjà la même conséquence. Il n'en est pourtant rien, car bien que, dans les deux doctrines, l'existence s'ajoute à l'essence, elle ne s'y ajoute pas de la même façon. Chez saint Thomas d'Aquin, l'*Esse* du créateur crée librement un *esse* qui, à titre d'acte de l'essence, constitue un être actuellement existant. Chez Avicenne, la nécessité intrinsèque du Premier, dont il ne faut pas oublier que le nom

1. Voir sur ce point les excellentes analyses de A.-M. GOICHON, *op. cit.*, p. 118.

est *Necesse esse*, s'épanche pour ainsi dire hors de soi en se communiquant à tous les possibles dont son intellect est plein, et auxquels sa volonté, qui ne fait qu'un avec cet intellect même, ne peut que consentir. L'existence de l'essence finie n'est donc pas un acte que la création lui confère, mais, selon la formule d'Avicenne lui-même, un concomitant qui en découle, ou qui l'accompagne. Nous ne disons pas qu'il en résulte. D'elle-même, nous l'avons vu, l'essence est existentiellement neutre; elle n'inclut l'existence ni ne l'exclut, et c'est même pourquoi elle est, au sens plein, un pur possible; mais lorsque le flux divin qui actualise toutes choses l'atteint et la traverse, on peut bien dire en effet que l'existence lui échoit et désormais l'accompagne, tandis qu'elle dure, comme une qualification de ce qu'elle est. C'est pourquoi Avicenne ne parle jamais d'une distinction de l'essence finie et de son existence, à laquelle, d'ailleurs, il ne saurait penser. L'accidentalité de l'existence par rapport à son essence n'a pas chez lui pour corollaire la distinction réelle de l'essence et de l'existence, puisque, dans l'essence réelle cet accident qu'est l'existence l'accompagne nécessairement en vertu de sa cause. L'existant fini d'Avicenne, c'est le même possible, éternellement subsistant dans l'intellect divin comme possible, qui se trouve posé comme existant en vertu de la nécessité de sa cause. L'existence du possible avicennien n'est pas l'acte d'exister en vertu duquel ce possible existe, c'est ce possible lui-même posé par sa cause comme un existant.

Si cette interprétation d'Avicenne est correcte, elle permet d'éclaircir un fait historique dont on peut bien dire que, si elle ne l'était pas, il constituerait une anomalie déconcertante. On sait assez quelle influence Avicenne a exercé sur la pensée de Duns Scot, mais on sait aussi que Duns Scot a nettement rejeté la distinction réelle d'essence et d'existence. Assurément, Duns Scot n'a pas toujours suivi Avicenne, et l'on pourrait considérer ce point comme l'un de ceux où il lui a faussé compagnie, mais il se trouve précisément que l'hypothèse est ici peu vraisemblable, car, pour l'admettre, il faudrait supposer que Duns Scot et Avicenne se soient séparés en vertu d'un même principe et, si l'on peut dire, qu'ils aient divergé à partir du même point de départ.

Ce point de départ n'est autre que la notion avicennienne de l'essence, ou nature commune, que Duns Scot n'a cessé de professer, et sans aucune restriction. Pour lui, comme pour

Avicenne, la « nature » n'est de soi ni universelle ni singulière, mais indifférente à l'universalité comme à la singularité. Pour qu'elle devienne universelle, il faut que l'intellect l'élargisse en quelque sorte, en lui attribuant l'universalité; pour qu'elle devienne singulière, il faut au contraire qu'un principe de détermination surajouté la contracte pour ainsi dire et en fasse un singulier. De soi, l' « équinité » n'est donc ni le concept de cheval, ni un cheval; elle n'est que cette essence commune qui peut indifféremment devenir l'un ou l'autre; comme dit Avicenne, *equinitas est tantum equinitas* [1].

Qu'est-ce donc que cette nature? Si l'on se demande quel être lui appartient, il faudra distinguer les divers états dans lesquels on peut la rencontrer. A l'origine, elle n'a pas d'autre être que celui d'un objet de l'entendement divin qui la produit. Elle n'y est pas un pur néant. Objet de l'entendement de Dieu, elle y possède l'être d'un tel objet, ou, si l'on préfère, son « être d'objet », c'est-à-dire un être intelligible. En tant qu'il peut être produit par Dieu sous forme de créature actuellement existante, cet objet de l'entendement divin se présente comme un « possible ». A ce titre, il possède aussi son *esse*, qui est celui du possible. Prenons comme exemple l'homme en tant que conçu par Dieu. C'est un objet de l'entendement divin, qui peut, si Dieu le veut, être doué d'existence actuelle. Si sa notion était contradictoire, ce ne serait pas un possible, puisque l'existence lui répugnerait; ce serait donc un pur rien; mais ce n'est pas un pur néant, puisque c'est un possible. Or ce possible n'est autre que la nature commune, ou essence, également indifférente à l'universalité du concept et à la singularité de l'existant. La création est l'acte par lequel une telle essence se trouve posée dans l'existence actuelle qui convient au singulier.

On voit par là comment, dans la doctrine de Duns Scot, se pose le problème du rapport de l'essence à l'existence. Il est entièrement dominé par le point de vue de l'essence, puisque toute essence, en tant que telle, est. A chaque état de l'essence correspond un *esse* qui lui est en quelque sorte proportionné. S'il en est ainsi, il n'y a jamais d'essence sans une existence correspondante, ou, pour mieux dire, l'existence n'est rien d'autre que la modalité d'être propre à l'essence prise en chacun des états où elle se trouve. Une distinction réelle d'essence et

1. DUNS SCOT, *Opus Oxoniense*, lib. II, dist. 3, q. 1, n. 7.

d'existence est donc inconcevable dans cette doctrine, où l'essence possède immédiatement l'existence propre qu'elle comporte. Comme le dit un commentateur autorisé de Duns Scot : « Il est simplement impossible qu'une essence quelconque soit dans l'*esse* possible sans existence dans l'*esse* possible, ou qu'elle soit dans l'*esse* actuel sans existence dans l'*esse* actuel [1]. » C'est dire que les déterminations de l'existence suivent les déterminations de l'essence, ou, en d'autres termes, que l'essence est la mesure de l'existence conçue comme sa simple modalité. Telle est du moins l'interprétation de l'ontologie scotiste que le même commentateur nous propose : « De même que l'essence de l'homme en *esse* réel et actuel se trouve posée dans le temps, de même l'existence dans l'*esse* réel et actuel convient à l'essence de l'homme prise précisément dans un tel être réel et actuel. Il est donc simplement impossible que l'essence de l'homme en *esse* réel et actuel se distingue réellement de son existence prise précisément en *esse* réel et actuel. » En effet, ajoute ce scotiste : « L'essence de l'homme en *esse* réel et actuel est antérieure à son existence actuelle. C'est évident, car une chose est naturellement antérieure à son mode intrinsèque; or une telle existence appartient à l'essence en raison intrinsèque de l'essence elle-même, puisque c'est par la définition d'une chose qu'on démontre son existence. En quelque être donc que l'on pose l'essence, elle y est toujours posée avant l'existence et comme sa cause intrinsèque [2]. »

On peut s'assurer que le commentateur ne trahit pas ici son texte, car Duns Scot a pris occasion de s'expliquer sur ce point à propos du problème de l'individuation. Un certain docteur, qui n'est d'ailleurs pas saint Thomas, avait soutenu que la substance matérielle est individualisée par son existence actuelle, c'est-à-dire, pour employer le langage technique de Duns Scot, par son acte ultime, qui est son *esse existentiae*. C'est à quoi Duns Scot refuse de consentir, pour cette raison fondamentale que, n'étant lui-même ni distinct ni déterminé, l'*esse existentiae* ne saurait jouer le rôle d'un principe de détermination et de distinction. Ce qui retient ici l'esprit de Duns Scot, et ce qui le décide finalement à rejeter la thèse qu'on lui propose, c'est que,

1. LYCHETUS, *In Op. Oxon.*, lib. II, d. 3, q. 1, n. 7; dans l'édition de Duns Scot par Wadding (Lyon, 1639), t. VI, p. 359, n. 5.
2. LYCHETUS, *loc. cit.*, p. 359, n. 4.

bien loin de pouvoir déterminer l'essence, l'existence est toujours
déterminée par elle. Il est en effet impossible de concevoir une
coordination hiérarchique des existences, qui ne serait pas
d'abord celle des essences correspondantes. Or la série des
déterminations de l'essence se suffit. Elle est complète en elle-
même, sans qu'il soit besoin de faire appel à l'existence pour
l'achever, puisqu'elle part du genre le plus général, descend
par une série de différences spécifiques jusqu'à l'espèce la plus
spéciale, et s'achève avec l'individu que son « heccéité » détermine. Il est vrai qu'en atteignant ainsi l'individu on atteint
inévitablement l'existence actuelle, mais celle-ci n'est précisément rien de plus que l'existence qui convient à l'essence
individualisée. L'existence actuelle vient donc s'ajouter à
l'essence individuelle comme une sorte de détermination
ultime, mais qui en résulte. Se distingue-t-elle donc de l'essence?
Oui, sans doute, mais comme elle s'en distinguait dans la
doctrine d'Avicenne dont, sciemment ou non, Duns Scot
reprend ici la thèse avec ce qu'elle comportait d'hésitations.
Il s'agit là, nous dit-il, d'une distinction *quae est aliquo modo accidentalis, licet non sit vere accidentalis* [1]. Formule toute pareille
à celle dont usait Avicenne, mais que la position même du
problème rendait à peu près inévitable. Simple mode d'être de
l'essence individuelle, l'existence ne s'en distingue même pas
assez pour être un accident véritable mais elle l'accompagne
comme son degré d'existence correspondant.

L'immense influence exercée par Duns Scot, grâce à la diffusion de l'école scotiste, a largement contribué à généraliser
l'opposition, qui se fait partout sentir après lui, contre la distinction réelle d'essence et d'existence. Lui-même s'était
prononcé là-dessus en formules un peu sommaires, mais
incisives : *Simpliciter falsum est quod esse sit aliud ab essentia* [2],
ou encore : *Non capio quod aliquid sit ens extra causam suam
quin habeat esse proprium* [3]. Mais cette opposition générale
reposait elle-même sur la diffusion d'une ontologie de l'essence,
où celle-ci devient l'indice, la règle et comme la mesure de

---

1. DUNS SCOT, *Opus Oxoniense*, lib. II, d. 3, q. 3, n. 2. Un scotiste moderne
n'a donc aucunement forcé la pensée de Duns Scot en écrivant cette formule :
« Praecise determinatur existentia ex determinatione essentiae ». D. DE
BASLY, O. F. M., *Scotus Docens*, Paris, La France Franciscaine, 1934, p. 24.
2. DUNS SCOT, *Opus Oxoniense*, lib. IV, d. 13, q. 1, n. 38.
3. *Op. cit.*, lib. IV, d. 43, q. 1, n. 7.

l'existence. Toute essence, quelle qu'elle soit, peut revendiquer
une existence qui lui corresponde. C'est ainsi que les accidents
possèdent leur *esse existentiae* propre, indépendamment de
celui de la substance qui les supporte; la matière a son propre
esse dans le composé, indépendamment de celui de la forme;
bien plus, dans une seule et même chose, autant il y a de formes
partielles, autant il y a d'*esse*. Et il le faut bien, puisque chaque
essence sécrète pour ainsi dire sa propre existence. Nous
sommes donc ici aux antipodes d'une ontologie du primat
de l'existence comme l'était celle de saint Thomas d'Aquin,
et rien ne le montre mieux que l'opposition résolue de Duns Scot
à l'interprétation thomiste de l'acte créateur.

Dans sa *Somme théologique* [1], posant la question de savoir si
Dieu seul peut créer, saint Thomas avait répondu par l'affirmative, en arguant notamment que créer un effet, même fini,
présuppose une puissance infinie, puisqu'il s'agit alors de causer
l'*esse* même de l'être en question. Or Dieu seul, qui est l'acte
pur d'exister, peut causer un acte d'exister. Le premier et plus
universel de tous les effets étant l'exister même *(esse)*, il ne
peut être produit que par la première et plus universelle des
causes, qui est Dieu. Sur ce point précis, Duns Scot argumente
en sens inverse, précisément parce que ce qu'il situe au fond de
l'être, c'est l'*essentia*, et non plus l'*esse*. Sans doute, avec saint
Thomas et presque tous les théologiens, Duns Scot admet que
Dieu seul peut créer, mais ce n'est aucunement pour cette raison,
proprement thomiste, que l'*esse* serait l'effet exclusif de Dieu
seul. Qu'est-ce pour lui qu'un *esse*, sinon une essence actuellement réalisée? Or chaque fois qu'une cause efficiente quelconque
engendre un composé, même s'il ne s'agit que d'une cause
efficiente créée et finie, puisqu'elle produit une essence réelle,
elle en produit aussi l'*esse* [2]. Et qu'on n'aille pas objecter que la
production d'un *esse* fini suppose une puissance infinie, parce
qu'entre l'existence et le néant la distance est infinie. Ce n'est
pas exact; car il est bien vrai qu'entre Dieu et ce qui n'est pas
Dieu la distance est infinie, puisque Dieu lui-même est infini;
mais entre un être fini quelconque et le néant de cet être, la
distance n'est pas infinie, elle est exactement proportionnelle
à la quantité d'être que contient l'essence de cet être, et par

1. S. Thomas d'Aquin, *Sum. theol.*, I, 45, 5, Resp. et ad. 3[m].
2. Duns Scot, *Op. Oxon.*, lib. IV, d. 1, q. 1, n. 7.

conséquent elle est finie comme elle. *Non plus deficit nihil ab ente*, dit Duns Scot, *quam ens illud ponat* [1]. La notion d'essence domine si visiblement ici celle d'existence, que l'alternative entre l'existence et le néant, qui s'imposait à la pensée de saint Thomas, s'efface dans la pensée de Duns Scot. Du néant à l'acte thomiste d'exister, la distance est en effet infinie; mais de l'essence finie à son propre néant, la distance est finie comme la quantité d'être que mesure l'essence elle-même. Nous sommes manifestement sortis de l'ontologie de l'existence pour entrer dans un univers où l'être est complètement essentialisé.

Duns Scot avait laissé le problème du rapport de l'être à l'existence plutôt tranché que résolu. Très ferme dans son refus de les distinguer réellement, il n'avait donné que des indications sommaires sur la nature de leur rapport. Préciser ce point fut l'œuvre de ses disciples, et bien qu'on ne puisse réduire leurs interprétations du scotisme à une parfaite unité, ils semblent s'être à peu près accordés sur le point en question. S'inspirant de certaines formules de Scot lui-même, ils ont cherché la solution du problème dans la notion des « modes intrinsèques » de l'être. Aucune notion n'est plus authentiquement scotiste. On nomme mode intrinsèque de l'essence tout ce qui s'y ajoute sans varier sa raison formelle. Le type du mode intrinsèque est le degré d'intensité d'une forme. C'est d'ailleurs pourquoi, chez les auteurs scotistes, le terme de *gradus* remplace si souvent ceux de *modus intrinsecus*. Il s'agit en effet alors d'une modalité de l'essence qui, sans l'affecter aucunement en tant qu'essence, en varie le degré de réalisation. Par exemple, une lumière blanche peut varier d'intensité sans cesser d'être de la lumière blanche; son degré d'intensité la modifie pourtant lorsqu'il change; l'intensité d'une lumière en est donc un mode intrinsèque ou, si l'on préfère, un degré. Dans l'ordre métaphysique, on dira pareillement que le fini et l'infini sont deux modes intrinsèques de l'être, car l'être reste univoquement lui-même sous quelque modalité qu'on le considère, mais, identique à soi-même en tant qu'être, il diffère infiniment, dans sa modalité d'être infini, de l'être dans sa modalité ou à son degré d'être fini. Il est très remarquable que, pour formuler la pensée de leur maître, les scotistes se soient accordés à faire de l'existence une simple modalité de l'essence. Rien ne montre

1. *Op. cit.*, lib. IV, 1, q. 1, nn. 11-13.

mieux combien, dans le scotisme, l'essence domine l'existence qui, à la manière d'un accident, vient en quelque sorte s'y ajouter.

On peut s'assurer de l'exactitude du fait, en consultant un scotiste assez tardif pour avoir pu saisir d'un seul regard le rapport de la doctrine du maître à celle d'Avicenne qu'elle prolonge, et à celle de saint Thomas qu'elle contredit. Tel, par exemple, François-Antoine de Brindisi [1], dont les positions, toutes authentiquement scotistes, sont en même temps des plus nettes. Partant du principe avicennien dont se réclament en même temps thomistes et scotistes, que l'existence n'est pas incluse dans la quiddité de l'essence, il refuse d'abord d'en conclure que l'existence se distingue réellement de l'essence. En effet, simple mode intrinsèque de l'essence, l'existence n'en est pas réellement distincte. On peut donc dire, avec Avicenne, que l'existence est un accident de l'essence, puisque le mode intrinsèque d'une essence n'est pas inclus dans sa quiddité. « Accident » n'est pas pris ici au sens propre de ce qui subsiste en autrui, mais d'étranger à la quiddité [2].

Dans une telle ontologie, l'existence vient donc bien du dehors à l'essence, puisqu'elle n'y est pas incluse [3], et pourtant elle ne s'en distingue pas, parce qu'au lieu de survenir comme son acte, ce qu'elle fait dans le thomisme, elle n'a d'autre effet que de poser la même essence sous une nouvelle détermination. Vouloir distinguer réellement l'essence de son mode intrinsèque, ce serait vouloir la distinguer réellement de ce qu'elle est. En revanche, refuser de distinguer réellement l'existence de l'essence, c'est inévitablement l'y subordonner. Il le faut bien,

---

1. Fr.-Ant. DE BRINDISI, *Scotus dilucidatus in II Sent.*, Naples, 1607. L'*imprimatur* est daté du 26 sept. 1606.

2. « Accidens accipitur dupliciter, uno modo proprie, alio modo pro extraneo; quando Avicenna inquit quod existentia accidit essentiae, ly *accidit* accipitur pro extraneo, non alio modo, id est non est de quidditate essentiae. » Fr.-Ant. DE BRINDISI, *op. cit.*, p. 54.

3. « Ex his omnibus elicio, quod essentia est natura in se, existentia vero est modus intrinsecus adveniens ipsi naturae creatae. Secundo notandum, quod loquendo de essentia et existentia, haec dicta sunt maxime notanda. Primum, quod existentia cum sit modus intrinsecus naturae creatae, non est de quidditate illius naturae, et propterea sive adveniat, sive non adveniat, non propter hoc natura variatur. Verbi gratia, rosa eamdem definitionem habet si existit, sicuti si non existit; existentia ergo cum sit modus intrinsecus, non variat naturam rei. » *Op. cit.*, p. 274.

puisqu'elle n'en est plus qu'une simple modalité. C'est ce que reconnaît ouvertement notre philosophe lorsque, tout en affirmant avec force que l'existence de l'être réel ne se distingue pas de la nature ou, si l'on préfère, qu'aucune nature ne saurait être posée hors de ses causes sans avoir du même coup l'existence réelle, il accorde une « priorité de nature », c'est-à-dire une priorité métaphysique dans la structure du réel, à l'être d'essence sur l'être d'existence. Notons-en soigneusement la raison : l'essence est le sujet dont l'existence est une propriété ; or, bien que le sujet ne puisse exister sans sa propriété, il lui est « par nature » antérieur [1].

Si l'on va jusque-là, il faut aller plus loin, car tout sujet est naturellement antérieur à ses déterminations en vertu de la perfection même qui l'élève au-dessus d'elle. L'antérieur par nature est aussi du supérieur. C'est pourquoi, libérant pour ainsi dire à l'état pur des intuitions que nous sentions confusément présentes depuis le début de cette histoire, François-Antoine de Brindisi en vient à dire que l'être d'essence est plus parfait que l'être d'existence, parce que l'être d'existence est quelque chose qui survient accidentellement à la nature [2]. La tradition avicennienne paraît ici intacte, mais elle fait mieux que se maintenir : elle prend claire conscience du primat de l'essence dont elle s'inspirait dès l'origine, bien qu'elle l'ait rarement affirmé d'une manière si franche et si précise. Il est vrai que la position métaphysique à laquelle on est par là conduit s'affirme plus aisément qu'elle ne se formule. Ainsi conçue, l'existence est un mode intrinsèque de l'essence. En tant qu'elle en est un mode, elle doit s'en distinguer, mais en tant qu'elle en est un mode « intrinsèque », elle ne saurait se distinguer, comme une forme d'une autre forme, de l'essence dont elle n'est qu'une modalité. Aux prises avec cet épineux

---

1. « Tertium dictum. Inter esse essentiae reale, et esse existentiae reale est tantum prioritas naturae, id est licet natura non habeat esse extra suas causas actualiter sine reali existentia individuorum, cum hoc tamen stat, quod esse [sc. essentiae] reale existens prioritate naturae sit prius esse existenti reali individuorum, ut subjectum non potest esse sine passione, et tamen est prius natura passione. » *Op. cit.*, p. 275.

2. « Quartum dictum. Inter esse essentiae reale et existentiae est ordo perfectionis, et probatur, quia esse essentiae est perfectius esse existentiae, quia esse existentiae est quoddam accidentale adveniens naturae. » *Op. cit.*, p. 275.

problème, la fameuse distinction formelle du scotisme n'est ici que d'un maigre secours. Dans l'impossibilité d'introduire une distinction formelle positive entre l'essence et un mode existentiel qui ne se laisse pas concevoir sans elle, notre métaphysicien recourt à l'artifice d'une distinction formelle privative, celle qu'il semble concevoir comme distinguant ce mode de l'essence où il se trouve quidditativement inclus [1]. Il serait difficile d'aller plus loin dans l'affirmation du primat métaphysique de l'essence sur l'existence conçue comme une de ses modalités.

L'enjeu du problème n'apparaît nulle part plus clairement qu'à propos de l'existence divine. Les formules de Duns Scot lui-même touchant le rapport de l'existence de Dieu à son essence sont parfaitement nettes. Toutes posent l'existence de Dieu comme appartenant directement et immédiatement à son essence. Tel est, par exemple, le passage fameux de l'*Opus Oxoniense*, où Duns Scot affirme que l'existence est *de quidditate essentiae divinae*. C'est même pourquoi nous le voyons soutenir que, pour qui pourrait concevoir l'essence divine telle qu'elle est, la proposition « Dieu existe » serait connue par soi, c'est-à-dire avec une évidence immédiate. Tel est le cas de Dieu lui-même et des bienheureux qui le voient face à face. Ce qu'il convient de noter dans cette thèse théologique, c'est la manière dont elle se justifie. Duns Scot ne veut pas dire simplement que l'existence soit liée à l'essence divine par un rapport nécessaire mais médiat; il affirme au contraire que, puisqu'il s'agit ici d'une proposition évidente en vertu de ses seuls termes, on ne doit pas la tenir pour évidente *per se secundo modo*, mais *per se primo modo*. Une proposition évidente au second degré est celle où le prédicat n'est pas inclus dans la notion du sujet, *quasi praedicatum sit extra rationem subjecti*, bien que d'ailleurs il s'y rattache par un lien nécessaire. Dans une proposition évidente au premier degré, au contraire, le prédicat est inclus immédiatement dans le sujet, si bien que l'évidence de la proposition suit de la seule inspection des termes. Telle est précisément la proposition *Deus est*, pour qui peut avoir l'essence

1. « Quintum dictum. Existentia cum sit modus intrinsecus, distinguitur ab essentia formaliter, non formaliter positive, ita ut habeat distinctam formalitatem ab esse essentiae, quia modus intrinsecus non potest concipi sine eo cujus est modus. Distinguitur ergo formaliter privative, quatenus non est extra quidditatem rei. » *Op. cit.*, pp. 275-276.

divine, parce que, remarque Duns Scot, elle est alors connue
comme étant « cette » essence unique qu'est l'essence divine, et
qu'il n'y en a pas à qui l'existence appartienne plus parfaitement :
quia esse nulli perfectius convenit quam huic essentiae [1].

C'est ce que Duns Scot répète ailleurs en d'autres termes,
lorsqu'il affirme que, *in divinis existentia est de conceptu essentiae* [2]. On s'est appuyé sur ces formules, et d'autres du même
genre, pour rapprocher la position de Duns Scot de celle, toute
classique, qui pose l'existence de Dieu comme immédiatement
incluse dans son essence. L'illustre commentateur scotiste
Lychetus, qui est à Duns Scot ce que Cajetan est à saint
Thomas, a fermement défendu cette interprétation de la doctrine. Et à bon droit, sous réserve pourtant de deux points qui
ne sont pas sans importance. D'abord, de quelque manière
qu'on interprète ces formules, elles supposent que l'existence
de Dieu est une modalité de son essence. Nous sommes donc
ici bien loin d'Avicenne, pour qui Dieu n'avait pas d'essence,
et, pratiquement, tout aussi loin de saint Thomas, pour qui
ce que l'on nomme en Dieu essence se confondait avec l'acte
pur d'exister. Le primat de l'essence s'affirme donc sans erreur
possible dans ces formules de Duns Scot. La seconde réserve
qu'il importe de faire, car c'est elle qui permet de relier ce premier groupe de textes à celui qui va suivre, est que l'essence de
Dieu à qui l'existence appartient immédiatement, est celle
que Dieu lui-même et les bienheureux conçoivent comme *haec
essentia,* c'est-à-dire prise avec toutes les déterminations qui
en font cette essence-ci qu'est l'essence divine, et nous allons
voir quelles sont ces déterminations.

La deuxième série de textes, autour de laquelle se sont groupés
de nombreux et importants interprètes de Duns Scot, contient
en effet tous ceux qui mettent au contraire l'accent sur les modalités requises pour que l'essence en question soit vraiment
l'essence divine, et, par conséquent, pour que l'existence lui
appartienne de plein droit. Ainsi entendues, ces modalités se
présentent donc comme médiatrices entre l'essence de Dieu
et son existence, mais il reste vrai de dire que l'existence appartient immédiatement à « la quiddité de l'essence divine », puisque, ainsi le veut la définition même des modalités, elles ne

---

1. DUNS SCOT, *Opus Oxoniense*, lib. I, d. 2, q. 1 et 2, sect. 1, n. 4.
2. *Quodlib.*, qu. I, n. 4, additio.

varient en rien l'essence dont il s'agit. De ces modalités, nous en connaissons déjà une. Puisque l'existence appartient à l'essence de Dieu comme *haec essentia divina*, l'heccéité entre nécessairement en ligne de compte. Mais il y a plus. Pour que l'essence soit définie comme « cette » essence qu'est l'essence divine, il faut qu'elle soit l'essence infinie. On peut donc être certain que l'infinité est un des modes intrinsèques de l'essence à qui l'existence appartient de plein droit. C'est ce qui ressort déjà clairement de la structure des preuves scotistes de l'existence de Dieu qui, toutes, visent à montrer que l'existence appartient nécessairement à l'essence infinie : si l'essence infinie est possible, elle existe. Mais cela ressort évidemment de la lettre même d'un passage où Duns Scot reprend la question d'ensemble et révèle l'unité profonde des deux groupes de textes que l'on a voulu opposer. Il y affirme en effet que le mode intrinsèque qu'est l'infinité appartient à l'essence divine antérieurement à cet autre mode intrinsèque qu'est l'heccéité. Bien entendu, l'être qui appartient à Dieu, c'est-à-dire l'être par essence, c'est l'être infini même, et non pas simplement un être quelconque. Il est donc vrai de dire que, *ex se*, Dieu est cet être-ci et l'être infini, mais il faut l'entendre comme si, pour ainsi dire, l'essence divine possédait la modalité de l'infinité avant celle de l'heccéité : *quasi per prius intelligatur aliquo modo infinitas esse modus entitatis per essentiam, quam ipsum intelligatur hoc esse* [1].

Nous n'avons donc pas à choisir entre deux théologies de Duns Scot, l'une qui attribuerait directement l'existence à l'essence divine, l'autre qui ne la lui attribuerait qu'à travers ses modes. Il n'y a qu'une théologie de Duns Scot, puisque la seule essence dont la quiddité inclut l'existence est celle que ses modes déterminent à être l'essence divine : cette essence infinie que voici. Le temps a manqué à Duns Scot pour développer et préciser sa pensée sur ce point important, mais ses disciples se sont chargés de le faire, et avec une franchise qui les a conduits à des résultats surprenants. Je veux dire, des résultats dont ceux qui se réclament aujourd'hui de la pensée de Duns Scot se déclarent eux-mêmes surpris. Prenons comme exemple François de Meyronnes, *scotistarum princeps*, et voyons comment il parle de l'essence divine. Elle s'offre à lui comme qualifiée par une suite de modalités successives qui la déterminent pro-

---

1. DUNS SCOT, *Opus Oxoniense*, lib. I, d. 8, q. 3, a. 3, n. 28.

gressivement à être telle. On ne peut mieux faire que de lui
laisser ici la parole [1]. *Essentia est primo essentia. Secundo essentia
est haec. Tertio essentia est haec infinita. Quarto essentia est haec
infinita existens et realis.* Ainsi, ce que François de Meyronnes
nomme ici le *modus realitatis vel existentiae* arrive bon quatrième
dans les déterminations de l'essence divine. *Er scheut sich nicht,
es zu sagen,* observe Roth! Et pourquoi ne le dirait-il pas? Dans
une ontologie de l'essence, l'être comme tel n'inclut rien d'autre
que l'essence de l'être. Il n'inclut donc de soi aucune des modalités qui s'y ajoutent comme autant de « formalités » détermi-
nantes. L'existence n'appartient nécessairement à l'essence de
Dieu que parce qu'elle est l'essence divine, c'est-à-dire cette
essence infinie que voici. Les modes intrinsèques constitutifs de
l'essence de Dieu comme telle sont donc bien autant de conditions antérieures et nécessaires de son existence. Comment, dès
lors, celle-ci ne viendrait-elle pas après eux? C'est ce qu'enseigne
François de Meyronnes, sans autres hésitations que celles qui lui
viennent touchant l'ordre de ces modalités. Nous l'avons vu
poser l'heccéité avant l'infinité; le voici maintenant qui pose
l'infinité avant l'heccéité, ce qui semble d'ailleurs plus conforme
à la pensée authentique de son maître. De toute manière, l'une
et l'autre précèdent toujours pour lui l'existence : *Prima [con-
clusio] est quod infinitas Dei praecedit ejus existentiam et actualitatem... Secunda conclusio, quod infinitas divina praevenit ejus
hecceitatem... Tertia conclusio, quod divina singularitas praevenit
ejus existentiam et actualitatem.* Et François de Meyronnes en
donne aussitôt la raison. C'est que, en Dieu *(in divinis),* chaque
raison formelle, prise en tant qu'elle prescinde des autres, possède intrinsèquement son heccéité propre avant d'être conçue
comme actuellement existante; ainsi d'ailleurs, conclut-il, que
nous l'avons déduit pour les êtres créés. Il n'y a qu'une modalité de l'essence divine qui vienne après l'existence, c'est sa
nécessité [2].

Ainsi, en Dieu comme dans les créatures, l'existence apparaît
au terme d'une série de déterminations modales de l'essence,
qui l'habilitent pour ainsi dire à exister. Voilà, constate un

---

1. Cf. Barth. ROTH, *Franz von Mayronis O. F. M. Sein Leben, seine
Werke, seine Lehre vom Formalunterschied in Gott,* Werl in Westfalen, 1936,
p. 413.
2. François de MEYRONNES, *Quodlibet* III, art. 7.

scotiste de nos jours, ce que François de Meyronnes « ne craint
pas de dire », au risque de ramener Dieu sur le plan de la créature, dont l'essence n'inclut pas immédiatement l'existence.
François de Meyronnes se serait vivement défendu d'admettre
cette conséquence, mais, de toute manière, il ne pouvait éviter
de subordonner l'existence à l'essence prise avec toutes ses
modalités. L'éminent scotiste du XVIᵉ siècle Antoine Trombetta,
dans son traité fameux sur les *Formalitates*, trouvera là-dessus
des formules plus dures encore. Contre ceux qui maintenaient,
avec Duns Scot nous semble-t-il, que l'existence appartient bien
à la quiddité de la nature divine, il déclarait sans ambages : je
n'en tombe aucunement d'accord, *cum quibus minime convenio* [1].
En effet, il reste vrai de dire que, pour qui voit Dieu face à face,
existentia est de conceptu essentiae, car, n'étant qu'un mode de
l'essence, l'existence n'est pas l'objet d'un concept distinct de
celui de l'essence; mais on doit en même temps maintenir que
l'existence se distingue modalement de la quiddité de l'essence
divine. Fort de ce que Duns Scot enseigne sur l'infinité posée
comme une modalité de l'essence de Dieu, Trombetta refuse de
transiger sur ce point : « Si l'infinité, qui est plus intime que
l'existence à l'essence même, est un mode intrinsèque et n'est
pas de la quiddité de l'essence, à bien plus forte raison en va-t-il
de même de quelque chose de plus éloigné de l'essence, comme
Duns Scot lui-même reconnaît qu'est l'existence [2]. » Ceux
qui voient Dieu voient bien que la modalité de l'existence
appartient à son essence, mais à titre de modalité seulement.
Le concept de l'essence divine comme tel, d'où cette modalité
découle, ne l'inclut pourtant pas dans sa quiddité. Voilà quelle
semble bien être la conclusion dernière à laquelle conduit l'essentialisation intégrale de l'être. L'existence y est si bien un simple
appendice de l'essence, que l'essence de l'Être par soi lui-même
n'inclut plus immédiatement dans sa notion son propre acte
d'exister.

1. Ant. Trombetta, *Aureae scoticarum formalitatum lucubrationes*, Paris,
Keruet, 1576, p. 37.
2. Trombetta, *op. cit.*, pp. 37 v-38 r.

CHAPITRE V

AUX ORIGINES DE L'ONTOLOGIE

On use librement aujourd'hui du terme d'Ontologie, et nous l'avons fait nous-même jusqu'ici sans scrupule — ou presque — pour désigner la science de l'être comme tel et des propriétés qui lui appartiennent. Il n'est pourtant pas sans intérêt de noter que ce terme est relativement moderne, puisque, comme nous verrons, il apparaît pour la première fois au XVIIᵉ siècle. Ces modifications de terminologie ne sont généralement pas dénuées de sens philosophique. On peut se demander, notamment, si l'essentialisation de l'être à laquelle nous venons d'assister, n'a pas eu pour effet de provoquer la rupture de la philosophie première et, en dissociant la théologie naturelle, science de l'Être en tant qu'Être, d'une philosophie première axée sur la notion abstraite de l'être en tant qu'être, de libérer une Ontologie pure de toute compromission avec l'être actuellement existant. François Suarez n'est pas lui-même allé jusque-là, mais il s'est engagé dans cette voie, et son influence est certainement pour beaucoup dans le mouvement qui devait conduire à cette dissociation finale.

Les *Disputationes metaphysicae* de Suarez occupent, par leur forme même, une place importante dans l'histoire de la philosophie. A titre de *disputationes*, elles appartiennent encore au moyen âge. Suarez a en effet conservé l'habitude médiévale, qui s'étalait à l'aise dans tant de *Quaestiones disputatae* depuis le XIIIᵉ siècle, de ne jamais déterminer une question sans avoir d'abord rapporté, confronté et critiqué les opinions les plus fameuses proposées par ses devanciers sur le point en litige. En un autre sens, pourtant, les *Disputationes* de Suarez se présentent déjà comme un traité philosophique moderne, car leur auteur s'est délibérément affranchi de toute sujétion au texte de la *Métaphysique* d'Aristote, dont l'ordre, ou plutôt le désordre, lui semblait offrir de multiples inconvénients : *a textus Aristotelici prolixa explicatione abstinendum duximus resque ipsas, in quibus haec sapientia versatur, eo doctrinae ordine ac dicendi ratione, quae ipsis magis consentanea sit, contemplari* [1]. Se régler ainsi sur les objets mêmes de la métaphysique, et non plus sur la lettre d'Aristote, pour savoir selon quel ordre et comment en parler, c'était s'engager à écrire sur la métaphysique au lieu d'écrire sur Aristote. Il y avait assurément quelque hardiesse à le faire, et, bien que Suarez n'ait pas été tout à fait sans prédécesseur, une incontestable nouveauté. Non seulement, en effet, Suarez semble avoir été le premier à traiter toute la métaphysique, et non plus seulement telle ou telle de ses parties, sous cette forme objective et systématique, mais il s'est trouvé conduit, en le faisant, à préciser le vocabulaire philosophique reçu dans l'École, avec une rigueur et une clarté qui ne se rencontrent pas au même degré chez ses prédécesseurs. Ce que Suarez a dit de l'être et de son rapport à l'existence va d'ailleurs nous offrir mainte occasion de le constater.

Distinguons d'abord, avec Suarez, le concept formel du concept objectif [2]. Le concept formel est l'acte lui-même par lequel l'intellect conçoit une chose, ou la notion commune que l'on nomme un concept [3]; le concept objectif est au contraire la chose même, ou notion, qui est immédiatement offerte à

---

1. Fr. SUAREZ, *Metaphysicae Disputationes*, disp. II, prooem., t. I, p. 31. Nous citerons Suarez d'après l'édition suivante : R. Patris FRANCISCI SUAREZ, e Societate Jesu, *Metaphysicarum disputationum...* tomi duo... Coloniae Allobrogum, excud. Philippus Albertus, 1614, in-f°. Le texte de Suarez est régulièrement divisé en disputes, sections et articles. La référence II, 2, 29 signifierait donc : Disputatio II, sectio 2, art. 29.

2. Cette distinction, qui sera reprise par Descartes, est présentée par Suarez comme déjà répandue de son temps : « Supponenda in primis est vulgaris distinctio conceptus formalis et objectivus. » *Met. disp.*, II, 1, 1; p. 31.

3. « Conceptus formalis dicitur actus ipse, seu (quod idem est) verbum quo intellectus rem aliquam seu communem rationem concipit, qui dicitur conceptus, quia est velut proles mentis, formalis autem appellatur, vel quia est ultima forma mentis, vel quia formaliter repraesentat menti rem cognitam, vel quia revera est intrinsecus et formalis terminus conceptionis mentalis, in quo differt a conceptu objectivo, ut jam dicam ». *Ibid.*

l'intellect par le concept formel[1]. Ainsi, le concept formel d'homme est l'acte par lequel nous concevons ce concept objectif qu'est la notion d'homme incluse dans sa définition. Se demander ce que c'est que l'être, c'est donc chercher quel concept objectif correspond à ce terme dans la pensée. Or à tout concept objectif correspond un concept formel et inversement. Il s'agit donc pour nous de savoir quelle réalité l'intellect saisit et exprime, lorsqu'il pense l'être comme tel.

En abordant ce problème, Suarez propose une autre distinction, dont il n'est pas l'auteur et que nous allons immédiatement reconnaître, mais qui lui offrira l'occasion de fixer définitivement le sens moderne du terme *existentia*. Il s'agit ici de la distinction entre *ens* comme participe présent et *ens* comme nom. Suarez constate en effet à son tour le caractère amphibologique de ce terme. *Ens*, dit-on, vient de *sum*, comme *existens* vient d'*existo*. Il est vrai, mais, ajoute Suarez, *sum* est un verbe qui signifie toujours l'existence actuelle, et dont on peut dire qu'il inclut toujours son propre participe présent. *Sum* veut dire : *sum ens*, et *quidam est* signifie réellement : *quidam est ens*[2]. Décision capitale. Il s'agit en effet de savoir si tout jugement, même le jugement d'existence, est un jugement d'attribution. C'est d'ailleurs pourquoi, dans sa signification première, le terme d'*ens* semble avoir désigné d'abord tout être doué de l'existence actuelle et réelle : celle que signifie proprement le verbe *esse*, dont il est le participe présent. Seulement, par une extension spontanée de ce sens primitif, *ens* en est bientôt venu à désigner, outre le sujet qui possède l'existence, celui qui peut simplement la posséder. Ainsi entendu, *ens* devient un nom, qui désigne toute *essence réelle*, c'est-à-dire non feinte par la pensée et chimérique, mais vraie et capable d'exister réellement[3]. Notons pourtant que cette amphibo-

---

1. « Conceptus objectivus dicitur res illa, vel ratio, quae proprie et immediate per conceptum formalem cognoscitur seu repraesentatur. » *Ibid.* La manière dont Suarez parle ici du concept objectif comme d'une sorte de *res* (cf. toute la fin du même article), explique la doctrine cartésienne de « l'être objectif » des idées conçu comme n'étant pas un pur néant.

2. Fr, SUAREZ, *Met. disp.*, II, 4, 3, p. 42 A.

3. « Si ens sumatur prout est significatum hujus vocis in vi nominis sumptae, ejus ratio consistit in hoc, quod sit habens essentiam realem, id est non fictam nec Chymericam, sed veram et aptam ad realiter existendum. » *Op. cit.*, II, 4, 4; p. 42 F. Cf. II, 4, 8, p. 43 B.

logie n'implique pas qu'une équivoque soit nécessairement
liée à la notion d'être elle-même, car il ne s'agit pas ici de quelque concept commun qui confondrait deux autres concepts,
ceux d'être actuel et d'être possible. Nous n'avons qu'un seul
et simple concept d'être, mais pris à des degrés divers de précision : « En effet, pris au sens d'un nom, *ens* signifie ce qui a
une essence réelle, précision faite de l'existence actuelle, c'est-
à-dire, non pas en l'excluant ou en la niant, mais en l'écartant
simplement par abstraction *(praecisive tantum abstrahendo)*;
au contraire, en tant qu'il est un participe, *ens* signifie l'être
réel même, qui a l'essence réelle avec l'existence actuelle, et,
de la sorte, il le signifie comme plus contracté[1]. » Ainsi, lorsqu'on le prend avec cette précision préalable, le terme d' « être »
est un nom qui peut signifier soit l'être simplement possible,
soit l'être actuellement existant, mais il s'agit bien dans les
deux cas du même être, avec ou sans l'existence actuelle qui
peut ultérieurement le déterminer. Bref, l'être, c'est l'essence,
et la réalité de l'essence, c'est son aptitude à exister.

Telles sont les données suaréziennes du problème. On voit
qu'elles en impliquent la solution, puisque l'être actuel n'y est
qu'un cas particulier du possible. Il faut manifestement examiner de plus près la nature de cette essence réelle, sur laquelle
on peut du moins prévoir que va porter le poids principal de
cette ontologie. Qu'est-ce que l'essence? Elle ne s'offre pas à
nous comme première par ordre d'origine. C'est en effet plutôt
hors de leur essence propre, le seul cas de Dieu excepté, que
nous cherchons la cause qui nous permet de concevoir l'origine
des êtres. En revanche, l'essence est certainement première par
ordre de dignité et de primauté de l'objet, car ce qui est de
l'essence d'une chose, est ce qui, lui convenant en premier lieu,
la constitue intrinsèquement comme étant une chose, ou comme
étant telle chose[2]. En tant qu'elle fournit la réponse à la question *quid sit res*, l'essence ainsi conçue prend le nom de *quidditas*.
En tant qu'elle est ce que l'acte d'exister confère d'abord à
chaque chose, elle prend le nom d'*essentia*. L'essence, dont le
nom dérive d'*esse*, est donc la quiddité actualisée par sa cause
et rendue ainsi actuelle au lieu de rester un pur possible. Enfin,

---

1. *Op. cit.*, II, 4, 8, p. 43 H.
2. *Ens* et *res* sont pour Suarez des termes équivalents : *op. cit.*, II, 4, 14;
p. 44 E-G.

observée *a posteriori* et du point de vue de ses effets, elle se présente sous son aspect de *natura*, comme le principe radical et intime de toutes les actions, opérations et propriétés de l'être qu'elle définit [1]. C'est donc le rapport d'une telle essence, quiddité ou nature, à son existence actuelle, qu'il s'agit de déterminer dans le cas général des êtres finis.

Dans la préface de ses *Metaphysicae disputationes*, Suarez se présente modestement comme un théologien de profession qui, pour les besoins de son enseignement, a dû s'imposer la tâche d'établir une fois pour toutes les préambules métaphysiques de sa théologie. En fait, il possède de la philosophie médiévale une connaissance qu'un spécialiste de nos jours ne peut s'empêcher de lui envier. En ce qui concerne particulièrement la distinction d'essence et d'existence, Suarez note que trois solutions du problème ont été proposées : distinction réelle, distinction modale et distinction de simple raison. Il ne dissimule d'ailleurs pas que la thèse de la distinction réelle est celle qui passe pour avoir reçu l'approbation de saint Thomas d'Aquin et de ses plus anciens disciples : *Haec existimatur esse opinio D. Thomae, quam in hoc sensu secuti sunt fere omnes antiqui Thomistae* [2], mais on doit aussitôt ajouter que, lorsqu'il définit à son tour cette position, il le fait presque toujours dans les termes adoptés par Gilles de Rome, c'est-à-dire qu'il interprète la distinction réelle comme celle de deux choses. La première opinion, nous dit-il, *est existentiam esse* rem *quamdam distinctam omnino realiter ab entitate essentiae creaturae* [3]. Sans attribuer à ce fait plus d'importance qu'il n'en a peut-être eu réellement dans la formation des idées de Suarez sur ce point, il convient pourtant de signaler que toute sa discussion du problème le présuppose. Ce qu'il entreprend de démontrer, contre saint Thomas d'Aquin, c'est qu'on ne peut pas dire de l'essence créée, constituée en acte hors de ses causes, qu'elle se distingue réellement de l'existence, comme se distinguent deux choses ou deux

---

1. *Op. cit.*, II, 4, 5, p. 42 H.

2. *Op. cit.*, XXXI, 1, 3, p. 115 G. Suarez renvoie ici, outre saint Thomas lui-même (*Sum. theol.*, I, 3, 4; *Cont. Gent.*, II, 52; *De ente et essentia*, cap. v), à Capreolus, Cajetan, Gilles de Rome (*latissime de ente et essentia*, q. 9 et seq.), Avicenne, etc.

3. *Op. cit.*, XXXI, 1, 3, p. 115 G. — Il ne s'agit pas là d'un lapsus. Cf. : « Quod declaratur amplius et confirmatur : nam, si essentia et existentia sunt *res diversae*, ... » XXXI, 3, 7, p. 120 C.

entités distinctes : *ita ut sint duae res seu entitates distinctae* [1].
A la thèse ainsi formulée, Suarez ne peut en effet répondre que
par un refus catégorique, et il le fait, comme on pouvait s'y
attendre, au nom de l'ontologie aristotélicienne de la substance,
selon laquelle il n'y a aucune différence entre *ens homo* et *homo*.
Entre saint Thomas et Avicenne d'une part, Aristote et Averroès
d'autre part, son choix est fait, mais la raison fondamentale
qui entraîne sa décision, celle qui sous-tend en quelque sorte
les multiples justifications qu'il en donne, jette un jour si vif
sur la nature vraie du problème, qu'on ne saurait la considérer
avec trop d'attention.

A s'en tenir aux controverses sans fin où s'engagent adversaires et partisans de la distinction réelle, on pourrait croire en
effet qu'il s'agit uniquement entre eux d'un problème purement
dialectique, chaque parti s'efforçant de prouver à l'autre qu'il
commet quelque part une faute de raisonnement, ou qu'il
succombe au prestige de quelque sophisme inaperçu. Il n'en est
pas réellement ainsi. Comme dialecticiens, les représentants les
plus illustres des deux partis se valent, mais on ne peut les
avoir pratiqués quelque temps sans s'apercevoir qu'on ne
saurait attendre de la dialectique aucune conclusion de leur
dispute. Les nombreuses démonstrations qu'ils s'opposent
dépendent de partis pris métaphysiques antérieurs à la controverse, et que cette discussion dialectique pourra expliciter
avec une abondance sans cesse croissante, mais qu'il n'est pas
en son pouvoir de justifier. Le problème de la nature de l'être
se pose en effet directement, à partir de quelques intuitions
fondamentales et simples qui commandent tout ce que l'on
en pourra dire ultérieurement. La véritable pièce se joue ici
avant que les acteurs n'entrent en scène, et elle se réduit à la
plus primitive de toutes les options métaphysiques.

Tel que le définit Suarez lui-même, le point en litige consiste
en effet à savoir si ce qu'il nomme l'être de l'essence actuelle
(esse actualis essentiae), c'est-à-dire l'essence posée comme un
être actuel véritable, requiert en outre, pour pouvoir exister,
cette actualité distincte qu'on nomme l'existence [2]. Il semble
donc évident que toute l'argumentation de Suarez repose sur
une notion définie de ce que l'on nomme un être réel. Cette

1. *Op. cit.*, XXXI, 6, 1, p. 104 B.
2. *Op. cit.*, XXXI, 5, 3, p. 122 H.

notion est celle d'une essence intégralement actualisée, et ce
que se demande Suarez, cette notion une fois posée, c'est s'il
manque encore à son objet quelque chose pour exister. A la
question posée en ces termes, une réponse négative s'impose.
Posons une essence actuelle quelconque, celle d' « homme »
par exemple. Pourrions-nous la considérer comme possédant
l'actualité plénière qui lui revient à titre d'être réel, si nous
devions ajouter qu'il lui manque l'existence ? Évidemment
non. Dire qu'une essence est un être actuel digne de ce titre
(verum actuale ens), c'est dire équivalemment qu'elle existe.
Ainsi, Suarez commence par se représenter tout être fini
donné comme une essence pleinement actualisée en tant que
telle et, ceci fait, il se demande avec surprise ce que pourrait
bien ajouter à une essence ainsi conçue l'existence qu'on veut
encore lui attribuer. On se le demande d'ailleurs avec lui,
mais qui ne voit qu'une telle position du problème revient à
le supposer résolu ? La vraie question est en effet de savoir si,
précisément, l'actualité complète de l'être réel peut se définir
intégralement sur le seul plan de l'essence, ou, en d'autres
termes, si l'existence est acte ultime de l'essence dans la ligne
de l'essence même. Autrement dit encore, la réalité d'un homme
réel peut-elle s'expliquer totalement du point de vue de son
essence seule, ou la doit-il en outre à autre chose ? Selon la
réponse affirmative ou négative que l'on donnera à cette question, on tranchera dans un sens ou dans l'autre le problème
de la distinction réelle d'essence et d'existence, mais si l'on
identifie d'abord l'être réel avec celui de l'essence conçue
comme pleinement actualisée, il devient assurément superflu
d'invoquer l'existence pour le résoudre. On n'a pas besoin de
l'existence pour expliquer qu'une essence existante existe.
Au vrai, il est dès lors trop tard non seulement pour résoudre
le problème, mais pour le poser.

L'objection qui menace une telle interprétation de l'ontologie
de Suarez est qu'il ne se peut pas qu'un tel métaphysicien se
soit contenté d'un argument aussi simple. Aussi bien ne préten-
dons-nous pas qu'il l'ait fait, mais nous essayons de dégager
de son texte l'intuition de l'être primitive, simple et antérieure
à toute controverse, qui commande toutes ses argumentations,
et il nous semble qu'on peut résumer sans inexactitude ce qu'il
en pense, en disant que, pour Suarez, la notion d'essence est
adéquate à la notion d'être, si bien qu'on peut exprimer tout

ce qu'est l'être en termes d'essence, avec la certitude qu'il ne s'en perdra rien. Un telle proposition semblera d'ailleurs aller de soi pour toute mentalité essentialiste, mais c'est sa vérité même qui est en question. Nul, qui ait lu Platon, ne restera insensible à la beauté paisible d'un univers peuplé d'essences, dont chacune se pose comme réelle du seul fait qu'elle possède l'actualité plénière de « ce qu'elle est ». On peut admettre, avec la certitude de déférer ainsi au vœu secret de la raison raisonnante, que la réflexion métaphysique atteint le fond de l'être en atteignant l'essence, et que par conséquent, si l'on pose celle-ci comme pleinement actualisée en tant que telle, il n'y a pas lieu de supposer un au-delà quelconque de l'essence, quelque double fond de l'être où quoi que ce soit d'autre reste encore à découvrir. Pour une telle ontologie, où l'essence épuise toute la richesse de l'être, il n'est aucunement tautologique, et par conséquent il est légitime et utile, de démontrer que l'existence ne peut pas s'ajouter à l'essence réelle comme une actualité d'un autre ordre dont celle-ci aurait encore besoin pour s'actualiser.

C'est ce qui permet de comprendre le sens exact de l'argumentation de Suarez, et la nature du point précis qu'il s'emploie vigoureusement à démontrer. Comme tous les philosophes, Suarez distingue l'essence actuelle de celle qui n'est que possible, et il admet que ce qui distingue l'actuel du possible, c'est l'existence. Comme tout théologien chrétien, Suarez admet en outre qu'aucune essence finie ne possède l'existence de plein droit, mais que chacune tient la sienne d'un acte divin de création. L'existence est donc pour lui, comme il reconnaît volontiers qu'elle l'est pour tout le monde, la marque suprême de la vraie réalité, et par conséquent un constituant intrinsèque et formel de tout réel proprement dit [1]. Ceci dit, la question reste pour lui de savoir si l'existence de l'être existant doit être ou non conçue comme une détermination ultérieure de l'essence même. A la question ainsi formulée, la réponse de

---

1. « Certum est apud omnes, existentiam esse id quo formaliter et intrinsece res est actu existens, quamquam enim existentia non sit proprie et in rigore causa formalis, sicut neque subsistentia aut personalitas, est tamen intrinsecum et formale constitutivum sui constituti, sicut personalitas est intrinsecum et formale constitutivum personae, sive hoc sit per compositionem sive absque illa Fr. SUAREZ, *Met. disp.*, XXXI, 5, 1, pp. 121-122.

Suarez s'impose sans hésitation possible. Poser une essence comme commençant d'être pour elle-même, et hors de ses causes, c'est-à-dire comme cessant d'être un pur possible, c'est simultanément la poser comme commençant d'être un *aliquid*, donc une essence, et comme cessant d'être un pur néant, donc comme accédant à l'existence. Nous disons bien, simultanément, car cet effet en apparence double est en réalité unique, puisqu'il est totalement requis pour l'actualisation réelle de l'être en question. *Ens actu*, dit énergiquement Suarez, *idem est quod existens*[1] : un être en acte et un être existant, c'est la même chose. S'il en est bien ainsi, on voit du même coup pourquoi Suarez formule la question comme il fait et l'inévitabilité de sa réponse. Il ne s'agit plus en effet alors que de savoir s'il est possible de distinguer réellement entre l'existence actuelle d'une essence et cette même essence actuelle qui existe. Assurément non. Entre une essence existante ainsi conçue et son existence, il ne peut y avoir qu'une distinction de points de vue sur une seule et même réalité, bref, qu'une simple distinction de raison[2].

Il n'est assurément pas sans péril de relier ainsi une métaphysique, que nous connaissons d'expérience directe, à la psychologie de son auteur, qui reste nécessairement pour nous hypothétique, parce qu'elle échappe à l'observation. L'hypothèse que l'on propose ici n'est pourtant pas dénuée de toute justification, car non seulement, comme on vient de le voir, l'analyse objective de la doctrine même la suggère, mais la manière dont Suarez démontre sa position n'est pas sans la confirmer. Le fait qu'il ne puisse concevoir l'existence comme distincte de l'essence sans l'imaginer comme une chose, n'est pas ici le plus important. Ce qu'il importe au contraire de souligner, c'est l'inaptitude foncière de Suarez à concevoir l'existence, chose ou non, comme un acte capable d'exercer une fonction distincte et de produire des effets spécifiquement

---

1. *Op. cit.*, XXXI, 4, 6, p. 121 C.
2. « Haec opinio tertia sic explicanda est, ut comparatio fiat inter actualem existentiam, quam vocant esse in actu exercito, et actualem essentiam existentem. Et sic affirmat haec sententia, existentiam et essentiam non distingui in re ipsa, licet essentia abstracte et praecise concepta, ut est in potentia, distinguatur ab existentia actuali, tanquam non ens ab ente. Et hanc sententiam sic explicatam existimo esse omnino veram. » *Op. cit.*, XXXI, 1, 13, p. 117 I-A.

définis. L'essentialisme spontané de la raison trouve son expression parfaite dans la série d'arguments par lesquels il établit que rien ne servirait de poser à part l'existence, puisque, tout ce que l'on pourrait alors imaginer qu'elle fît, l'essence actuelle seule le fait déjà. Tout se passe dans cette doctrine comme si, l'existence se confondant avec la pleine actualisation de l'essence comme telle, elle épuisait en cela même toute son efficace causale et sa vertu explicative. La notion thomiste d'un acte d'exister qui, du cœur le plus intime de l'essence, l'actualisant pour ainsi dire en permanence par son énergie propre, assure l'unité de la substance et des accidents, en fait un être d'une seule coulée et s'épanouit au dehors dans le dynamisme des opérations immanentes de cet être, tout cela se trouve remplacé chez Suarez par la notion de l'essence réelle, dont la perfection propre suffit à rendre raison de son existence comme de ses opérations.

Le caractère à la fois primitif et ultime de son rejet d'un acte d'exister distinct de l'essence se laisse discerner, semble-t-il, à la nature des objections qu'il dirige contre elle. Argumentant d'abord *a priori*, Suarez demande quel sens on peut bien attribuer à cette proposition : *Essentia est,* si l'on n'admet pas qu'elle veuille dire : l'essence existe? Tout homme qui dit d'une chose qu'elle est, pense par là même qu'elle existe, et aucune distinction entre un être qui ne serait que celui de l'essence, et un autre être qui serait celui de l'existence, ne saurait ici utilement intervenir, car si le verbe « elle est » ne signifie pas que l'essence en question soit douée d'existence actuelle, c'est qu'on ne la considère encore que comme un pur possible, et que par conséquent elle n'est pas [1]. Argumentant ensuite *tam simpliciter quam ad hominem*, Suarez entreprend d'établir que les raisons pour lesquelles ses adversaires posent la distinction réelle d'essence et d'existence sont vaines, puisque l'être de l'essence actuelle, telle qu'il la conçoit, possède déjà toutes les propriétés qu'ils attribuent à l'existence. Or toutes les raisons qu'il leur prête sont en quelque sorte extrinsèques à la notion d'être prise en elle-même et par conséquent étrangères au domaine de l'ontologie proprement dite. Si l'on tient tant à distinguer réellement l'essence de l'existence, dit Suarez, c'est pour distinguer la créature du créateur; mais rien n'est plus

---

1. *Op. cit.,* XXXI, 4, 4, p. 121 C-F.

inutile, puisque l'être d'essence actuelle de la créature n'est pas plus éternel que l'existence distincte dont on parle. Rappelons-le une fois de plus : l'être de l'essence purement possible n'est rien de réel; ce n'est donc pas attribuer un être éternel à l'essence que d'en dire qu'elle est éternelle; ce qui est un être réel, c'est celui qu'a l'essence une fois créée dans le temps : *ergo esse actuale, sicut temporale est, ita etiam est vera existentia.* On dit encore que l'existence n'appartient à l'essence finie que d'une manière contingente, et que par conséquent elle s'en distingue réellement ; mais là non plus l'argument ne .vaut rien, puisque, comme nous l'avons vu, l'essence ne mérite vraiment le titre d'être qu'une fois actualisée dans l'existence par la volonté de son Créateur. L'être d'essence actuelle dont nous parlons est exactement aussi contingent que l'existence dont on nous parle, et il l'est de la même manière, puisque c'est le même. Il n'y a pas une seule des conditions nécessaires de l'un de ces deux êtres qui ne convienne pareillement à l'autre. Ainsi, la seule raison décisive de poser la distinction réelle qu'avaient ses partisans, et qui se tire du caractère ultime de l'existence même posée comme perfection suprême de l'être et comme acte des actes, échappe complètement à Suarez. Ou plutôt, lorsqu'il l'aperçoit confusément et comme à travers un nuage derrière lequel il soupçonne en quelque sorte sa présence, il s'en détourne résolument comme d'une simple pétition de principe. Et en effet, que peut être d'autre la position initiale de l'existence, pour quelqu'un dont la position initiale est celle de l'essence? Pleinement satisfaite d'une essence où elle trouve de quoi répondre à toutes ses exigences, la raison raisonnante ne voit ni comment on pourrait en séparer l'existence, ni pourquoi on devrait la lui ajouter. L'essence n'est-elle pas l'être même? Or l'être est, le non-être n'est pas et l'on ne sortira jamais de cette pensée; mais dire de l'être que, pour qu'il soit, il faut d'abord qu'il existe, c'est faire dépendre l'être d'une distinction préalable toute gratuite, et dont il faut bien dire qu'elle est absurde [1]. La négation suaré-

---

1. « Denique nulla potest excogitari conditio necessaria ad esse existentiae, quae non conveniat huic esse [*sc.* actualis essentiae]. Nisi forte aliquis, petendo principium, dicat, unam ex conditionibus requisitis ad existentiam esse ut distinguatur ex natura rei ab actuali essentia, quod sane absurde diceretur : nunc enim inquirimus conditiones, quibus cognoscere possimus quid existentia sit, et cur sit ab essentia distinguenda. Esset

sienne de toute existence distincte n'est que l'envers d'une affirmation intégrale et définitive de l'essence pure de toute donnée non conceptualisable et que la raison ne soit pas capable d'intégralement assimiler.

Définitive, cette affirmation l'a été non seulement pour Suarez lui-même, mais pour l'immense foule de ceux qui se sont initiés à la philosophie dite scolastique dans ses œuvres, ou dans les manuels, cours et commentaires sans nombre qui se sont inspirés de son enseignement. C'est en effet à partir de lui que, réagissant en quelque sorte jusque sur l'enseignement moyen du thomisme lui-même, la philosophie de l'école s'est en quelque sorte essentialisée, prenant ainsi la forme qu'on lui connaît et qui lui a été si amèrement reprochée, d'une tentative faite pour déduire analytiquement le réel à partir d'un catalogue d'essences définies une fois pour toutes. Rien de plus naturel d'ailleurs que l'attitude à laquelle ce reproche s'adresse. L'essence une fois posée comme l'acte ultime, il n'y a plus rien au delà d'elle qui puisse nous inviter, non certes à la reviser elle-même, mais à remettre en question la connaissance que nous en avons. Dès que sa fécondité ne lui vient plus d'un exister qui l'actualise, elle se laisse enfermer tout entière dans l'enceinte d'une définition dont nous pouvons espérer qu'une déduction correcte épuisera toutes les conséquences. Ainsi tendue vers l'idéal d'une ontologie et d'une philosophie de la nature achevées une fois pour toutes, la raison peut entrevoir un avenir relativement proche, où la philosophie première, ayant atteint sa perfection définitive, deviendrait transmissible sous forme de propositions analytiquement justifiables et dont nul terme, pas même celui d'être, ne recèlerait plus aucun mystère. Or, pour qu'il en puisse être ainsi, il faut d'abord que la métaphysique s'assigne comme objet propre l'essence seule, exclusion faite de cet inconnu toujours suspect à la raison qu'est l'acte d'exister.

C'est précisément ce qu'ont fait, à la suite de Suarez, les philosophes que l'on nomme « scolastiques », et si l'on songe au nombre d'esprits qui, du XVIe siècle à nos jours, se sont nourris de cette doctrine, on ne saurait surestimer l'importance de cet

ergo voluntaria petitio principii, inter conditiones necessarias ad esse existentiae ponere hujusmodi distinctionem. » Fr. SUAREZ, *Met. disp.*, XXXI, 4, 5, p. 121 A.

événement. Car il ne faut pas se dissimuler que, sur ce point fondamental, Suarez a gagné la partie. Pour s'en assurer, il suffit de demander à un interprète aussi autorisé que Kleutgen, quel est l'objet propre de la métaphysique telle que l'entendent les philosophes scolastiques. C'est le réel — *ens reale* — répondra-t-il d'abord. Mais demandons-lui en outre ce qu'il faut entendre sous le nom d'être réel, et il nous dira, en se référant expressément à Suarez, qu'il s'agit ici de ce que signifie le mot *ens*, non pas pris comme un participe du verbe *esse*, mais comme le substantif qui en dérive. *Ens* signifie pour cette ontologie « quelque chose » ayant une essence, par conséquent un être : « Il s'agit donc de savoir ce qu'on entend par essence et par essence réelle. L'essence est la racine ou le fond le plus intime et le premier principe de toute activité ainsi que de toutes les propriétés de la chose », bref, ce que les choses « ont de plus excellent et qui donne à toutes nos autres connaissances relatives au même objet le fondement et la perfection ». Nous reconnaissons ici sans peine l'exaltation suarézienne de l'essence dont Kleutgen parle dans les termes mêmes qui, chez saint Thomas d'Aquin, servaient à définir la suprématie de l'acte d'exister. Mais comme s'il craignait qu'on pût encore s'y tromper, Kleutgen ajoute : « Il suit des considérations précédentes que, chez les scolastiques, le réel ne se confond pas avec ce qui est *actuel* ou existant et n'est pas opposé au possible. Il peut être aussi bien possible qu'existant, en sorte que, lorsque la scolastique désigne le réel comme objet de la métaphysique, elle ne fait pas consister, comme Hermès, la tâche principale de cette science dans la recherche et la découverte des existences actuelles ». Et, conclut Kleutgen, « c'est ce que déclare expressément Suarez ». En effet, sauf peut-être ceci, que Suarez ne pensait assurément pas à Hermès qui s'offre opportunément ici comme un bouc émissaire bien commode, mais à ce que nous l'avons vu lui-même désigner comme l'opinion de saint Thomas d'Aquin, *quam in hoc sensu secuti sunt fere omnes antiqui Thomistae*. Car enfin, les deux questions sont inséparablement liées. L'acte ultime de l'être ne saurait être simultanément l'*essentia* et l'*esse*, et s'il est l'*esse*, comme saint Thomas n'a cessé de l'affirmer, il faut bien que le terme ultime de la métaphysique elle-même, dont l'objet est l'être, soit d'atteindre, par-delà l'essence, l'existence qui en est l'acte. Rien de tel dans cette version moderne de la scolastique dont on peut bien dire qu'elle en est devenue comme la vulgate, car elle s'établit si franchement et si résolument dans l'essence, qu'elle fait abstraction non seulement de son existence actuelle, mais même de son existence possible : « Lorsque nous concevons un être comme réel », déclare Kleutgen, « nous ne le pensons pas comme purement possible, en excluant l'existence : cependant nous ne le pensons pas non plus comme existant, mais nous faisons abstraction de l'existence... Ce n'est que par là que les choses finies et créées auxquelles l'existence n'est pas essentielle peuvent devenir l'objet de la science [1] ».

Admirable texte en vérité, que tout commentaire ne pourrait qu'affaiblir, mais qu'on ne saurait trop longuement méditer. Suarez reprochait aux partisans de la distinction d'essence et d'existence d'avoir eu l'esprit obsédé par la notion de création dans un problème où elle n'avait aucun rôle à jouer. Par un curieux choc en retour, cette même notion de création autorise ici un disciple moderne de Suarez à décréter que, puisqu'elle n'est pas incluse dans l'essence des êtres, l'existence ne l'est pas non plus dans l'objet propre de la philosophie première, qui est l'être, si bien qu'on peut sans scrupule l'exclure de l'ontologie. En d'autres termes, le philosophe n'a pas à s'occuper d'une propriété, dont on veut bien reconnaître qu'elle est à sa manière constitutive de l'être, mais qui ne fait pourtant pas partie de son essence comme telle, puisque l'être existant ne tient son existence que de Dieu. Ainsi, après et pour avoir d'abord réduit l'existence à l'actualité de l'essence réelle, et refusé de distinguer en elle l'acte d'exister qui la pose hors de sa cause, un suarézien en arrive naturellement à considérer comme indifférent à la nature de l'être le fait qu'il existe ou n'existe pas. Une ontologie de ce genre n'espère donc pas inclure l'existence dans la science de l'être; elle lui reste trop étrangère pour songer même à l'en exclure; à vrai dire, elle n'y pense pas du tout. On ne pouvait pousser plus loin la désexistentialisation de l'essence. Or c'est bien telle, métaphysiquement pure de toute trace d'existence, que le dernier grand interprète de la pensée médiévale a transmis l'essence à la pensée moderne, dans ces dernières années du

---

1. KLEUTGEN, *La philosophie scolastique*, t. II, pp. 89-92; cité par P. DESCOQS, *Institutiones Metaphysicae Generalis. Eléments d'ontologie*, G. Beauchesne, Paris, 1925; t. I, pp. 100-101.

XVIᵉ siècle et ce début du XVIIᵉ où les découvertes de la science brisaient, en tous domaines, tant d'essences sommairement construites par une pensée qui les avait imprudemment tenues pour identiques à celles des choses. Mal défendue par des métaphysiciens qui l'avaient stérilisée dans l'espoir de la rendre plus pure, l'ontologie de l'essence se perdit alors dans la ruine d'essences dont elle s'était inconsidérément rendue solidaire. On lui reprocha la stérilité d'une méthode dont elle avait en effet pu se contenter, mais qu'une ontologie de l'existence l'eût invitée à transcender, pour devenir la conseillère et le guide d'un siècle si courageusement parti à la conquête d'un univers fourmillant de réalités imprévues. Mais lorsque le moment fut venu pour elle de revendiquer ainsi son rôle traditionnel de Sagesse, ayant renoncé dès longtemps à la plus belle de ses conquêtes, l'ontologie de l'existence n'était plus là pour le remplir. C'est un fait d'une importance historique considérable que Descartes par exemple, élève des élèves de Suarez, n'ait hérité que d'une philosophie première coupée de sa racine existentielle et sans autorité pour régir une science de l'existant. Car cette science allait vouloir se donner sa propre métaphysique, et, faute d'oser la chercher dans une voie qui pouvait désormais sembler sans issue, elle allait s'engager, et engager l'ontologie elle-même, dans des directions où l'on eût pu prévoir qu'il serait impossible de la trouver.

Parmi les nombreuses différences qui séparent la philosophie de Descartes de celle de ses prédécesseurs, il n'en est peut-être pas de plus profonde que celle de leurs styles philosophiques, car elle traduit immédiatement deux conceptions distinctes de ce que c'est que philosopher. On admire souvent chez Descartes, « qui partit d'un si bon pas », l'aisance souveraine avec laquelle il balaya d'abord d'un geste tant de définitions nominales, donc selon lui stériles, dont s'encombrait la métaphysique de l'École. Pourtant, certains d'entre ses successeurs, et des successeurs de ses successeurs, se demanderont plus tard s'il n'y avait pas eu quelque imprudence à s'accorder ainsi, comme immédiatement claires et distinctes, certaines notions fondamentales qu'il eût peut-être mieux valu définir et par conséquent analyser.

Descartes lui-même, du moins, n'éprouve aucun scrupule à ce sujet. Après avoir pris la peine, dans ses *Principia Philosophiae* d'expliquer le sens du terme *cogitatio*, il déclare son intention de ne pas expliquer nombre d'autres termes dont il s'est déjà servi ou se servira dans la suite, parce qu'ils lui semblent assez clairs par eux-mêmes, et non seulement clairs, mais connus par soi : *quia per se satis nota mihi videntur*. Sur quoi il ajoute : « Et j'ai souvent remarqué que les philosophes commettaient la faute d'essayer d'expliquer, par des définitions logiques, des choses très simples qui sont manifestes d'elles-mêmes, ce qui ne faisait que de les obscurcir. » Ainsi, lorsqu'il dit : « Je pense, donc je suis », Descartes ne conteste pas que, pour comprendre cette proposition, il ne faille d'abord savoir ce qu'est la pensée, ce qu'est l'existence, mais il ne juge pas nécessaire d'expliquer ces choses, pour cette raison remarquable que « ce sont là des notions tout à fait simples, et qui d'elles-mêmes ne nous font avoir la connaissance d'aucune chose qui existe [1] ». Comme la pensée en général, l'existence en général est donc une simple notion abstraite, dont le sens est d'ailleurs si manifeste, qu'on ne peut que l'obscurcir en l'expliquant. Wolff se demandera plus tard si Descartes n'en prend pas ici un peu trop à son aise, et nous allons voir en effet qu'en accueillant ainsi la notion d'existence, sans critique et telle qu'il la recevait de ses prédécesseurs, il assumait des responsabilités métaphysiques plus graves que lui-même ne semble l'avoir pensé.

Réduire l'existence à une simple notion générale qui ne désigne rien d'actuellement existant, c'était en effet formuler une thèse elle-même susceptible de plusieurs sens différents et qu'il n'eût pas été inutile de préciser. Elle peut d'abord signifier que l'existence en général n'existe pas; mais elle peut vouloir dire en outre que, dans cela même qui existe, aucune réalité distincte ne répond au terme « existence ». Or il semble bien que Descartes lui-même ait ainsi entendu sa propre formule, ce qui revient à dire que la distinction réelle d'essence et d'existence, telle que saint Thomas l'avait entendue, devait lui paraître dénuée de sens. En fait, Descartes semble même avoir pensé qu'il se trouvait en cela d'accord avec les philosophes de l'École, car s'il leur reproche assez vertement d'avoir cru voir dans les corps étendus une matière et une forme, c'est-à-

---

1. DESCARTES, *Principia Philosophiae*, P. I, c. 10; éd. Adam-Tannery, t. VIII, p. 8.

dire, comme les ivrognes qui voient double, deux choses où
il n'y en a qu'une, il les absout du moins d'avoir commis la
même erreur à propos de l'essence et de l'existence, « entre
lesquelles ils ne supposent ordinairement pas d'autre distinction que celle qui s'y trouve réellement ». Descartes paraît
donc avoir considéré comme normale une thèse analogue à
celle de Suarez; en tout cas, il s'est franchement opposé à celle
de Gilles de Rome et de ses disciples, qui considèrent l'essence
et l'existence *tanquam totidem res a se mutuo diversas*, pour la
simple raison que nous n'avons pas d'idées distinctes des deux
choses que l'on prétend ici distinguer [1].

Il ne faut donc pas se laisser égarer par les expressions dont
use Descartes dans le passage célèbre de la *V*e *Méditation* où,
pour mieux montrer qu'en Dieu l'essence est inséparable de
l'existence, il nous invite à ne pas en confondre l'idée avec
celle des autres choses, en qui nous avons coutume de distinguer l'essence de l'existence [2]. Descartes sait fort bien que,
sauf dans le cas unique de Dieu, notre notion d'une essence
quelconque n'implique jamais son existence [3], mais, pas plus
pour lui que pour Suarez, il ne suit de là que l'existence soit
réellement distincte de l'essence dans les êtres actuellement
existants. Interrogé sur ce point, Descartes s'est longuement
expliqué, et comme il ne le pouvait sans retomber dans des
distinctions souvent faites avant lui par les scolastiques, il a

1. « Si quis vero titubantibus oculis unam rem pro duabus sumat, ut
ebriis saepe contingit; atque si quando Philosophi, non dico essentiam ab
existentia distinguant, quia non solent aliam inter ista duo distinctionem
supponere, quam revera est, sed in eodem corpore materiam, formam et
varia accidentia, tanquam totidem res a se mutuo diversas concipiant,
tunc facile, ex perceptionis obscuritate ac confusione, ipsam non tantum
a positiva facultate, sed etiam ab alicujus facultatis defectu oriri depre-
hendent, si diligentius attendentes animadvertant, se non habere plane
diversas ideas eorum, quae sic diversa esse supponunt ». *A X****, août
1641; éd. Adam-Tannery, t. III, p. 435.
2. « Cum enim assuetus sim in omnibus aliis existentiam ab essentia
distinguere, facile mihi persuadeo, illam etiam ab essentia Dei sejungi
posse, atque ita Deum ut non existentem cogitari ». *Med. V;* éd. Adam-
Tannery, t. VII, p. 66.
3. « Ubi dixi Deum esse *suum esse*, usus sum modo loquendi Theologis
usitatissimo, quo intelligitur ad Dei essentiam pertinere ut existat; quod
idem de triangulo dici non potest, quia tota ejus essentia recte intelligitur,
etsi nullum in rerum natura esse supponatur ». *A X****, août 1641; éd.
Adam-Tannery, t. III, p. 433.

préférer parler latin, « pour tâcher de s'exprimer mieux [1] ».
Distinguons donc, avec Descartes, entre les modes et les
attributs. ¡Les attributs sont tels que les choses dont ils sont les
attributs ne puissent exister sans eux, au lieu que les choses
peuvent exister sans leurs modes. Par exemple, la figure et le
mouvement sont, au sens propre du terme, des modes de la
substance corporelle, car le même corps peut exister tantôt
sous une figure et tantôt sous une autre, tantôt en mouvement
et tantôt sans mouvement. Ces modes proprement dits sont
donc des modes des choses elles-mêmes. Au contraire, les attributs sont les notions selon lesquelles notre pensée conçoit ces
mêmes choses. Ainsi, les modes proprement dits se distinguent
des attributs comme des *modi rerum* se distinguent de simples
modi cogitandi. Le rapport des modes aux choses n'est donc
pas le même que celui de leurs attributs. Puisque, disions-nous,
les choses peuvent exister sans leurs modes, elles s'en distinguent autrement et plus profondément que par une simple
distinction de raison. Au contraire, puisqu'ils ne sont que les
modes divers selon lesquels notre pensée conçoit une seule et
même chose, les attributs en sont réellement inséparables,
elle ne saurait réellement exister sans eux, et la seule distinction qu'on puisse introduire entre eux et elle est une distinction
de raison. L'existence est précisément un de ces attributs,
« car concevoir l'essence d'une chose abstraction faite de son
existence ou de sa non existence est une autre manière de la
concevoir que lorsqu'on la considère comme existante, mais
la chose elle-même ne peut être hors de notre pensée sans son
existence ». Descartes propose de nommer « modale » la distinction que l'on doit reconnaître entre une chose et ses modes
proprement dits, mais de n'admettre qu'une distinction de
raison raisonnée entre la chose et ses attributs. L'existence ne
se distingue donc de l'essence réelle que d'une distinction de
raison, ce qui revient à dire qu'elle ne s'en distingue pas du
tout dans la réalité même, mais seulement dans nos diverses
manières de la concevoir. C'est ce que dit expressément Descartes lui-même : ma pensée de l'essence du triangle diffère
de ma pensée de son existence comme un mode proprement
dit de ma pensée diffère d'un autre mode proprement dit de
ma pensée, mais il n'en va pas de même du triangle existant

---

1. *A X****, 1645 ou 1646; éd. Adam-Tannery, t. IV, p. 349, l. 2-3.

hors de ma pensée, *in quo manifestum mihi videtur, essentiam et existentiam nullo modo distingui*. Et il en est ainsi, conclut-il, de tous les universaux[1].

A cette distinction de « raison raisonnée » introduite entre l'essence et l'existence, on reconnaît l'élève des Jésuites de La Flèche, eux-mêmes élèves de Suarez. Il est vrai qu'en d'autres passages de ses œuvres, à bon droit plus célèbres que ceux que nous venons de citer, Descartes oppose à Dieu, dont l'essence inclut l'existence, les créatures, où l'existence se distingue de l'essence[2]. *Nota est omnibus essentiae ab existentia distinctio*, déclare-t-il lui-même en réponse à l'un de ses contradicteurs[3], et enfin, dans un texte qui semble ne laisser place à aucun doute : *Deus est suum esse, non autem triangulus*[4]. Mais on ne doit pas oublier que, pour Descartes comme pour Suarez et ses prédécesseurs scolastiques, la distinction d'essence et d'existence peut s'entendre en deux sens différents. Elle peut signifier d'abord que, dans la créature, l'essence n'inclut pas l'existence, parce que l'être fini n'est pas à soi-même sa propre cause. Tous les scolastiques acceptent cette thèse elle-même comme un corollaire inévitable de la doctrine de la création. Certains scolastiques, comme Albert le Grand par exemple, parlent même à ce propos d'une distinction d'essence et d'existence, mais la formule signifie simplement alors que la cause de l'existence de l'être fini est réellement distincte de l'être fini lui-même. C'est cela même que Descartes affirme dans le texte que nous venons de rappeler : Dieu est son exister, un triangle n'est pas le sien. Le vrai problème de la distinction d'essence et d'existence se pose sur un autre plan, car il s'agit alors de savoir, une fois admis que l'être fini tient de Dieu son existence, si l'existence qu'il reçoit ne fait réellement qu'un avec son essence (c'est-à-dire si elle n'est que son essence posée comme actuellement existante) ou si elle s'en distingue réellement, comme l'acte se distingue de la puissance qu'il actualise. Comme tous les philosophes chrétiens, Descartes admet, au premier sens, qu'un triangle réel n'est pas son exister, mais il

---

1. *Op. cit.*, t. IV, pp. 349-350. Nous simplifions quelque peu la terminologie de Descartes qui, sur le problème des distinctions, est assez flottante.

2. *Méd. V*, éd. Adam-Tannery, t. VII, p. 66.

3. *III*ae *Obj.*, éd. Adam-Tannery, t. VII, p. 194.

4. *V*ae *Resp.*, éd. Adam-Tannery, t. VII, p. 383. — Cf. *II*ae *Resp.*, Axioma 10; t. VII, p. 166.

nie en même temps, avec Suarez, que l'acte d'exister se distingue réellement de l'essence dans le triangle actuellement existant. L'*esse* thomiste est absent du monde cartésien.

Il importe de ne pas perdre de vue ce fait, en lisant les textes où Spinoza s'est à son tour expliqué sur le même problème, et tout spécialement ceux des *Cogitata metaphysica* où l'on a parfois cru, à tort nous semble-t-il, rencontrer d'insolubles contradictions. Comme l'indique le titre lui-même de cet écrit, Spinoza s'y propose d' « expliquer brièvement les questions les plus difficiles qui se rencontrent en métaphysique, tant générale que spéciale, concernant l'être et ses affections, Dieu et ses attributs, et la pensée humaine [1] ». Parmi les difficultés qu'il y examine, plusieurs se rapportent directement à notre problème [2], mais on doit noter d'abord, parce que Wolff le lui reprochera plus tard autant qu'à Descartes, que Spinoza ne s'y juge pas tenu de définir avec rigueur toutes les notions dont il fait usage. Tel est particulièrement le cas des deux notions d' « essence » et d' « existence », si claires en elles-mêmes qu'on ne pourrait essayer de les rendre plus claires sans les obscurcir [3]. L'histoire ne saurait trop regretter que Spinoza nous ait ici envié des éclaircissements si précieux sur la manière dont lui-même entendait ces termes, mais ce qu'il nous a dit de leurs rapports permet de voir, jusqu'à un certain point, quel sens exact il leur attribuait.

On a proposé des interprétations fort différentes des *Cogitata metaphysica*, mais toutes reconnaissent comme un fait que,

1. Sur les circonstances et la date de la composition de cet ouvrage, voir J. FREUDENTHAL, *Spinoza und die Scholastik*, dans *Philosophische Aufästze Eduard Zeller zu seinem fünfzigjährigen Doctor-Jubiläum gewidmet*, Leipzig, 1887, pp. 94-106; et Julius LEWKOWITZ, *Spinoza's Cogitata metaphysica und ihr Verhältnis zu Descartes und zur Scholastik*, Breslau, 1902, pp. 5-15 et 78-79.

2. SPINOZA, *Cogitata metaphysica*, P. I, cap. II : « Quid sit esse essentiae, quid esse existentiae, quid esse ideae, quid esse potentiae », t. IV, pp. 191-193. — Nous citons Spinoza d'après l'édition de J. van Vloten et J. P. N. Land, 3e édition (en 4 volumes), La Haye, 1914.

3. « Ad haec non puto operae praetium esse, hic Authores, qui diversum a nobis sentiunt, refutare, nec etiam eorum definitiones aut descriptiones de essentia et existentia examinare : nam hoc modo rem claram obscuriorem redderemus. Quid enim magis clarum, quam, quid sit essentia et existentia, intelligere; quandoquidem nullam definitionem alicujus rei dare possumus, quin simul ejus essentiam explicemus. » SPINOZA, *Cogitata metaphysica*, P. I, cap. II; t. IV, p. 193.

dans cette œuvre, soit en son propre nom, soit comme simple interprète de Descartes, Spinoza y prend position à l'égard de certaines doctrines scolastiques. La distinction d'essence et d'existence est l'une d'entre elles, car bien que Spinoza n'ait pas jugé expédient de disserter sur le sens de ces termes, il les a définis et s'est ensuite prononcé sur leur rapport. L'être d'essence est pour lui « le mode sous lequel les choses créées sont comprises dans les attributs de Dieu ». Quant à l'être d'existence, c'est « l'essence même des choses hors de Dieu et considérée en elle-même, celui qu'on attribue aux choses après qu'elles ont été créées par Dieu ». Ajoutons que Spinoza distingue l'essence de l'existence comme l'avait fait avant lui Avicenne, et il les distingue pour la même raison. Puisque, dans l'être fini, l'essence peut être conçue sans l'existence, elle en est distincte [1]. L'expérience la plus simple suffit d'ailleurs à le prouver : « Si quelque philosophe se demande encore si l'essence et l'existence sont distinctes dans les choses créées, il n'a pas besoin, pour lever ce doute, de se mettre fort en peine de définir l'essence et l'existence. Qu'il aille seulement voir un sculpteur ou un ébéniste; ils lui apprendront dans quel ordre fixe ils commencent par concevoir une statue qui n'existe pas encore, et ils la lui montreront ensuite existante. »

Tout se passe donc comme si Spinoza faisait ici de la distinction d'essence et d'existence dans les choses créées une évidence empirique immédiatement donnée. Il est vrai que lui-même a rejeté la notion de création, mais il n'en a pas moins toujours soutenu que, de quelque manière qu'on entende la production des êtres finis, « l'essence des choses produites par Dieu n'implique pas leur existence [2] ». Toutefois, comme chez Descartes, l'acceptation de cette thèse n'entraîne pas, chez Spinoza, la reconnaissance d'une distinction réelle d'essence et d'existence dans la structure même de l'être fini. Il y a distinction de l'essence et de la cause de son existence. La cause de l'existence de l'être fini est extrinsèque à cet être, mais, dans

1. Cf. « Esse denique existentiae, est ipsa rerum essentia extra Deum, et in se considerata, tribuiturque rebus postquam a Deo creatae sunt. » Et plus loin : « Ad primam autem subdistinctionem respondemus, quod essentia in Deo distinguatur ab existentia, quandoquidem sine hac illa non potest concipi; in caeteris autem essentia differt ab existentia : potest nimirum sine hac concipi. » *Cogitata metaphysica*, P. I, cap. II; t. IV, p. 192.
2. SPINOZA, *Ethica*, P. I, prop. 24.

l'être fini existant, l'existence ne se distingue pas réellement de
l'essence existante. C'est du moins ce que suggère la définition
spinoziste de l'existence que nous avons déjà citée. Si l'existence
est *ipsa rerum essentia extra Deum et in se considerata*[1], rien
ne la distingue réellement de l'essence même posée comme
existante hors de sa cause. Cette définition implique donc bien,
comme on l'a fait justement observer, « l'identité de l'essence
et de l'existence », puisque « l'être en existence est l'être en
essence considéré en dehors de Dieu, dans les choses, après
qu'elles ont été produites par lui[2] ».

L'identification de l'existence à l'essence, dans quelque philosophie qu'elle se produise, s'accompagne inévitablement du
primat de l'essence sur l'existence, celle-ci ne se présentant
plus désormais que comme un accident, un mode, ou, de quelque
nom qu'on la désigne, une suite de celle-là. C'est bien aussi
ce que l'on peut constater chez Spinoza dès l'époque des *Cogitata metaphysica*, mais ce que l'on voit encore mieux dans
l'*Éthique*. Elle commence par des *Definitiones* dont voici la
première : *Per causam sui intelligo id, cujus essentia involvit
existentiam ; sive id cujus natura non potest concipi nisi existens.*
Ce sera la définition de la substance, c'est-à-dire de Dieu. On
peut dire qu'au XVIIᵉ siècle la métaphysique est devenue ontologie avant même que Wolff en eût vulgarisé le nom et mis en
évidence toutes les implications de la doctrine. Le succès général
de l'argument de saint Anselme, auquel Kant donnera précisément le nom d' « ontologique », en est la marque irrécusable.
Descartes, Malebranche, Fénelon, Spinoza, Leibniz, c'est-à-dire
tous les représentants de ce que l'on nommait naguère encore
le « cartésianisme », ont adopté et repris, sous des formes différentes mais sans en altérer l'esprit, cette preuve de l'existence
de Dieu. Une première cause qui existe pour ainsi dire en vertu
de sa propre essence, ce triomphe de l'argument de saint Anselme
est aussi celui de l'être désexistentialisé.

Même pour ceux d'entre eux qui ne croyaient plus à sa philosophie, Descartes demeurait, aux yeux des hommes du XVIIIᵉ siècle, comme le destructeur de la scolastique et, par là même, le
rénovateur de la philosophie. Il n'en est que plus intéressant

1. SPINOZA, *Cogitata metaphysica*, P. I, cap. II; t. IV, p. 192.
2. A. RIVAUD, *Les notions d'essence et d'existence dans la philosophie de
Spinoza*, Paris, Alcan, 1905, p. 29 note, et p. 32.

d'observer que la joie dont s'accompagnait cette libération n'ait jamais été sans mélange. De bons esprits se demandaient si cette révolution n'avait pas été trop radicale, non seulement parce qu'elle avait jeté par-dessus bord, comme définitivement périmées, des notions qui eussent encore pu servir et dont on pouvait déjà regretter la perte, mais encore parce que la manière de penser et d'enseigner, à laquelle le nom de « scolastique » restait attaché, offrait des avantages certains, auxquels on avait peine à renoncer. Assurément, les maîtres du moyen âge avaient passé trop de temps à définir, à diviser et à disputer, mais les modernes en passaient-ils suffisamment à ces opérations qui, après tout, restaient inséparables de la pensée philosophique même, et surtout de son enseignement? Comme leur nom même l'indique, tous les grands « scolastiques » avaient été des professeurs, mais ni Descartes, ni Leibniz, ni Spinoza, ni Malebranche, ni Locke n'avaient jamais enseigné; avec Christian Wolff, au contraire, nous retrouvons un professeur de carrière, et l'on ne saurait s'étonner de le voir sensible aux qualités d'une philosophie dont, quoi qu'on pense de sa valeur intrinsèque, il faut du moins reconnaître qu'elle était bien faite pour l'enseignement.

Wolff est pour nous un témoin particulièrement intéressant de cet esprit divisé. Comme la plupart des hommes du XVIIᵉ siècle, il admettait que Descartes avait tué la scolastique, et l'on sent bien, à la manière dont il en parle, que toute tentative pour la ressusciter lui semble condamnée d'avance à un échec certain. C'est assurément pourquoi il se défend si vivement de vouloir le faire, mais l'insistance même qu'il met à s'en défendre invite à se demander si, à sa manière, ce n'est pas exactement ce qu'il fait. Et ses regrets vont au-delà de la simple forme de l'enseignement. Parmi les pertes auxquelles Wolff refuse de se résigner, aucune ne lui est plus sensible que celle de cette belle science générale qu'on nommait « philosophie première » ou métaphysique. Descartes semble n'avoir éprouvé pour elle que dégoût, et pourtant, s'il l'eût moins méprisée — *si Cartesius non fastidio philosophiae primae correptus fuisset* — il lui fût peut-être devenu possible d'introduire dans telles des notions dont il faisait usage plus d'une utile précision [1].

1. Chr. WOLFF, *Philosophia prima sive Ontologia methodo scientifica pertractata qua omnis cognitionis humanae principia continentur*, ed. nov., Veronae, 1789; n. 321, t. I, p. 137. Nous citerons cet écrit de Wolff sous le

Ce dégoût qu'éprouvait Descartes pour la métaphysique, Wolff le considère comme un état d'esprit largement répandu de son temps. Depuis le succès remporté par la philosophie cartésienne, assure-t-il, cette Philosophie Première, que les scolastiques avaient comblée d'éloges enviables, est tombée dans le mépris et devenue la risée de tous [1]. La raison de ce changement d'attitude est d'ailleurs simple. C'est que Descartes a entrepris de philosopher avec clarté et distinction, c'est-à-dire sans admettre l'usage d'aucun terme auquel ne correspondît une notion claire, ou dont la définition ne pût se ramener à des notions plus simples, qui fussent elles-mêmes claires. Descartes expliquait donc les choses par leurs raisons intrinsèques, et par conséquent d'une manière intelligible. En Philosophie Première, au contraire, et telle du moins qu'on la pratiquait avant lui, les définitions des termes étaient ordinairement plus obscures que les termes eux-mêmes. Rien d'étonnant donc qu'on en soit arrivé à considérer l'ontologie comme « un Lexique philosophique en langue barbare, où sont expliqués des termes philosophiques pour la plupart inutiles ». Quant aux quelques termes ontologiques vraiment indispensables, Descartes, qui désespérait de les définir, décida simplement qu'ils ne méritaient pas d'être définis, puisqu'ils étaient du nombre de ceux qu'il est plus difficile de définir que de comprendre [2]. De quelque manière qu'on la considère, la métaphysique semble donc mériter le mépris dont elle est devenue l'objet.

Le « qu'en-dira-t-on » philosophique, pour ne rien dire de celui que connaissent les sciences positives, est une force d'inhibition redoutable, puisqu'elle retient d'excellents esprits, par crainte d'on ne sait quel ridicule spéculatif, d'affirmer ce qu'ils

---

titre d'*Ontologia*, et dans cette édition. La première édition date de 1729. — Sur l'œuvre de Wolff, voir Mariano CAMPO, *Cristiano Wolff e il razionalismo precritico*, Milano, Vita e Pensiero, 1939; 2 vol.

1. « Philosophia prima invidendis elogiis a Scholasticis exornata, sed, postquam philosophia cartesiana invaluit, in contemptum adducta omniuque ludibrio exposita fuit. » Chr. WOLFF, *Ontologia*, Praefatio, début. Rapprocher de cette remarque de Wolff le passage célèbre de Kant, dans la Préface de la première édition de la *Critique de la Raison pure* : « Il fut un temps où cette dernière [*sc.* la métaphysique] était appelée la *reine des sciences*... Maintenant, dans notre siècle, c'est une mode bien portée que de lui témoigner tout son mépris... » Cet état d'esprit remontait donc au moins à l'époque de Wolff.

2. Chr. WOLFF, *ibid.*

aimeraient visiblement pouvoir dire. Témoin Christian Wolff, dont toute l'habitude d'esprit eût fait au XIIIᵉ siècle un scolastique de première grandeur, et qui n'ose se réclamer ouvertement d'une tradition dont on verra qu'il l'a pourtant continuée. Un bon signe qu'il l'ait fait, est l'insistance même qu'il apporte à se défendre de le faire. Traiter la philosophie première comme une science, déclare-t-il au début de son œuvre, ce n'est pas ramener dans les écoles la philosophie scolastique, c'est la corriger de ses défauts. On ne peut l'aborder sans constater en effet qu'elle use de termes mal définis et de propositions mal établies; entreprendre de l'exposer de manière scientifique, en excluant toutes les notions obscures proscrites par Descartes, ce n'est donc pas revenir à la scolastique, mais en faire une discipline pleinement constituée comme science, capable de mieux faire comprendre ce qu'avaient dit les scolastiques eux-mêmes, et de réaliser désormais de nouveaux progrès [1].

Wolff n'avait assurément pas tort de se considérer comme faisant œuvre nouvelle, car il abordait les problèmes de la philosophie première dans un esprit vraiment nouveau et selon des méthodes qu'on ne lui avait encore jamais appliquées. En revanche, il faisait non moins certainement œuvre conservatrice, en revendiquant le droit d'exister pour cette très ancienne discipline qu'était la philosophie première, celle même que les scolastiques tenaient pour la reine des sciences, et dont, bien à tort, Descartes avait cru pouvoir se dispenser. Avec Wolff, c'est la métaphysique classique, conçue comme science de l'être en tant qu'être, qui reprend vigueur en plein XVIIIᵉ siècle, et comme l'être ne change pas de nature, même tandis qu'on l'oublie, la nouvelle philosophie première ne pouvait guère que prendre la suite de celle qui l'avait précédée.

De cela, du moins, Wolff a eu claire conscience, et il ne s'en est aucunement défendu. C'est pour lui une règle générale, et par conséquent valable en philosophie, qu'il ne faut jamais s'écarter du sens attribué aux termes dans la langue de tous les jours. Lorsqu'il s'agit de notions pour lesquelles le langage courant n'offre pas de termes, il faut nécessairement en forger de nouveaux, mais, une fois que ces nouveaux termes ont été mis en circulation, il faut s'y tenir. On conservera donc avec soin les termes introduits en philosophie première par les

---

1. Chr. WOLFF, *Ontologia*, Proleg., 7; pp. 2-3. Cf. 12; p. 4.

scolastiques [1], quitte d'ailleurs à les définir ensuite avec plus de
précision, et à les enchaîner avec plus de rigueur que les scolastiques eux-mêmes ne l'ont fait [2]. Car « les termes philosophiques
introduits par les scolastiques dans l'Ontologie sont clairs, sinon
tous, du moins pour la plupart, bien qu'eux-mêmes les aient
mal définis [3] ». Telle est la conclusion à laquelle Wolff dit avoir
été conduit par l'examen de ces termes. Il ne doute plus désormais que les auteurs qui en ont fait usage n'aient vraiment eu
présentes à la pensée des notions correspondant à des objets
réels ou à des aspects réels de ces objets, comme on peut
d'ailleurs le voir aux exemples qu'ils emploient. Leur définition
d'un « mode » est très obscure, mais, lorsqu'ils prennent la
chaleur comme exemple de ce qu'est un mode, on ne doute plus
que cette notion ait correspondu pour eux à quelque chose.
Or il n'est aucunement impossible qu'un terme obscur dans
la pensée de l'un soit clair dans la pensée de l'autre. Il se peut
d'ailleurs que les termes ontologiques des scolastiques soient
obscurs à leurs lecteurs, bien qu'ils aient été clairs à leurs
auteurs. Il se peut même que ces termes soient plus obscurs à
tel de leurs lecteurs qu'à tel autre. C'est quelquefois par préci-
pitation qu'on accuse d'obscurité toute cette terminologie.
En fait, il semble simplement s'être passé ceci. L'usage commun
de la raison a dès longtemps permis d'abstraire des objets
singuliers de l'expérience certaines notions générales qui, bien
que confuses, n'en répondent pas moins à des objets. C'est à ces
notions confuses que les Scolastiques ont donné les noms introduits par eux dans l'Ontologie. Or « les notions ontologiques
confuses vulgaires constituent une espèce d'ontologie naturelle.
On peut donc définir l'*ontologie naturelle* : l'ensemble des notions

1. « Quamobrem cum termini philosophici semel recepti non sunt immu-
tandi ubi a Scholasticis quidam fuerint introducti, iidem retinendi sunt. »
Op. cit., 11; p. 4.
2. « Si termini Scholasticorum retinentur et non satis accurate definiti
accuratius definiuntur, philosophia prima Scholasticorum non postliminio
introducitur. Philosophia Scholasticorum non terminis, quibus utuntur,
sed eorum definitionibus minus accuratis et propositionibus perperam
determinatis absolvitur. Quamobrem qui terminos Scholasticorum retinet,
sed non satis accurate definitos accuratius definit, is minime philosophiam
Scholasticorum suam facit, quin potius praecipuam ejus partem emendat,
cum definitiones in Ontologia Scholasticorum longe plures sint quam
propositiones ». *Op. cit.*, 12; pp. 4-5.
3. *Op. cit.*, 14; p. 5.

confuses répondant aux termes abstraits par lesquels nous exprimons des jugements généraux sur l'être, et acquises par l'usage commun des facultés de la pensée ». Ces notions, les Scolastiques les ont naturellement recueillies, et même ils les ont complétées. Leur œuvre a donc consisté à rendre l'ontologie naturelle plus complète, en l'enrichissant de notions et de termes qui lui faisaient défaut. L'ontologie vraiment scientifique à laquelle pense Wolff lui-même se présente dès lors comme un effort pour achever l'ontologie naturelle, c'est-à-dire concevoir clairement ce qu'en ont déjà dit les Scolastiques, l'élever à un degré de certitude supérieur, et mettre en évidence le lien qui unit ces vérités aux autres. Ainsi entendue, l'ontologie ne se réduira pas à un simple lexique, car elle n'aura pas pour objet d'expliquer le sens de mots, mais ce qui convient à tous les êtres en tant que tels. Et l'on ne saurait non plus l'accuser d'être le lexique d'une langue barbare, car un barbarisme est un terme substitué sans nécessité à ceux dont le latin fait usage, au lieu que les termes philosophiques nouveaux dont use l'ontologie sont requis par cette science pour exprimer des notions nouvelles [1]. On ne doit donc pas avoir scrupule à les employer.

Ces considérations ne sont pas sans intérêt pour qui veut comprendre l'œuvre de Wolff telle que lui-même la comprenait. Nous sommes manifestement en présence d'un homme qui, s'il se défend de reprendre à son compte les conclusions métaphysiques de l'École, ne se satisfait pourtant plus de l'aisance sommaire avec laquelle Descartes s'était déchargé, sur la lumière naturelle pure, du soin d'éclaircir les notions premières de la philosophie première. Wolff a repris un à un les termes de l'École, et l'examen qu'il en a fait l'a convaincu qu'ils avaient généralement un sens. Bien plus, il en est revenu à la notion d'une science propre de l'objet que ces termes désignent, si bien qu'avec lui c'est vraiment la philosophie première d'Aristote et des scolastiques qui renaît sous une forme et avec une technique nouvelles. La question qu'Aristote considérait déjà comme bien ancienne : qu'est-ce que l'être? se trouve de nouveau posée en plein XVIIIe siècle, et c'est même alors que la science de l'être en tant qu'être prétend réussir pour la première fois à se constituer avec une parfaite rigueur.

1. *Op. cit.*, 19-26; pp. 6-8.

Disons plus : c'est alors que, pour la première fois, elle s'impose à l'attention des philosophes comme une science distincte, désignée par un nom fait spécialement pour elle. Il est vrai que Wolff n'a pas créé le nom d' « ontologie », dont on use couramment aujourd'hui pour la désigner [1], mais il en a assuré le succès, et, en l'imposant, il a répandu dans les milieux philosophiques les connotations définies dont la notion d'être s'accompagnait dans sa propre pensée. Chez Aristote, la « philosophie première » portait directement sur les substances concrètes, pour chercher, dans leur structure métaphysique, ce qui en faisait des êtres proprement dits. C'est d'ailleurs pourquoi elle incluait de plein droit la théologie naturelle, science de ces êtres par excellence que sont les substances séparées, ou moteurs

---

1. Dans l'état actuel de nos connaissances, le terme d'*ontologia* semble avoir été proposé pour la première fois par le cartésien Clauberg (1622-1665), qui lui préférait d'ailleurs celui d'*ontosophia*. Voir J. CLAUBERG, *Elementa philosophiae sive Ontosophia*, Groningae, 1647; 3e édition en 1664; édition annotée, sous le titre de : *Joannis Claubergii Ontosophia quae vulgo Metaphysica vocatur*, notis perpetuis in philosophiae et theologiae studiosorum usum illustrata a Joh. Henrico Suicero. In calce annexa est Claubergii Logica contracta, Tiguri (Zurich), David Gessner, 1694. Les deux noms sont proposés dans les prolégomènes : « Sicuti autem *Theosophia* vel *Theologia* dicitur quae circa Deum est Scientia, ita, haec, quae non circa hoc vel illud ens speciali nomine insignitum, vel proprietate quadam ab aliis distinctum, sed circa ens in genere versatur, non incommode *Ontosophia* vel *Ontologia* dici posse videtur »; éd. de 1694, *Prolegomena*, 4 (sans pagination). Clauberg a donc déjà détaché l'ontologie de la théologie. L'objet de cette science est ainsi défini : « Est quaedam scientia, quae contemplatur ens quatenus ens est, hoc est inquantum communem quamdam intelligitur habere naturam vel naturae gradum, qui rebus corporeis et incorporeis, Deo et creaturis, omnibusque adeo et singulis entibus suo modo inest. » Art. 1, p. 1. Wolff n'ignore pas l'œuvre de Clauberg. Selon lui, Leibniz fut le premier à reconnaître les défauts de l'ontologie scolastique et à en juger l'amendement nécessaire. Clauberg a entrepris de le faire, *sed non satis felici successu*, comme d'ailleurs le constata Leibniz lui-même, qui déclara plus tard que l'œuvre restait à accomplir. Wolff se considère donc, et dans une large mesure à bon droit, comme celui qui réussit enfin à relever la philosophie première du mépris où on la tient de son temps : *Ontologia*, Proleg., 7; p. 3. Dans *Questions d'enseignement de philosophie scolastique*, Paris, Beauchesne, 1913, le P. Gény signale (*op. cit.*, p. 48, note) que le terme *ontologia* se rencontre dans un fragment non daté de Leibniz (COUTURAT, *Opuscules et fragments inédits de Leibniz*, Paris, 1903, p. 512). Il en attribue la paternité à J.-B. DU HAMEL, *Philosophia vetus et nova*, où le terme apparaît en effet dans la 2e édition (1681); mais cette édition est postérieure de plus de trente ans aux *Elementa* de Clauberg.

immobiles, et tout particulièrement du premier de tous, la pensée pure qui se pense éternellement elle-même. On comprend par là qu'Aristote, ni saint Thomas après lui, n'aient jamais isolé, au sein de la philosophie première, une science de l'être abstrait comme tel, posé à part de tout être actuellement existant. Ayant identifié l'être à l'essence, Suarez s'était au contraire trouvé conduit à constituer une science de l'être qui, au nom près, annonçait déjà l'œuvre de Wolff, et nous verrons d'ailleurs que ce dernier n'a pas renié sa dette envers son illustre prédécesseur. C'est pourtant bien Wolff lui-même qui, le premier, a constitué une *ontologie sans théologie*, c'est-à-dire une science de l'être pris abstraitement en soi, indépendamment de toute question de savoir s'il existe actuellement ou non. Le nom même d'ontologie, si commode qu'il s'est définitivement imposé à tous, n'en implique donc pas moins la notion de l'être qu'on doit tenir pour caractéristique de la pensée de Wolff et que, si grande est la puissance des signes, il impose souvent à ceux qui l'accueillent sans critique. En toute rigueur, l'ontologie est la science de l'être intégralement désexistentialisé.

Envisagée sous cet aspect, cette nouvelle métaphysique conduit à leur terme des virtualités auxquelles, dans la doctrine de Leibniz, un sentiment encore vif du caractère original de l'existence n'avait pas permis de s'actualiser. On sait comment, chez Leibniz, l'ordre des essences se distingue de celui des existences, le premier relevant du seul principe de contradiction, le second relevant au contraire du principe de raison suffisante. Or c'est un des traits les plus remarqués, et en effet les plus remarquables, de la doctrine de Wolff, que la tendance du principe de raison suffisante à envahir les deux domaines, comme s'il y avait toujours lieu de rendre raison suffisante des essences elles-mêmes et, corrélativement, comme si la justification des existences ne relevait d'aucune autre méthode que l'analyse des essences elles-mêmes. Pour comprendre cette doctrine, dont l'influence devait être si profonde et si étendue, c'est donc à la conception wolfienne de l'essence qu'il convient d'abord de remonter.

Il est caractéristique de la pensée de Wolff que, pour atteindre le réel, il lui faille passer par le possible, et pour atteindre le possible, par l'impossible. Comment d'ailleurs, lorsqu'on veut déduire l'être, partirait-on d'autre chose que le non-être? C'est donc ce que fait Wolff. L'impossible, c'est ce qui ne peut pas exister. Est impossible, en effet, ce qui implique contradiction, car il ne se peut pas que la même chose soit à la fois et ne soit pas ; donc il est impossible que le contradictoire existe. Au contraire, le possible est ce qui peut exister, précisément parce que, sa notion n'impliquant aucune contradiction, rien ne s'oppose à ce qu'il puisse exister. Or c'est précisément là ce qu'on nomme l'être : *Ens dicitur quod existere potest, consequenter cui existentia non repugnat*[1]. On voit combien radicalement l'être se trouve ici détaché de ce donné tout empirique et non déductible *a priori* qu'est l'existence. Pour définir l'être, Wolff se contente d'une simple possibilité d'existence, qu'il a d'abord ramenée à une non impossibilité. Pour nous exprimer en une de ces formules lapidaires dont il est si riche, nous dirons donc que le possible, c'est l'être : *quod possibile est, ens est*[2].

Il ne s'agit d'ailleurs ici que d'une notion métaphysique implicitement reçue de tous, à ce qu'affirme Wolff, et conforme au langage commun. *Ens, possibile, aliquid*, autant de termes parfaitement synonymes, dont le métaphysicien ne fait que dégager les implications. Il est vrai, ce que le langage commun nomme un être est quelque chose qui existe, mais celui qui peut inférer que A est un être, parce qu'il existe, est également capable de concevoir qu'un être est ce qui peut exister. Remontant du fait concret à sa condition abstraite, Wolff argumente donc ainsi : de ce que A existe, il suit que A peut exister, « d'où l'on infère par conséquent que c'est un être[3] ». La preuve que l'on fait réellement cette inférence, même si l'on n'en a pas conscience, c'est qu'on parle communément d'êtres passés et d'êtres futurs, c'est-à-dire d'êtres qui n'existent plus ou n'existent pas encore, mais auxquels, de toute manière, rien d'autre n'appartient qu'une existence purement possible. Pour aller plus avant dans la connaissance de l'être, il faut donc définir les conditions de sa possibilité.

La plus fondamentale de toutes est celle que nous avons déjà mise en avant : l'absence de toute contradiction interne, mais elle ne suffit pas. Lorsqu'il s'agit de concevoir un être, il faut poser dans sa notion des éléments qui, non seulement ne soient pas mutuellement contradictoires, mais en soient les consti-

1. Chr. WOLFF, *Ontologia*, 134 ; p. 60.
2. *Op. cit.*, 135 ; p. 60.
3. *Op. cit.*, 139 ; p. 61.

tutifs premiers. Entendons par là des éléments qui ne soient pas déterminés par d'autres, et dont aucun ne soit déterminé par un autre. Pour comprendre comment raisonne Wolff, il faut se le représenter, tel d'ailleurs que lui-même se décrit dans son propre commentaire [1], partant de quelque notion imaginaire qu'il conçoit comme une sorte de réceptacle où l'on peut mettre ce que l'on veut. Le problème devient alors de savoir ce qu'il faut y mettre d'abord pour en faire la notion d'un être. Or, si l'on y met des éléments déterminés par d'autres, on omet par là même d'y mettre leurs déterminants, qui sont les vrais constitutifs de l'être. Pareillement, si l'on y met des éléments déterminés par l'un d'entre eux, on ne met pas en premier lieu ce qui doit venir d'abord, puisqu'il suffirait de poser le déterminant pour avoir les déterminés. Nous ne poserons donc d'abord dans l'être ainsi conçu que des éléments non contradictoires et, si l'on peut dire, premiers. Tels sont ceux que Wolff nomme les *essentialia*, parce qu'ils constituent l'essence même de l'être. D'où cette conclusion dont il est superflu de marquer l'immense portée : l'essence est ce que l'on conçoit de l'être en premier lieu, et, sans elle, l'être ne peut pas être [2]. Ainsi, l'essence du triangle équilatéral se compose du nombre trois et de l'égalité des côtés; l'essence de la vertu se compose d'un *habitus* de la volonté et de la conformité des actions qui en découlent avec la loi naturelle. Que l'on altère l'une ou l'autre de ces conditions, il n'y a plus ni triangle ni vertu; qu'on les pose au contraire toutes deux, on pose du même coup la vertu et le triangle; la présence de ces deux *essentialia* est donc nécessaire et suffisante pour définir les essences du triangle ou de la vertu. Puisqu'il est inséparable de ses éléments essentiels, l'être possède toujours, avec eux, toutes les propriétés qu'ils déterminent. On donne à ces propriétés le nom d' « attributs », réservant le nom de « modes » aux propriétés qui, n'étant ni déterminées par l'essence ni en contradiction avec elle, peuvent ou non lui appartenir. Les attributs appartiennent donc toujours à leur essence, au lieu que les modes tantôt lui appar-

1. *Op. cit.*, 142; p. 62.
2. *Op. cit.*, 144; p. 63 : « Quoniam ea, quae sibi mutuo non repugnant, nec tamen, per alia, quae simul insunt, determinantur, primo loco ponenda sunt, ubi ens concipimus, eadem vero essentiam constituunt, essentia primum est, quod de ente concipitur, nec sine ea ens esse potest. »

tiennent et tantôt non, ce que les Scolastiques exprimaient
en donnant à ces modes le nom d'accidents.

Dans l'être ainsi constitué, les *essentialia* sont évidemment
la base sur laquelle tout repose. Posés comme non contradictoires, ils assurent sa possibilité : *per essentialia ens possibile
est*, et puisque l'essence de l'être consiste en sa possibilité même,
celui qui en reconnaît la possibilité intrinsèque comprend du
même coup son essence. Nous disons bien « reconnaît », car si
l'on peut rendre raison des attributs à partir des données essentielles de l'être, il est impossible de donner une raison intrinsèque pour que ces *essentialia* lui appartiennent. Ils sont en
effet, par définition, ce que l'on pose en premier lieu dans l'être ;
on ne peut donc rien y concevoir, avant eux, dont il soit possible
de les déduire. Quant aux modes, on trouve bien dans ces données fondamentales de l'essence la raison pour laquelle ils
peuvent lui appartenir, mais la raison pour laquelle ils lui
appartiennent actuellement ne peut se trouver que soit dans
des modes antécédents du même être, soit dans un ou plusieurs
autres êtres, soit dans l'action concurrente de ces modes et de
ces êtres. On nomme « extérieurs » les êtres en question, et ils
contiennent la raison suffisante des modes de l'essence que
l'essence elle-même ou ses modes ne permettraient pas seuls
d'expliquer. L'essence contient donc la raison, non seulement
de tout ce qu'elle contient en permanence d'autre qu'elle-
même, mais encore de la possibilité qu'ont ses modes de lui
appartenir [1]. Nous arrivons ainsi à cette définition nominale
de l'essence : ce qui se conçoit en premier d'un être, et en quoi
se trouve contenue la raison suffisante pour laquelle le reste,
ou bien lui appartient actuellement, ou bien peut lui appartenir [2].

1. « In essentia entis continetur ratio eorum, quae praeter eam eidem
constanter insunt, vel inesse possunt. Quicquid enti inest, id vel inter
essentialia, vel attributa, vel modos locum tenet. Cur essentiala enti insint,
ratio intrinseca nulla datur; sed cur attributa insint, ratio sufficiens in
essentialibus continetur; cur modi inesse possint, ratio in iisdem depre-
henditur; consequenter cum attributa constanter insint, modi et inesse
et non inesse possint, omnium eorum, quae praeter essentialia enti vel
constanter insunt, vel inesse possunt, ratio in essentia entis continetur. »
Op. cit., 167; p. 71.

2. « Essentia definiri potest per id quod primum de ente concipitur et
in quo ratio continetur sufficiens, cur caetera vel actu insint, vel inesse
possint. » *Op. cit.*, 168, p. 72.

La méthode analytique par laquelle Wolff obtient cette conclusion lui appartient en propre, et c'est d'ailleurs cela seul qu'il revendique ici comme son bien, mais les notions de l'être et de l'essence qu'il établit par cette nouvelle méthode n'ont rien de neuf, et lui-même le reconnaît en un passage d'une importance capitale pour qui s'intéresse à la filiation des doctrines de l'être : « Cette notion de l'essence, comme ce qui se conçoit en premier au sujet de l'être, et contient la raison pour laquelle le reste y est inclus, ou peut l'être, est conforme à la notion qu'en ont les philosophes. En effet, François Suarez, reconnu comme celui d'entre les Scolastiques qui a le plus profondément médité les questions métaphysiques, dit dans ses *Disputationes Metaphysicae* (t. I, disp. 2, sect. 4, § 5), que l'essence de la chose est ce qui est le principe premier, radical et intime de toutes les actions et propriétés qui conviennent à la chose. Bien qu'il prouve par l'autorité d'Aristote et de saint Thomas, que l'essence ainsi comprise soit identique à la nature de chaque chose, il ajoute pourtant aussitôt que l'essence désigne en second lieu, selon la pensée de saint Thomas, ce qui se trouve expliqué par la définition, et par conséquent, comme il le conclut de là, que l'essence de la chose est ce que nous concevons comme lui appartenant en premier, et comme constitué d'abord en être de chose, ou de telle chose. Or il ajoute plus loin, qu'une essence réelle est celle qui, n'impliquant aucune contradiction et n'étant pas feinte par l'intellect, est en outre le principe ou la racine d'opérations ou d'effets réels. Si donc on regarde plutôt l'idée présente à l'esprit du métaphysicien, que les mots dans lesquels il a formulé ce qu'il y voyait, il apparaît facilement que, si l'on veut concevoir l'essence de l'être, 1º si on le suppose entièrement indéterminé, il faut y poser quelque chose comme premier; 2º qu'il faut que cette essence ne contienne que des éléments qui ne répugnent pas, c'est-à-dire qui n'impliquent aucune contradiction, et qui ne soient pas déterminés par d'autres, simultanément inclus dans cette essence, puisque autrement les déterminants leur seraient antérieurs; 3º qu'il faut que cette essence contienne encore la raison de tout ce qui s'y trouve constamment inclus, ou peut s'y trouver, puisque autrement on ne pourrait l'appeler la racine des propriétés et des actions dont on dit qu'elles en découlent. La notion de l'essence présente à l'esprit de saint Thomas et de Suarez était donc la même que celle que nous avons déduite *a priori* en la rendant plus distincte et plus déterminée. Descartes a conservé la notion de l'essence qu'il avait recueillie de la philosophie scolastique dans les écoles des Pères de la Société de Jésus. Il dit en effet dans ses *Principes de Philosophie*, P. I, art. 53, qu'il y a pour chaque substance une propriété principale, qui constitue sa nature et son essence, et à laquelle toutes les autres se rapportent. Et son digne interprète Clauberg dit dans sa *Métaphysique*, au sujet de l'être, art. 56, qu' « entre toutes les choses attribuées à un être quelconque, il y en a d'ordinaire une que nous considérons comme le premier, le principal et l'intime de la chose, qui enveloppe en quelque sorte tout le reste, ou, du moins, en est comme la racine et le fondement. C'est cela même que nous appelons l'*essence* de la chose, et que nous nommons en outre sa *nature* par rapport aux propriétés et aux opérations qui en découlent [1] ».

Un tel texte est d'une richesse qui défie l'analyse. Retenons-en du moins le vif sentiment qu'éprouve Wolff de son accord réel avec l'ontologie essentialisée de Suarez. S'il se croit aussi d'accord avec saint Thomas d'Aquin, c'est seulement parce qu'il l'interprète à travers les citations, correctes mais tendancieusement utilisées, que Suarez lui-même avait extraites de ses œuvres. Quoi qu'il en soit d'ailleurs de ce point, Wolff conserve du suarézisme cette thèse fondamentale, que l'essence, et non pas l'exister, est ce qu'il y a de premier dans l'être et la source de toutes ses opérations. Entre *operatio sequitur essentiam* et *operatio sequitur esse*, il faut choisir; or le choix de Wolff est fait et, de ces deux formules, il choisit la première, mettant hardiment dans son parti, en même temps que Suarez, Descartes et Clauberg qui l'interprète. C'est seulement à partir de l'être essentiel ainsi pleinement constitué, et par un nouveau détour, que Wolff va pouvoir finalement atteindre la notion concrète de l'être actuellement existant.

Tout ce qui existe est possible, car le contraire impliquerait que l'impossible existât, ce qui est absurde. Par contre, il n'est pas vrai que ce qui est possible existe par là même. Lorsqu'un artisan conçoit le plan d'une machine possible, il la tient pour telle parce qu'elle ne contient rien de contradictoire, c'est-à-dire aucune pièce que l'on ne puisse effectivement fabriquer et combiner. Il ne résulte pourtant pas de là que cette machine

---

1. *Op. cit.*, 169, p. 73.

existe, mais seulement qu'elle puisse exister. On peut donc dire que l'existence n'est pas déterminée par la possibilité de l'essence, ou, en d'autres termes, que « la possibilité n'est pas la raison suffisante de l'existence ». Outre la possibilité de l'être, quelque chose d'autre est encore requis pour qu'il existe, et c'est pourquoi, dans une formule justement célèbre, Wolff définit nominalement l'existence comme « le complément de la possibilité » : *Hinc existentiam definio per complementum possibilitatis*[1]. Il est très remarquable que la doctrine de Wolff aboutisse sur ce point à des conclusions si proches de celles d'Avicenne. Mais c'est que, l'identification de l'être à l'essence leur étant commune, Wolff ne peut éviter de faire de l'existence un simple mode de l'essence, comme Avicenne en avait fait une sorte d'accident. C'est d'ailleurs pourquoi, chez Wolff, l'existence ne relève pas de l'ontologie comme telle. Rien de plus naturel puisque l'existence ne relève pas directement de l'être. Qu'on analyse l'essence, c'est-à-dire l'être, aussi exhaustivement qu'on le voudra, on n'y trouvera rien de plus que ce qui le constitue comme tel, c'est-à-dire la simple possibilité d'exister, et puisque l'être se réduit à l'essence, qui se réduit elle-même au possible, la science de l'être en tant qu'être, ou ontologie, ne saurait aucunement expliquer pourquoi, dans certains cas, tels possibles privilégiés se voient dotés de l'existence. Pour rendre raison de ce *complementum possibilitatis*, il faut s'adresser aux diverses sciences qui traitent, dans chaque cas particulier, de la cause pour laquelle l'être en question existe. Ainsi, la théologie naturelle démontrera la raison suffisante de l'existence de Dieu et de l'univers ; en Cosmologie, on expliquera comment l'existence des contingents se trouve déterminée dans le monde matériel ; en Psychologie, on dira comment les possibles inclus dans la pensée humaine sont conduits à l'acte. De toute manière, il faudra sortir de l'ontologie pour poser le problème de l'existence ; puisque l'être dont elle traite se confond avec sa pure possibilité passive de recevoir l'existence, la puissance active d'autres êtres, qui sont ses causes, peut seule la lui conférer.

Ce n'est même pas assez de sortir de l'ontologie, car la Cosmologie de Wolff n'a pas davantage qualité pour poser les pro-

---

1. *Op. cit.*, 174, p. 75.

blèmes d'existence [1]. Elle n'est en effet, du moins dans sa partie générale, qu'une promotion de la philosophie première : *Cosmologia generalis scientifica est, quae theoriam generalem de mundo ex ontologiae principiis demonstrat* [2]. Pour trouver la cause du monde, il faut se placer hors du monde et la chercher en Dieu. C'est donc la théologie qui devra résoudre ce problème [3], et comme il lui faudra d'abord établir l'existence de la cause de l'existence du monde, sa première tâche sera de prouver l'existence de Dieu. Qu'est-ce en effet que Dieu? Si l'on s'en rapporte à sa définition nominale, dont, ici comme ailleurs, il faut partir : « on entend par le mot Dieu l'être par soi, en qui se trouve

1. Nous citons la *Cosmologie* d'après l'édition suivante : Chr. WOLFF, *Cosmologia generalis methodo scientifica pertractata, qua ad solidam, imprimis Dei atque naturae cognitionem, via sternitur*, Veronae, apud haeredes Marci Moroni, 1779. Dans la préface (datée de Marbourg, 29 mars 1731), Wolff présente le terme de *cosmologia generalis* comme un néologisme : « Inauditum in Scholis nomen est *Cosmologia generalis*, quam et transcendentalem appellare soleo, nec ullus Metaphysicorum de ea cogitavit vel illis temporibus, quibus spissa de Metaphysica volumina conscribebantur. » La néoscolastique se l'est approprié, en même temps que celui d'ontologie, si bien que ces maîtresses divisions sont beaucoup plus conformes au canon de la doctrine de Wolff qu'à celui des grandes doctrines scolastiques proprement dites. On peut trouver là une nouvelle confirmation de la parenté qui unit 'œuvre de Wolff à celle des philosophes scolastiques, car s'il revendique le droit d'utiliser la terminologie des scolastiques du moyen âge, les scolastiques modernes ne se font pas faute d'utiliser la sienne. L'influence de Wolff sur la scolastique moderne va d'ailleurs parfois plus avant, et on la voit agir jusque sur l'exégèse philosophique du thomisme même. Voir, par exemple, R. GARRIGOU-LAGRANGE, *Dieu, son existence et sa nature. Solution thomiste des antinomies agnostiques*, 3e éd. Paris, G. Beauchesne, 1920, pp. 170-179, où « le principe de raison d'être », selon lequel « tout être a une raison suffisante », se trouve relié au principe d'identité par une réduction à l'impossible et, en ce sens, rendu analytique. Ceux qui raisonnent autrement, assure-t-on (p. 175), se séparent « de la philosophie traditionnelle ». Oui, de celle qui l'est devenue depuis les temps de Leibniz et de Wolff, mais qui est la négation de celle de saint Thomas d'Aquin.

2. *Cosmologia*, Proleg., 4, p. 2.

3. Nous citons la *Théologie* d'après l'édition suivante : Chr. WOLFF, *Theologia naturalis methodo scientifica pertractata...* Veronae, apud haeredes Marci Moroni, 1779 (Préface datée du 31 mars 1736. — L'ouvrage se compose de deux volumes : *Pars Prior, integrum systema complectens, qua existentia et attributa Dei a posteriori demonstrantur*, et *Pars Posterior, qua existentia et attributa Dei ex notione entis perfectissimi et natura animae demonstrantur, et Atheismi, Deismi, Fatalismi, Naturalismi, Spinosismi aliorumque de Deo errorum fundamenta subvertuntur*. Nous indiquons la partie et le paragraphe, suivis du volume et de la page de l'édition citée.

contenue la raison suffisante de l'existence de ce monde visible et de nos âmes [1]. » L'existence de Dieu est donc la première que nous devions atteindre, et la seule voie dont dispose Wolff pour y parvenir est celle qui passe par l'essence, puisque, dans son ontologie, l'être et l'essence ne font qu'un.

La théologie naturelle de Wolff est en effet dominée, ou plutôt animée du dedans, par le principe de raison suffisante. Il doit y avoir, pour tout être, une raison suffisante de son existence. Si cet être n'a pas en lui-même cette raison de son existence, il doit l'avoir dans un autre, et cet autre à son tour dans un autre, jusqu'à ce qu'on atteigne un être qui contienne en soi-même la raison suffisante de sa propre existence. Cet être est ce que l'on nomme l'être nécessaire. Il est donc certain qu'un être néces-saire existe. Mais que faut-il entendre par « avoir en soi-même la raison suffisante de sa propre existence »? Dire « en soi-même », c'est dire « dans son essence ». Si donc il y a vraiment un être nécessaire, c'est-à-dire un « être par soi » ou, comme l'on dit encore, un être doué du privilège de l' « aséité », il faut néces-sairement qu'il ait dans son essence la raison suffisante de son existence : *Ens a se rationem existentiae in essentia sua habet* [2]. On ne peut donc commettre aucune erreur sur la pensée de Wolff en y voyant l'assertion sans réserve d'une causation de l'existence à partir de l'essence. L'image qui s'offre à lui, lors-qu'il se laisse aller à parler la langue commune, c'est que, chez l'être nécessaire, l'existence « découle » nécessairement de l'essence : *dicendum erit, ens a se esse illud, ex cujus essentia necessario fluit existentia* [3]. Ceci revient à dire que la raison suffisante de l'existence de l'être nécessaire doit être cherchée dans ses déterminations essentielles. Or, en s'exprimant ainsi, Wolff ne fait que traduire en termes techniques, à propos de ce problème crucial, le sentiment très vif qu'il éprouve d'une sorte d'infériorité ontologique de l'existence par rapport à l'essence. Toutes les essences, quelles qu'elles soient, sont néces-saires : *essentiae rerum sunt necessariae*, et parce qu'elles sont nécessaires, elles sont immuables : *essentiae rerum sunt immuta-*

---

1. *Theologia naturalis*, I, 67; I, p. 27.
2. *Theologia naturalis*, I, 31; t. I, p. 15. — Cf. « Ens necessarium est, cujus existentia absolute necessaria; seu quod perinde est (§ 308), quod rationem sufficientem existentiae suae in essentia sua habet ». *Ontologia*, 309, p. 132.
3. *Theologia naturalis*, I, 31; t. I, p. 15.

biles [1]. Tout au contraire, l'existence considérée en général n'est pas nécessaire *(existentia in genere considerata necessaria non est)*, si bien que, pour en trouver la raison suffisante, il faut inévitablement la chercher dans quelque chose d'autre qu'elle-même, c'est-à-dire dans l'essence de ce qui existe. Or nous cherchons ici la cause de la cause de toutes les existences; elle ne peut donc se trouver que dans une essence dont les déterminations essentielles soient telles, que son existence en découle nécessairement. C'est en ce sens fort qu'on doit entendre la formule : la raison de l'existence de l'être par soi se trouve dans son essence, et si l'on note qu'il ne s'agit encore ici, dans la pensée de Wolff, que d'une démonstration *a posteriori* de l'existence d'un être nécessaire, on comprendra comment Kant a pu se persuader plus tard que toute preuve de l'existence de Dieu impliquait finalement l'argument « ontologique ». Il en va bien ainsi, en effet, dans une théologie naturelle aussi complètement essentialisée que celle de Wolff, où la pensée ne procède pas d'existences en existences, mais d'essences en essences, jusqu'à ce qu'elle en rejoigne finalement une qui soit comme capable de sécréter son propre acte d'exister.

La définition wolfienne de l'existence comme complément de la possibilité reçoit donc enfin ici tout son sens. Puisque l'essence de l'être nécessaire fonde son existence, et que l'essence de tout être se confond avec sa possibilité, c'est inévitablement dans sa propre possibilité que l'être nécessaire trouve la raison suffisante de son existence : *Ens a se existit ideo, quia possibile* [2]. Formule assez frappante en elle-même et dont le commentaire qu'en donne Wolff ne diminue nullement la portée : « En effet, l'être par soi a dans son essence la raison suffisante de son existence; par conséquent, c'est par son essence qu'on comprend pourquoi il existe, et ainsi la raison pour laquelle il existe, c'est qu'il a cette essence. En effet, c'est par son essence qu'un être est possible, à tel point que l'essence se réduise à sa possibilité intrinsèque. L'être par soi existe donc parce qu'il est possible. » Nous voici ramenés à l'absence de contradiction entre les déterminations essentielles de l'être par soi comme à la raison suffisante de son existence. Ainsi, le fait même que l'existence ne peut en général se conclure de l'essence ou, si l'on préfère, que

1. *Ontologia*, 299 et 300, pp. 130-131.
2. *Theologia naturalis*, I, 34; t. I, p. 16.

la simple possibilité ne suffit généralement pas à déterminer l'existence [1], nous oblige à poser une essence, dont l'existence soit nécessaire en vertu de ses propres déterminations.

Lorsqu'on pose ainsi le possible comme antérieur au réel, et même, dans le cas unique de Dieu, comme capable pour ainsi dire de l'engendrer, la tentation de reprendre une fois de plus l'argument de saint Anselme est à peu près irrésistible. Wolff y a en effet cédé, et dans des conditions qui jettent un jour des plus vifs sur le sens profond de son ontologie. On peut même dire que là, et là seulement, se découvre la signification vraie de l'attitude adoptée par Leibniz et Wolff à l'égard de leurs prédécesseurs sur ce point important. Tous deux savent fort bien que l'origine de l'argument en question remonte à saint Anselme. Ils le savent si bien, qu'ils accusent Descartes et ses disciples de le lui avoir purement et simplement dérobé. Pourtant, eux-mêmes n'hésitent pas à le reprendre à leur tour, mais en assurant qu'ils sont les premiers à lui donner enfin la seule forme sous laquelle il soit validement concluant. Les premiers, en effet, ils commencent par établir que la notion de Dieu, sur laquelle repose la preuve, est « possible ». La démonstration de cette possibilité revient à ceci : l'être absolument parfait est celui à qui toutes les réalités compossibles appartiennent au degré absolument suprême; or, le degré suprême de réalité excluant tout défaut, il est impossible d'en rien nier, et puisque la contradiction consiste à nier et affirmer simultanément la même chose, l'être dont on ne peut rien nier est libre de toute contradiction; il est donc possible [2]. Rien de plus simple, comme on le voit, et l'on s'étonnerait même de l'importance attribuée par Wolff à cette opération dialectique élémentaire, si l'on ne se souvenait à propos que, pour lui, la possibilité de l'essence est vraiment la source de son existence. Ce

---

1. *Ontologia*, 171 et 172, p. 74.
2. *Theologia naturalis*, II, 12; t. II, p. 5. Wolff va jusqu'à soutenir que, ainsi présenté, l'argument est à l'abri des objections dirigées contre lui par saint Thomas d'Aquin, dont les justes exigences sur ce point se trouvent désormais satisfaites. Voir *op. cit.*, Praefatio, p. 2, bas : « Vidit hoc pro acumine suo prorsus singulari... D. Thomas... », et II, 13; t. II, p. 6 : « Affirmavit Anselmus, negarunt alii. Ast D. Thomas pro eo quod ipsi erat, acumine recte monuit, tum demum existentiam entis perfectissimi recte inferri ex ejus notione, ubi probetur enti alicui summam perfectionem, seu phrasi nostra omnes realitates in gradu absolute summo convenire. »

qui n'est qu'une précaution superfétatoire si l'on infère l'existence de Dieu à partir de la perfection de son essence, comme l'ont fait saint Anselme et Descartes, devient au contraire une nécessité, lorsque, comme Wolff, on doit s'assurer d'abord d'une essence afin de pouvoir lui attribuer ensuite l'existence nécessaire comme l'une de ses perfections.

Il faut avoir poussé bien loin la désexistentialisation de l'essence, et peut-être en avoir atteint le terme extrême, pour ramener ainsi son rapport à l'existence à celui d'un sujet à son attribut. Telle que Wolff la conçoit, l'existence, soit contingente, soit nécessaire, n'est en effet rien d'autre qu'une « réalité », c'est-à-dire quelque chose de réellement présent dans un sujet[1]. Exactement, elle est pour lui l'une de toutes ces réalités compossibles, prises en leur degré absolument suprême, que nous savons constituer l'essence de Dieu. A partir de ce point, la déduction logique de Wolff peut se dérouler sans encombre jusqu'à son terme : « Dieu contient toutes les réalités compossibles prises en leur degré absolument suprême. Or Dieu est possible. C'est pourquoi, puisque le possible peut exister, l'existence peut lui appartenir. En conséquence, l'existence est une réalité, et comme les réalités qui peuvent appartenir à la fois à un être sont compossibles, elle est du nombre des réalités compossibles. L'existence nécessaire appartient donc à Dieu, ou, ce qui revient au même, Dieu existe nécessairement[2]. » Nous ne sortons donc pas ici du cercle où nous avait engagés dès l'abord cette théologie de l'essence : *Deus per essentiam suam existit;* mais nous savons désormais que l'existence est assimilable à l'un des prédicats compossibles de l'essence, ce qui nous rapproche plus près encore du type de métaphysique auquel la critique de Kant devra bientôt s'opposer.

Le passage de l'existence nécessaire aux existences contingentes s'effectue, dans la doctrine de Wolff, selon les principes déjà posés par Leibniz, mais avec une précision analytique qui en rend l'observation singulièrement instructive. A l'inverse de Spinoza, qu'il critique sévèrement sur ce point, Wolff main-

---

1. *Theologia naturalis*, II, 5, t. II, p. 2, et II, 20, t. II, p. 7. Dans ce dernier texte, Wolff fait cette intéressante remarque, que « in existentia gradus concipi nequeunt, quam quoad necessitatem existendi... Major itaque existentiae gradus concipi nequit, quam qui existentiae necessariae convenit, consequenter ea gradus absolute summi est ».

2. *Theologia naturalis*, II, 21, t. II, p. 8.

tient la notion de création, avec l'irréductibilité fondamentale
des contingents à toute déduction analytique qu'elle entraîne.
Pour lui comme pour Leibniz le principe de raison suffisante,
non le principe de contradiction, explique seul les existences
contingentes. On dira sans doute qu'il doit y avoir en Dieu une
raison suffisante de sa décision de créer le monde plutôt que de
ne pas le créer. Admettons, si l'on veut, que Dieu ait jugé conve-
nable à sa sagesse de créer un monde pour manifester sa gloire ;
il n'en restera pas moins vrai que, par aucun procédé dialectique, on ne pourra transformer ce motif en une raison néces-
sitante. Dieu se suffit ; il n'a besoin de rien d'autre que soi, et
il lui est donc indifférent que le monde existe ou n'existe pas.
Quant au monde lui-même, son essence finie ne contenant pas
la raison suffisante de son existence, on peut dire que sa création est miraculeuse, et que l'ordre de la nature présuppose,
comme sa condition première, un état miraculeux [1]. Pourtant,
le monde n'a pas été créé par hasard, car, quelque motif de
« convenance » que l'on assigne à la création, il est du moins
certain qu'il y en eut un [2]. En outre et surtout, la décision de
créer le monde une fois admise, on ne doute pas que Dieu n'ait
choisi ce monde-ci plutôt qu'aucun autre pour une raison pleinement suffisante, et cette raison est celle même que Leibniz
a le premier clairement aperçue : Dieu a choisi de créer ce monde-
ci, parce qu'il est le meilleur des mondes possibles. Absolument
parlant, une infinité de mondes différents étaient créables, et
Dieu pouvait librement actualiser n'importe lequel de ces
possibles. Non seulement il le pouvait, mais il le peut toujours [3],
puisqu'il peut toujours actualiser tous les possibles. Pourtant,
entre ces mondes possibles, qui ne diffèrent que par leur degré
de perfection, il y en a un meilleur que tous les autres. Puisqu'il
est meilleur que tous les autres, sa vue est celle qui satisfait
le plus l'intelligence divine, et comme la volonté d'un être libre
choisit toujours ce qui plaît le plus à son intelligence, Dieu,
qui est libre, a choisi de créer le plus parfait des mondes

---

1. Op. cit., I, 768-770, t. I, p. 367. Wolff précise, à l'article 771 (p. 367),
que le premier état du monde n'est pas explicable par la seule essence ou
nature intelligible des choses. En d'autres termes, la raison suffisante de
l'existence du monde n'est pas contenue dans son essence.
2. Op. cit., I, 312, t. I, p. 150, et I, 430, t. I, p. 196.
3. Op. cit., I, 342, t. I, p. 161.

possibles pour la perfection supérieure qu'il y trouvait [1].

Il était difficile de rendre la création plus semblable à une déduction analytique sans la supprimer complètement. Wolff ne part pas du fait, reconnu par lui-même indémontrable, que ce monde soit le plus parfait des mondes possibles, pour justifier sa création par Dieu [2]. Tout au contraire, il part de sa notion d'un Dieu parfait et respectant le principe de raison suffisante, pour en conclure que, puisque c'est ce monde-ci qu'il a créé, ce monde-ci doit être, en dépit de ses imperfections, le plus parfait des mondes possibles. S'il ne l'était pas, quelle raison suffisante Dieu eût-il eu de le créer plutôt qu'un autre? Allons plus loin : s'il n'y avait pas un monde possible plus parfait que les autres, quelle raison Dieu eût-il eue d'en créer aucun? Que ce monde possible soit le plus parfait de tous, c'était pour Dieu une raison objective de le choisir; mais il avait en outre une raison subjective de le faire, savoir, qu'il convenait à sa propre perfection de le choisir [3]. Wolff se sépare donc ici, quoi que lui-même en dise, de la doctrine thomiste selon laquelle, si parfait qu'il eût été, Dieu eût toujours pu en créer à la place un autre plus parfait encore. Une telle indétermination dans cette *res facti* qu'est l'univers répugne profondément à la pensée de Wolff, parce qu'il veut une création libre aussi complètement déterminée qu'une déduction. Il ne lui échappe d'ailleurs pas que, tel que lui-même le conçoit, son Dieu dépend ici complètement, dans sa décision, de la raison objective de la créature connue par son intellect. Mais, fait-il observer, il n'est pas absurde que Dieu dépende de soi-même, puisque cela ne nuit en rien à sa liberté [4].

Ce dernier trait illustre à merveille l'idéal de complète détermination des existences qui domine la pensée de Wolff. L'univers auquel il pense est un univers créé, bien différent par conséquent de l'univers spinoziste auquel il s'oppose [5]; pourtant les choses ne s'y passent pas d'une manière très différente de celle dont elles vont dans l'univers de Spinoza. Le Dieu de Wolff est libre,

1. *Op. cit.*, I, 325, t. I, p. 155.
2. *Op. cit.*, I, 326, t. I, p. 155.
3. *Op. cit.*, I, 339, t. I, p. 160.
4. *Op. cit.*, I, 340, t. I, p. 160. — Sur la position de saint Thomas dans la *Summa theologiae*, I, 25, 6, Wolff s'explique dans sa *Theologia naturalis*, I, 406, t. I, p. 183, commentaire de l'article.
5. *Op. cit.*, II, 695, t. II, p. 330.

mais la raison objective sur laquelle sa volonté se règle est elle-même intégralement déterminée, ce qui revient à dire que le Dieu de Wolff était libre de créer n'importe quel monde, mais que la perfection même de sa liberté le déterminait à n'en créer aucun autre que celui-là même qu'il a choisi et que la perfection intrinsèque de ce monde possible sollicitait irrésistiblement Dieu de le créer. L'essence de l'Univers wolfien ne pose pas simplement sa candidature à l'existence, elle l'impose à la volonté de Dieu même avec une force de suggestion ou un attrait de séduction qu'on peut bien dire irrésistibles. Si l'essence finie n'est pas ici la raison suffisante de l'existence, on admettra du moins qu'elle est la raison suffisante de la décision divine qui lui confère l'existence, puisqu'elle contient effectivement de quoi la déterminer.

CHAPITRE VI

LA NEUTRALISATION DE L'EXISTENCE

Tous ceux à qui l'œuvre de Kant est tant soit peu familière ont reconnu l'importance de ce texte exceptionnel, qu'est la Préface à la deuxième édition de sa *Critique de la Raison Pure*. Avec une modestie d'expression qui ne diminue pas la portée du geste, le professeur de Königsberg s'y présente en révolutionnaire. Car la science n'a jamais progressé que par des révolutions brusques, dont chacune fut le fait d'un seul homme, à partir de qui la science dont il avait entrepris la réforme, ou plutôt accompli la fondation, sortait d'une longue période de tâtonnements stériles et entrait, pour ne plus jamais en sortir, dans la voie royale d'un progrès indéfini. Qu'il y ait eu pareille révolution à l'origine de la science mathématique, Kant n'en doute pas, bien que le nom de l'heureux mortel qui l'effectua ne nous soit pas parvenu. La physique fut plus lente à se constituer comme science, mais on sait que, depuis Galilée, la chose est faite. Reste la métaphysique, dont l'heure de la grande transformation finale est enfin venue, et dont le révolutionnaire est Immanuel Kant. Cette troisième et suprême révolution s'accomplira d'ailleurs dans le même sens que les deux précédentes, au nom de ce même principe, que l'esprit ne trouve dans la nature que ce qu'il y apporte. Principe révolutionnaire en effet, où l'entendement humain osait enfin proclamer son aspiration la plus profonde : créer le réel à son image et ressemblance, afin de pouvoir s'y complaire, dans la certitude absolue de n'y jamais rien rencontrer d'étranger à sa propre essence et de pouvoir toujours s'y retrouver.

Il y a donc chez Kant un côté « Robespierre », que Heine a

discerné avec sa perspicacité coutumière, mais qui ne semble guère intéresser les philosophes, parce qu'étant de l'ordre de l'événement, il est hors de l'ordre de la philosophie. C'est pourtant là qu'est l'origine de son œuvre critique, c'est-à-dire du kantisme proprement dit. Une telle décision présupposait, chez son auteur, la conviction arrêtée que, du moins en tant que science, la métaphysique en était encore à l'état prénatal. C'est ce que Kant a dit en effet avec une force telle, qu'il en a persuadé ses successeurs. Ce sera désormais une banalité d'opposer la solidité, l'unanimité et la stabilité des certitudes scientifiques, à la caducité, à la dispersion et au caractère éphémère des opinions métaphysiques. Ébloui par l'œuvre de Newton, Kant la tenait pour définitive, au lieu que rien de définitif n'avait jamais été fait en métaphysique. Pourtant, il semble qu'un homme au moins eût été capable de constituer la métaphysique comme science, s'il avait eu seulement l'idée de le faire. Cet homme était Christian Wolff, dont Kant a fini par répudier la doctrine, mais dont il a toujours revendiqué la méthode comme celle de toute philosophie qui voudrait désormais se constituer comme science. On ne lit plus guère Wolff aujourd'hui. C'est pourtant un fait qu'aux yeux de Kant, Wolff était la métaphysique même, c'est-à-dire la discipline qu'il entreprenait de réformer ou, plutôt, de faire passer par révolution brusque à l'état de science. Toute sa critique de la métaphysique repose donc sur cette assomption, que l'œuvre de Wolff coïncide avec l'essence même de la métaphysique, ou, si l'on préfère, que la métaphysique en soi ne fait qu'un avec celle « de l'illustre Wolff, le plus grand de tous les philosophes dogmatiques, qui, le premier (et c'est pour cet exemple qu'il a créé en Allemagne cet esprit de profondeur qui n'est pas encore éteint) montra comment, en établissant régulièrement les principes, en déterminant clairement les concepts, en recherchant la rigueur des démonstrations, en évitant les sauts téméraires dans le passage aux conséquences, on peut entrer dans la voie sûre d'une science [1] ». Il s'agit donc bien pour Kant, après avoir établi à quelles conditions une métaphysique en général est possible, de constituer à son tour une métaphysique de type wolfien.

---

1. I. KANT, *Critique de la Raison pure*. Préface de la seconde édition, trad. par P. Mesnard, Paris, Hachette, 1932.

Le fait serait sans grande importance, s'il ne s'agissait ici que d'une simple question de forme ou de technique dans l'ordre de l'exposition, mais Kant tenait à Wolff par des liens plus profonds que lui-même n'en avait conscience. Comme il identifiait le wolfisme à la métaphysique, l'échec de l'un se confondait pour lui avec celui de l'autre. C'est qu'il avait vécu de cette pensée et qu'il en a même longtemps nourri son enseignement. La doctrine de Wolff avait été introduite à l'Université de Königsberg par ce Franz Albert Schultz, dont Wolff lui-même aurait dit : « Si quelqu'un m'a jamais compris, c'est Schultz à Königsberg[1]. » Kant étudia sous Schultz et commença dès lors à subir l'influence de cette « ontologie » abstraite, centrée sur l'*entitas* en général, et pour laquelle, comme on l'a fait justement observer, le monde, l'âme et Dieu n'étaient qu'autant d'objets particuliers, auxquels les catégories ontologiques s'appliquaient, en cosmologie, pneumatologie et théologie, comme en autant de sciences particulières[2]. Si Kant s'est préoccupé si tôt de la preuve de l'existence de Dieu qu'on nomme communément aujourd'hui l' « argument ontologique », c'est qu'en effet, sous la forme que Wolff leur avait donnée, toutes les preuves de l'existence de Dieu étaient « ontologiques ». Disons mieux, toute la métaphysique de Wolff était « ontologique », puisqu'elle se définissait elle-même la science de l'être possible, qui n'atteint l'existence que comme complément de sa possibilité.

C'est là un fait qu'il faut ne pas oublier, si l'on veut comprendre quel événement fut pour Kant la rencontre de Hume. La métaphysique d'Aristote était fondée sur un solide empirisme, auquel, dès le moyen âge, les objections sceptiques d'un Nicolas d'Autrecourt s'étaient vivement opposées, mais qui trouvait en soi de quoi les surmonter. Cette métaphysique d'Aristote, approfondie par saint Thomas d'Aquin jusqu'au plan de l'existence, il ne semble pas que Kant l'ait jamais connue ni personnellement pratiquée. Elle appartenait pour lui, comme pour la plupart de ses contemporains, à cette

1. Fr. Wilh. Schubert, *Immanuel Kant's Biographie*, dans *I. K. Sämtliche Werke*, éd. par K. Rosenkranz et Fr. W. Schubert, t. XI, 2ᵉ partie, Leipzig, 1842; p. 28.

2. K. Rosenkranz, *Geschichte der Kant'schen Philosophie*, dans éd. cit., t. XII, p. 44.

« Scholastique » périmée et justement méprisée dont la réforme de Bacon et l'essor de la science moderne avaient délivré l'esprit humain. Il est vrai que ce qu'il nommait « métaphysique » était pareillement issu, au moins pour une bonne part, de la scolastique, mais elle était venue vers lui à travers les siècles, d'une source que lui-même ignorait. A travers Wolff, que nous l'avons entendu nommer « le plus grand des philosophes dogmatiques », et Suarez, que nous avons entendu Wolff nommer l'interprète le plus profond du problème de l'être, il héritait de cette métaphysique avicennienne de l'essence commune, où l'existence survenait à l'essence comme une sorte d'accident, c'est-à-dire déjà comme un *complementum possibilitatis*. Lorsqu'il déclare que la lecture de Hume l'a « éveillé de son sommeil dogmatique [1] », c'est à ce dogmatisme-là qu'il pense, le seul qu'il ait jamais connu, dont il ait pour un temps essayé de vivre et dont on conçoit qu'il se soit un jour évadé pour ne pas y périr asphyxié. Le dogmatisme qui constitua d'abord pour lui la métaphysique était une pure construction rationnelle *a priori*, et c'est ce que ce dogmatisme est demeuré pour lui, même alors que, grâce à son idéalisme critique, il estimait avoir surmonté le scepticisme de Hume. Un interprète de Kant dont la bienveillance à son égard est entière, l'a dit excellemment : « C'est la métaphysique ainsi entendue qui, par Wolff, devint prépondérante en Allemagne et exerça sur Kant une grande influence. Pour pouvoir s'opposer directement au scepticisme de Hume, il fallait aussi la naïveté enfantine avec laquelle la philosophie de Wolff maniait toutes les catégories ontologiques, une naïveté dans laquelle Kant avait été si profondément immergé jusqu'en sa maturité même, et dans laquelle il a, au total, si bien persévéré, qu'il l'a accueillie sans scrupule dans son système en qualité de formes de l'entendement. Cette confiance lui a été souvent reprochée depuis comme un manque de critique. [2] » Constatons du moins qu'il l'a eue et que de la collision de cette confiance avec le scepticisme de Hume est né le mouvement de réflexion dont la *Critique de la raison pure* marque l'aboutissement.

C'est la démonstration par Hume du caractère non analytique du rapport de causalité qui a retenu d'abord l'attention de

---

1. KANT, *Prolégomènes à toute métaphysique future*, Préface.
2. K. ROSENKRANZ, *op. cit.*, p. 44.

Kant. Rien de plus naturel, car s'il est un rapport que la raison ne puisse penser *a priori* et à partir de purs concepts, c'est bien celui qui lie la cause à son effet. Car la raison se heurte ici au mystère de l'existence. Comme le dit Kant lui-même : « Il est absolument impossible d'apercevoir pourquoi, parce qu'une certaine chose existe, quelque chose d'autre devrait nécessairement exister aussi, et comment le concept d'une pareille liaison se laisserait introduire *a priori* [1]. » L'opposition de l'empirisme de Hume au dogmatisme de Wolff dépassait pourtant de beaucoup le problème de la causalité. Elle s'affirmait sous sa forme la plus générale dans cette célèbre phrase de l'*Enquiry* : « Tous les objets d'étude de la raison humaine peuvent se diviser naturellement en deux genres, savoir, des relations d'idées et des questions de fait. » Du premier genre sont la géométrie, l'algèbre et l'arithmétique, bref, toutes les sciences dont les propositions sont intuitivement ou démonstrativement certaines pour la pensée seule, indépendamment de toute relation à quoi que ce soit d'existant au monde. Les questions de fait ne s'établissent pas de la même manière et leur certitude, si haute soit-elle, n'est jamais de même nature. Le contraire de toute question de fait restant toujours possible, parce qu'il n'implique aucune contradiction, on ne peut jamais démontrer avec évidence qu'une relation de fait soit nécessaire. Le rapport de cause à effet n'est que le type le plus commun des relations de ce genre, parce que c'est sur lui que se fondent tous les raisonnements touchant des questions de fait [2].

Ce qui inspirait au fond l'empirisme de Hume, c'était donc une revendication des droits de l'existence sacrifiés par tant de métaphysiques. En niant qu'elle pût jamais se déduire *a priori* d'aucun concept ni par simple voie de concept, le philosophe anglais opposait à l'ontologie de Wolff la négation la plus radicale qu'elle pût recevoir, et c'est ce que Kant a fort bien compris. Par ce qu'il devait toujours conserver de l'empirisme de Hume, une veine d'existentialisme est entrée dans la structure de la *Critique de la raison pure*, qu'elle traverse tout entière. C'est à elle que la doctrine de Kant doit être un idéalisme critique, et non pas un idéalisme tout court.

---

1. KANT, *Prolégomènes à toute métaphysique future*, Préface.
2. D. HUME, *An Enquiry concerning Human Understanding*, sect. IV, part. 1, n. 20-21; éd. L. A. Selby-Bigge, Oxford, 2ᵉ éd. 1902, pp. 25-26.

Si, à partir de 1755 environ, Kant se détache de plus en plus de Wolff pour reconnaître de plus en plus explicitement l'irréductibilité du réel au pur logique, c'est en grande partie, à l'influence de Hume qu'il le doit. Disons, si l'on préfère, que la lecture de Hume l'a conduit à prendre claire conscience d'une objection fondamentale au wolfisme qui semble avoir de bonne heure hanté son esprit [1].

Quoi qu'il en soit de ce point, le fait est qu'en 1763, trois importants écrits de Kant attestent combien profondément l'empirisme de Hume a déjà marqué sa pensée. D'abord, Kant y accueille purement et simplement la distinction fondamentale introduite par Hume entre les relations d'idées et les questions de fait. Dans sa *Tentative pour introduire en cosmologie le concept de quantités négatives*, Kant reprend à son compte cette même distinction, qu'il formule pourtant en termes plus précis. Après avoir rappelé qu'on peut facilement comprendre comment une conséquence dérive d'un principe en vertu du principe d'identité, puisque alors la conséquence est déjà contenue dans le principe, il ajoute cette importante remarque : « Mais comment quelque chose découle de quelque chose d'autre, et point en vertu de la règle d'identité, c'est ce que j'aimerais bien qu'on m'éclaircît. Je nomme *fondement logique (den logischen Grund)* le premier genre de fondement, parce que son rapport à la conséquence peut être considéré comme logique, c'est-à-dire comme évident selon la règle de l'identité, mais le deuxième genre de fondement, je le nomme *fondement réel (den Realgrund)*, parce que, bien que ce rapport appartienne à mes concepts vrais, sa nature même ne se laisse réduire à aucune sorte de jugement. » Visiblement, Kant n'a pas encore découvert la classe des jugements synthétiques *a priori* qui, dans la *Critique*, accueillera toutes les relations de ce genre, mais le problème de Hume se pose désormais pour lui dans toute sa force : *Wie soll ich es verstehen*, Dass, Weil Etwas ist, Etwas Anders sei? Comment comprendre

---

1. Sur cette évolution de la pensée de Kant, voir les excellentes pages de R. Verneaux, *Les sources cartésiennes et kantiennes de l'idéalisme français*, Paris, G. Beauchesne, 1936, pp. 224-241. — Sur les scrupules qu'éprouvait Kant dès 1755, voir *op. cit.*, pp. 224-225; pour une première critique de l'argument ontologique, voir pp. 226-227.

que, parce que quelque chose est, quelque chose d'autre soit [1] ?

Ce problème de Hume, non seulement Kant l'accepte dès lors dans toute sa force, mais il l'approfondit aussitôt, ce que Hume n'avait pas su faire, en le transposant du plan de la noétique à celui de l'ontologie. Ce qui distingue ces deux classes de relations, c'est en effet que les relations logiques s'établissent entre un concept et un autre concept, au lieu que les relations réelles sont celles d'un existant avec un autre existant. C'est pourquoi l'ontologie de Wolff échoue fatalement à fonder des rapports de ce genre. Admettons qu'il y ait en Dieu la notion d'un meilleur des mondes possibles, le problème de l'existence du monde reste intact. Car le fondement *réel* de l'existence du monde ne peut pas être un concept : « La volonté de Dieu seule contient le fondement réel de l'existence du monde. La volonté divine est quelque chose. Le monde existant est *quelque chose de tout autre.* Pourtant l'un est posé par l'autre [2]. » Comment concevoir un tel rapport?

Mais, tout d'abord, comment concevoir le rapport en vertu duquel, partant de l'essence de Dieu, nous poserions sa propre existence? Voilà l'épreuve décisive à laquelle Kant soumet le wolfisme dans *L'unique fondement possible d'une démonstration de l'existence de Dieu* (1763). Épreuve décisive, disons-nous, parce qu'il s'agit de voir si, au moins dans le cas vraiment privilégié où la notion dont on part est celle de l'être infini et parfait, il est possible d'en déduire analytiquement l'existence. Or il apparaît aussitôt que cette opération n'est pas possible. Si Wolff lui-même a cru pouvoir la réussir, c'est qu'il n'a pas pris garde au caractère irréductible de l'existence. Il s'agit pourtant là, nous assure Kant, d'un « concept très simple et très facilement compréhensible », dont il se dispenserait de préciser le sens, n'était l'absolue nécessité de le faire pour établir le seul fondement possible de la démonstration de l'existence de Dieu. Kant ajoute toutefois immédiament, qu'on ne doit pas s'attendre à le voir commencer par une définition formelle de l'existence *(Dasein)* et, comme on pouvait le pré-

1. I. KANT, *Versuch den Begriff der negativen Grössen in die Weltweisheit einzuführen*, III, Allgemeine Anmerkung. La formule de Kant s'inspire directement de l'Appendice de Hume à son *Traité de la nature humaine*, éd. Selby-Bigge, Oxford, 1936, pp. 635-636.

2. *Op. cit., ibid.*

voir, il s'attache d'abord à nous dire ce que l'existence n'est pas.

Peut-être vaudrait-il mieux dire que Kant s'attache d'abord à nous dire quelle est la seule chose dont il doit être bien entendu que l'existence ne l'est pas. Ce qu'elle n'est pas, avant tout, c'est un prédicat, c'est-à-dire une détermination logique d'un sujet. Prenons comme exemple un sujet possible quelconque, tel que Jules César. Admettons-le comme posé dans l'entendement de Dieu. Il s'y trouve assurément avec toutes les déterminations qui lui appartiennent en droit, et qui lui appartiendraient en fait s'il existait, y compris même les moindres déterminations de temps et de lieu qui sont incluses dans sa notion. Supprimez par hypothèse, ou simplement altérez l'une quelconque d'entre elles, ce n'est plus du même Jules César qu'il s'agit. On doit donc dire que, prise en tant que pur possible, la notion de Jules César inclut absolument tous les prédicats requis pour sa complète détermination. Pourtant, en tant que pur possible, Jules César n'existe pas. Sa notion peut donc être complètement déterminée sans inclure l'existence, d'où il suit que, si l'existence réelle se trouve conférée à ce possible, elle ne pourra pas s'y ajouter à titre de prédicat. Bref, puisque la notion de tout possible inclut par définition la totalité de ses prédicats, il est impossible que l'existence en soit un. C'est donc par une erreur de langage qu'on parle comme si elle en était un. Nous nous exprimons en effet le plus souvent comme si l'existence appartenait à nos notions. On perdrait sans doute son temps à lutter contre cette imperfection de la parole humaine, mais il faut du moins y prendre garde. Ne disons pas : « des hexagones réguliers existent dans la nature, mais bien : à certaines choses dans la nature, comme les cellules d'abeilles ou le cristal de roche, conviennent les prédicats inclus dans le concept d'hexagone [1] ». Ainsi, bien loin que l'existence soit ici comme un attribut du possible, ce sont tous les prédicats du possible qui s'attribuent correctement à l'existant.

Kant se trouve conduit par là tout près du fait existentiel proprement dit, en ce sens du moins qu'il aboutit à le situer au-delà du simple possible et hors de l'ordre entier des attributs. Or ce qui caractérise cet ordre, c'est qu'il est celui des relations

---

1. I. KANT, *Der einzig mögliche Beweisgrund zu einer Demonstration des Daseins Gottes*, I Abt., 1 Betr., 1.

logiques. On le reconnaît à ce signe, que le verbe « être », qui est
là précisément afin d'affirmer les relations de ce genre, n'y joue
d'autre rôle que celui de la copule dans un jugement. Tout
prédicat est donc attribué à son sujet possible, par un jugement
où le terme « est », simple signe de l'attribution logique, n'implique aucunement l'existence. Il suit immédiatement de là que,
tout au contraire, lorsque le verbe « est » signifie l'existence, ce
qu'il désigne ne peut pas être une relation. Lorsque je dis :
Jules César est, je n'attribue aucun prédicat nouveau à la notion,
déjà complètement déterminée en elle-même, de Jules César,
je pose absolument Jules César, y compris toutes les déterminations qu'il inclut. Il en va de même de la notion de Dieu.
Tout le monde accorde que, si Dieu existe, il est tout-puissant,
puisque ce prédicat est nécessairement inclus dans la notion
d'un Dieu possible; mais si je dis : Dieu existe, je pose d'un
seul coup et absolument Dieu lui-même avec la totalité de ses
attributs [1].

En définissant ainsi le jugement d'existence comme une position absolue, par opposition aux jugements de relation qui
construisent les notions des simples possibles, Kant laissait
intact le problème de la nature même de l'existence. Or il ne
pouvait l'aborder de front sans en revenir à la vieille question
du rapport de l'essence et de l'existence. C'est ce qu'il a fait
en se demandant, dans une section distincte de son traité :
« Puis-je bien dire que, dans l'existence *(im Dasein)*, il y ait
plus que dans la pure possibilité »? A la question ainsi posée,
Kant répond aussitôt qu'il faut d'abord distinguer *ce que* l'on
pose, et *comment* on le pose. Le « ce que » auquel pense ici Kant,
n'est rien d'autre que l'essence même, c'est-à-dire le possible
pris avec tous les prédicats qui le déterminent. Or puisque, par
définition, le possible inclut tous ses prédicats, « ce que » ce
possible est ne contient rien de plus, si on le pose comme existant, que si on le pose comme simple possible. L'existence
n'étant pas un prédicat, il n'y en a pas un de moins dans
Jules César possible que dans Jules César existant. Inversement,
si l'on observe « comment » Jules César se trouve posé, on
ajoute quelque chose au possible en lui attribuant la réalité.
Tant qu'il ne s'agissait que du possible, il n'était encore question que des rapports de ses déterminations à un certain sujet;

1. I. Kant, *op. cit.*, I, 1, 2.

à présent qu'il s'agit du réel, c'est le sujet lui-même qui se trouve posé, avec toutes les déterminations qui le constituaient comme possible.. Ce que l'existence ajoute au possible, c'est donc le sujet lui-même comme pris dans sa réalité absolue. Ainsi, poursuit Kant qui se trouve à son tour ici aux prises avec l'ineffabilité de l'existence, on ne pose pas un prédicat de plus en posant l'existence, mais « ce que » l'on pose se trouve « plus posé » *(mehr gesetzt)*. Après ce suprême effort, il ne reste plus à Kant qu'à se détendre un peu, en se résumant. Disons donc que, « dans un existant, rien de plus ne se trouve posé que dans un simple possible, puisqu'il ne s'agit alors que de ses prédicats; seulement, par quelque chose d'existant, il est posé plus que par un simple possible, puisque cela implique en outre la position absolue de la chose même. En effet, dans la simple possibilité, ce n'est pas la chose même, mais seulement les simples relations de quelque chose à quelque chose, qui se trouvent posées d'après le principe de contradiction, et il reste établi que l'existence n'est proprement aucun prédicat d'aucune chose [1] ».

Ayant atteint cette conclusion par voie d'analyse directe, Kant déclare qu'il n'a nullement l'intention de la confirmer par la réfutation des opinions contraires. Le lecteur, estime-t-il, saura bien apprécier lui-même ce qu'ont de neuf et de différent les thèses qui lui sont ici proposées. Kant a donc conscience de faire œuvre originale en formulant ici ces *neue und abweichende Lehrsätze*, mais rien ne montre mieux combien la nouveauté et l'originalité diffèrent. Originale, cette détermination philosophique de la notion d'existence l'est assurément, puisque Kant ne la doit qu'à sa propre réflexion; neuve, elle ne l'est au contraire assurément pas, car elle revient, pour l'essentiel, à la doctrine scotiste qui faisait de l'existence un *modus* de l'essence, savoir, ce mode même qui la pose d'un seul coup comme réelle avec la totalité de ses déterminations. La pensée de Kant n'était ici vraiment originale, comme il est d'ailleurs naturel, que par rapport à ce que lui-même savait de l'histoire de la philosophie. Or, au cours de sa longue carrière de professeur, Kant n'a jamais enseigné la philosophie à partir de Platon ou d'Aristote, et bien moins encore à partir des grands métaphysiciens du moyen âge; les textes qu'il commentait devant ses

---

1. *Op. cit.*, I, 1, 3.

élèves n'étaient que ce que nous nommerions aujourd'hui des
« manuels de philosophie », notamment Meiern pour la Logique,
Baumgarten pour la métaphysique et la morale, auxquels,
en 1759, il renvoyait ses auditeurs. Être original, pour Kant,
c'était enseigner autre chose que ces auteurs, mais c'était
surtout enseigner autre chose que Wolff.

Nouvelle et aberrante *par rapport à celle de Wolff*, cette
détermination kantienne de l'existence l'était assurément, et
c'est si bien ce que Kant veut dire, qu'aussitôt après s'être
défendu d'établir l'originalité de sa propre thèse, il montre en
quoi elle diffère de celles de Wolff et des wolfiens Baumgarten
et Crusius. Wolff enseigne que l'existence est le « complément
de la possibilité ». Rien de plus vague, car « si l'on ne sait pas
d'avance ce que l'on peut concevoir d'une chose, outre sa possibilité, cette explication ne l'apprendra certainement pas ».
Baumgarten introduit l'existence comme la complète détermination de l'objet, qui achève ce qu'ont encore d'incomplet
l'essence et ses prédicats [1]; mais, nous l'avons vu, l'essence d'un
possible inclut la détermination complète de tous ses prédicats
et, de plus, l'existence elle-même n'est pas une relation qui
s'ajouterait à d'autres relations. Quant au « célèbre Crusius »,
il voit dans le « quelque temps » et le « quelque part » des
indices suffisants de l'existence, mais ces indices appartiennent
déjà à l'essence de tout individu possible. Ahasverus est certainement un homme possible, dont la notion inclut celle de tous
les pays où ce juif errant doit errer, et de tous les temps que
cet homme éternel doit vivre; pourtant, Ahasvérus n'existe
pas [2]. Visiblement, ce que Kant trouve d'original dans sa
propre doctrine, c'est la redécouverte qu'il vient de faire,
après sa lecture de Hume, du principe fondamental d'Avicenne que l'analyse du concept d'aucune essence finie ne permet jamais d'y découvrir l'existence [3]. Tout se passe donc,
vers 1763, comme si, grâce à Kant, l'acte d'exister allait

---

1. « Existentia est complexus affectionum in aliquo compossibilium,
id est complementum essentiae sive possibilitatis internae, quatenus haec
tantum ut complexus determinationum spectatur. » Al. Gottlieb BAUM-
GARTEN, *Metaphysica*, P. I, c. 1, s. 3, n. 55; 4ᵉ éd., Halae Magdeburgicae,
1757, pp. 15-16.
2. I. KANT, *op. cit.*, I, 1, 3.
3. I. KANT, *op. cit.*, III, 2, début du chapitre.

reprendre place en métaphysique et y revendiquer de nouveau ses droits.

C'est bien ce qui devait en effet arriver, en un certain sens du moins et sous une forme assez curieuse. Il est en effet évident que la *Critique de la raison pure* repose, comme sur une de ses assises les plus fermes, sur l'admission préalable d'un donné irréductible, que l'on ne saurait d'aucune manière déduire *a priori* par voie de concepts. Ce donné n'est autre que l'ordre de la sensibilité : non pas, certes, de toute la sensibilité, puisque même cette dernière relève de la philosophie transcendentale, en tant qu'elle implique les formes *a priori* de l'espace et du temps; mais s'il est un ordre de connaissance où quelque chose de non *a priori* nous soit donné, c'est bien celui de la sensibilité. Celle-ci représentera toujours dans l'œuvre de Kant l'étage Hume, fait pour accueillir ce qu'il y a d'irréductiblement *question of fact* dans toute connaissance réelle, comme, à l'autre extrémité, la « raison pure » représentera toujours l'étage Wolff, où une métaphysique précritique tente vainement d'extraire des connaissances réelles de concepts vides de tout contenu. Hume seul, c'est le donné seul et par conséquent le scepticisme. Wolff seul, c'est la raison seule et par conséquent le dogmatisme. Entre les deux, l'idéalisme critique de Kant introduira le plan de l'entendement, soucieux d'unir toujours l'intuition sensible au concept, puisque, sans le concept, l'intuition sensible est aveugle, mais que, sans l'intuition sensible, le concept est vide. Justifier ce mode de connaissance réelle par concepts, dont la physique de Newton venait de donner au monde l'exemple typique, telle fut la tâche propre de la *Critique de la raison pure*, mais on voit que cette critique présupposait bien, comme une sorte de fait irréductible, la dualité primitive des sources de toutes nos connaissances réelles. Or ce qu'il y a ici de plus remarquable, c'est que ce qu'il reste d'irréductiblement donné et reçu dans l'univers kantien de l'idéalisme critique, ce soit précisément l'intuition sensible d'objets pensables. Comme le dit Kant lui-même au début de sa *Critique* : « La seule chose qui semble ici nécessaire, à titre d'introduction ou de rappel préalable, c'est de noter qu'il y a deux souches de la connaissance humaine, qui naissent peut-être d'une racine commune mais inconnue de nous, à savoir la *sensibilité* et l'*entendement*. Par la première, des objets nous sont *donnés*, au lieu que, par la deuxième, ils sont *pensés* [1]. » Or, nous l'avons vu, poser absolument les objets comme tels, c'est poser leur existence même. Le moment empiriste qu'inclut la critique de Kant est donc bien, en ce sens, une revendication contre Wolff des droits de l'exister.

En tant qu'il comporte ce moment empiriste, l'idéalisme critique inclut un réalisme, qui le protège efficacement contre l'idéalisme absolu. Lorsque l'analyse transcendentale a fait voir quels éléments purs la sensibilité et l'entendement apportent avec eux comme leur contribution propre à la constitution des objets de pensée, il reste cet apport primitif de l'intuition sensible, à l'égard duquel la sensibilité se comporte d'une manière purement réceptive, et devant lequel toutes les tentatives de Leibniz et de Wolff pour le réduire à de l'intelligible confus sont finalement destinées à échouer. C'est même pourquoi, lorsqu'il a dû se défendre contre l'accusation d'idéalisme, Kant a pu répondre avec une sincérité où la « naïveté » de son réalisme éclate : « Ce que j'ai appelé idéalisme ne concernait pas l'existence des choses ; or douter de leur existence constitue proprement l'idéalisme au sens reçu de ce terme, et il ne m'est jamais venu à la pensée d'en douter [2]. » L'idéalisme critique ainsi entendu inclut donc un réalisme de l'existence, dont on peut dire à bon droit qu'il est un réalisme naïf. C'est même pourquoi Kant ne rejette pas seulement ce qu'il nomme l'idéalisme dogmatique de Berkeley, pour qui le monde matériel n'existe pas, mais aussi bien ce qu'il nomme l'idéalisme problématique de Descartes, pour qui l'existence du monde extérieur, quoique certaine, constitue du moins un problème. Pour Kant, il n'y a pas même de problème de l'existence du monde extérieur : *res sunt* est à ses yeux d'une évidence non moins immédiate que ne l'est *ego cogito*, et non seulement ces évidences sont également immédiates, mais elles sont de même nature ; la réalité des phénomènes matériels est immédiatement perçue dans l'intuition de l'espace, comme celle du sujet connaissant est immédiatement perçue dans l'intuition du temps.

Mais ce donné lui-même, que notre sensibilité doit purement et simplement recevoir, en quoi donc au juste consiste-t-il ?

1. I. KANT, *Kritik der reinen Vernunft*, Einleitung, VII, fin.
2. I. KANT, *Prolegomena*, Der transszendentalen Hauptfrage, I Teil, Anm. 3.

Dès qu'on pose cette question, on voit s'amorcer, avec le commencement de sa réponse, l'immense opération dialectique par laquelle Kant va s'efforcer de limiter, contenir et canaliser le jaillissement existentiel qui, s'il suivait librement son cours, menacerait de ruine le savant édifice de la *Critique*. Hume s'était offert sans défense à la spontanéité d'un réel anarchique, d'où son scepticisme final, qui n'exprime que l'impossibilité de découvrir dans les choses elles-mêmes l'intelligibilité que l'esprit seul leur confère. Tout autre est l'attitude de Kant, puisque, nous l'avons dit, sa mission personnelle de réformateur commence avec sa décision d'imiter en métaphysique l'exemple de la mathématique et de la physique, c'est-à-dire de fonder sur les nécessités internes de la pensée même la connaissance que nous en avons. C'est par là que, bien qu'elle repose sur un certain réalisme, la critique de Kant peut revendiquer justement le titre d'idéalisme, avec tout ce que ce titre comporte de rébellion consciente contre le donné comme tel et de refus délibéré de s'y soumettre. A cet égard, l'appareil technique ajusté par la *Critique de la raison pure* peut sembler de peu d'importance au prix de la décision initiale de Kant, dont elle n'est que l'exécution laborieuse, de ne plus se laisser tyranniser par une soi-disant « nature » qui, n'était celle que l'esprit lui confère, serait dépourvue de toute intelligibilité. C'est ici que le ton révolutionnaire de l'entreprise kantienne sonne le plus clairement. Kant a décidé une fois pour toutes de « forcer la nature à répondre à ses questions, au lieu de se laisser conduire en lisières ». L'étendard de la révolte est désormais levé : « La raison doit donc se présenter à la nature tenant dans une main ses principes, qui seuls peuvent donner à des concordances entre phénomènes l'autorité des lois, et, dans l'autre, l'expérimentation telle qu'elle se l'imagine d'après ses principes : elle veut s'instruire auprès d'elle, non certes comme un écolier qui se laisse enseigner au gré du maître, mais au contraire comme un juge en fonctions qui force les témoins à répondre aux questions qu'il leur pose [1]. » Citée au tribunal de ce juge, l'existence ne pourra désormais qu'en subir les lois.

Ces lois semblent d'ailleurs se réduire à une seule, qui est,

---

1. I. KANT, *Critique de la raison pure*, préface de la 2ᵉ éd., trad. P. Mesnard, p. 21.

pour l'existence, de n'être là à nulle autre fin, de n'avoir nulle autre fonction à remplir que de subir docilement toutes les lois que lui impose l'esprit. Kant la capte pour ainsi dire à sa source et, comme un de ces torrents de montagne qu'utilise l'industrie, il lui interdit de se laisser voir tout en la contraignant à servir.

Remarquons en effet que, si la réalité du monde extérieur est posée par Kant comme une évidence immédiate, c'est que même son extériorité nous est intérieure. L'espace même, dans lequel les objets du dehors nous sont immédiatement donnés, est une forme *a priori* de la sensibilité. L'existant que nous saisissons ainsi d'une prise directe ne doit pas être conçu comme un « en soi » qui, en tant précisément qu'en soi, nous est inconnaissable par définition. Il ne peut y avoir de réel que dans une perception; l'essence même du réel comme tel implique donc qu'il soit perçu, si bien que les formules de « réel » et de « réel perçu » signifient vraiment la même chose. S'il en est ainsi, on peut dire que les objets extérieurs, les corps, ne sont quelque chose de réel que dans et par nos représentations. Posés comme non représentés, ils ne sont rien de réel, ils ne sont rien. C'est pourquoi d'ailleurs on dit que ces objets ne sont rien d'autre que des phénomènes, puisque leur être même est d'apparaître; en revanche, et précisément pour la même raison, il leur suffit d'apparaître pour être, et c'est pourquoi les objets extérieurs nous sont immédiatement donnés, dans leur réalité même, du seul fait que nous en avons conscience à titre de représentations. Ainsi le réalisme n'est un réalisme immédiat que dans la mesure où il est un idéalisme, et Kant lui-même en avait claire conscience, lorsqu'il constatait le caractère « paradoxal » de cette proposition : « Il n'y a rien dans l'espace que ce qui y est représenté. » Paradoxale, en effet, et pourtant exacte, puisque, l'espace n'étant lui-même qu'une représentation, il ne peut rien y avoir dans l'espace qui ne soit dans sa représentation. Ce qui n'est pas dans l'espace, et qui pourtant existe, c'est la chose en soi, mais, en tant précisément que chose en soi, elle ne saurait être pour nous un objet; n'étant pas un objet, elle n'est pas pour nous « réelle ». Pour qui poursuit la chimère d'une « chose en soi connue », il est en effet paradoxal de dire qu'il n'y a rien dans l'espace que ce qui y est représenté, mais la formule est rigoureusement exacte pour nous, qui ne parlons pas de connaître des choses en

soi, mais seulement des phénomènes, c'est-à-dire des représentations [1].

Il y a donc, dans l'idéalisme critique, un point quasi imper-
ceptible, où l'existence se trouve donnée, pour être aussitôt
captée par les formes *a priori* de la sensibilité en attendant
qu'elle le soit par les catégories de l'entendement. Ce point
coïncide avec ce que Kant nomme « l'intuition empirique »,
fait d'importance capitale dans sa doctrine, puisque c'est à lui
que se réduit ce qu'elle conserve d'authentiquement réaliste.
Grâce à l'intuition empirique, on est en droit de dire que la
matière dont nos intuitions spatiales des objets sont faites est
quelque chose de réellement « donné », et non pas une simple
fiction de l'esprit. A la différence de l'idéalisme de Berkeley,
l'idéalisme critique admet vraiment qu'il y ait, dans l'esprit,
quelque chose qui ne vienne pas de l'esprit, seulement, ce
donné s'épuise ici dans sa fonction de donné même. Il est « ce
qui est intuitionné dans l'espace », et, si l'on nomme sensation
ce qui désigne cet x comme rapporté à l'espace ou au temps,
on peut dire que l'x capté par l'intuition empirique se confond
en fait pour nous avec la sensation que nous en avons. L'idéalisme critique s'accorde donc un donné pour être sûr de ne pas
penser à vide, mais il prend aussitôt les mesures nécessaires
pour que ce donné ne réserve jamais aucune surprise à la
pensée qui l'accueille. Depuis l'instant même où il le réfracte
dans les formes *a priori* de la sensibilité, jusqu'au moment où
il l'organise en science grâce aux catégories de l'entendement,
l'esprit jouit sans réserve du privilège d'exploiter un donné
qui soit un réel, et qui ne contienne pourtant absolument rien
que ce qu'y met l'esprit.

Il faut le dire de l'existence même. Car nous avons parlé de l'x
capté par l'intuition empirique comme d'un existant, mais il
ne l'est pas pour l'intuition empirique elle-même. Absorbée
tout entière par ce choc qui lui vient d'ailleurs, elle ne fait rien
de plus que le subir et l'offrir à la sensation qui rapporte aussitôt
ce donné à l'espace ou au temps. Pour que l'existence soit
connue, il faut qu'un jugement la pose comme celle d'un objet.

---

1. I. KANT, *Kritik der reinen Vernunft*, dans le texte de la 1re édition,
que rien ne peut remplacer sur cette question : *Dialectique transcendentale*,
liv. II, ch. I, 4e Paralogisme de l'idéalité du monde extérieur.

Mais comment ce jugement la pose-t-il, et qu'atteint-il au juste en la posant? A la question ainsi formulée, une seule réponse demeurait possible. Nous avons trouvé l'origine même des réflexions personnelles de Kant dans la constatation, qu'il a faite de bonne heure, du caractère non analytique de l'existence. On se souvient de ce que signifie cette thèse : l'existence peut s'ajouter au concept de n'importe quel objet, ou s'en retrancher, sans en varier aucunement le contenu, parce que l'existence n'est jamais un prédicat. Or, parmi les diverses fonctions du jugement, il en est une qui se distingue justement par ce caractère remarquable de n'affecter en rien le contenu même du jugement. Cette fonction est celle de sa modalité. Les modalités du jugement correspondent aux diverses valeurs que la pensée peut attribuer à sa copule, selon qu'elle pose son affirmation ou sa négation comme problématique (possible), assertorique (réelle), ou apodictique (nécessaire). Or le jugement, qui pose une relation synthétique, présuppose lui-même un principe de synthèse, qui est un concept pur *a priori*, en un mot, une catégorie. Aux trois modalités du jugement correspondent donc trois catégories de la modalité, qui sont, si on leur adjoint leurs contraires : possibilité et impossibilité, existence et non-existence, nécessité et contingence. En comparant ces deux tables, on constate que l'existence est une des catégories de la modalité des concepts et, plus précisément, celle qui correspond à la modalité assertorique du jugement, c'est-à-dire au cas où la relation que la copule signifie est posée comme réelle.

Attachons-nous aux jugements qui forment cette classe. En quoi consiste la « réalité » qu'ils affirment? Le réel ne peut être ici que le donné même qui s'offre à la pensée dans la sensation. On posera donc comme un postulat de la pensée empirique en général, que « ce qui s'accorde avec les conditions matérielles de l'expérience (de la sensation) est réel [1] ». La modalité que nous nommons réalité ne désignera donc pas une détermination nouvelle de l'objet, qui serait l'existence. Le concept de l'objet auquel elle s'applique est déjà complet en lui-même, et, comme nous l'avons dit, l'existence n'est pas un

---

1. I. KANT, *Kritik der reinen Vernunft*, Die transszendentale Analytik, II Buch, 4 : *Die Postulate des empirischen Denkens überhaupt*.

prédicat supplémentaire qu'on lui puisse ajouter. Elle ne peut donc correspondre qu'à un certain rapport de l'objet de la pensée, ainsi complet en lui-même, à l'usage qu'en fait la pensée. Plus précisément, la réalité d'un objet de pensée tient à la nature empirique de l'usage qu'en fait l'entendement, ce qui nous ramène au postulat que nous ne faisons d'ailleurs que commenter : le réel est ce qui s'accorde avec les conditions matérielles de l'expérience. Il est manifeste que cette réalité requiert une base empirique, puisqu'elle exprime la modalité définie d'un certain usage des catégories, celui que nous en faisons lorsqu'elles n'expriment pas simplement, d'une manière analytique, la forme de la pensée, mais qu'elles s'appliquent aux choses. Toutefois, la réalité ainsi entendue ne peut être ici que celle d'un objet de pensée, car de même que la possibilité d'une chose est l'accord de son concept avec les conditions formelles d'une expérience en général, la réalité d'une chose est l'accord de son concept avec les conditions matérielles de la sensation [1]. L'existence n'est même plus la modalité d'une chose, elle n'est plus que celle d'un jugement.

L'idéalisme critique est une tentative des plus instructives pour tourner l'obstacle que l'existence oppose à l'entendement, car il constitue l'effort le plus consistant qu'aucun philosophe ait jamais poursuivi afin de la neutraliser aussi complètement que possible, sans toutefois la nier. Nous n'avons pas ici à tenir compte des exigences de la raison pratique, puisqu'elles pourront bien justifier que l'on pose des postulats relatifs à la chose en soi, mais ne nous en donneront jamais aucune connaissance. Si donc nous nous en tenons au plan de la connaissance proprement dite, qui est celui de la raison pure, on peut dire que l'existence y est partout requise comme condition de toute connaissance réelle, mais que, toujours là, elle n'y fait jamais rien.

La chose en soi dont parle Kant est en effet requise, d'abord et surtout, comme un présupposé de la critique, afin que des connaissances réelles soient possibles. Si le divers de la sensibilité ne s'offrait pas aux catégories de l'entendement comme un donné irréductible, les concepts de l'entendement seraient aussi vides que les idées de la raison. Or ce donné lui-même

1. I. KANT, *loc. cit.*, Erläuterung.

implique la présence, à la sensibilité d'abord et à l'entendement ensuite, de ce qui nous apparaît sous forme de phénomène, c'est-à-dire précisément de ce qui, comme fondement réel du phénomène, est la chose en soi. Il ne peut s'agir ici d'une thèse sans importance, car c'est par là que l'idéalisme critique se distingue de l'idéalisme métaphysique de Berkeley, auquel on sait que Kant s'est vivement opposé. L'être des choses kantiennes n'est pas d'être perçu; une telle formule ne vaut que de l'être des phénomènes, alors que, derrière le phénomène lui-même, se tient l'en-soi qui le fonde et qui existe indépendamment de l'esprit.

Ceci posé, on peut bien ajouter que tout est dit de ce qu'une telle doctrine peut dire de l'existant en tant que tel, car tout ce que l'on sait de la chose en soi, c'est qu'elle existe. Agnosticisme inévitable d'ailleurs, puisque l'en-soi dont il est ici question se trouve défini, en termes de connaissance, comme ce dont l'essence même est de ne pas pouvoir être connu. Les conséquences d'une telle position de la question sont remarquables. En effet, dans une doctrine où chaque corps est un en-soi existant, que l'on saisit par mode d'intuition à titre de phénomène, la seule contribution de l'en-soi à la structure du phénomène est de faire qu'il soit là. Quant aux propriétés elles-mêmes dont l'ensemble constitue ce que l'on nomme l'intuition de ce corps, elles appartiennent toutes au phénomène. Nous disons bien toutes, sans exception aucune, puisque non seulement ses qualités dites secondes, comme sa couleur et sa température, mais son étendue même, sont autant de contributions du sujet connaissant à la structure phénoménale de l'objet connu. La formule est de Kant lui-même : *alle Eigenschaften, die die Anschauung eines Körpers ausmachen, blosz zu seiner Erscheinung gehören.* Sur quoi il ajoute : « Car l'existence de la chose qui apparaît n'est pas par là supprimée, comme elle l'est dans le véritable idéalisme, mais il est seulement montré par là que nous ne pouvons absolument pas connaître par les sens cette chose comme elle est en soi [1]. » Ainsi donc, il y a de l'existence, mais tout se passe heureusement, pour la connaissance sensible, comme s'il n'y en avait pas.

---

1. I. KANT, *Prolegomena*, Transszendentale Hauptfrage, I Teil, Anmerkung II.

A bien plus forte raison en va-t-il ainsi pour la connaissance intellectuelle. L'univers kantien de la science comporte bien un arrière-plan existentiel que l'univers berkeleyen des Idées ne comportait pas, mais, s'il s'y passe quelque chose, rien n'en transparaît jamais sur le plan des phénomènes. L'objet de la science kantienne existe, mais rien ne serait changé pour la science si, par le caprice de quelque malin génie, son objet cessait d'exister. C'est une autre manière de dire que la chose en soi n'intervient aucunement dans la structure de notre connaissance, et l'on comprend aisément que les successeurs de Kant se soient si généralement accordés pour l'éliminer. Si Kant lui-même n'est pas allé jusque-là, non seulement dans la *Critique* mais même dans l'*Opus posthumum*, c'est précisément qu'il ne pouvait le faire sans aboutir à l'idéalisme pur et simple. Or sa pensée personnelle s'était constituée, au contact de l'empirisme de Hume, comme une revendication des droits du fait donné contre la prétention, d'essence idéaliste, de déduire logiquement le réel *a priori* par voie de concept. Kant a donc toujours maintenu ce donné, mais il l'a concentré tout entier dans ce point en quelque sorte indivisible qu'est le fait brut de son existence. A partir de ce point, la pensée peut se déployer à l'aise, dans un réel que l'*a priori* de la sensibilité offre comme une matière parfaitement adaptée aux catégories de l'entendement.

D'une part, en effet, l'esprit ne peut rien connaître si les catégories et leurs concepts ne portent pas sur des intuitions sensibles et, par-delà ces dernières, sur l'en-soi lui-même ; mais, d'autre part, l'en-soi et son intuition sensible ne peuvent être pensés qu'au moyen des catégories. L'expérience elle-même est donc l'œuvre de l'esprit, et c'est pourquoi d'ailleurs il est toujours assuré de s'y retrouver. Comment se rencontrerait-il de quoi dérouter la pensée, dans une nature faite de phénomènes qui sont œuvres de la pensée? Les lois mêmes auxquelles ces phénomènes obéissent ne sont autres que celles que l'esprit leur impose, ou dont on dirait sans doute mieux qu'il les est. N'oublions pas le coup de force par où débute la révolution kantienne : « L'entendement ne tire pas ses lois *a priori* de la nature, il les lui prescrit [1]. » Si

_____

1. I. KANT, *Prolegomena*, Transszendentale Hauptfrage, II Teil, *Wie ist Natur selbst möglich?*

c'est grâce à l'entendement que la nature et l'expérience sont possibles, ni l'expérience ni la nature ne peuvent rien recéler d'imperméable à l'entendement qui leur confère l'être. Il était peut-être impossible d'obtenir plus de l'existence et de lui moins accorder.

CHAPITRE VII

LA DÉDUCTION DE L'EXISTENCE

L'histoire de la pensée de Hegel constitue, en son ordre, une expérience philosophique d'importance unique. Animée d'intérêts religieux et théologiques passionnés, curieuse de connaître les doctrines philosophiques les plus divergentes et même de les vivre, cette pensée se présente d'abord comme une sorte de masse en fusion, que l'on voit progressivement se refroidir, se décanter, et se couler finalement dans le moule rigide d'une dialectique des concepts [1]. Tout se passe comme si Hegel avait voulu légitimer chacune de ses expériences intérieures personnelles, et même chacune de toutes les expériences intérieures possibles, en l'amenant à la place qui lui revient comme moment particulier de la réalisation progressive de l'Esprit. Il s'agit d'ailleurs ici de plus qu'une simple hypothèse. Hegel lui-même a expressément voulu cette conceptualisation intégrale, car le déploiement en notions abstraites de ces richesses intérieures lui semblait nécessaire pour élever ce qui de soi ne serait qu'expérience brute au niveau de la connaissance philosophique. Tout se passe comme si l'essence même de sa propre pensée consistait en un dialogue perpétuel entre l'intensité de son expérience intérieure et l'expansion de cette même expérience en une infinie multiplicité de concepts. C'est que, pour lui comme pour Wolff, la philosophie n'avait le choix qu'entre être une connaissance scientifique de la vérité, ou ne pas être. La force de l'esprit, disait-il, est proportionnelle à son extériorisation, et sa profondeur n'est profonde que dans la mesure où « elle ose s'épancher

1. Voir, sur ce point, J. WAHL, *Le malheur de la conscience dans la philosophie de Hegel*, Paris, Rieder, 1929.

et se perdre en se déployant [1] ». La pensée de Hegel n'a donc pas dégénéré en dialectique ; elle a au contraire volontairement tenté de sauver la totalité de son expérience intérieure en lui conférant la nécessité d'une dialectique de l'Esprit.

C'est d'ailleurs pourquoi, si intéressante que soit l'histoire de sa formation, on ne trahit pas la pensée vraie de Hegel en l'abordant sous la forme définitive qu'il lui a donnée dans les grandes œuvres de sa maturité, et l'on y recueille en outre cet avantage, sans prix pour une enquête telle que la nôtre, d'y voir cette pensée prendre définitivement position à l'égard de celles qui l'ont précédée. Il est vrai qu'on pourrait craindre de se trouver par là aux prises avec le problème d'épuiser un détail infini, puisque la philosophie de Hegel inclut, à titre d'élément essentiel, une histoire de la philosophie, mais le fait même que cette histoire fasse partie du système permet de prévoir qu'elle a dû être systématique, et par conséquent simplifiée. Nous n'avons d'ailleurs nous-même à tenir compte que d'une partie de cette histoire, celle qui concerne les diverses attitudes possibles de la pensée métaphysique devant le problème de l'être. Or Hegel les a ramenées à trois principales, celle de la métaphysique classique, celle de l'empirisme et celle de l'intuition immédiate. Les deux premières, qui nous intéressent seules directement, correspondent à trois doctrines que nous avons déjà rencontrées, celles de Wolff, de Hume et de Kant. Justification précieuse, notons-le en passant, de l'itinéraire que nous avons cru devoir suivre au cours de notre enquête. Il ne représente pas simplement une ligne idéale choisie, parmi d'autres également possibles, pour les besoins de la cause ; la ligne qu'il dessine est celle d'un itinéraire réellement suivi.

Que la doctrine de Wolff ait été, aux yeux de Hegel, le type même de la métaphysique classique, il est impossible d'en douter, car les caractères qu'il attribue à cette métaphysique coïncident exactement avec ceux du conceptualisme wolfien. Décrivant la première des trois positions fondamentales que la pensée peut adopter à l'égard du réel, réserve faite, bien entendu, d'une quatrième qui sera la sienne, Hegel la définit comme le procédé naïf d'un entendement qui croit qu'on peut atteindre la vérité par voie de simple réflexion. Entendons par

---

1. Hegel, *La phénoménologie de l'esprit*, Préface ; trad. J. Hyppolite, Paris, 1939, t. I, p. 11.

là que la pensée se contente alors de reproduire en soi le contenu des perceptions et des intuitions sensibles, et que, satisfaite de s'être assurée de ce contenu, elle s'estime en possession de la vérité. Il s'agit donc simplement ici d'une pensée qui croit avoir atteint le réel même, dès qu'elle s'élève au plan de l'abstraction conceptuelle à partir de l'expérience sensible. Hegel n'ignore certes pas que cette manière de philosopher a déjà derrière elle une longue et complexe histoire, mais on ne peut hésiter sur celle de ses formes qu'il considère comme la plus caractéristique. C'est, comme le veut d'ailleurs la loi de l'histoire, la dernière de toutes. « Prise sous sa forme la plus complètement déterminée et la plus proche de nous, cette manière de philosopher était la métaphysique d'autrefois, telle qu'elle s'était constituée chez nous avant la philosophie kantienne. Pourtant, cette métaphysique n'est d'autrefois qu'au regard de l'histoire de la philosophie, car, en elle-même, elle reste ce quelque chose de tout à fait présent, la simple considération, par l'entendement, des objets de la raison [1]. »

Ainsi ramenée à sa forme la plus récente, la métaphysique est donc une science qui considère les déterminations conceptuelles de la pensée comme étant les déterminations fondamentales des choses mêmes. Elle repose sur cette présupposition que, du seul fait qu'il est pensé, ce qui est se trouve connu en soi. Non seulement Hegel n'a rien à objecter à cette thèse, car lui-même soutiendra la même chose à sa manière, mais il estime que l'ancienne métaphysique était en cela supérieure à la philosophie critique qui prétendit ensuite l'éliminer. Ce qu'il lui reproche, au contraire, et l'on voit bien par là à quelle doctrine particulière il pense, c'est d'avoir admis, en principe, que connaître l'absolu consiste à lui attribuer des prédicats, sans d'ailleurs se soucier ni de scruter ces prédicats sous le double rapport de leur contenu et de leur valeur, ni de déterminer l'absolu lui-même par l'attribution de ces mêmes prédicats. Tel, par exemple, le prédicat « être » *(Dasein)*. Dans la proposition : Dieu possède l'être, on attribue au sujet un prédicat dont le contenu n'a pas été déterminé, mais qui, de toute manière, est trop limité pour épuiser dans sa plénitude la représentation de ce sujet. Les Orientaux ont si bien senti ce défaut, qu'ils ont

---

1. HEGEL, *Encyclopädie der philosophischen Wissenschaften im Grundrisse*, 2e éd. par G. Lasson, Leipzig, Meiner, 1911, art. 27, p. 60.

essayé d'y remédier en attribuant à Dieu un grand nombre de noms; mais, pour que le remède fût efficace, il faudrait que ces noms fussent infiniment nombreux [1].

On perçoit derrière cette critique la présence latente de la méthode hégélienne elle-même, mais il n'est pas nécessaire que nous nous engagions sur ce terrain. Il suffit à notre propos d'observer que tout se passe ici comme si, pour Hegel, il n'avait jamais existé d'autre métaphysique que la métaphysique wolfienne du concept formel, celle que Platon avait de loin préparée, avec sa doctrine des Idées qui ne sont au fond que des universalités déterminées, ou espèces [2], celle enfin que Kant venait précisément de ruiner par sa critique, comme si elle se confondait avec le dogmatisme métaphysique même. On ne prétend pas ici que, s'il les avait mieux connues ou comprises, Hegel se fût satisfait de la métaphysique aristotélicienne de l'acte substantiel ou de la métaphysique thomiste de l'acte d'exister. Elles seraient sans doute restées pour lui des dogmatismes, avec la connotation péjorative proprement hégélienne de ce terme, c'est-à-dire des doctrines où, de deux propositions opposées, l'une doit être vraie et l'autre fausse. Il n'en importe pas moins de constater à quel point la possibilité même d'une ontologie de l'existence était désormais oubliée. Résumant les quatre parties de la métaphysique telle que Wolff l'avait constituée — ontologie, pneumatologie, cosmologie et théologie naturelle — Hegel définit en effet l'ontologie comme « la doctrine des déterminations abstraites de l'essence ». S'il s'agit de l'être par exemple (Sein), ou de l'être immédiatement déterminé (Dasein), le seul souci d'une telle ontologie sera de chercher, sans même s'être demandé si ce sont là des concepts doués d'un contenu réel, quels sont les sujets auxquels on peut les attribuer sans contradiction [3]. Toute prédication de ce genre est vraie, si elle n'est pas contradictoire; si elle est contradictoire, la prédication est fausse. Ainsi réduite à un simple jeu de concepts formellement abstraits, tirés de l'expérience sensible et régis par le seul principe de contradiction, une telle ontologie n'est au fond rien d'autre qu'une logique. Le concept, comme Hegel le dit avec pleine raison, n'exhibe finalement à

1. HEGEL, op. cit., art. 28-29, pp. 60-61.
2. HEGEL, La phénoménologie de l'esprit, Préface, trad. citée, t. I, pp. 48-49.
3. HEGEL, Encyclopädie, art. 33; éd. cit., pp. 62-63.

l'entendement aucun autre contenu que « l'abstraction vide de l'essence indéterminée, de la pure réalité ou positivité, le produit mort de la moderne philosophie des lumières [1] ». On ne saurait mieux exprimer ce que le XVIIIᵉ siècle a fait de la métaphysique, ni plus ingénument avouer l'oubli complet de ce qu'avait été cette science, avant que le XVIIᵉ siècle ne l'eût mise en cet état.

Au conceptualisme abstrait de Wolff, Hegel oppose point pour point l'empirisme sommaire de Hume, mais on dirait plutôt qu'il voit dans chacune de ces deux doctrines la dénonciation de ce dont l'autre manque. Incapable de tirer un contenu concret des concepts abstraits dont se nourrit son entendement, le métaphysicien lui-même est obligé de s'adresser à l'expérience pour sortir des généralités et rejoindre le réel. Inversement, l'empirisme de Hume réussit sans peine à mettre en évidence l'infinie multiplicité et variété du donné sensible, mais il lui est extrêmement difficile, disons même impossible, de s'élever de là jusqu'à l'universel. Car la notion de généralité signifie tout autre chose qu'un grand nombre de cas semblables, de même que la notion de « connexion nécessaire » signifie tout autre chose que des changements qui se suivent les uns les autres dans le temps ou des juxtapositions d'objets dans l'espace. Hume le savait si bien, qu'il considérait comme impossible de fonder aucune proposition universelle et nécessaire, parce qu'on ne peut en justifier aucune à partir de la seule expérience.

Cette conciliation de l'empirique et de l'universel, du contingent de l'expérience sensible et du nécessaire de l'entendement, c'est précisément l'entreprise que la philosophie critique de Kant a tenté de mener à bien. La philosophie critique, remarque Hegel, a ceci de commun avec l'empirisme, qu'elle reconnaît l'expérience comme l'unique terrain où se rencontre la connaissance. Il est vrai que le criticisme ne tient pas cette connaissance pour une vérité absolue, mais seulement pour une connaissance des phénomènes. Le fait qu'il requière un tel donné à l'origine de nos connaissances objectives n'en suffit pas moins à le grever de toutes les tares de l'empirisme de Hume, et c'est d'ailleurs pourquoi Hegel discute les doctrines de Hume et de Kant comme deux moments d'une même position de la pensée à l'égard du réel.

---

1. HEGEL, *op. cit.*, art. 36, p. 64.

L'attitude de Hegel envers Kant s'accorde ici avec les conclusions de l'histoire la plus désintéressée. Comme nous avons pu le constater, l'entendement kantien entre en contact, par l'entremise de la sensibilité, avec un absolu qui, pris en soi, échappe nécessairement à ses prises. La chose en soi de Kant est ce qu'est l'objet, abstraction faite de tout ce que la sensibilité et l'entendement peuvent en connaître. C'est donc de l'inconnaissable par définition, ou, comme dit Hegel, « l'abstrait total, le tout vide, déterminé seulement encore comme un au-delà [1] ». Bref, c'est un non-moi que l'entendement pose en face du Moi comme un objet abstrait qui fait pendant à un sujet également abstrait. On comprend par là qu'en présence de cette doctrine qui maintient bien un en-soi, mais ne le maintient qu'à titre d'inconnaissable, Hegel l'ait qualifiée, non pas du titre d'idéalisme critique qu'elle revendique, mais de celui d'idéalisme vulgaire, contre lequel Kant s'était si vivement défendu. Le donné de Kant est tel que tout se passe pour la pensée comme s'il ne l'était pas. Quoi qu'en dise Kant, pour lui comme pour Berkeley, *esse est percipi*.

L'attitude de Kant à l'égard du problème de l'être devait donc provoquer, dans l'esprit de Hegel, des objections décidées. La pensée de Kant est pour lui un idéalisme abstrait qui, en fait, procède par simple concept comme faisait celle de Wolff. La réforme de Hegel sera une réforme du concept. Car lui aussi pensera par concepts, mais par concepts concrets, pris avec la richesse de toutes leurs déterminations internes. D'où sa position personnelle du problème de l'être. On ne la discerne nulle part plus clairement que dans la réfutation, conduite par Hegel, des critiques dirigées par Kant contre l'argument ontologique. On sait assez quelle objection fondamentale Kant lui avait opposée : l'existence n'est pas un prédicat, mais une donnée empirique; il est donc impossible de déduire analytiquement l'existence d'une notion quelconque, fût-ce celle de Dieu. A quoi Hegel répond que bien que l'être de tout objet fini soit en effet distinct de son concept, le concept de Dieu inclut au contraire son être : « Dieu est expressément *ce qui ne peut être pensé que comme existant*, ce dont le concept inclut en soi l'être. C'est cette unité du concept et de l'être, qui constitue le concept de Dieu. » Classique dans sa forme, cette réponse offre pourtant

---

1. HEGEL, *Encyclopädie*, art. 44; éd. cit., p. 70.

ici un sens tout nouveau, qui tient à ce qu'ont elles-mêmes de nouveau les notions hégéliennes de concept et de Dieu. On le voit d'ailleurs aussitôt aux remarques qui suivent touchant la notion d'être, et qui jettent une si vive lumière sur son sens proprement hégélien. Ce qui surprend ici le plus notre critique, c'est que l'on refuse à Dieu, qui est pour lui l'Esprit dans sa vie la plus intime, le « Je » absolu et la « totalité pleinement concrète », une détermination aussi pauvre que l'être, dont on peut bien dire qu'elle est « la plus pauvre, la plus abstraite de toutes ». L'être que Hegel lui-même accorde à Dieu de plein droit conserve donc le caractère formel qu'il tenait d'une métaphysique désormais indifférente aux problèmes d'existence. Ainsi réduit à la plus abstraite des notions, et par conséquent à la plus vide, il devient le strict minimum de ce que l'on peut penser d'un objet, n'étant que cette détermination élémentaire par laquelle une chose quelconque se distingue si peu que ce soit d'un pur rien. « Il ne peut rien y avoir pour la pensée qui ait moins de contenu que l'être », dit Hegel; sur quoi il ajoute : « Il n'y a qu'une chose qui puisse en avoir encore moins, c'est ce que l'on prend parfois pour l'être, savoir une existence sensible extérieure, comme celle du papier que j'ai devant moi; mais d'une existence sensible, qui soit celle d'une chose finie et transitoire, il ne saurait être ici question [1]. » Cette doctrine qui ne connaît rien de plus bas que l'être, si ce n'est l'existence même, semble bien annoncer la dévaluation de l'acte d'exister la plus extrême qui se puisse concevoir.

Pour comprendre la remarque faite par Hegel, que le problème de l'être de Dieu n'offre qu'un bien mince intérêt, il faut en effet admettre littéralement sa propre thèse, que si Dieu est le suprêmement concret, l'être est au contraire suprêmement abstrait. Au vrai, il est l'abstraction absolue. Abordons-le donc avec lui dans cet esprit, et refusons par conséquent à l'être toute détermination généralement quelconque, puisqu'elle en ferait, au lieu de l'être, tel être particulier. C'est d'ailleurs à cette condition que l'être pourra constituer le commencement absolu de la philosophie. Il en sera vraiment le point de départ, puisque toutes les déterminations ultérieures de la pensée s'appliqueront à lui, mais que lui-même n'en comporte absolument aucune. L'être n'est ni le Je iden-

1. HEGEL, *Encyclopädie*, art. 51; éd. cit., p. 80.

tique à soi-même, ni l'identité absolue prise en soi, ni même l'indifférence absolue. Prendre l'une de ces notions, ou d'autres semblables, comme points de départ de la réflexion, c'est céder au besoin de commencer par une intuition concrète; or, précisément parce qu'elles ont un contenu, ces notions impliquent une certaine détermination de l'être; elles ne sont pas absolument premières; aucune d'elles n'est l'être purement et simplement.

Il est assurément malaisé d'accompagner Hegel sur ce terrain de l'abstraction totalement pure. Lui-même se rend clairement compte de l'effort exceptionnel qu'il exige de nous, mais cet effort même est à ses yeux la condition nécessaire d'une pensée vraiment philosophique. En revanche, si nous nous imposons de faire avec lui ce premier pas, il nous deviendra dès lors facile de l'accompagner beaucoup plus loin. Qu'est-ce donc au juste que cet être qu'il prend comme point de départ? C'est, nous dit-il, l'indétermination immédiate, c'est-à-dire non pas l'indétermination, elle-même déjà déterminée, qui précède telle ou telle autre détermination particulière, mais bien l'indétermination absolue, celle qui précède toute détermination. Comment saisir un tel indéterminé? Puisque c'est un totalement abstrait, il n'est pas objet de sensation. Puisqu'il est vide de tout contenu, il n'est pas non plus objet de représentation ou d'intuition. L'être n'est même pas l'essence qui, elle, implique déjà certaines déterminations de l'être. En fait, il se réduit à la pensée pure, avec laquelle on peut bien dire qu'il ne fait qu'un. Penser, c'est penser l'être, ou, si l'on préfère, l'être est la pensée qui se prend elle-même comme objet. C'est d'ailleurs pourquoi l'on peut dire que le commencement de la philosophie coïncide avec celui de l'histoire de la philosophie, car cette histoire commence réellement avec Parménide. En posant l'être comme la substance absolue, Parménide a identifié le réel absolu avec la pensée pure, qui est essentiellement pensée de l'être; et pour nous aussi, qui à tant de siècles de distance recommençons l'expérience toujours présente de Parménide, penser l'être pur et simple, c'est penser, purement et simplement.

On ne saurait pourtant trop rappeler que la pensée n'est pensée de l'être qu'à titre de pensée rigoureusement abstraite et totalement indéterminée. Ce vide absolu de toute détermination, c'est vraiment le vide absolu, c'est le néant. Comme le dit Hegel dans une de ces formules compactes dont il a le secret:

« Maintenant, cet être pur, c'est l'abstraction pure, et par conséquent le négatif absolu, qui, pris lui aussi de manière immédiate, est le Rien [1]. » En formulant cette remarquable proposition, Hegel lui-même sait bien qu'elle fera crier au scandale.
Comment l'être serait-il en même temps le non-être ? Il faut
pourtant bien l'admettre. Si l'on s'y refuse, c'est précisément
parce qu'on pense à tout autre chose que l'être pur, et qu'il
semble alors étrange d'admettre que tel être particulier puisse
être et ne pas être à la fois et sous le même rapport. Peut-être
d'ailleurs cela même serait-il moins ridicule qu'il ne semble,
mais, surtout, ce n'est pas de cela qu'il s'agit. Lorsqu'on remonte
au point d'origine où surgissent simultanément la pensée et
l'être, on se trouve en face d'une abstraction que son vide même
égale immédiatement à son contraire. De l'être pur, il n'y a
rien de déterminé dont on puisse dire qu'il le soit ; il n'est donc
vraiment rien, et par conséquent il est vraiment le non-être ;
comme le dit Hegel, « ces deux commencements ne sont que des
abstractions vides, et chacune des deux est aussi vide que
l'autre [2] ». Lorsqu'on parvient à ce point d'abstraction pure où
la pensée se saisit pour ainsi dire sans autre contenu qu'elle-
même, non seulement il n'est pas scandaleux de poser l'être
comme non-être, mais l'équivalence des deux termes s'impose
comme un fait évident.

Peut-être avons-nous pourtant, sans le vouloir, anticipé sur
le mouvement explicatif de la pensée. Dire que l'être est non-
être, c'est en effet unir ces deux moments en un troisième, où
ils ne font déjà plus qu'un. Pris chacun en lui-même, ce premier
ou ce deuxième commencement de l'explication dialectique
n'est en effet que ce qu'il est. Ils sont donc, pour ainsi dire,
simplement juxtaposés. En les saisissant dans leur unité, la
pensée conçoit au contraire que, de même que l'être est non-
être, le non-être est être. Pour parler plus exactement, elle
conçoit que la vérité de l'être est dans le non-être, comme la
vérité du non-être est dans l'être. Autant dire que la vérité de
l'être, comme celle du néant, est dans leur unité. Cette unité,
qui est passage de l'un dans l'autre et de l'autre dans l'un,
c'est précisément le *devenir*.

Arrêtons-nous un instant sur cette notion capitale, car elle

---

1. HEGEL, *Encyclopädie*, art. 87 ; éd. cit., p. 109.
2. HEGEL, *op. cit.*, art. 87, p. 109.

diffère profondément des précédentes. A vrai dire, elle est le premier concept, car elle est une pensée concrète, au lieu que l'être et le non-être n'étaient que des abstractions. Hegel voit d'abord dans le devenir, tel qu'il vient d'être défini, une expérience décisive, ou qui devrait l'être pour tous, sur la possibilité de comprendre l'être et le non-être dans une seule notion. Ici, ce n'est plus Parménide, c'est Aristote qui rentre dans ses droits, car la définition hégélienne du devenir n'est qu'une transposition, en termes d'être et de non-être, de la définition aristotélicienne du mouvement formulée en termes d'acte et de puissance. De même que le mouvement d'Aristote est l'acte de ce qui est en puissance, et qu'il unit ainsi dans sa notion les deux pôles opposés de l'être, le devenir hégélien est l'être qui passe dans le non-être, et inversement. Notons en outre que le devenir hégélien offre cet intérêt double et complémentaire, d'être à la fois le premier concept et le premier réel concret. Il est d'ailleurs concept précisément parce qu'il est un concret, et non plus une abstraction comme l'étaient l'être et le non-être. Le premier concret surgit donc, dans ce système, de l'implication mutuelle et du passage l'une dans l'autre des deux premières abstractions.

On pourrait à bon droit s'étonner qu'une telle déduction du concret à partir de l'abstrait soit tenue par Hegel pour légitime, mais comprendre pourquoi et en quel sens elle lui paraît telle est peut-être aussi recueillir l'enseignement philosophique le plus précieux que réserve l'étude de sa doctrine. Toute philosophie se propose de décrire le réel en termes de concept. Toutes celles des philosophies qui admettent un donné empirique à leur point de départ, se heurtent tôt ou tard à certains aspects de ce donné qui refusent de se laisser conceptualiser, ou, du moins, dont la conceptualisation ne se fait que si l'on se résigne à reconnaître comme actuellement réalisées dans le concret des combinaisons d'essences dont les concepts, pris dans l'abstrait, se présentent comme inconciliables. C'était précisément le cas de la définition aristotélicienne du mouvement, car l'acte est exactement l'opposé de la puissance, et pourtant, si l'on veut décrire ce phénomène à la fois étrange et familier qu'est un être en mouvement, il faut admettre que l'acte d'un être en puissance, en tant qu'il est en puissance, soit chose possible. Supposons à présent une philosophie, comme celle de Hegel, où la pensée, soucieuse d'atteindre une rigueur et une pureté

dialectiques parfaites, s'astreigne à reconstruire la totalité du
réel par mode de concepts et sans aucun recours à l'expérience
sensible, le problème se trouvera renversé. Le danger ne sera
pas pour elle de se heurter à un donné empirique opaque, dont
la conceptualisation exige qu'on se résigne à certaines contradictions, il sera, tout au contraire, de se trouver un contenu à
partir de simples concepts, de tirer le concret de l'abstrait et
de rejoindre une nature à partir d'une logique. Car il est cette
fois parfaitement clair que l'ontologie dont on part est une
logique, et qu'il nous faudra chercher dans un des moments de
cette logique le critère de la réalité.

Hegel a tenté cette expérience, et la grandeur de son œuvre,
ce qui lui confère sa valeur métahistorique et permanente, c'est
la rigueur avec laquelle il a conduit l'expérience à son terme.
Débutant en logicien, il ne disposait d'abord que de concepts.
Or les concepts ne sont pas seulement des abstractions vides,
et par conséquent le contraire même du concret, mais ils offrent
en outre ce caractère remarquable de s'exclure les uns les autres.
Ils sont soumis à la loi fondamentale du « ou bien... ou bien »;
car du seul fait qu'un d'eux est défini en lui-même, il exclut
de sa propre définition les autres concepts et s'exclut à son
tour de la leur. C'est d'ailleurs pourquoi la règle de la pensée
logique est le principe de contradiction. Avec cette hardiesse
spéculative et cette simplicité de vue qui caractérisent le génie
métaphysique, Hegel a tiré de là la conclusion qui s'imposait.
Si l'abstrait est le non contradictoire, le concret ne peut être que
le contradictoire. Il a donc eu le courage d'accepter intégralement, pour en faire l'étoffe même du réel, la totalité du mouvement dialectique par lequel l'esprit, dont ce mouvement est la
vie même, traverse ses moments successifs en les unifiant.
Platon, dont Hegel a dûment célébré le *Sophiste* et le *Parménide*,
avait admirablement pratiqué cette dialectique, mais il n'en
avait pas discerné le sens. Cédant à l'illusion que, si l'un de ses
moments est vrai, le moment suivant qui le contredit est faux,
il n'en avait tiré que des conclusions négatives et, à vrai dire,
sceptiques, alors qu'il eût fallu saisir le tout à la fois et situer
dans cette détermination mutuelle et progressive des contradictoires l'essence même de la réalité. C'est du moins ce qu'a
voulu faire Hegel lui-même. Ayant éliminé d'avance tout donné
empirique, pour être sûr qu'aucun irrationnel ne viendrait
contrarier l'œuvre de la raison, il a dû réintroduire cet irra-

tionnel au sein de la raison même pour éviter qu'elle ne fonc-
tionnât à vide et, si l'on peut dire, qu'elle ne mourût de faim.
Rien ne montre mieux que Nemesis n'est pas absente du monde
des idées pures. Là où le premier concret n'est pas l'être, parce
que l'être y est posé comme l'abstraction absolue, il ne peut
être que le devenir, parce qu'étant à la fois être et non-être, le
devenir est le premier contradictoire. Ici, c'est Héraclite qui
avait raison. En disant que « l'être n'est pas plus que le non-
être », il situait à bon droit le réel, non pas exactement dans le
contradictoire, mais dans l'acte même de se contredire par
lequel l'être et le non-être se nient mutuellement, et qu'on
nomme le devenir.

Nous avons donc atteint, avec le devenir, le premier objet
concret de pensée, et, comme il fallait s'y attendre, sans avoir
rencontré l'existence. On pourrait s'y tromper, à lire telle
traduction française de Hegel, où l'existence apparaît, dès ce
moment même, comme étant l'unité de l'être et du non-être
dans le devenir, ou, si l'on préfère, « le devenir dans cette forme
de l'unité ». Cette traduction n'est sans doute pas complètement
injustifiable, mais il s'en faut qu'elle soit tout à fait correcte.
Ce qui la justifie, c'est que, dans la pensée commune prise avec
l'existentialisme spontané qu'elle comporte, il est impossible de
parler d'un « concret » sans le concevoir par là même comme
un « existant ». Ce qui la rend incorrecte, c'est que la doctrine
de Hegel se propose ici précisément de construire dialectiquement la notion concrète de devenir, puis celles d'être
concret, d'essence et d'existence, à partir d'une notion de l'être
abstraitement pure de toute donnée existentielle. C'est pourquoi, évitant de propos délibéré le terme d'existence *(Existenz)*,
il emploie celui tout différent d' « être-là » *(Dasein)*. Quoi qu'il
soit par ailleurs, le *Dasein* hégélien n'est pas l'existence, et
l'analyse de la notion de devenir permet de voir assez clairement ce qu'il est.

Le devenir, disions-nous, exprime le rapport de l'être au non-
être passant réciproquement l'un dans l'autre. On ne le définirait
pas exactement en disant qu'il est l'unité de l'être et du non-
être, car une telle formule rejetterait dans l'ombre la distinction
de l'être et du non-être, essentielle aux échanges mutuels qui
constituent le devenir. Pris en soi, le devenir n'est pas unité
de l'être et du non-être, mais, comme le dit énergiquement
Hegel, il est plutôt leur agitation interne, leur trouble : *werden...*

ist die Unruhe in sich [1]. Il n'est pourtant pas interdit, il est même nécessaire de dépasser cette considération du devenir dans la dualité interne qui lui est essentielle et de l'élever à l'état d'objet déterminé. C'est ce qu'on fait en le concevant précisément comme unité de l'être ou du non-être. Le concevoir ainsi, c'est le poser comme fini, arrêté; c'est faire de ce « devenir » un « devenu », en un mot, un *Dasein*. L'être-là du devenir apparaît donc, au moment où la contradiction, qu'il est pourtant en soi, cesse d'être perçue, parce que, bien qu'elle y soit encore contenue, elle n'y est plus explicitement posée, mais se trouve absorbée dans une unité qui la surmonte.

Le *Dasein* appartient donc au devenir à partir du moment où la considération de la pensée lui attribue une détermination qui le pose comme une forme nouvelle et distincte. Il en est ainsi de tout *Dasein*. Le *Dasein* est l'unité fixée de l'inquiétude interne du devenir. Ce terme même d' « être-là » signifie littéralement : être dans un point déterminé de l'espace; mais la détermination spatiale du lieu n'est ici que le symbole de toute détermination immédiate. En revenant à notre exemple, nous y verrons l'être-là jaillir inévitablement des termes en présence : « L'être en devenir, c'est-à-dire l'être un avec le rien, et le rien un avec l'être, ne sont qu'évanouissants; le devenir s'abîme, par sa contradiction en soi, dans l'unité où l'un et l'autre sont surmontés *(aufgehoben)*; son résultat est ainsi l'être-là [1]. » Il ne reste qu'à généraliser cette conclusion. Dans une doctrine où la contradiction est l'étoffe même dont est fait le concret, il n'y a rien où l'on ne puisse et ne doive déceler des déterminations internes contradictoires. En présence de ce fait, deux attitudes sont possibles. On peut s'en tenir au moment de la contradiction, comme faisait par exemple Zénon à propos du mouvement, et conclure de là que, puisque l'objet est contradictoire, il est impossible; mais on peut concevoir une autre dialectique, qui, refusant de s'en tenir à ce moment négatif, considère au contraire la contradiction comme un résultat déterminé. Elle devient alors un rien posé comme être, c'est-à-dire, comme c'était le cas du devenir, un être qui inclut un rien. Car ce rien qu'elle est n'est pas un pur rien, c'est un rien déterminé, comme étant le néant de ce dont il

---

1. HEGEL, *Encyclopädie*, art. 88, 4; éd. cit., p. 113.
2. *Op. cit.*, art. 89, p. 114.

résulte[1] du fait même qu'il le nie. Ce néant déterminé a donc un contenu et c'est ainsi que se constitue, par-delà la contradiction, cette unité du positif et de la négation qui l'inclut, l'être-là.

L'être-là de Hegel est donc bien le concret auquel un empirisme quelconque attribuerait l'existence, mais on voit que lui-même s'en passe et que, loin de la revendiquer, il cherche son propre fondement dans une direction tout opposée, et le trouve dans un des moments de sa dialectique de l'être. « L'être-là, dit Hegel, c'est l'être avec une déterminité, qui, comme étant et comme immédiate, est la *qualité*[2]. » Cette qualité de l'être-là, en tant qu'elle s'oppose à la négation, qu'elle inclut en soi mais dont elle se distingue, constitue sa *réalité*. C'est par là que l'être-là s'oppose à l'être autre et, du même coup, se pose comme un en-soi. A partir de ce moment, qui n'est pourtant guère loin du début de la dialectique, on peut dire que l'être est pleinement constitué comme tel. Il l'est, comme l'on voit, à titre d'objet déterminé d'une pensée, qui, au lieu de vivre des richesses de l'existence déployée dans la floraison des essences, se nourrit de ses propres contradictions.

Ce n'est pas à dire que l'hégélianisme ignore le problème du rapport de l'essence à l'existence, mais il le pose sur un autre plan que celui de l'être comme tel. L'essence va se présenter en effet ici comme une détermination ultérieure de l'être, et l'existence elle-même comme une détermination ultérieure de l'essence. Si profondes que soient leurs différences, l'hégélianisme et le scotisme — nous pensons particulièrement ici au scotisme de certains disciples de Duns Scot — ont donc au moins ceci en commun, qu'ils posent l'existence comme l'un des moments de l'auto-détermination de l'être, et que, ni dans l'une ni dans l'autre de ces doctrines, ce moment n'est le premier.

Bien qu'il la rejoigne par les voies complexes qui lui sont personnelles, Hegel a conservé la notion d'essence telle qu'une longue tradition la lui transmettait, et l'on peut même dire qu'il en a souligné de préférence le côté le moins technique. L'essence de l'être est en effet surtout pour lui ce que l'être a d' « essentiel », c'est-à-dire ce qu'il est vraiment ou, du moins, ce qu'il est en tant qu'il est vraiment. Hâtons-nous pourtant

1. HEGEL, *Phénoménologie*, Introduction, t. I, pp. 70-71. Le non-être est un « néant d'être », c'est-à-dire un néant déterminé par l'être même qu'il inclut pour le nier.
2. *Encyclopädie*, art. 90, p. 115.

d'ajouter que cette première interprétation d'un terme ancien requiert ici une élucidation toute nouvelle. L'être, dont on part en vue de rejoindre l'essence, n'est rien d'autre qu'être *(Sein)*. En soi, comme immédiatement posé avec la détermination qui en fait un être-là, il est un *Dasein*. Supposons à présent que cet être entre dans l'ordre de la relation. La première et la plus simple de toutes celles qu'il puisse accueillir, est celle qu'il a avec soi-même. C'est une relation fondamentale, puisque en tant que l'être se relie à soi, et par conséquent se pose comme étant soi-même, il nie de soi tout ce qui, étant autre que lui, est sa négation. L'essentialité *(Wesenheit)* est précisément l'être en tant que relation simple à soi-même, ou, comme le dit Hegel, c'est l'être en tant qu'il est pour ainsi dire passé en soi. C'est précisément à ce titre que l'essence conserve son caractère traditionnel de connoter l' « essentiel ». Socrate est essentiellement Socrate. Prenons pourtant garde que les deux termes de cette relation ne sont pas identiques. L'être dont on part est de l'immédiat, celui auquel on aboutit est l'essence ; or, au regard de l'essence à laquelle on arrive, l'être immédiat est « ce qui paraît » dans l'essence, c'est-à-dire un « paraître » *(Schein)*, au lieu que l'essence se pose comme un absolu. L'essence est donc « l'être en tant qu'être et aussi le rapport simple à soi [1] ».

L'essence ainsi comprise est bien une détermination ultérieure de l'être, puisque au lieu de l'immédiateté dont nous sommes partis, nous avons à présent cette réflexion de l'être sur soi qui le pose comme identique à soi-même. On voit se reproduire ici une situation analogue à celle que révélait la déduction du devenir. L'essence inclut l'être ; mais cet être même qu'elle inclut, si on le prend à part de l'essence, il n'est que « ce qui paraît dans l'essence », donc l'apparence, ou, comme on peut encore le dire, l' « inessentiel » *(das Wesen-das Unwesentliche)*. L'essence inclut donc l'inessentiel et puisqu'elle l'inclut comme sa propre apparence, elle l'inclut en quelque sorte essentiellement. Ceci revient à dire que l'essence n'est « essentielle » qu'en tant qu'elle contient en soi le négatif de ce qu'elle est. En effet, quand nous pensons *essentiel*, nous pensons *non-accessoire*. Cet état de réflexion interne de l'être en son essence correspond au devenir de l'être et du non-être que nous avons vu aboutir à l'être déterminé, seulement, ici, le terme de ce nouveau deve-

1. HEGEL, *Encyclopädie*, art. 112, p. 126.

nir n'est plus l'être-là *(Dasein)*, c'est l'existence *(Existenz)*. On peut donc considérer l'essence comme la raison de l'existence *(das Wesen als Grund der Existenz)* [1] et il nous reste seulement à montrer comment elle l'est.

Prise en elle-même l'essence *est* pur acte de se réfléchir en soi, c'est-à-dire mouvement, mais comme ce mouvement est entre soi et soi, on peut dire que l'essence, prise précisément comme pure réflexion, est « identité avec soi ». Ce que l'entendement se représente, dans les ontologies traditionnelles du concept, comme une identité formelle et abstraite, est donc en réalité l'effet du devenir interne de l'être se posant dans l'essence comme l'apparence de soi-même. En fait, l'identité véritable est tout autre chose. Elle n'est pas l'identité abstraite qu'on obtient, dans une philosophie de l'abstraction, par exclusion du contradictoire. Elle est, au contraire, l'être pris dans cette identité concrète de soi-même à soi-même, qui inclut le négatif de l'être, c'est-à-dire l'apparent qui implique l'essence. Ainsi, du seul fait que l'essence pose l'identité comme première détermination, elle pose aussi la différence comme deuxième détermination. Elle est donc à la fois l'identité de soi à soi et la différence que cette identité présuppose, puisqu'elle est l'identité de l'apparence et de l'essence. Considérons à présent l'essence comme totalité, c'est-à-dire comme l'unité de l'identité et de la différence, elle devient alors ce que Hegel nomme le *Grund* : le fondement ou la raison d'être. Bien qu'il ait assez vivement critiqué la formule, classique depuis Leibniz, de « principe de raison suffisante », Hegel n'entend pas autre chose par ce qu'il nomme lui-même le *Grund*. Il lui a du moins conservé ce caractère fondamental du principe leibnizo-wolfien de raison suffisante, d'être source d'existence. Pour comprendre quelle place occupe l'existence dans l'ontologie de Hegel, c'est donc sur l'essence en tant que *Grund*, ou raison d'être, que nous devons fixer notre attention.

Pourquoi l'essence est-elle raison d'être, si on la pose comme totalité, c'est-à-dire comme unité de l'identité et de la différence? Nous venons de rappeler que l'essence hégélienne n'est pas un abstrait formel, produit d'une réflexion de l'être en soi-même et excluant par conséquent ce qui n'est pas soi. Tout au contraire, elle est une réflexion concrète dans l'autre.

---

1. HEGEL, *Encyclopädie*, art. 115, p. 128.

L'essence n'est en effet ni du pur même, ni du pur autre, mais le réfléchissement du même dans l'autre et réciproquement. Si elle est bien cela, on peut dire qu'en tant qu'essence, elle est « ce qui a son être dans un autre [1] », et comme cet autre, qu'elle inclut, lui est identique, elle est du même coup ce en quoi elle a son être. L'essence totale est donc bien raison d'être, et elle l'est, en quelque sorte, par définition.

Lorsqu'on atteint la raison d'être, on se trouve au seuil de ce dont elle est la raison d'être, et qui est l'existence. Il y a donc analogie et presque parallélisme entre la construction dialectique de l'être-là et celle de l'existence. Le devenir mutuel de l'être dans le non-être, pris comme identité de l'un et de l'autre, engendre l'être-là; semblablement, la réflexion mutuelle du paraître et de l'être au sein de l'essence, prise, à titre de raison d'être, comme identité de l'un et de l'autre, engendre l'existence. L'existence est donc à l'essence, c'est-à-dire à l'être pris en tant qu'apparaître en soi-même, ce que l'être-là, ou *Dasein*, est à l'être pris dans son immédiateté. Si Hegel donne à cette nouvelle détermination de l'être le titre d'existence, c'est qu'elle pose l'être comme résultant d'une raison d'être, donc comme étant « à partir d'autre chose », ce qui nous ramène à la notion de l'existence familière aux théologiens du XIIᵉ et du XIIIᵉ siècle bien plus qu'à l'*esse* de l'ontologie thomiste : l'exister, *ex-sistere*, c'est « un être sorti d'autre chose »; ici, l'existant est l'être en tant que sorti de la raison d'être et qui, en en sortant, la surmonte, comme l'être-là surmontait le devenir dans l'unité de l'être déterminé [2]. L'existence, c'est l'unité de l'être et du paraître et réciproquement.

L'univers s'offre donc à la pensée comme une multitude d'essences, qui sont existences par rapport à leurs raisons d'être, et raisons d'être par rapport aux existences qui en découlent. Ces deux moments de la dialectique s'unissent à leur tour en une nouvelle totalité. En effet, lorsque au lieu d'opposer raison d'être et existence dans l'existant, on saisit ces deux déterminations dans leur unité, l'existant devient chose *(das Ding)*. Voici donc enfin rejointe la fameuse chose en soi de Kant, et non seulement rejointe, mais connue telle qu'elle est en soi, puisqu'elle se produit en quelque sorte sous nos yeux comme étant vraiment la chose en tant que telle, celle qui n'est encore

---

1. HEGEL, *Encyclopädie*, art. 121, p. 134.
2. *Op. cit.*, art. 123, p. 135.

rien d'autre que chose, complètement abstraite et indéterminée, dans l'attente de toutes les déterminations ultérieures dont elle est susceptible. Cette remarque nous rappelle opportunément que toute la dialectique de Hegel nie ce qu'il restait encore d'empirisme dans la philosophie critique de Kant. Si la chose en soi de Kant se posait comme inconnaissable, n'était-ce pas précisément en tant qu'elle représentait l'existant comme tel, dans son irréductibilité foncière à la déduction analytique? Chez Hegel, la chose en soi ne se pose au contraire comme connaissable que parce que tout caractère de donné empirique lui est refusé. Ce qu'il nomme *das Ding*, c'est l'essence de la chose en tant que chose et, à proprement parler, la réalité. On aurait d'ailleurs pu le prévoir, puisque l'ontologie de Hegel n'est en fait que le début de sa logique. L'être, l'essence et l'existence même n'y paraissent qu'à titre de déterminations progressives d'une notion qui se construit dans la pensée, et qu'on nommerait abstraite dans toute philosophie qui ne se contenterait pas, en fait de concret, de contradictions surmontées dans l'unité des notions. Jamais la raison d'être, l'existence et la chose n'ont été plus intégralement logicisées qu'elles ne le sont dans cette philosophie. Hegel est resté le disciple de Wolff plus profondément peut-être que lui-même ne le pensait.

Ce qui lie les deux doctrines, c'est ce formalisme de la pensée abstraite, auquel il est vrai qu'elles doivent la rigueur scientifique dont l'une et l'autre se font justement honneur, mais qui les laissait toutes deux aux prises avec cette redoutable difficulté : faire du concret avec de l'abstrait. Lorsqu'il dit, par exemple, que la « réalité effective » *(die Wirklichkeit)* est ce concret que l'on peut définir comme « l'unité devenue et immédiate de l'essence et de l'existence[1] », chacun de ces termes comporte dans sa pensée un sens précis dont il est prêt à rendre raison. L'explication une fois donnée, le problème subsiste pourtant de savoir s'il est aussi facile de construire du concret avec de l'abstrait que de tirer l'abstrait du concret. Hegel ne dispose cependant de rien d'autre pour reconstituer le réel, et le concret dont il parle n'est en fin de compte rien de plus qu'une concrétion d'abstractions.

On objectera peut-être que cette remarque est inexacte, puisque nous ne considérons ici que la logique de Hegel, c'est-

---

1. HEGEL, *Encyclopädie*, art. 142 et 143, p. 145.

à-dire la partie de sa doctrine qui est et doit être abstraite.
L'objection ne serait pas sans force, mais il faut pourtant se
souvenir que, si la logique de Hegel représente en effet la partie
abstraite de sa doctrine, elle n'est abstraite qu'au regard du
concret hégélien, lequel n'est précisément qu'une construction
d'abstractions. Ici, comme chez Proclus et chez Scot Érigène,
l'univers est une dialectique et la dialectique est l'univers. C'est
d'ailleurs ce que dit Hegel lui-même, lorsqu'il affirme que la
philosophie *ne fait qu'un avec la réalité*. On ne saurait donc opposer chez lui la logique à la philosophie de la nature et à la philosophie de l'esprit, comme si sa logique était la logique formelle
d'Aristote, où les concepts s'incluent et s'excluent selon les
exigences du principe de contradiction. Sa logique est celle du
concept hégélien qui, d'un mouvement engendré par les contradictions même dont il est riche, se développe et se détermine
progressivement en nature et en esprit. Le logique est donc ici
le concret qui n'a pas encore atteint les déterminations ultérieures de la nature et de l'esprit, et il n'est pas en soi d'une
autre nature, puisque l'auto-mouvement de la notion logique
concrète est le principe commun de la nature et de l'esprit. Le
terme ultime de la logique est l'idée, dont tout l'ordre logique
est le contenu; à son tour, sortant pour ainsi dire de soi-même
afin de se poser, sous forme d' « être autre », comme le négatif ou
l'extérieur de soi-même, l'idée est « nature [1] », dont le sommet
est l'individu; mais surmontant enfin cette extériorité qui la
définit comme nature, l'idée revient se poser pour elle-même
et dans sa subjectivité concrète, sous la forme de l'esprit. On ne
saurait reprocher à la doctrine de Hegel d'être si exactement
ce qu'elle a voulu être. Nous ne nous plaçons d'ailleurs pas ici
sur le plan de la critique, mais sur celui de la constatation.
Ce n'est pas en sortir, semble-t-il, que de voir dans l'hégélianisme l'idéalisme absolu dont il a revendiqué le titre. Il l'a été,
en effet, grâce à la réduction complète du réel à son explication
par la pensée que nous venons de lui voir accomplir; mais
réduire le réel à la pensée, c'est le réduire à la connaissance par la
pensée; c'est donc inévitablement appeler une réaction de l'existence contre la dissolution en pure notion dont on la menace.
Il n'est pas surprenant que le refus de la déduction hégélienne
de l'existence soit la source de l'existentialisme contemporain.

1. *Op. cit.*, art. 247, p. 207.

CHAPITRE VIII

L'EXISTENCE CONTRE LA PHILOSOPHIE

On a dit que loin d'être une philosophie purement rationnelle, celle de Hegel est « un effort vers la rationalisation d'un fond que la raison n'atteint pas [1] ». La remarque vaudrait aussi bien pour toute autre philosophie, mais lorsqu'on la fait à propos de l'hégélianisme, c'est pour constater son échec. Qu'il y ait réussi ou non, ce fut certainement l'ambition de Hegel de construire une œuvre où le système fût indiscernable de la réalité, c'est-à-dire de faire apparaître le réel comme étant, dans son essence même, un système intégralement rationalisé. Ce qu'il y a de plus paradoxal dans l'histoire de l'hégélianisme, c'est qu'il ait été le plus vivement combattu sur le terrain où l'on pouvait au contraire s'attendre qu'il vaincrait sans coup férir celui de la philosophie de l'esprit. La science avait depuis longtemps accoutumé les philosophes à l'espoir d'une rationalisation intégrale de la nature ; l'hégélianisme a fait naître celui d'une rationalisation intégrale de l'art, de la philosophie et de la religion. Disons mieux : il s'est donné comme tâche l'accomplissement même de cette rationalisation, puisque le « système » hégélien inclut tout ce qui n'est pas lui comme l'un des moments de sa propre vérité. Tout est donc vrai en lui, à la place que le génie de Hegel lui assigne ; tout y est donc réel en tant même qu'expliqué.

Impossible d'imaginer défi plus insolent à l'autonomie de l'existence. On peut d'ailleurs préciser et dire que, dans l'œuvre de Hegel, ce défi se présente comme celui que la philosophie

1. J. WAHL, *Le malheur de la conscience dans la philosophie de Hegel*, Paris, Rieder, 1929, p. 145.

adresse à l'histoire, car si ses prétentions se trouvent justifiées, l'opération colossale qu'il médite aura pour résultat la complète absorption de l'historique par le philosophique. L'histoire offre à l'observateur, sous l'apparence d'une suite d'événements qui se succèdent accidentellement, les moments successifs du développement de l'idée, qui ne sont eux-mêmes que les étapes nécessaires de l'auto-réalisation de l'esprit. C'est ainsi, par exemple, que l'histoire de la philosophie se présente comme celle de l'origine et du développement de systèmes irréductibles et inspirés de principes radicalement différents, mais elle n'est telle que comme histoire, car la philosophie nous la fait apparaître comme n'étant au contraire qu'une seule philosophie, où les divers systèmes, avec les principes différents dont ils s'inspirent, apparaissent comme autant de parties d'un même tout. Non seulement leurs contenus, mais leur ordre de succession même se présentent alors à la pensée comme rationnellement intelligibles, car l'histoire de la philosophie, prise comme histoire, nous raconte comment les diverses philosophies ont expliqué l'univers, mais la philosophie de l'histoire de la philosophie nous fait comprendre pourquoi chacune des philosophies dignes de ce nom a expliqué l'univers, au moment où nous la voyons paraître, comme elle l'a expliqué. Venue la dernière dans l'ordre du temps, celle de Hegel les contient toutes, puisqu'on y voit l'Esprit, qui cherchait, depuis l'origine des temps, à conquérir à travers les divers systèmes la pleine conscience de lui-même et de son essence, s'y prendre enfin comme objet et revendiquer la totalité de son histoire à titre de contenu.

Lorsqu'un métaphysicien entreprend ainsi de déduire l'histoire *a priori*, l'historien ne s'en émeut guère, car lui, qui fait l'histoire, sait fort bien qu'elle s'offre toujours au contraire à sa recherche comme hérissée d'imprévisibles de tout ordre. Il sait, notamment, combien souvent le vrai historique, lorsque les documents lui permettent de l'atteindre, diffère de ce que lui-même eût *a priori* tenu pour vraisemblable. Surtout, il ne peut pas s'empêcher d'observer que l'histoire déduite *a priori* par le métaphysicien avec une si magistrale aisance, est toujours celle, plus ou moins retouchée pour les besoins de la déduction, que l'historien lui-même a commencé par raconter. Jamais déduction métaphysique du passé n'a conduit à la découverte d'un fait historique inconnu de l'histoire comme telle, et de même qu'un historien ne déduit jamais d'autre histoire du passé que celle que l'on en connaît de son temps, il ne se risque jamais à déduire l'histoire du futur, telle que la raconteront les historiens de l'avenir. Si la réflexion métaphysique sur l'histoire est une méthode philosophiquement féconde, la déduction métaphysique est une méthode historiquement stérile, fertile en confusions et en à peu près de toute sorte, dont le véritable historien n'a pas à se soucier.

Il ne s'en soucie d'ailleurs généralement pas, mais lorsqu'on la soumet au même traitement, la conscience religieuse se rebelle au contraire et proteste énergiquement. Car ce que la métaphysique met alors en question, c'est l'homme même, avec son existence, sa destinée et le sens absolu qu'il leur attribue. Or, lorsqu'on le replace dans l'ensemble de la déduction métaphysique, ce sens apparaît nécessairement comme relatif à l'ensemble du système, qui détient seul la vérité absolue et totale. Ce n'est pourtant pas là le plus grave, car il n'est guère de conscience religieuse qui n'admette qu'un rapport réel de l'âme au seul vrai Dieu soit possible, s'Il le veut, dans des vies religieuses de formes différentes. Nul chrétien ne doute de la sainteté d'Abraham, ni que Moïse se soit vraiment entretenu avec Dieu. La vraie question, pour une âme religieuse quelconque, est de savoir si ce qu'elle tient pour la vérité n'est que l'un des moments d'une vérité totale, ou si le Dieu d'Abraham et le Dieu de saint Paul sont, au sens plein du terme, le « vrai Dieu ». Pour qu'il puisse l'être, il faut que la vie religieuse authentique transcende en chaque cas les formules qu'elle se donne, il faut surtout qu'elle relève d'un ordre spécifiquement autre que celui de l'« explication ». Le centre du problème est là. Il s'agit de savoir si la religion, prise dans son essence et sa réalité même, est homogène à la connaissance qu'on en peut avoir et à l'explication, quelle qu'elle soit, qu'on en peut donner. Poser ainsi le problème, c'est mettre la connaissance rationnelle aux prises avec l'existence dans sa revendication la plus irréductible. Il s'agit en effet de savoir, pour nous en tenir à l'exemple concret sur lequel nous allons méditer, si la vie chrétienne est essentiellement un savoir, et même, pour poser l'aporie sous sa forme la plus aiguë, s'il est absolument possible, à partir de la science du Christianisme, de « devenir chrétien ».

Pour poser le problème sous cette forme et avec cette force, il n'a pas fallu moins que l'expérience religieuse personnelle de Sören Kirkegaard qui, si longtemps oubliée et négligée, agit avec une telle force sur la pensée philosophique et religieuse de notre temps. Au cœur de cette expérience, il faudrait peut-être situer l'acte d'humilité chrétienne d'un homme si totalement humble devant la vérité du Christianisme, qu'il n'a jamais osé se dire tout à fait chrétien. Il est vrai que toute son œuvre, si diverse et même si mystérieuse à tant d'égards, est consacrée au service du Christianisme, mais, nous dit-il lui-même, « cette consécration, qui remonte assez loin en arrière, portait que même si je ne parvenais jamais à être chrétien, j'emploierais pour Dieu tout mon temps et tout mon zèle, du moins pour mettre en pleine clarté la nature du christianisme et le point où règne la confusion dans la chrétienté [1] ». Cette confusion, c'est dans une large mesure celle dont Hegel est responsable; elle revient à croire qu'être chrétien consiste à connaître le christianisme, ou qu'il existe un système, une spéculation, bref un savoir, à partir duquel il soit possible de « devenir chrétien ».

Le problème est posé et discuté, avec la profondeur et la surabondance luxuriante que l'on sait, dans le *Post-Scriptum* de Kirkegaard [2]. Dès le début de cette immense méditation dialectique, Kirkegaard retrouve spontanément certaines positions fondamentales du problème religieux qui, d'entrée de jeu, l'obligent à en chercher la solution au-delà de toute connaissance objective. Ayant entendu dire qu'il existe un bien suprême, la béatitude éternelle, et que le christianisme est la condition de ce bien, il se demande comment se rapporter lui-même à cette doctrine. Nous revenons ainsi directement à cet eudémonisme foncier, c'est-à-dire à ce primat de la conquête du bonheur, qui dominait déjà toute la dialectique religieuse de saint Augustin. En effet, pour qui sait que le christianisme se propose de rendre l'homme éternellement bienheureux, il est clair que la seule attitude concevable est celle d'un intérêt infini, ou, comme le dit souvent Kirkegaard, d' « une passion infinie » de l'individu pour la béatitude. S'il éprouve cette passion pour elle, la béatitude lui devient au moins possible; s'il ne la désire pas ainsi, il s'en exclut. Ajoutons à cela que, semblable cette fois à saint Bernard, et d'accord en cela avec tous ceux qui ont vraiment posé le

---

1. S. KIRKEGAARD, *Point de vue explicatif de mon œuvre*, trad. P.-H. Tisseau, 1940, p. 75, note 1.
2. Sur la place et le sens précis de cette œuvre dans l'ensemble des écrits de Kirkegaard, voir *op. cit.*, pp. 30, 60 et 76.

problème du salut, Kirkegaard ne s'interroge pas ici sur le problème objectif de la vérité du christianisme, mais sur le problème subjectif de son propre salut. Il s'agit pour lui de savoir « comment moi..., je peux devenir participant de la béatitude que promet le christianisme ». Sur quoi il ajoute : « Le problème ne concerne que moi tout seul. » Comment en effet chacun de nous résoudrait-il ce problème pour les autres? Si, pour une infinité d'hommes, sa solution doit être la même, il doit être résolu une infinité de fois *une* fois [1].

Ce problème unique, qui requiert une passion infinie pour le bonheur — cette passion pour laquelle l'Évangile prescrit à l'homme d'oublier son père et sa mère — comment le système de Hegel est-il capable de le résoudre? Telle est la question que Kirkegaard s'est posée, et qu'il a résolue par la négative, mais en portant sa discussion à un point de profondeur qui, par-delà le système de Hegel, atteint la notion de connaissance objective en général. Le problème est en effet de savoir si même la recherche infiniment passionnée de la connaissance objective peut être tenue pour équivalente à la connaissance subjective. Or il apparaît aussitôt qu'elle ne l'est pas. Si intéressée qu'en soit la recherche, la connaissance objective elle-même est désintéressée par définition. Une fois découverte, fût-ce au prix d'un labeur infini, le problème de son appropriation ne se pose pas. Il en va tout au contraire de la connaissance subjective, qui consiste précisément dans l'appropriation du vrai par le sujet. Par appropriation, entendons ici la transformation vitale que subit le sujet lui-même dans son effort pour devenir l'objet. Dans toute connaissance de ce genre l'opposition ordinaire du sujet et de l'objet s'abolit : « Objectivement on ne parle jamais que de la chose, subjectivement on parle du sujet et de la subjectivité, et voici que c'est la subjectivité qui est la chose [2]. » Connaître subjectivement, c'est être; la connaissance subjective se confond ainsi, à la limite, avec la subjectivité même. Une telle connaissance est donc essentiellement différente de celle, toute détachée et purement spéculaire, qui consiste

---

1. S. Kirkegaard, *Post-Scriptum aux miettes philosophiques*, trad. Paul Petit, Paris, Gallimard, 1941; pp. 9-10. Sur le moine chrétien, pp. 213-214, p. 271 et pp. 273-283. L'éthique exclut la contemplation du monde et des hommes, p. 214.
2. *Op. cit.*, p. 84.

à refléter ce que le sujet n'est pas. Plus il s'enfoncera dans la connaissance subjective, plus le sujet se détournera de la connaissance objective. Ces deux modes de connaissance ne sont pas distincts ou complémentaires, ils sont irréductiblement opposés.

Cette dialectique ne prend son sens vrai qu'en rapport avec le seul problème dont se soucie vraiment Kirkegaard : le problème religieux. Posée en termes concrets, la question qu'il discute est simplement de savoir si l'on peut connaître le christianisme sans être soi-même chrétien. Il se peut en effet, et Kirkegaard ne le nie pas, qu'il existe des objets si essentiellement étrangers au sujet connaissant, que leur connaissance puisse et doive être purement ou principalement objective, mais il se peut aussi que certains objets de connaissance ne puissent être que subjectivement connus. Le Christianisme est de ce nombre, et l'on peut en dire qu'il est tel au premier chef. En effet, le Christianisme est essentiellement subjectivité, intériorisation, puisque, comme nous l'avons dit, il consiste en l'intérêt passionné du sujet pour sa propre béatitude éternelle. Si cet intérêt passionné existe, le christianisme est là et le sujet qui l'éprouve peut donc le connaître en se connaissant; disons mieux, puisque la vérité consiste ici dans l'appropriation même, l'expérience directe qu'il en a constituera sa connaissance subjective du christianisme, mais si cet intérêt passionné n'existe pas, comme c'est lui qui constitue le christianisme, aucune connaissance du christianisme ne sera possible, car le christianisme lui-même ne sera pas là. Sans doute objectera-t-on qu'il restera pourtant possible d'en avoir au moins une connaissance objective, mais l'objection ne tient pas, car il est impossible de connaître objectivement ce qui, de par son essence même, est pure subjectivité. « Quand il s'agit d'une observation pour laquelle l'observateur doit être dans un état déterminé, il est vrai de dire, n'est-ce pas, que s'il n'est pas dans cet état, il ne connaît rien du tout [2]. » La religion nous met donc en présence d'un cas de tout ou rien, et c'est en fonction de ce cas extrême que Kirkegaard a toujours posé le problème, inoubliable après lui, du rapport de la connaissance à l'existence. Non pas qu'il

1. S. Kirkegaard, *Post-Scriptum*, p. 50, note 1.
2. *Op. cit.*, p. 34.

ait ignoré les autres cas où se pose le même problème. L'amour, par exemple, et généralement parlant tout ce qui relève de l'ordre éthique, imposerait une conclusion toute semblable, mais on ne comprend bien le sens qu'elle a dans sa pensée, avec sa profondeur et ses limites proprement kirkegaardiennes, si l'on oublie ce qu'elle exprime avant tout pour lui : le refus de laisser l'existence chrétienne se dissoudre en spéculation.

C'est de cette source religieuse que la pensée de Kirkegaard tire sa force, mais c'est aussi pour avoir posé la question sous cette forme éthique et toute personnelle, qu'il n'a jamais pu détacher le problème de l'existence de celui de son existence chrétienne pour atteindre le plan de l'ontologie proprement dite. Lui-même ne le désirait pas, et l'entreprise lui eût sans doute semblé absurde. Il n'est pourtant pas certain qu'elle le soit. Le maître problème auquel conduit toute réflexion philosophique sur sa doctrine, est précisément de savoir si l'on ne peut reconnaître les droits de l'existence sans nier ceux de l'ontologie, mais le problème plus concret que pose immédiatement la seule observation de ses démarches, est de savoir si l'on peut arriver à penser l'être à partir de la seule existence du sujet religieux.

Il n'est pas illégitime de poser cette question à propos de Kirkegaard, parce que, si la force qui meut sa pensée est essentiellement religieuse, la doctrine à laquelle il s'oppose, l'hégélianisme, est beaucoup plus qu'une philosophie de la religion. Hegel lui-même l'a voulue comme un système achevé où la religion serait incluse à la place qui lui revient dans l'ensemble du réel. Pour critiquer cette inclusion de la religion dans le système, Kirkegaard a dû s'opposer à la notion même de système et en marquer les limites. C'est par là que son œuvre qui, par destination première, devait agir sur l'histoire de la théologie moderne, est en même temps devenue le point de départ d'un important mouvement philosophique dont la fécondité n'est pas tarie. Il y a du Kirkegaard chez le théologien Karl Barth, il y en a aussi chez le philosophe Heidegger, et c'est vers ce Kirkegaard philosophe que nous devons ici tourner notre attention.

Sa critique de l'hégélianisme comme système repose sur un principe simple, mais dont la portée est immense, parce qu'il vaut également contre tout système en général. Ce principe est qu' « il peut y avoir un système logique, mais il ne peut y avoir un système de l'existence[1] ». Assurément, on ne peut dire que Hegel lui-même n'ait pas senti l'importance fondamentale de l'existence. Au contraire, nous l'avons vu réagir contre le logicisme abstrait et statique de Wolf, en le remplaçant par une dialectique contructive qui possédait en elle-même le principe de son propre mouvement. Or dès qu'une doctrine s'ouvre au mouvement, elle accueille l'existence. Une question se pose pourtant aussitôt : pouvons-nous accueillir l'existence sans renoncer à la logique? Ou, pour formuler la même question en d'autres termes, pouvons-nous poser le mouvement comme base de la logique, « alors que la logique ne peut pas expliquer le mouvement[2] »? A la question ainsi posée, on ne peut répondre que par la négative. Or admettre que l'existence échappe à la logique, c'est admettre qu'elle refuse de se laisser enclore dans un système. Sans doute, un système de l'existence n'est pas de soi impossible, mais s'il y en a un, il ne peut être donné pour nous : « L'existence est elle-même un système — pour Dieu, mais ne peut l'être pour un esprit existant. Être un système et être clos se correspondent l'un à l'autre, mais l'existence est justement l'opposé. Du point de vue abstrait, système et existence ne se peuvent penser ensemble, parce que la pensée systématique, pour penser l'existence, doit la penser comme abolie, et donc pas comme existante. L'existence est ce qui sert d'intervalle, ce qui tient les choses séparées ; le systématique est la fermeture, la parfaite jointure[3]. » On est donc certain de faire éclater tout système, chaque fois qu'on voudra le contraindre à accueillir l'existant.

Bien que la pensée de Kirkegaard refuse elle-même de s'enclore en un système, elle est dominée par certains thèmes conducteurs sur lesquels elle se règle constamment. L'un des plus importants, peut-être même le plus important de tous, est précisément celui de l'inconcevabilité de l'existence sous les formes particulières du mouvement et du temps. Que temps et mouvement soient en un certain sens concevables, la chose est certaine, pourvu qu'il s'agisse d'un mouvement accompli et d'un temps passé. En tant qu'accomplis et passés, le mouvement et le temps deviennent en effet des choses finies, faites, sorties de l'existence et entrées dans l'éternité. A partir de ce moment

1. *Op. cit.*, p. 72.
2. *Op. cit.*, p. 73.
3. *Op. cit.*, p. 79.

aussi, mouvement et temps tombent sous les prises de la connaissance objective et sont aptes à s'insérer dans un système, mais ils n'y entrent qu'en laissant l'existence à la porte. Il n'y a de sytème que de ce qui, ou bien n'est pas naturellement capable d'existence, ou bien, en étant naturellement capable, a déjà fini d'exister.

A ne considérer que la synthèse universelle construite par Hegel et ses disciples, rien ne permet de soupçonner la présence de cette difficulté, car ils ne cessent de parler de mouvement et d'existence, si bien que leur philosophie se présenterait plutôt comme un système achevé de l'existence en mouvement. Mais on peut se demander s'ils retiennent de l'existence plus que le nom. Kirkegaard s'est toujours flatté d'avoir le sens du comique, qu'il considérait d'ailleurs comme inséparable du sens de l'existence, et bien que le sien soit parfois un peu laborieux, il en a fait un heureux usage contre le curieux contraste que présentent toujours, non seulement chez Hegel mais chez tout idéaliste, le philosophe et l'homme. Ce sont généralement des professeurs, qui enseignent un univers et touchent leur traitement dans un autre. Le reproche qu'on peut leur en faire n'est qu'une critique *ad hominem*, sans valeur à leurs yeux et qu'ils se sentent en droit de mépriser, puisque, précisément, ils font abstraction de l'existence concrète. En revanche, elle est entièrement légitime et pleine de force, de la part d'un penseur comme Kirkegaard pour qui l'existence concrète est à la fois réalité et vérité. Or il n'a pas seulement suggéré le comique de ces philosophes, dont le sens aigu de leurs propres intérêts dément si souvent leur indifférence spéculative à l'égard du concret, il a encore dénoncé le scandale d'un divorce qui va s'élargissant entre les hommes et les œuvres, c'est-à-dire entre la philosophie comme savoir et la philosophie comme sagesse. Dans la Grèce, telle du moins que Kirkegaard se la représente, un artiste ne se contentait pas de produire des œuvres d'art, il voulait lui-même en être une. Et un philosophe, de même. Socrate n'*avait* pas de philosophie, il l'*était*. N'est-il pas au contraire surprenant que la pensée, qui se présente de nos jours comme le souverain bien, ne proteste pas contre le fait que le penseur n'existe pas vraiment en tant qu'homme? L'écart entre être penseur et être homme, qui devrait pourtant être réduit au minimum, n'a jamais été si large qu'il ne l'est aujourd'hui.

Cette critique pourra sembler arbitraire et, nous l'avons

reconnu, l'hégélien ne la jugera sans doute même pas digne de réponse, mais a-t-il vraiment le droit de s'en désintéresser? Kirkegaard ne le pense pas, car sa propre doctrine repose sur ce fait, qui en est un pour l'hégélien lui-même : si abstraite que soit sa pensée, le penseur abstrait existe. Il est vrai qu'à titre de pensée abstraite elle n'est pas tenue de prendre ce fait en considération. Non seulement elle n'est pas obligée de le faire, mais elle ne le peut pas, car une pensée est abstraite dans la mesure exacte où elle fait abstraction de l'existence. Si elle en parle, c'est nécessairement en l'élevant au niveau de l'existence abstraite en général, où l'on perd complètement de vue le sujet concrètement existant. Par exemple, posons à l'un de ces philosophes le problème de l'immortalité de l'âme; nous l'entendons immédiatement parler de l'immortalité en général et identifier cette immortalité avec l'éternité, qui est précisément au plan de la pensée abstraite et du *sub specie aeterni*. Quant à savoir si moi, qui existe, je suis immortel, ce philosophe ne s'en soucie pas, et il n'a effectivement aucun moyen d'en parler. Pourtant, lui-même existe, et le problème fondamental de la philosophie consiste précisément, non pas à éliminer l'existence au profit de l'idéalité de la pensée, mais à penser leur synthèse. Ce qu'il y a d'étrange dans le penseur abstrait, et ce qui fonde philosophiquement les critiques personnelles qu'on lui adresse, c'est que sa pensée refuse de prendre position à l'égard de ce fait, pourtant fondamental, qu'il existe. De là le comique de cet être double : « d'une part, un être fantastique qui vit dans la pure abstraction, et de l'autre une parfois triste figure de professeur qui est mis de côté par cet être abstrait, comme on met sa canne dans un coin [1] ».

Penser l'idéalité dans l'existence, cette formule du but vers lequel Kirkegaard s'est tendu avec la passion que l'on sait, ne pourrait-elle pas aussi bien désigner la fin que se sont plus ou moins clairement proposée toutes les grandes entreprises métaphysiques? Hegel lui-même, nous l'avons constaté, s'est vivement opposé à ce qu'il considérait comme une manière purement abstraite, et par conséquent creuse, de concevoir la dialectique. Aux abstractions de l'entendement wolfien, il a sans cesse opposé les démarches concrètes par lesquelles l'Esprit construit le réel en surmontant sans cesse la contradiction.

1. *Post-Scriptum*, pp. 201-202.

Kirkegaard n'est pas sans l'avoir vu, mais il ne s'est pas laissé convaincre par les prétentions de cette dialectique. Hegel voyait un signe frappant du génie métaphysique de la langue allemande, dans le fait que le même verbe, *aufheben*, veut dire indifféremment « supprimer » ou « conserver ». Kirkegaard ne partage pas cette admiration pour l'aptitude d'un terme à désigner le contraire de ce qu'il signifie. Surtout, il ne pense pas que l'abstrait se transforme en concret du seul fait qu'on le pense comme contradictoire. Du contradictoire abstrait reste de l'abstrait. La dialectique de Hegel n'est pas autre chose, et la meilleure preuve en est, qu'il n'ait pu concevoir un autre succédané du concret, du mouvement et de l'existence, que cette propriété, qui est inséparable de l'abstrait au point de lui être coessentielle, l'aptitude à la contradiction. Introduire l'existence dans une logique, ce n'est peut-être pas existentialiser la logique, mais c'est infailliblement logiciser l'existence, c'est-à-dire la supprimer. A juger l'hégélianisme du dehors, ce que l'on est en droit de faire si l'existence, qui est le réel même, est laissée dehors par l'hégélianisme, on dira que tout cet artifice de passages et de dépassements n'est rien de plus qu'une comédie, mais on aura bien tort de chercher à battre Hegel sur son propre terrain en voulant lui imposer le choix entre des alternatives qu'il surmonte avec tant d'adresse. Là, il est proprement imbattable, précisément parce qu'étant une fois pour toutes installé dans la logique et dans l'abstraction, il plane librement au-dessus de toutes les contradictions. Dans la pensée pure et dans l'être pur, considérés *sub specie aeterni*, tout est simultanément donné à la fois, il n'y a place pour aucun « ou bien — ou bien » et c'est l'abstraction même qui chasse la contradiction. L'erreur de Hegel est de tout autre nature. Elle est d'avoir cru surmonter l'abstrait en surmontant la contradiction, alors qu'il ne surmontait si aisément la contradiction que parce qu'il ne peut pas y en avoir dans l'abstrait. Il lui fallait se hausser au comble de l'abstraction pour avoir l'illusion d'en sortir. Car puisque l'existence est cette contradiction intime que comporte tout effort infini, elle ne peut pas consister à supprimer les alternatives ; c'est elle, au contraire, qu'on supprime en les supprimant [1].

Cette critique de l'hégélianisme nous introduit à ce que l'on

1. *Op. cit.*, pp. 203-204.

peut considérer, sans exagération semble-t-il, comme la contribution maîtresse de Kirkegaard au bien commun de la philosophie première. Il y a bien des manières de la servir et les plus ambitieuses ne sont pas nécessairement les plus utiles. Le mérite de Kirkegaard fut d'abord ici de dire quelque chose d'original, mais de le dire avec un tel accent qu'on ne pourra plus l'oublier après lui. La leçon qui s'attache désormais à son nom, c'est qu'une ontologie complète ne peut ni concevoir l'existence comme telle, ni l'éliminer. Ajoutons que ce qu'il y a de profondeur authentique chez Kirkegaard ne se comprendrait pas sans ce qu'il y avait d'authentique grandeur dans l'erreur hégélienne même qu'il a voulu détruire. Une revendication si passionnée des droits de l'existant ne pouvait guère se produire, sans qu'eût été d'abord poussée jusqu'à son terme l'expérience de grand style tentée par Hegel pour l'inclure dans les cadres de la pensée logique. De Hegel et de Kirkegaard, c'est Hegel qui est le vrai philosophe, mais Kirkegaard est le vrai prophète, et les philosophes qui viendront après lui n'oublieront pas de sitôt son message : « Il en est de l'existence comme du mouvement : il est très difficile d'avoir affaire à elle. Si je les pense, je les abolis, et je ne les pense donc pas. Ainsi il pourrait sembler correct de dire qu'il y a quelque chose qui ne se laisse pas penser, l'existence. Mais alors la difficulté subsiste que, du fait que celui qui pense existe, l'existence se trouve posée en même temps que la pensée [1]. » Une philosophie qui ne renonce pas au titre de sagesse devrait occuper à la fois ces deux plans, celui de l'abstraction et celui de la réalité.

On chercherait pourtant en vain cette philosophie chez Kirkegaard lui-même, et comme ceux qui se sont engagés à sa suite dans le dédale de l'ontologie semblent avoir désespéré de la construire, on doit se demander ce qui manquait encore à cette position de la question. Peut-être ne dirait-on rien d'injuste, en lui reprochant de ne s'être pas assez profondément engagée dans le problème pour pouvoir en sortir. C'est une infortune souvent observable au cours de l'histoire de la philosophie — et sans doute pareillement au cours de l'histoire des sciences — que l'on ne se purge jamais complètement soi-même de l'erreur dont on cherche à délivrer les autres. Au moment même où Kirkegaard s'efforçait de rétablir l'existence dans la

---

1. *Op. cit.*, p. 206.

plénitude de ses droits, et dans l'espoir d'y plus complètement réussir, il reconstituait un couple antinomique analogue à ceux dont avait vécu la pensée de Hegel, celui de l'abstrait et du sujet existant. Que leur synthèse soit réalisée, en droit et en fait, dans l'être divin, Kirkegaard l'affirme à plusieurs reprises : Dieu semble bien être pour lui l'unité de l'éternel et de l'existant. Que leur coexistence soit, en fait, réalisée dans l'homme, il ne cesse de le dire, puisque c'est à leur point de contact que se posent pour lui les problèmes. Pourtant, cette coexistence reste à ses yeux un paradoxe, précisément parce que l'abstrait et l'existant s'opposent dans son esprit, et même s'excluent sur le plan de la spéculation pure, l'un d'eux se définissant toujours dans sa pensée comme étant ce que l'autre n'est pas. De telles oppositions sont ordinairement le fait de la pensée abstraite et l'on peut donc se demander si, au moment même où Kirkegaard s'opposait passionnément à toute confusion entre l'abstraction et l'existence, il n'a pas traité l'existant comme une nouvelle abstraction, celle dont l'essence exigerait qu'elle fît abstraction de toute abstraction.

Revenons au point de départ de cette noétique. Kirkegaard a compris, et il l'a inlassablement répété, que la seule connaissance réelle est celle qui se rapporte directement à l'existence. Mais que faut-il entendre ici par connaissance réelle? On ne doit pas la concevoir, à la manière du réalisme classique, comme une identité abstraite de l'intellect et du réel. Pourquoi? Parce que la connaissance, ainsi conçue comme une simple réduplication abstraite de ce que l'être empirique est dans le concret, n'est elle-même qu'une abstraction. Supposons que cette réplique abstraite du concret en soit l'image fidèle ou, si l'on préfère, la transcription correcte, elle ne sera toujours qu'une abstraction. Puisque nous la supposons correcte, elle est vraie, mais cette vérité n'est elle-même rien de réel, puisque, par définition, elle est une abstraction. Kirkegaard n'interprète donc pas le réalisme classique comme fondé sur l'interaction d'un sujet connaissant et d'un objet connu également concrets et également existants. Il ne se demande pas si l'intussusception de l'objet par le sujet, avec l'adéquation qu'elle comporte, n'est pas elle-même de l'existant. Ne retenant de cette doctrine que ce que ses adversaires, et parfois, il faut le dire, ses défenseurs eux-mêmes en retiennent, il la réduit à la notion simpliste de la vérité-copie, où la pensée se contente de photographier du dehors un objet dont, puisqu'elle n'en connaît que les photographies, elle ne pourra jamais savoir, à moins de le prendre lui-même pour une photographie, si les vues qu'elle en prend correspondent à la réalité. De l'*adaequatio intellectus et rei* ainsi conçue, on peut bien dire que « la formule est une tautologie, c'est-à-dire que la pensée et l'être signifient une seule et même chose, et que l'accord dont il est question n'est que l'accord de l'identité abstraite avec elle-même [1] ». Puisqu'on a laissé dehors, d'entrée de jeu, l'existence concrète, l'être de la vérité ainsi obtenue n'est que celui de la pensée abstraite même. Si l'on dit de cette vérité qu'elle *est*, on répète simplement ce qu'elle est, la forme abstraite de la vérité.

Kirkegaard était un esprit trop pénétrant pour s'en tenir à cette première approximation, dont chacun voit qu'elle est un peu lâche. Sans avoir poussé sa critique jusqu'au cœur même d'un réalisme existentiel qu'il semble bien avoir méconnu, et qui, s'il l'eût connu, eût été sans doute son plus bel adversaire, il a du moins senti que, même dans le réalisme abstrait qu'il critiquait, la connaissance prétend se rapporter vraiment, non à la pensée même, mais à quelque chose de réel qui est précisément son objet. Il ne l'a pas seulement vu, il l'a expressément déclaré, et c'est même en s'opposant à cette thèse qu'il a trouvé les formules décisives de sa noétique. A vrai dire, il s'agit moins là d'une critique proprement dite, que d'un « non » posé par Kirkegaard comme le simple envers de son propre « oui ». Nous atteignons ici l'option fondamentale de sa doctrine, car ce qu'il oppose à cette conception de la vérité, c'est que, de quelque façon qu'on prétende la justifier, elle la définit d'une manière objective, c'est-à-dire comme fondée sur un rapport du sujet à l'objet. Ce qu'elle considère comme la justification ultime de toute connaissance vraie : le fait qu'elle se rapporte à quelque chose de réel, est précisément ce qui la disqualifie aux yeux de Kirkegaard. L'objet, que l'on introduit ici pour fonder la connaissance vraie, est précisément ce qui lui interdit d'atteindre la vérité, car si elle est objective, la connaissance est abstraite, elle laisse donc échapper l'existence, cela même qu'il faut saisir pour qu'il y ait vérité.

Poser ainsi le problème, c'est exclure d'avance toute possibilité de saisir une existence qui soit celle d'un *objet*, et puisque

---

1. *Op. cit.*, p. 126.

les notions d'objet et d'existence sont mutuellement exclusives, il reste que la seule existence saisissable soit celle du sujet. Négligeons ici, comme Kirkegaard semble avoir fait lui-même, la question de savoir si le sujet auquel il pense est l'homme ou simplement l'esprit. Admettons que ce soit l'esprit. Une telle doctrine ne s'en oblige que plus nécessairement à résoudre le problème de la connaissance selon les exigences du subjectivisme le plus strict. En effet, les seules connaissances réelles sont celles qui se rapportent au sujet réel en tant qu'existant. Or nous savons déjà que, pour Kirkegaard, le sujet existant est un être situé dans le temps, et dont l'existence, dans le cas moins fréquent qu'on ne croit où il en a une, consiste en sa passion infinie de la béatitude. Il suit donc de là que, « seule, la connaissance éthique et éthico-religieuse est une connaissance réelle », car « toute connaissance éthique et éthico-religieuse se rapporte essentiellement au fait que le sujet connaissant existe [1] ».

Deux conséquences maîtresses découlent de cette thèse. D'abord, le subjectivisme auquel se lie Kirkegaard est nécessairement de nature éthico-religieuse. Nous retrouvons donc, entourée de tout ce qu'elle peut comporter de justifications théoriques, la décision proprement kirkegaardienne que nous avons notée dès le début. Ensuite, nous aboutissons ici à une noétique qui mérite éminemment le titre d'existentielle, parce qu'au lieu de concevoir la vérité comme une saisie de l'existence, elle fait de l'existence même la vérité. On peut donc dire que la vérité elle-même y est existentialisée, car l'existence seule étant réelle, elle seule est vraie. Ce n'est pas *ce que* le sujet sait de son objet, qui fait la vérité de la connaissance, c'est le *comment* selon lequel il le connaît. Admettons, par exemple, qu'il s'agisse de la connaissance de Dieu. Objectivement parlant, ce qui importe est ce que l'on doit penser de Dieu, pour qu'il soit le vrai Dieu; mais un philosophe ou même un théologien peuvent dérouler à l'infini le fil de leurs connaissances sur Dieu sans se rapprocher aucunement de la connaissance de Dieu. Subjectivement parlant, c'est-à-dire parlant en vérité, la connaissance de Dieu paraît au moment où le sujet connaissant se rapporte à son objet, de telle manière que ce rapport

---

1. *Op. cit.*, p. 131. Nous substituons connaissance « réelle » à connaissance « essentielle » que donne la traduction, pour éviter l'amphibologie de ce dernier terme, l'essence connotant souvent la notion d'abstraction que Kirkegaard veut précisément éliminer.

soit réellement un rapport à Dieu. De ce deuxième point de vue, qui est le vrai, on peut bien dire que la connaissance objective est sans importance; mais on voit aussi comment s'opère alors, dans le sujet, l'identification du réel, du vrai et de l'existant : « Quand on cherche la vérité d'une façon objective, on réfléchit objectivement sur la vérité comme sur un objet auquel le sujet connaissant se rapporte. On ne réfléchit pas sur le rapport, mais sur le fait que c'est la vérité, le vrai, à quoi on se rapporte. Quand ce à quoi on se rapporte est la vérité, le vrai, alors le sujet est la vérité[1]. »

Si Kirkegaard mérite et méritera toujours qu'on l'étudie, c'est que, comme tout penseur de grande classe, il atteint ici sous nos yeux une position pure, c'est-à-dire un *nec plus ultra* dans une ligne spéculative définie. C'est ordinairement par là que de tels penseurs agissent sur l'esprit de ceux qui les suivent, et la manière même dont cette action s'exerce est bien faite pour mettre en évidence le sens authentique du message légué par le maître à ses disciples. Dans une doctrine où « le comment de la vérité est précisément la vérité[2] », il y a certainement place pour la plus intense des vies spirituelles et, pour reprendre le langage de Kirkegaard lui-même, la subjectivité éthico-religieuse peut assurément s'y déployer à l'aise. Elle y est chez elle de plein droit. Le penseur n'est pas alors sans ressembler à ces héros de la vie intérieure, comme on en rencontre tant au moyen âge, pour qui la connaissance est ascèse pure. Seulement ces héros de la vie chrétienne pouvaient d'autant plus librement se désintéresser de toute spéculation « objective » sur Dieu, que ce genre de connaissance était réglé pour eux par l'acceptation d'un ensemble de dogmes soustraits à toute discussion. Ils pouvaient vaquer à « réaliser » leur foi, parce qu'ils en avaient une. Chez Kirkegaard, au contraire, la foi doit nécessairement se délier de tout rapport à un objet défini, car elle ne peut consister qu'au « comment » de ce rapport même. Sans doute, elle a un objet, mais, en tant précisément que foi, elle en reste radicalement et essentiellement indépendante.

Il importe de le constater, car on est par là conduit à voir que l'existentialisme kirkegaardien du sujet n'échappe pas à la nécessité commune de poser des essences; il en crée simplement

1. *Op. cit.*, pp. 131-132.
2. *Op. cit.*, p. 216.

de nouvelles, et dont on peut dire qu'elles se retranchent d'une manière particulièrement farouche sur leur pureté essentielle. La « foi pure » de l'existentialisme subjectif est une de ces essences et l'histoire de la pensée religieuse n'en connaît guère qui se refuse plus durement à toute participation. C'est que, pour participer, il lui faudrait se compromettre et, comme foi pure, se détruire. Une foi qui se veut pure ne peut être absolument rien d'autre que foi. Elle exclut donc, non seulement une certitude rationnelle concernant son objet, ce qu'accorde nécessairement toute théologie de la foi, mais même jusqu'à la moindre trace d'un « savoir » quelconque, dont le mélange l'affecterait d'une impureté fatale à son essence. L'ironie de Kirkegaard s'est donné libre carrière contre les théologiens, hégéliens ou autres, qui cultivaient de son temps ce qu'il nomme « la théologie savante ». Ces érudits entendent d'abord « confirmer leur foi », en établissant du point de vue historique et critique, avec l'authenticité et l'intégrité des écrits canoniques de l'Ancien et du Nouveau Testament, la crédibilité de leurs auteurs. Rien de plus légitime que cette philologie savante, si on la prend en elle-même comme science, mais ce n'est pas d'elle, c'est d'une soi-disant « théologie savante » qu'il s'agit, c'est-à-dire de la théologie qui semble espérer que, de toute cette science, il peut résulter quoi que ce soit qui concerne la foi. Or c'est justement cela qui est impossible, car d'abord aucune connaissance historique ne saurait atteindre cette certitude absolue sans laquelle il n'est pas de foi digne de ce nom[1], mais surtout, quand bien même on établirait sans ombre de doute l'authenticité et la crédibilité des livres sacrés, on n'obtiendrait ainsi qu'un savoir objectif comme est celui de la science, directement opposé à cette décision passionnée et toute personnelle qu'implique la foi.

C'est d'ailleurs pourquoi le problème ne change pas de nature, quel que soit le genre de savoir auquel on en appelle pour rendre la foi plus croyable, ou simplement moins incroyable, aux yeux de l'incrédule. En essayant d'argumenter sur son propre terrain, on lui met simplement tous les atouts en main. Car si l'on évite cette faute, l'incrédule lui-même ne peut rien contre la foi.

1. C'est un point essentiel dans la doctrine de Kirkegaard, que tout savoir ou toute connaissance historique est, « à son maximum, une approximation, même en ce qui concerne le propre savoir de l'individu sur sa propre activité extérieure historique ». *Op. cit.*, pp. 388-389.

Quand il aurait prouvé de son côté, non pas que les livres sacrés ne sont pas inspirés, car ceci ne relève que de la foi, mais qu'aucun d'eux n'est authentique, il ne se déroberait pas par là à la responsabilité de ne pas être un croyant, car il suffit que le Christ ait vécu pour qu'on doive croire en lui. Inversement, quand on aurait confirmé par toutes les raisons imaginables la nécessité de croire en lui, on serait aussi loin que jamais de la foi, car on n'en aurait toujours pas de preuve, et l'on en serait plus loin que jamais si l'on en avait une preuve, puisqu'en acceptant la preuve, on renoncerait à la foi. Qu'on procède historiquement ou philosophiquement, peu importe. Il n'importe pas davantage qu'on parvienne à rendre la foi un peu plus croyable, très croyable ou infiniment croyable ; l'incrédule qui exige une preuve sait bien qu'on ne lui en donnera pas, mais le croyant qui prétend en apporter une finit par croire lui-même qu'il la donne. A ce moment précis, il est perdu ; sa propre foi vient de sombrer dans l'impersonnel de l'objectivité.

Rien ne montre mieux comment la dialectique kirkegaardienne manipule les essences. Car il ne s'agit plus ici que de deux des plus intransigeantes d'entre elles, la Preuve et la Foi. Comment accorder ces éternelles irréconciliables ? « Au profit de qui conduit-on la preuve ? La foi n'en a pas besoin, elle doit même la regarder comme son ennemi [1]. » Rien de plus juste, mais tandis que Kirkegaard pense mener le bon combat pour défendre les droits de l'existence, il ne s'aperçoit pas que, pour les besoins de sa dialectique, lui-même est insensiblement remonté au ciel des Idées platoniciennes et que les entités qu'il met si passionnément aux prises ne sont que des abstractions réalisées. Tandis qu'il montre la Preuve excluant la Foi et la Foi refusant tout contact avec la Preuve, il oublie que la Preuve n'existe pas et que la Foi n'existe pas davantage. Ce qui existe, c'est celui que Kirkegaard appelle, avec une ironie dont la pointe se retourne ici contre lui-même, le pauvre diable d'orateur ecclésiastique qu'il nous représente en mal de preuves, bref, « le pauvre diable de pasteur ». Appelons-le plus simplement encore le pauvre diable de *croyant*. Kirkegaard lui reproche de « confondre les catégories ! » Avouons que le comique n'est plus uniquement de son côté, car quel existant, s'il croit, ne confond dans l'unité de son exister ces deux catégories, et quelques

1. *Op. cit.*, p. 19.

autres encore? Si piètre figure qu'il fasse entre les deux catégories de la Foi pure et de la Preuve pure, le pauvre diable de
croyant a pourtant sur elles un avantage, et qui devrait primer
tout dans une doctrine de l'existence, c'est qu'il existe, et
Kirkegaard lui-même, lorsqu'il sort de sa dialectique pour
rentrer dans sa propre réalité concrète, n'échappe pas plus
qu'un autre à cette inexorable loi, qu'est l'impureté métaphysique de l'existant fini. Peu lui importe, nous dit-il, que les
livres sacrés ne soient pas l'œuvre des auteurs auxquels on les
attribue, pourvu que ces auteurs aient vécu et que le Christ
ait vécu [1]. Mais cela même, le sait-il? S'il le sait, et s'il faut qu'il
le sache, quelle redoutable injection de savoir à la racine même
de la foi! S'il ne le sait pas, au contraire, faudra-t-il admettre
que, même s'il était objectivement vrai que le Christ n'eût pas
existé, le croyant se sentirait plus libre que jamais d'étreindre
passionnément par la foi cette promesse de béatitude éternelle
dont la personne du Christ est la substance même? Il semble
bien, comme on verra plus loin, que Kirkegaard lui-même ait
identifié la foi chrétienne à l'intérêt passionné du croyant pour
l'existence du Christ; mais dans cette adhésion passionnée à
l'Homme-Dieu, ne faut-il pas au moins savoir que l'homme a
existé pour croire qu'il ait été Dieu? On ne peut ni fonder la
foi sur l'histoire seule ni la concevoir sans elle, et l'histoire est
connaissance. La vérité, à la fois moins dialectique et plus
complexe, ne se rencontre que dans l'unité existentielle du sujet
qui croit et sait à la fois; croyant, à cause de ce qu'il sait, plus
qu'il n'en sait, et sachant, à cause de ce qu'il croit, que le
connaissable s'étend bien au-delà de ce qu'il en peut savoir.
Le plus humble des croyants sait quelque chose de ce qu'il
croit, et le plus savant des théologiens, surtout s'il est un saint,
reste le plus pauvre entre les pauvres diables de croyants.
Qui ne se souvient du jugement découragé de saint Thomas sur
la *Somme théologique?* « Cela me paraît de la paille! » La Preuve
exclut la Foi, mais le croyant n'est pas une catégorie, c'est un
homme. Or l'homme est ainsi fait qu'il ne peut rien croire de
ce dont il ne sait rien, et le Christ est tel qu'on n'en sait rien
sans savoir qu'on en doit croire bien davantage. On sait qu'il
parle, on croit que sa parole est la parole de Dieu.

 La valeur de la théologie de Kirkegaard n'est pas ici en cause;

1. *Op. cit., ibid.*

c'est là problème à discuter entre théologiens [1]. En revanche, le problème de sa structure intéresse le philosophe, parce que Kirkegaard lui-même a lié la solution du problème de l'existence à celle du problème de la foi. Or cette solution est révélatrice des tendances profondes de sa pensée, parce que, quoi que lui-même en dise, elle implique la réduction préalable des données concrètes du problème à l'antinomie de deux termes abstraits. De là les perpétuels passages à la limite qui caractérisent cette soi-disant dialectique du concret. Peut-on connaître le christianisme sans y croire? Oui; on peut donc y croire sans le connaître. Ainsi le veut du moins la dialectique, quoi qu'il en soit de la réalité. Un homme existant, « qui demande, en considération de l'existence, ce qu'est le christianisme », doit-il « consacrer toute sa vie à le considérer »? Non, « car quand, alors, existerait-il en lui [2] »? L'observateur naïf du réel répondrait sans doute qu'une certaine manière, d'ailleurs bien connue, de considérer le christianisme, est telle qu'on existe en lui aussi longtemps qu'on le considère. C'est celle de l'*intelligo ut credam* et du *credo ut intelligam*. Ce qui rend une telle réponse caduque aux yeux de Kirkegaard, c'est que la Considération en soi exclut l'Existence en soi, et que c'est de cela seulement qu'il parle. Objecter à Kirkegaard qu'une foi pure de tout savoir est impossible, c'est s'exposer à la réplique foudroyante qu'une foi qui ne soit pas pure de tout savoir est une contradiction dans les termes, car la foi n'est aucunement connaissance, elle est existence. Croire au Christ, c'est *être* chrétien. Sur ce point, les formules antinomiques de Kirkegaard sont nombreuses et énergiques : « la foi exige qu'on renonce à son entendement »; « le christianisme est le contraire de la spéculation »; sans doute, on peut dire, et peut-être même on le doit, que le christianisme est une doctrine, mais ce n'est pas une doctrine philosophique à comprendre spéculativement, c'est une doctrine qui veut être réalisée dans l'existence et dont cette réalisation est la compréhension même : « Si le christianisme était une doctrine » au sens ordinaire du terme, « il ne pourrait pas *eo ipso* constituer l'antithèse de la spéculation [3] ». Savoir si cette manière de parler

1. La discussion se poursuivrait entre celui que Kirkegaard nomme « le religieux A » et « le religieux-paradoxal ». Voir *op. cit.*, p. 386.

2. *Op. cit.*, p. 249.

3. *Op. cit.*, p. 254; p. 255 et pp. 255-256.

respecte la possibilité d'une théologie qui fasse partie inté-
grante de l'existence chrétienne concrète, nous laisserons aux
théologiens le soin d'en décider; mais il nous importe grandement de savoir si l'on peut encore, partant de là, aboutir à
une ontologie, car la tentative en a été faite plusieurs fois depuis
Kirkegaard, et elle est riche d'enseignements, chez Kirkegaard
lui-même, sur la nature vraie du problème de l'exister.

Il n'est pas très aisé d'obtenir de Kirkegaard des indications
spécifiquement philosophiques et précises touchant ce qu'il
nomme l'existence. Son intérêt personnel l'entraînant en un
autre sens, qui est celui de l'existence proprement religieuse,
on aurait mauvaise grâce à lui reprocher cette discrétion. Il
importe néanmoins de dégager de ses textes le peu qu'il en a
dit, car c'est par là que sa pensée personnelle a pu devenir
philosophiquement féconde. Tout se passe comme si, par lui,
certains engagements spéculatifs avaient été pris de manière
implicite, et la question se pose de savoir quelles limites ils
imposent à l'ontologie. Or ce que l'on peut se demander d'abord
à ce sujet, c'est si Kirkegaard a jamais conçu l'existence concrète
à la manière de ce que nous avons nommé nous-même, au cours
de ces études, l'acte d'exister.

On peut en douter. Tout se passe plutôt chez lui, comme si
la notion d'existence y retrouvait spontanément son sens
ancien, commun, et d'ailleurs légitime en son ordre, de l'*ex-sis-
tentia*, c'est-à-dire de l'être qui vient après autre chose et à partir de ce qui n'est pas lui. L'existence ainsi conçue signifie
moins l'acte en vertu duquel l'être est, qu'une condition particulière de l'acte d'exister. Elle est le mode empiriquement connu
de l'être. L'existence devient alors cette rupture ontologique,
sans cesse récurrente et sans cesse surmontée, qui sépare et
rattache continuellement l'être à lui-même, aussi longtemps
du moins qu'il triomphe du néant. On ne peut donc décrire
l'existence sans introduire aussitôt les notions d'instant, de
temps et de changement. Ce qui existe c'est ce qui *est* dans le
temps, dure et change. Ce que l'on désigne du nom d'existence
est donc en fait, non pas l'acte d'exister qui se poserait comme
la racine même de l'être, mais plutôt une des variétés ou modalités de l'être. L'existant est ce dont l'être s'égrène pour ainsi
dire de moment en moment. En ce sens, que l'on peut dire
constant chez Kirkegaard, l'existence s'oppose à l'éternité et
l'existant s'oppose à l'éternel. « Dieu n'existe pas, il est éter-

nel [1]. » Une ontologie qui s'inspire de cet axiome ne fait certainement pas de l'existence le sommet de la réalité.

Cette existence ainsi conçue, à quoi pouvons-nous l'attribuer? S'il s'agit de l'existence conçue d'une manière objective et abstraite, nous pouvons l'attribuer à des êtres nombreux et variés, mais il ne s'agit alors que d'une connaissance de l'être en général, et comme elle fait abstraction, par sa généralité même, de la réalité concrète de l'être en question, elle le saisit à titre de simple possible. Si l'existence dont on parle est l'existence réelle, il n'y en a qu'une que nous puissions saisir dans sa réalité même, autrement qu'à travers un savoir objectivant, c'est la nôtre. Kirkegaard ne se lasse pas de le redire : « Tout savoir sur la réalité est possibilité; la seule réalité dont un être existant ne se borne pas à avoir une connaissance abstraite est la sienne propre, qu'il existe; et cette réalité constitue son intérêt absolu [2]. » On pourrait ici se croire revenu au *Cogito* de Descartes, mais ce serait une erreur. Nous en sommes aussi loin que possible, car il n'est pas vrai de dire, que si je pense, je suis. Tout au contraire, penser, c'est faire abstraction de l'existence, si bien que réussir tout à fait à penser serait cesser d'exister. Il est vrai que je suis pensant, et que je le sais avec évidence, mais je saisis ma pensée dans mon existence et non pas mon existence dans ma pensée. J'existe, et que la pensée soit dans l'existence, c'est précisément ce qui caractérise l'être humain.

Il serait complètement inutile, pour éclaircir le rapport de l'essence à la pensée, de comparer les sujets entre eux. A titre de sujets, donc d'existants, ils sont incomparables. Essayer de saisir par la pensée la réalité d'un autre homme, c'est le réduire à l'état de pure possibilité; en fait, « chaque homme particulier est seul [3] », et parce que seul dans son existence, il l'est aussi dans la connaissance qu'il en a. C'est d'ailleurs pourquoi Kirkegaard a si fortement insisté sur l'impossibilité de communiquer directement l'existence, car on ne peut tenter de le faire sans l'objectiver, donc sans en faire abstraction. Il y a pourtant un cas où le sujet existant tente légitimement d'en saisir directement un autre, c'est celui de la foi, mais c'est

1. *Op. cit.*, p. 222.
2. *Op. cit.*, p. 211.
3. *Op. cit.*, p. 216.

aussi ce qui fait le paradoxe de la foi. L'objet de la foi n'est ni une doctrine, ni un professeur qui a une doctrine, car le rapport de tout existant à une doctrine est nécessairement intellectuel, donc non existant. Ce qu'il y a de paradoxal dans la foi, c'est précisément qu'elle se pose comme le rapport direct d'un sujet à un sujet. Son objet « est la réalité d'un autre ». Même si cet autre enseigne, ce n'est pas à son enseignement qu'elle s'adresse, « mais l'objet de la foi est la réalité de celui qui enseigne, qu'il existe réellement ». C'est pourquoi la réponse de la foi s'énonce d'une façon absolue : oui ou non. En effet, elle ne s'adresse pas à la question de droit : la doctrine que le professeur enseigne est-elle vraie ou fausse, ce qui nous engagerait dans les approximations indéfinies de l'abstrait ; elle répond à cette question de fait sur la personne même du professeur : « Admets-tu qu'il ait existé réellement ? » C'est même pourquoi la foi n'est pas un « enseignement pour *minus habentes* dans la sphère de l'intellectualité. Mais la foi est une sphère en soi, et chaque erreur sur le christianisme est reconnaissable aussitôt, au fait qu'elle le transforme en une doctrine et le tire sur le plan de l'intellectualité [1] ». Le paradoxe de la foi, c'est qu'elle soit *connaissance* d'une *existence autre que le sujet*.

Admettons donc, *dato non concesso*, ce paradoxe absolu de la foi ; le problème fondamental de la coexistence, dans le sujet, de la connaissance et de l'existence, ne s'en pose qu'avec plus d'acuité. Il ne reste plus d'autre manière de le concevoir, que d'en faire, non pas peut-être une opposition absolue ni une simple juxtaposition, mais un processus ininterrompu d'active séparation. Situé dans ce moment toujours instable qu'est le présent, et qui se confond avec l'existence même, l'existant ne peut y insérer la connaissance objective, car il est lui-même réel et elle n'est que possible, il est *présent* et elle se pose de plein droit *sub specie aeterni*. Il est donc vraiment de la nature de l'existence d'exclure l'objectivité. C'est pourquoi le sujet qui conçoit la connaissance intellectuelle ne peut la situer que dans le passé, comme fait l'histoire, ou dans l'avenir, comme font les prévisions de la science, ou enfin dans cet intemporel abstrait où se meuvent à l'aise les spéculations de la métaphysique. Mais, précisément, une pensée abstraite pure serait celle où il n'y aurait pas de sujet pensant ; ce serait donc une pensée sans

---

1. *Op. cit.*, pp. 218-219.

existence. Tel n'est pas le cas de l'homme, car il existe. Il n'est donc ni une pensée sans existence, ni une existence sans pensée; l'homme est une existence où la pensée se trouve comme dans un milieu étranger, avec lequel elle ne cesse pourtant d'entretenir des rapports de nature paradoxale. Par la rupture qu'elle introduit perpétuellement entre sa connaissance abstraite et son être, l'existence exclut l'homme de cette éternité, sous l'aspect de laquelle il pense tout ce qu'il connaît intellectuellement, mais qu'il n'est pas. Au reste, s'il l'était, il n'aurait plus l'existence, mais l'être; et il n'aurait plus seulement ce reflet d'éternité qu'est la connaissance objective, car ce que l'homme ne fait que penser, il le serait. Tel est précisément le cas de Dieu : « Dieu ne pense pas, il crée; Dieu n'existe pas, il est éternel. L'homme pense et existe, et l'existence sépare la pensée et l'être, les tient distants l'un de l'autre dans la succession [1]. » L'ontologie exclut l'existence et inversement.

On ne saurait reprocher à Kirkegaard d'avoir rendu impossible toute ontologie comme science, car c'est précisément le but qu'il s'est assigné. On ne voit pas non plus qu'il ait commis aucune faute dialectique au cours de ce débat passionné : sa conclusion suit nécessairement des données de son problème. Tout au plus pourrait-on dire qu'il est parti de cette conclusion et que c'est elle qui a commandé le choix des seules données à partir desquelles on pouvait l'établir. Mais comment le lui reprocher? Puisque cette conclusion était l'essentiel de son message, il ne pouvait que la prêcher et se devait de la confirmer. Quoi qu'il en soit, on ne saurait nier que sa critique de l'hégélianisme atteigne l'adversaire au cœur, dans sa prétention de métamorphoser en dialectique abstraite l'existence et l'existant. Il est constant que Hegel s'était proposé de le faire, il est certain, depuis Kirkegaard, que sa tentative a échoué, non certes par manque d'habileté ou de génie, mais parce qu'elle est de soi contradictoire et impossible. De son côté Kirkegaard n'a pas découvert l'existence, que nul n'a d'ailleurs jamais ignorée, mais il l'a défendue en philosophe contre la philosophie et sa prédication de l'irréductibilité de l'existant à l'objectif pur égale en importance la savante entreprise de Hegel pour l'objectiver. Pris ensemble et désormais inséparables, ce *oui* et ce *non*

---

1. *Op. cit.*, p. 222.

mènent un de ces dialogues inoubliables qui sont l'honneur de la pensée humaine et, pour ainsi dire, ses sommets.

La beauté de cette expérience métaphysique est une raison de plus de ne pas laisser perdre la leçon qu'elle comporte. La violence et la justesse des coups portés par Kirkegaard contre Hegel ne suffiraient pas à élever ce conflit au-dessus de l'anecdote historique si, par-delà Hegel, ils n'atteignaient la philosophie première dans sa possibilité même. On peut ironiser, avec Kirkegaard, contre l'ambition de construire un système total où tiendrait, avec tout le réel, toutes ses explications possibles, et leur explication même. Hegel n'a pas seulement avoué cette ambition, il l'a vingt fois proclamée, et sans doute est-elle inséparable d'une certaine conception de la philosophie; mais attaquer la volonté de système est une chose, attaquer la volonté d'objectivité en est une autre. Si les deux entreprises se présentent à Kirkegaard comme inséparables, la faute en est peut-être à la manière purement abstraite dont, à son tour, il conçoit le couple antithétique du sujet et de l'objet. En tout cas, si l'on admet ici sa critique, il faudra renoncer à tout espoir de jamais constituer une philosophie comme science. Pour celui qui croit à la possibilité d'une connaissance philosophique objectivement concevable et susceptible, quoi qu'en dise Kirkegaard, de communication directe, c'est Hegel qui reste le vrai philosophe. Que l'on soit ou non convaincu par sa grandiose tentative pour construire une sorte de spinozisme du devenir, la notion même qu'il s'est faite de la connaissance philosophique en général reste celle de tout homme pour qui la philosophie est un savoir conceptuellement formulable et transmissible. Il faut donc choisir entre l'affirmation passionnée du sujet existant et la possibilité de la philosophie comme science. Qui s'installe dans l'une n'en sortira jamais pour atteindre l'autre. Et sans doute, depuis que tant de penseurs, confortablement installés dans le pur objectif du concept, faisaient profession de tenir l'existence hors de l'enceinte de la philosophie, il était temps qu'un autre vînt pour exclure la philosophie du domaine de l'existence. C'est ce qu'a fait Kirkegaard, et que son œuvre reste à cet égard une expérience décisive, c'est ce que, s'il en était besoin, l'histoire de son influence ne ferait que confirmer : ou l'existence, ou la métaphysique, tel est le dilemme que sa dialectique nous impose, à moins qu'un retour à l'*actus essendi* ne permette de le lever.

CHAPITRE IX

CONNAISSANCE DE L'EXISTENCE

Si les analyses qui précèdent n'ont guère créé de lumière, elles ont du moins localisé le centre d'obscurité qu'il nous faut traverser pour atteindre l'existence, car si nous ne l'atteignons pas dans un concept, il reste que nous l'atteignions par le jugement. Mais tout jugement se compose nécessairement d'un sujet et du verbe « est ». Or il est certain que le concept d'*être* est la seule transcription conceptuelle correcte du sens que dénote le verbe *est*. Il y a donc, dans le sens de ce verbe, quelque chose qui ne se laisse pas conceptualiser, mais que nous avons pourtant l'impression de comprendre. Ceci revient à dire que l'ordre de la connaissance est plus vaste que celui du concept ou, en d'autres termes, qu'il est possible de connaître ce qu'il n'est peut-être pas possible de concevoir.

Déterminer un objet de ce genre n'est pas une entreprise neuve. Les recettes pour y parvenir sont connues, et l'on vient sans doute trop tard pour en imaginer de nouvelles, mais on peut voir du nouveau en parcourant les chemins les plus battus, surtout si l'on y cherche autre chose que ses devanciers. Ce que nous nous demandons ici, est en effet à la fois très modeste et très simple, puisqu'il s'agit uniquement de savoir si le verbe *est* offre à notre pensée un sens précis, bien que ce sens ne soit pas exhaustivement traduisible dans la langue du concept.

Ce qui est, dit-on d'abord, ou ce qui existe, c'est ce qui excite ou peut exciter des sensations. Une telle doctrine, qui correspond à peu près à celle de Stuart Mill, offre l'intérêt de souligner le lien, en effet très étroit, qui unit pour nous l'ordre de l'existence à celui de la sensation, mais elle définit moins l'existence

que le signe auquel nous la reconnaissons. Admettons en effet
que tout ce qui existe soit pour nous une cause actuelle ou possible de sensations, il ne suit pas de là que l'existence consiste à
causer ou pouvoir causer des sensations. Supposer qu'il en soit
ainsi, c'est céder à l'illusion, trop commune chez les philosophes,
que les choses se réduisent en elles-mêmes à celui de leurs aspects
qui intéresse le plus la philosophie. Or il importe avant tout,
pour l'homme animal connaissant, de distinguer à coup sûr
ce qui existe de ce qui n'existe pas, et il est certain que ce qui
existe est d'abord pour nous ce qui est ou peut être perçu,
soit directement et par voie d'intuition sensible, soit indirectement et par l'observation sensible de ses effets. Pourtant, il
ne semble pas que l'affirmation de l'existence se termine à la
cause de la sensation. Je sais qu'un homme existe, parce que je
le vois : je sais aussi que je ne peux le voir qu'aussi longtemps
que j'existe moi-même pour le voir et qu'il existe lui-même
pour pouvoir être vu ; je sais encore que, si je cesse moi-même
d'exister, lui-même continuera d'exister tant que, pour d'autres
existants que moi, il restera visible, mais je suis bien loin de
penser que cet homme existe parce qu'il est visible, ou que son
existence se réduise à sa visibilité. A tort ou à raison, la conscience atteste spontanément le contraire : la visibilité n'est que
le signe de l'existence, l'existence du visible est cause de la
visibilité de l'existant.

On serrerait de plus près le témoignage de la conscience
en revenant à cette ancienne définition, rebattue au point d'en
être désormais triviale : exister, c'est être posé en soi, hors de
sa cause. La formule est en effet exacte, s'il s'agit de définir
précisément ce que signifie d'abord le terme exister. *Existo*,
ou plutôt *exsisto*, c'est *sistere ex*, c'est-à-dire se tenir ou se poser
en soi, à partir d'un terme antérieur dont on dépend. De là
les sens de *naître* ou de *s'ensuivre* qui s'attachent à ce verbe
dans le latin classique. Quant au terme, beaucoup plus tardif,
d'*existentia*, il a signifié d'abord le mode d'être qui convient
en propre au possible, lorsqu'il se trouve enfin actualisé.
L'existant ainsi entendu n'est donc pas nécessairement tout
ce que l'on affirme comme réel au moyen du verbe *est*. Si, par
exemple, on se trouve conduit à affirmer un être qui se suffise
ontologiquement, et qui soit sans pourtant avoir de cause, on
ne saurait lui attribuer l'existence au sens premier de ce terme.
C'est ce que font certains philosophes qui, fidèles à la significa-

tion originelle du verbe exister, disent que Dieu est, mais que, précisément parce qu'il *est*, il n'existe pas. Ce sens a presque complètement disparu de l'usage[1]; le terme *existence* étant devenu pratiquement synonyme de la formule « être actuel », il signifie désormais en français ce qui n'est pas seulement à titre d'objet concevable par la pensée, mais *est* vraiment, au sens fort du terme, et dans la réalité des choses. Ce transfert de sens n'est pas surprenant. L'actualité d'un être ne nous paraît jamais plus certaine qu'au moment où nous le voyons en quelque sorte émerger du possible et sortir de la cause qui le contenait virtuellement. Tout être empiriquement donné nous semblant d'ailleurs être causé, ou l'avoir été autrefois, il est naturel que tous les êtres s'offrent à nous comme des existants, et que l'existence se présente comme l'état naturel de ce qui, tranchant sur le simple possible, a pour ainsi dire réussi son accession à l'être. En s'emparant de ce mot savant l'usage de la langue ne l'en a pas moins privé de sa précision et d'une partie de sa force. Sans doute, il serait vain de se dresser ici contre l'usage et de vouloir ramener le terme *existence* au sens exact de l'*existentia* latine dont il dérive, mais il n'en importe que plus de ne pas prendre pour le sens premier du terme *est*, ce qui fut primitivement le sens du terme *existe*. Or c'est ce que l'on ferait en disant qu'*être*, c'est être posé en soi, hors de sa cause, car même si l'on admet que tout être réel ait une cause, et, par conséquent, que tout ce qui *est* vraiment *existe*, il ne suit pas encore de là qu'*être* se confonde avec *exister*. Sans doute, pour qu'un être *soit*, au sens plein du terme, il faut alors que d'abord cet être *existe*. C'est donc un être du type existant; pourtant, de quelque manière qu'il en soit venu à posséder ou exercer l'être actuel, le fait demeure qu'il l'a ou l'exerce, et c'est précisément ce fait dont nous cherchons à déterminer la nature. On ne la détermine pas avec la précision requise, en substituant à la définition de l'acte d'être celle de cette modalité particulière de l'être, qui appartient en propre à l'existant.

Si l'on va jusque-là, il devient inévitable de se demander s'il ne faut pas aller encore plus loin, et exclure l'existence de tout ce dont on dit, au sens propre, que cela *est*. La confusion qui prévaut ici dans le langage pourrait justifier cette thèse, et

---

1. On peut s'en assurer en consultant A. LALANDE, *Vocabulaire technique et critique de la philosophie*, Paris, Alcan, 1926; art. *Existence*, t. I, p. 229.

elle la justifie en effet, dès que l'on décide de remonter au sens primitif du verbe *exister*, et de s'y tenir. Ce que nous nommons communément existence, c'est, comme l'on dit, le fait d'être réellement et en soi, indépendamment de notre connaissance actuelle ou même de toute connaissance possible. Du point de vue de l'usage, le terme *être* et le terme *existence* peuvent donc être tenus, avec les précisions nécessaires, pour pratiquement équivalents [1]. Il n'en va plus ainsi lorsqu'on cherche à les préciser pour leur trouver un sens philosophique rigoureux. Dès qu'on tente de le faire, il faut en revenir au sens primitif et savant du verbe *exister*, qui signifie d'abord, comme nous l'avons vu, avoir accédé à l'être réel en vertu de l'efficace d'une cause, soit efficiente, soit finale. Or l'être lui-même se présente sous un tout autre aspect, et cet aspect est remarquablement constant puisqu'il n'a jamais varié de Parménide à nos jours. L'être, au sens absolu de ce terme, c'est ce qui est, et si l'on demande en outre ce qu'il est, la seule réponse imaginable consiste à dire qu'il est ce qu'il est. On ne peut donc le définir que comme l'identité parfaite avec soi-même, et cette identité de soi avec soi exclut absolument toute participation de l'être à ce qu'il n'est pas. « L'être est, le non-être n'est pas », disait déjà Parménide, et saint Bonaventure le redisait sous une forme plus pittoresque : « L'être met le non-être complètement en fuite. » En effet, penser l'un, c'est chasser totalement l'autre de la pensée. C'est même en chasser tout ce qui est « autre » en un sens quelconque de ce terme, car l' « autre » que ce que l'être est, c'est ce qu'il n'est pas; c'est donc pour lui ce non-être qu'il exclut par définition. S'interdire essentiellement l' « autre », c'est se situer une fois pour toutes hors de tout devenir. Si l'être est, et s'il est ce qu'il est, il ne saurait changer. Devenir autre chose serait pour lui cesser d'être. C'est pourquoi nous le retrouvons aujourd'hui tel qu'il s'est d'abord offert, il y a plus de vingt siècles, à l'imagination du poète philosophe grec : une sphère parfaitement homogène et immobile, c'est-à-dire, pour la pensée pure qui s'affranchit des images, un en-soi. Parce que l'être est l'en-soi pur, il est, mais si l'existence est ce mode d'être dérivé qui consiste à se poser hors de sa cause, on ne peut pas dire de l'en-soi qu'il existe. A titre d'être, il

1. A. LALANDE, *op. cit.*, art. *Être*, sens A, et art. *Existence*, sens A, pp. 223 et 229.

transcende l'existence. Affranchi de toute relation, inexorablement retranché sur son autisme essentiel, il est, et, précisément parce qu'il est, il n'existe pas.

Serrer au plus près le témoignage de la conscience touchant l'existence, ce n'est donc aucunement revenir au sens premier et proprement philosophique de ce terme. C'est bien plutôt lui tourner le dos. A suivre l'usage savant de la langue, l'existence se présente comme une sorte de maladie de l'être dont elle est un produit de désintégration. A vrai dire, l'existence ainsi conçue est un scandale ontologique totalement injustifiable aux yeux de la raison. D'elle-même, la pensée pure n'en concevrait jamais la possibilité, et c'est même pourquoi, partout où elle constate empiriquement l'existence, avec l'incompréhensible mélange de même et d'autre qui en est inséparable, elle lui refuse l'être véritable. S'il y a de l'être dans un existant, c'est ce qu'il en reste après qu'on l'a radicalement désexistentialisé. Tout au contraire, l'existence de la langue commune est comme l'extrême pointe et le sommet, où l'être mérite enfin pleinement son titre, parce qu'il *est* dans toute la force du terme. Nous avons déjà plusieurs fois rappelé l'ambiguïté bien connue du verbe *est*, mais on voit à présent en outre que la manière dont cette ambiguïté se résout est d'une importance décisive pour l'ontologie tout entière. L'être ne se laisse pas concevoir comme étant, immédiatement et à la fois, un *est* et un *ce qui est*. La réflexion philosophique ne peut atteindre le terme de son analyse du réel qu'en posant l'être comme étant d'abord existence ou d'abord essence. Elle ne saurait le concevoir comme étant l'un et l'autre de droit égal, premièrement et par soi. Si elle cède à sa pente naturelle, l'histoire de la philosophie montre qu'elle identifiera d'abord l'être à l'essence, mais si elle défère aux requêtes de la pensée commune, elle s'attachera plutôt à cet élément, fugace au point d'en être insaisissable, que nous nommons existence. Cette philosophie de la conscience commune en viendra donc à poser, comme la racine même de l'être, une existence qui ne sera plus celle des philosophes, mais celle du langage de tous les jours, ou plutôt de tous les instants. Car il est loisible au métaphysicien de l'essence de dire que, puisque Dieu est, il n'existe pas, mais du point de vue de l'usage, cela n'est pas loisible, c'est absurde. Prouver que Dieu existe, c'est s'engager à démontrer qu'il est, non seulement à titre d'objet de pensée, comme est toute essence concevable, mais indépendamment de toute pensée actuelle ou possible. De même pour les objets de l'expérience quotidienne. Assurément, nous savons qu'ils ont tous une origine dont leur être dérive, mais ce n'est pas à cette dérivation que nous pensons en disant qu'ils existent, c'est bien plutôt au fait que, en vertu de cette dérivation même, ils jouissent désormais d'un être actuel qui leur appartient en propre et qui pose chacun d'eux hors du néant. L'existence philosophique pose l'être hors de sa cause, l'existence de la conscience commune le pose hors du néant. Tel est, de ce dernier point de vue, le sens immédiat et authentique du jugement d'existence ; x est signifie d'abord que x possède ce caractère qui, partout où il se rencontre, s'oppose irréductiblement au néant.

Il est vrai que nous sommes par là rejetés d'une difficulté dans une autre. Penser l'existence par opposition au néant, c'est, semble-t-il, admettre que le néant lui-même soit pensable. Or on a depuis longtemps constaté que nous n'en avons aucun concept, et, non contents de cette évidence immédiate, certains philosophes ont cru nécessaire de nous la faire en quelque sorte toucher du doigt. Quoi que l'on pense de son utilité, la conclusion de cet effort n'en reste pas moins incontestable : le néant ne se laisse pas concevoir. Celui qui philosophe en français ne saurait en douter ; puisque *rien*, c'est *rem*, c'est-à-dire *quelque chose*, dire que *x n'est rien*, c'est dire que *x n'est pas quelque chose*, tant il est vrai que, bien loin de concevoir l'être au moyen du néant, nous concevons plutôt le néant au moyen de l'être. Accordons-le. Lorsque tout est dit, le problème subsiste intact de savoir si, parce que le néant ne se laisse pas concevoir, il ne se laisse pas penser.

Il est d'abord certain que le néant absolu ne se laisse point concevoir, du moins en un sens qu'il reste à préciser, et c'est une thèse sur laquelle les philosophes s'accordent, non certes trop, mais peut-être trop facilement. Lorsqu'on serre d'un peu près les arguments qu'ils invoquent en sa faveur, on constate assez vite que, pour l'immense majorité d'entre eux, ne pouvoir penser le néant consiste effectivement à ne pouvoir se le représenter. Qu'en ce sens le néant ne soit pas pensable, c'est évident et l'on accordera sans doute au Spencer des *Premiers Principes* (P. II, ch. IV) que nous ne saurions imaginer un corps non existant comme non existant. Dès qu'on se le représente, c'est comme existant qu'on le pense. Rien n'est plus certain.

Pourtant, une difficulté subsiste. La proposition « *x* n'existe pas » a certainement un sens et différent du sens de la proposition « *x* existe ». Il faut donc que nous puissions connaître cela même que nous ne saurions nous représenter, mais comme la représentation reste pour nous la marque la plus manifeste de l'acte de connaître, les philosophes expliquent généralement notre notion du néant d'un certain être par la substitution d'une autre représentation à celle de l'être dont on pense qu'il n'existe pas.

Ainsi la pensée du néant serait encore celle de l'être, mais ce serait celle de l' « autre » qui, selon l'enseignement de Platon, est le néant du « même ». Substituer à un être un « autre » être, c'est l'anéantir. Mais l'autre dont il s'agit peut être lui-même conçu de plusieurs manières différentes. D'abord, si le néant en question est celui d'un vide, on peut se représenter le cadre qui en définit les limites. C'est ainsi que l'on conçoit un trou en imaginant ses bords. Dire qu' « il n'y a rien dans le buffet », c'est alors se représenter ouvert un buffet dont on ne voit que le fond et les tablettes. Comme le dit un logicien moderne commentant Spencer : « Lorsque nous affirmons la non existence d'une chose, notre pensée, pour autant que nous en ayons une, n'est pas celle d'une chose, mais de l'entourage vide où la chose aurait pu être [1]. » Et l'on ne contestera pas que nous nous représentions souvent ainsi le néant d'un être, mais de ce que nous l'imaginons de cette manière, il ne suit pas que telle soit la connaissance que nous en avons. Connaître le néant d'un contenu n'est pas imaginer la réalité de son contenant possible, car, en pareil cas, le contenu n'existe pas, mais le contenant existe. L'existence de *b* n'est pas la non existence de *a* ; savoir que le buffet est n'est pas savoir que le pain n'est pas et dire de quelles images le jugement négatif d'existence s'accompagne n'éclaire aucunement la nature même de ce jugement.

Il est curieux que, sur ce point, H. Bergson soit demeuré si fidèle à ce Spencer qu'il a tant fait pour exorciser de la philosophie. Dans ses pages célèbres sur l'existence et le néant [2], on le voit démontrer par les arguments les plus ingénieux, « qu'il

---

1. H. A. AITKINS, *The Principles of Logic*, New York, Henry Holt, 2ᵉ éd., 1904, p. 90.
2. H. BERGSON, *L'évolution créatrice*, pp. 298-322.

y a *plus*, et non pas *moins* dans l'idée d'un objet conçu comme n'existant pas que dans l'idée de ce même objet conçu comme existant, car l'idée de l'objet n'existant pas est nécessairement l'idée de l'objet existant, avec, en plus, la représentation d'une exclusion de cet objet par la réalité actuelle prise en bloc ».

On voit aussitôt ce qui se passe. Bergson lui-même, ce grand critique des illusions de l'imagination et du concept, est ici victime des concepts qu'exige notre connaissance et de l'imagerie qui les accompagne. Toute sa démonstration repose sur l'hypothèse, que « se représenter le néant consiste ou à l'imaginer ou à le concevoir [1] ». Or il est trop clair qu'on ne saurait avoir ni image, ni concept de ce qui n'est pas et les brillants exercices dialectiques grâce auxquels le philosophe atteint cette conclusion nous conduisent à travers autant de portes dont, dès le départ même, nous savions qu'elles étaient ouvertes. Il n'y a pas d'image du néant et il n'y en a pas non plus d'idée, si du moins l'idée du néant d'une chose est celle de cette chose, ou d'une autre à sa place, ou de la place même que l'une ou l'autre pourraient occuper. Pour la même raison, il ne saurait y avoir idée du néant absolu, si cette idée doit être celle du « tout n'existant pas », car l'idée du tout est nécessairement celle du « tout existant ». Au fond, ce que pense Bergson, c'est qu'on ne saurait « faire abstraction » de l'existence, en quoi il a beaucoup plus profondément raison que lui-même ne l'imagine, car on ne peut abstraire que par mode de concept et, à la différence de l'essence, l'existence n'est pas objet de concept, mais l'illusion qui l'obsède consiste à croire qu'il ne saurait y avoir, dans un jugement, d'autre connaissance que n'en contiennent les concepts dont il se compose. Ce serait vrai, s'il n'y avait dans le réel que de l'essence et si le jugement n'avait précisément pour fonction de dire ce qui, dépassant l'essence, ne saurait être dit par les seuls concepts.

En fait, rien n'est plus clair qu'un jugement négatif d'existence et rien ne serait même plus simple, si l'on en distinguait les conditions psychologiques requises pour que son contenu puisse être « représenté ». Celui qui n'a pas d'argent ne saurait assurément imaginer le fait sans se représenter sa poche, son coffre et l'argent qui pourrait y exister, mais qui n'y existe pas.

---

1. *Op. cit.*, p. 301.

Pourtant, la connaissance trop réelle qu'il a de la non existence de cet argent n'est ni la représentation de sa poche, ni celle de son coffre, ni même, et moins encore, celle de « son argent non existant » ou de « l'argent non existant » en général. Il ne commence pas non plus par affirmer l'existence possible de l'argent dont il manque, pour affecter simplement ensuite du signe moins ce jugement d'existence réelle et, en quelque sorte, l'annuler mentalement. L'objet propre et direct de son jugement est bien la non existence, sa représentation imaginative ou conceptuelle seule se portant sur l'argent. Le fait qu'une telle représentation, celle-ci ou une autre, soit toujours requise dans un jugement réel, ne modifie en rien les données du problème, à moins, bien entendu, qu'on ne réduise le réel aux essences et le jugement aux concepts. Si la liaison judicative des concepts ne met en œuvre rien de plus que les *essentialia* dont parlait Wolff, la cause est entendue, mais c'est cela même que nous entendons ici mettre en question. L'objection maîtresse de Bergson : « on se représente la négation comme exactement symétrique de l'affirmation [1] », fait voir aussi clairement que possible où gît la faiblesse de sa thèse, car il est bien vrai que la négation de l'existence implique la représentation de l'existant, mais nullement que la négation de l'existence implique l'affirmation de l'existence. Il faut ici choisir entre deux métaphysiques. Que celui qui pourchassa toute sa vie l'existence, sans peut-être la saisir jamais qu'obscurément sous l'espèce essentielle de la durée, ait finalement manqué son choix, voilà qui ne diminue certes pas l'éclat de son génie, mais on n'a pas eu tort de dénoncer le platonisme immanent à cette philosophie du devenir. Pour qui, poussant jusqu'à l'*esse* l'analyse métaphysique du réel, accepte que l'acte d'exister tombe sous les prises de la connaissance, sa négation ne présente pas seulement un aspect symétrique de celui de l'affirmation, elle l'est. Dans la pensée d'Hamlet, il n'y a pas symétrie entre s'imaginer vivant ou mort, mais il y a symétrie exacte entre *to be* ou *not to be* ; c'est même pour lui toute la question.

En fait, le bergsonisme lui-même procède ici en pure philosophie du concept. « Les philosophes, nous dit-on, ne se sont guère occupés de l'idée de néant. » Assurément, mais quel philosophe a jamais eu la simplicité de croire qu'il y en eût

1. *Op. cit.*, p. 310.

une ? Reprocher aux philosophes d'admettre au moins implicitement que dans la représentation de « rien », il y ait *moins* que dans celle de « quelque chose », c'est poser, de propos délibéré, une thèse assez caduque pour s'effondrer au premier choc. Tout dépend en effet de savoir si le problème peut se poser et se résoudre en termes de simples représentations. Or c'est précisément là ce qu'on s'accorde d'abord sans discussion. L'argumentation revient en effet à montrer qu'on ne peut pas penser l'objet comme n'existant pas, parce qu'il n'y a aucune différence « entre l'idée de l'objet A existant et l'idée pure et simple de l'objet A [1] ». A partir de ce principe, la conclusion vers laquelle on tendait devient en effet nécessaire. Si l'on ne peut pas penser l'objet A sans le penser existant, et si penser signifie imaginer ou concevoir, il devient impossible de penser le néant de tous les objets, ou même celui d'un seul. Parler du néant d'un objet, c'est penser à cet objet ; pour penser à cet objet, il faut qu'on se le représente ; se le représenter, c'est l'imaginer ou le concevoir ; or, nous venons de le dire, concevoir un objet, c'est le concevoir comme existant. Le concept de néant et les problèmes qui s'y rattachent sont donc un pseudo-concept et de pseudo-problèmes ; ils s'évanouissent ensemble dès qu'on tente de leur attribuer un sens précis.

Cette critique est irréfutable sur son propre terrain, mais il n'est pas certain que ce terrain soit celui où le problème de l'existence se pose. Est-il exact que concevoir A soit le concevoir comme existant ? Si l'on s'en tient à l'aspect de notre expérience interne qu'il semble impossible de contester, on concédera du moins que, concevoir A, c'est le concevoir comme étant, en un sens quelconque, une chose, c'est-à-dire comme étant, en un sens quelconque, une réalité. En effet, tout objet de pensée s'offre d'abord comme une présentation mentale, à laquelle, même si, comme il arrive le plus souvent, nous ne lui donnons qu'un consentement passif, s'attache immédiatement un sentiment d'objectivité et de réalité. Ce n'est pourtant pas encore là concevoir ces objets comme existant. Pour soutenir, comme on le fait ici, que concevoir A soit le concevoir comme existant, il faut d'abord imaginer que, si l'existence est pensable, elle doit être objet de concept, puis, constatant qu'il n'y a pas de tel concept, réduire notre connaissance de l'existence

1. *Op. cit.*, p. 314.

de A au concept de A lui-même. On voit dès lors sur quoi reposait la preuve que le néant n'est pas pensable. Comment le serait-il, puisque, du point de vue de cette critique, l'existence elle-même ne l'est pas ? Ce que l'on nomme ici l'existence, c'est ce que d'autres philosophies nommaient l'essence. Or il est en effet certain que toute essence est immédiatement tenue pour réelle par l'esprit qui la conçoit, et qu'il continuera de la tenir pour telle jusqu'à preuve du contraire. De toute manière, s'il la pense, il la pense comme réelle, et si sa réalité est son existence, il lui est impossible de la penser comme n'existant pas.

Mais ce n'est pas là notre problème. Ce que nous nous demandions, c'est au contraire si le jugement *x n'est pas* est susceptible d'un sens intelligible pour la pensée, et par conséquent pour la connaissance, même en admettant que ni l'existence, ni à plus forte raison le néant, ne soient objets de concept. Toute la question est là. On ne la résoudra donc pas en montrant que le jugement d'existence négatif implique nécessairement le concept de l'objet même dont on nie l'existence. Ce que l'on demande, c'est précisément, une fois accordé que le néant est inconceptualisable, si l'on ne peut pas néanmoins penser le néant. A supposer qu'on le puisse, on ne le pourra que par un jugement d'existence négatif, de sorte que le jugement d'existence détient nécessairement la clef du problème dont nous cherchons la solution.

Les traités de logique formelle définissent la proposition, comme l'avait fait Aristote : une énonciation qui affirme ou qui nie une chose d'une autre chose. L'acte mental qui donne naissance à la proposition est ce que l'on nomme aujourd'hui le jugement. Selon l'interprétation qu'en donne la logique classique, toute proposition comprend deux termes : l'un, qui désigne ce dont on affirme ou nie autre chose, se nomme sujet ; l'autre, qui désigne ce que l'on affirme ou nie du premier, se nomme prédicat. Outre ces deux termes, il faut nécessairement admettre un lien qui rattache l'un à l'autre, ou dont on nie qu'il faille le concevoir comme les rattachant. Ce lien, que l'on nomme copule, n'est pas à proprement parler un terme, car il ne désigne pas un objet ; c'est un verbe, et, de l'aveu de tous les interprètes de la logique classique, c'est toujours le verbe *être*, mais il est extrêmement difficile de savoir ce que ce verbe signifie.

A l'époque où les grammairiens se souciaient encore de philosopher sur leur art, ils éprouvaient le plus grand embarras devant cette partie du discours, dont c'est le propre de connoter le temps et de signifier, non pas des choses, comme font les noms, mais ces objets de pensée fuyants et malaisément saisissables que sont les actes. Il est encore plus malaisé, pour le logicien, de définir au juste le sens du verbe « être » et le rôle qu'il joue dans la proposition. En effet, le verbe *est* s'offre immédiatement comme susceptible de deux sens différents. Dans toute une classe de propositions, il se joint simplement au nom pris comme sujet et l'accompagne sans en affirmer ou en nier aucun prédicat. Tel est le cas de ces propositions : *Paris est*, ou *Troie n'est plus*. On nommait autrefois les propositions de ce genre, et l'expression s'emploie parfois encore aujourd'hui : *de secundo adjacente*, parce qu'elles ne comportent qu'une seule addition au terme pris comme sujet, celle du verbe. Mais il existe une autre classe de propositions, où le verbe *être* se présente comme liant les deux termes que sont le sujet et le prédicat. Par exemple : *la terre est ronde*. On les nommait autrefois *de tertio adjacente*, d'une formule suggérée par quelques mots d'Aristote [1], parce que le prédicat y occupe la troisième place, après la copule et le sujet. Rien de plus simple, à première vue, que cette distinction entre les propositions à un terme et à deux termes, mais dès qu'on y réfléchit, on s'engage dans des difficultés inextricables.

La première, et non la moins grave, concerne le sens et la possibilité même de cette distinction. Elle suppose en effet que les propositions ainsi distinguées constituent deux espèces d'un même genre, alors que la définition du genre, dont on part, ne s'applique en fait qu'à l'une de ces espèces. Si, comme on le répète après Aristote, la proposition est une énonciation qui affirme ou qui nie une chose d'une autre chose, elle est nécessairement composée de deux termes, dont chacun signifie l'une de ces deux choses, plus la copule qui affirme ou nie l'une de l'autre. Telle étant la nature de la proposition, il semble impossible d'y distinguer deux classes, ou espèces, dont l'une contiendrait les propositions ainsi définies, et dont l'autre accueillerait des énonciations de nature fort différente, où l'on trouve un terme, plus le verbe qui joue dans les autres le rôle

1. ARISTOTE, *De interpretatione*, X, 4.

de copule, mais pas de deuxième terme que ce verbe puisse relier au premier. Nous sommes manifestement ici, non pas en présence de deux espèces d'un même genre, mais, si du moins on admet la définition du soi-disant genre en question, devant deux classes d'énonciations qui ne sauraient rentrer dans le même genre. On ne peut pas, à la fois, définir la proposition comme l'attribution d'un prédicat à un sujet au moyen d'une copule, et classer entre les propositions des énonciations où il y a bien un sujet et un verbe, mais ni prédicat ni copule. Ou bien il faut changer la définition classique de la proposition logique, ou bien il faut admettre que les énonciations existentielles, dites *de secundo adjacente*, ne sont pas des propositions.

Le sentiment plus ou moins confus de cette difficulté s'est fait jour dans une série de tentatives pour mettre les énonciations de ce genre en règle avec le canon de la proposition normale, c'est-à-dire pour sauver la définition classique de la proposition. Une première manière d'y parvenir serait de montrer que, sous une forme abrégée, elles se composent néanmoins, elles aussi, d'un sujet, d'une copule et d'un prédicat. Cette réduction semble d'autant plus légitime, qu'il existe en effet une classe bien connue de fausses propositions *de secundo adjacente*, qui se révèlent, en réalité, composées d'un sujet, d'une copule et d'un prédicat. Ce sont toutes celles où le verbe est autre que le verbe « est ». La proposition *le feu brûle*, par exemple, équivaut à celle-ci, qui est la même sous une autre forme : *le feu est brûlant*. Il s'agit donc ici, comme d'innombrables logiciens en ont fait la remarque, d'une véritable proposition *de tertio adjacente*, où le verbe se décompose en une copule et un prédicat. On s'est donc parfois demandé si toutes les propositions qui se présentent d'abord comme ne comportant qu'un seul terme ne pourraient pas se ramener au type normal de la proposition à deux termes. Prenons, par exemple, les propositions *je suis*, ou *Dieu est*. Pourquoi ne pas les concevoir comme équivalentes à celles-ci : *je suis existant*, ou *Dieu est existant?* Leur sens reste évidemment le même, et l'on se trouve pourtant dès lors en présence de propositions *de tertio adjacente* tout à fait régulières, la copule y jouant son rôle normal de lien attributif entre le prédicat et le sujet.

Il n'y a vraiment là qu'une apparence. Dans toutes les propositions du type *le feu brûle*, la décomposition du verbe en une copule et un prédicat est en effet possible et, jusqu'à un certain point, correcte, mais elle l'est précisément parce qu'il ne s'agit pas alors de cet étrange verbe *est*, qui figure seul dans les propositions de la classe dont nous cherchons à définir le sens. Si l'on transforme *brûle* en *est brûlant*, le terme *brûlant* signifie un prédicat, dont le sens diffère entièrement de celui de la copule qui l'attribue au terme *feu*. Il en va tout autrement des propositions où le verbe *est* accompagne seul le sujet, car de quelque manière qu'on les écrive et qu'on les entende, on ne parvient à y découvrir ni prédicat ni copule. Prenons comme exemple la proposition *Dieu est existant*. Pour que le verbe y soit une simple copule, il faut le dépouiller de son sens existentiel propre. En d'autres termes, *est* ne peut plus alors signifier *existe ;* il signifie seulement que le prédicat *existant* est attribué au sujet Dieu. Si *est* signifiait « existe », on obtiendrait la proposition *Dieu existe existant*. Or elle n'a manifestement aucun sens distinct de celui de la proposition *Dieu est*, le prédicat s'y confondant avec le verbe, qui cesse lui-même d'être une copule. On ne sort pas ainsi de la proposition à un terme dont on est parti et son développement en proposition à deux termes s'avère impossible par cette voie. La seule autre voie qui reste ouverte, consisterait à prendre le verbe *est* au sens de simple copule. Mais est-ce possible ? Ce l'est assurément sur le papier, pourvu qu'on fasse abstraction du sens réel attribué aux mots par la pensée, lorsqu'elle affirme que *Dieu est existant*. Mais si ce que l'on dit alors que Dieu *est*, c'est *existant*, il devient tout à fait impossible de concevoir *est* comme une simple copule. Souvenons-nous en effet que, en bonne logique classique, la copule porte toujours sur le prédicat : *Dieu est existant* signifie *Dieu est-existant*. Or *existant* et *est*, c'est la même chose. *Est* ne lie donc plus un prédicat au sujet, il l'engendre, et il ne l'engendre que parce que le prédicat est alors le verbe lui-même répété sous une autre forme. Dans la proposition *le feu est brûlant*, le verbe *est* a vraiment valeur de copule, parce que ce qu'il attribue au sujet n'est pas l'existence : le feu est « brûlant » comme Virgile est « poète » ; mais dans la proposition *Dieu est existant*, le prédicat, qui n'est obtenu que par explication du verbe, signifie simplement que, ce que ce verbe lui-même signifie, c'est l'existence. Puisque *existant* n'ajoute rien au verbe, il n'est qu'un pseudo-prédicat, et puisque le verbe n'attribue aucun prédicat au sujet, il n'est pas une copule. La proposition *Dieu est existant* n'a donc que l'apparence d'une proposition à deux termes; elle reste absolument identique à la proposition *Dieu est*, qui ne se compose que d'un verbe et de son sujet [1].

Si l'on convient de nommer « propositions existentielles » celles qui se composent d'un sujet et du verbe *est*, et « propositions prédicatives » (ou « attributives », ou « catégoriques ») celles qui se composent d'un sujet, d'un prédicat et de leur copule, nous devrons donc dire qu'aucune proposition existentielle ne se laisse développer en une proposition prédicative correspondante. Mais on pourrait penser à l'opération inverse, qui a été effectivement tentée, et soutenir qu'en fait toutes les propositions prédicatives ne sont, au fond, qu'autant de propositions existentielles. Quelques logiciens ont remarqué que certaines propositions prédicatives semblent au moins impliquer une proposition existentielle complémentaire. Psychologiquement parlant, le fait n'est pas niable et il s'explique par l'amphibologie fondamentale du verbe *est*. Dans la proposition *Pierre lit*, c'est-à-dire *Pierre est lisant*, bien qu'on ne fasse, en principe, que prédiquer de Pierre la lecture, il est à peine possible de ne pas penser en même temps que Pierre existe. Tout se passe donc comme si la même formule exprimait simultanément deux jugements, dont le premier enveloppe pour ainsi dire le deuxième : *Pierre est lisant*, et *Pierre existe*. La question reste alors de savoir si cette implication mentale peut prendre la forme d'une réduction logique et, dans l'affirmative, si cette réduction est possible dans tous les cas.

On l'a pensé, et l'on en a même proposé une démonstration qui s'opère en deux temps. Prenons pour accordé, en conséquence des analyses précédentes, que tout jugement ne consiste pas nécessairement à attribuer un concept à un autre concept. Admettons, en particulier, que le jugement *A est* ne soit pas

1. La même conclusion a déjà été formulée par James Mill, sous une forme que certains trouveront peut-être plus facile à comprendre : « Dans l'expression *je suis existant*, le mot *suis* devrait seulement jouer le rôle de copule. Mais, en réalité, sa connotation d'*existence* continue de lui adhérer. Ainsi, alors que l'expression devrait se composer des trois parties reconnues de la prédication : 1, le sujet *Je*; 2, le prédicat *existant*; et, 3, la copule; elle se compose en réalité de 1, le sujet *Je*; 2, le prédicat *existant*; et 3, la copule qui signifie, 4, une fois de plus, *existant* ». J. MILL, *Analysis of the Phenomena of the Human Mind*, 2 vol., London, 1869; t. I, pp. 174-175. S *est* signifie l'existence, il n'est pas copule et n'introduit aucun prédicat.

un jugement attributif, où le prédicat « existence » serait attribué au sujet A. Il reste pourtant alors que, dans un jugement de ce genre, *est* doit conserver un sens quelconque. Or, avoir un sens, c'est signifier, et puisque nous venons d'admettre que l'existence n'est pas un prédicat, ce n'est pas elle que le verbe *est* signifie. Reste donc un terme, et un seul, que puisse signifier le verbe. Ce terme est le sujet. On doit par conséquent conclure que, dans toute proposition de ce genre, « l'objet affirmé n'est pas l'union du caractère *existence* à A, c'est A lui-même. De même, quand nous disons *A n'est pas*, ce que nous nions, ce n'est pas l'attribution de l'existence à A, ce n'est pas la liaison du caractère *existence* avec A, c'est A lui-même [1] ».

Ce premier moment de la preuve appelle quelques remarques. Il a en effet ceci de commun avec la thèse à laquelle il s'oppose, d'admettre comme allant de soi que, dans toute proposition, le verbe doit signifier un terme. Si ce n'est pas le prédicat, que ce soit donc le sujet! Admettons-le, le problème ne fera que changer de forme, mais non de nature, car il faudra dès lors demander en quel sens *est* affirme le sujet, et la nature de ce qu'il en affirme. La première réponse qui vienne à la pensée est que, dans les propositions de ce genre, *est* joue le rôle d'une copule qui prédiquerait le sujet de lui-même. On obtiendrait alors la formule classique du principe d'identité, *A est A*. Rien de plus correct, assurément, mais l'opération ainsi entendue est exactement l'inverse de celle que l'on annonçait. Il s'agissait en effet de prouver que toute proposition attributive est, au fond, existentielle, et l'on vient au contraire de transformer toute proposition existentielle en proposition attributive. Il est en effet trop clair que la connotation existentielle du verbe *est* disparaît nécessairement, si, comme c'est ici le cas, on en fait une copule. La proposition *Socrate est* n'a pas du tout le même sens que la proposition *Socrate est Socrate*. Ce ne peut donc pas être en ce sens que la proposition *A est* signifie l'attribution de A à lui-même, mais alors en quel sens peut-elle bien le signifier?

Pour le voir, il faut passer au deuxième moment de la preuve. Puisque *est* ne peut pas signifier un prédicat, ni A lui-même pris comme prédicat, et que pourtant il ne peut signifier rien

---

1. Fr. BRENTANO, *Psychologie du point de vue empirique*, Paris, Aubier 1944, p. 213.

d'autre que A, il reste que *est* signifie A comme existant. En d'autres termes, dire que *A est*, c'est simplement affirmer A, et l'affirmer, c'est affirmer qu'il existe. Cette interprétation du jugement existentiel revient donc à soutenir que poser un sujet comme tel et poser son existence soient finalement une seule et même chose. Tel en est en effet le sens, mais, ici encore, on se heurte à des difficultés insurmontables, qui tiennent à l'amphibologie radicale du verbe *est*. On ne voit nulle part mieux qu'ici qu'il ne suffit pas de la dénoncer pour n'en pas être victime. Toute l'argumentation repose en effet sur cette assomption, prise comme allant de soi, que l'affirmation de A ne peut être que celle de son existence, si bien que, dans les cas où A lui-même est l'objet du jugement, le jugement signifie nécessairement que A existe. C'est précisément là toute la question. Prise au seul sens précis qu'elle comporte, la formule « affirmation de A » ne peut signifier qu'une chose : l'affirmation de A comme A. Or c'est là, comme on vient de le voir, transformer une proposition existentielle en proposition attributive, ce qu'il s'agit précisément d'éviter. Pour l'éviter, il faut admettre que la formule « affirmation de A » soit équivalente à cette autre : « affirmation de l'existence de A ». Mais de quel droit l'admettrait-on? Si c'est là ce qu'elle veut dire, la formule *A est* ne signifie pas A comme A, mais A comme existant; ce n'est donc pas A que *est* affirme, c'est son existence. On a donc reculé la difficulté, on ne l'a pas résolue, car la proposition *Socrate est* se présente alors comme décomposable en deux autres : *Socrate est Socrate*, qui est une proposition attributive, et *Socrate est*, cette même irréductible proposition existentielle dont il s'agit justement de déterminer le sens.

La confusion des deux sens possibles du verbe *est* devient manifeste, lorsqu'on suit cette position jusqu'à sa dernière conséquence, qui est, si l'on peut dire, à deux tranchants. Car si l'on admet que le *est* de la proposition existentielle signifie un terme, fût-ce le sujet, on admet implicitement que sa fonction est la même dans les propositions existentielles et dans les propositions attributives. Or il est bien vrai que cette conclusion autorise l'assimilation de toutes les propositions attributives à autant de propositions existentielles, ce qu'il fallait démontrer; mais elle justifierait aussi bien l'assimilation des propositions existentielles aux propositions attributives, qui annulerait la précédente. Il suffit, pour s'en assurer, d'examiner un des exemples invoqués à l'appui de cette thèse. « La proposition catégorique *quelque homme est malade* » a, nous assure-t-on, « le même sens que la proposition existentielle *un homme malade est*, ou *il y a un homme malade* [1] ». Rien n'est moins sûr. Pour opérer une telle transformation, il faut d'abord s'accorder implicitement les deux sens du verbe *est* que l'on désirait précisément distinguer. Si on le fait, l'opération ne manquera pas de réussir, mais on n'aura pas transformé la première proposition en une seconde de même sens, on lui en aura substitué une autre, où le verbe n'a plus le sens qu'il avait dans la première, et qui sera par conséquent elle-même de sens différent. Tel est évidemment le cas. Si je dis *quelque homme est malade*, j'emploie *est* à titre de copule dans un jugement attributif régulier. Je n'affirme donc aucunement qu'il existe un homme malade, mais, très précisément, que l'attribut *malade* est prédiqué de quelque homme. On objectera sans doute à cela que, pour que cette prédication ait un sens, il faut bien que quelque homme malade existe. Ce n'est pas nécessaire pour qu'elle ait un sens, mais pour qu'elle soit vraie. Ce que l'objection prouve est une fois de plus l'amphibologie foncière du verbe « être ». Si je prends le verbe dans sa fonction de copule, j'obtiens la proposition attributive *quelque A est B*, mais si je prends le même verbe dans sa fonction existentielle, j'obtiens la proposition existentielle *quelque A B est*, dont le sujet est un terme complexe, *homme malade* dans l'exemple en question. Ajoutons que la transformation n'est même pas nécessaire. On peut dire en toute correction logique, quoique peut-être non en toute propriété grammaticale, *quelque homme est malade*, pour signifier qu'*il y a un homme malade*, mais on peut le dire, avec une correction à la fois grammaticale et logique, pour signifier que quelque homme souffre de maladie. La formule reste la même, elle n'en recouvre pas moins deux propositions tellement différentes, que l'une ne se compose que d'un sujet et d'un verbe, au lieu que l'autre se compose d'un sujet, d'un verbe et d'un attribut.

On a tenté de réduire ainsi toutes les classes de propositions attributives à des propositions existentielles [2], mais il n'est peut-être pas nécessaire de discuter une à une toutes ces tenta-

---

1. Fr. BRENTANO, *op. cit.*, p. 218.
2. Fr. BRENTANO, *op. cit.*, p. 218.

tives, car elles relèvent du même principe, et il suffit d'ailleurs que la réduction soit impossible dans un seul cas, pour que la thèse soit fausse avec la généralité qu'on lui attribue. Certaines d'entre elles permettent pourtant de discerner plus nettement encore l'équivoque latente sous les opérations de ce genre. Pour qu'une proposition attributive puisse être convertie en proposition existentielle, il faut que la copule y soit déjà subrepticement douée d'une valeur existentielle, qu'elle ne peut avoir sans cesser d'être copule. C'est ce qui arrive, par exemple, lorsqu'on transforme *tous les hommes sont mortels* en une proposition existentielle telle que : *un homme immortel n'est pas*, ou *il n'y a pas d'homme immortel*. Comment le *sont* de l'universelle affirmative engendrerait-il le *n'est pas* de l'universelle négative? Affirmer une existence serait-il la même chose que la nier? Mais c'est qu'en fait, on n'a affirmé aucune existence en disant que tous les hommes sont mortels. La logique classique s'accorde ici pleinement avec l'observation psychologique. En affirmant que *tous les hommes sont mortels*, non seulement on ne dit pas, logiquement parlant, qu'aucun homme existe, mais, psychologiquement parlant, ce n'est pas d'abord à cela que l'on pense. Il est bien vrai qu'un jugement existentiel complémentaire est ici tout prêt à se formuler, surtout lorsque, comme c'est ici le cas, la nature même du problème en question tourne irrésistiblement la pensée vers la notion d'existence. On accordera en outre sans réserves que la question, inévitable en son ordre, de savoir si les propositions dont il s'agit sont vraies, pose nécessairement la notion d'existence. Pour que la proposition attributive *tous les hommes sont mortels* soit une connaissance réelle vraie, il faut que la proposition existentielle, *quelques hommes sont*, soit elle-même une connaissance réelle vraie. La vérité réelle d'une proposition attributive suppose l'existence du sujet; elle appelle donc une proposition existentielle qui la complète, mais elle-même n'est pas cette proposition existentielle. *Un centaure est une fiction* n'implique évidemment pas que quelque centaure existe dans la réalité des choses, mais cela n'implique même pas, quoi qu'on en ait pu dire, que la fiction centaure existe à titre de fiction. Il faut que le centaure existe au moins de cette existence feinte pour que la proposition soit vraie, mais ce n'est pas là ce qu'elle signifie. Simple jugement attributif, elle dit qu'étant donné la définition du concept centaure, ce que ce terme désigne est une fiction.

L'existence constatée d'un seul cygne noir suffit pour que la proposition *tous les cygnes sont blancs* soit fausse, mais elle ne suffit pas à faire que cette proposition ait jamais été existentielle, même lorsque, dans les limites de l'expérience connue, elle était vraie. La proposition *des cygnes sont* était vraie et le reste; *tous les cygnes sont blancs* est devenue une proposition fausse; ce sont donc deux propositions différentes. Pareillement, *quelque cygne est*, est la proposition existentielle qui, si elle est vraie, rend « vraie » la proposition attributive *quelque cygne est noir*, mais, vraie ou fausse, celle-ci reste attributive. On croit savoir que la planète Mars est habitable, mais on ne sait pas si elle est habitée. La proposition existentielle *Mars est* ne change pas de nature selon qu'on tient *Mars est habitée* pour vraie ou pour fausse. Il y a des propositions existentielles vraies et des propositions existentielles fausses, comme il y a des propositions attributives vraies et des propositions attributives fausses, mais, vraie ou fausse, chaque proposition reste toujours ce qu'elle est.

Si les propositions existentielles ne peuvent se développer en propositions attributives, et si les propositions attributives ne peuvent se transformer en propositions existentielles, il faut admettre que l'affirmation ou la négation de l'existence est un acte mental irréductible à tout autre, et puisque, dans les propositions où il s'exprime, *est* ne peut signifier ni le prédicat ni le sujet, il faut que le sens de cet acte original soit *totalement inclus dans ce verbe*. Nous voici donc aux prises avec la difficulté, que l'on prévoit extrême, d'interpréter un terme qui ne signifie directement aucun concept. Pour nous orienter dans la discussion de ce problème, nous ne disposons que des confusions mêmes où l'on vient de voir que les logiciens s'embarrassent, mais peut-être ont-elles un sens. Leur origine commune est en effet l'ambiguïté du verbe *est*. Qu'elle soit à présent inévitable, c'est malheureusement trop certain, mais il n'est pas sûr qu'elle soit primitive. On ne peut philosopher que dans une certaine langue, et la structure de la langue dont on use influence profondément la position même des problèmes philosophiques. Le fait qui domine toute notre discussion est d'abord grammatical. C'est le fait que, dans les langues écrites par les interprètes de la logique classique, le jugement attributif exige un copule et que cette copule soit précisément le verbe *est*. Rien ne nous semble plus naturel, et tout se passerait plutôt, dans les traités de logique, comme si la fonction attributive du verbe *être* était sa fonction normale, le cas où il signifie l'existence devant être signalé une fois pour toutes et pour n'y plus revenir.

C'est donc la fonction du verbe *être* dans le langage, et d'abord ce que les grammairiens enseignent sur celle du verbe en général, qui doit retenir à présent notre attention. Il se trouve, malheureusement, que les grammairiens eux-mêmes ne sont pas d'accord, les uns tendant plutôt à interpréter les faits grammaticaux du point de vue de la logique, les autres cherchant au contraire à serrer du plus près possible l'usage de la langue, pour le décrire et l'analyser. Les uns et les autres ont pourtant quelque chose à nous apprendre, et comme leur désaccord même peut nous instruire, nous examinerons successivement deux théories grammaticales du verbe, choisies comme typiques de ces deux attitudes à l'égard des faits.

Si l'on désire une théorie grammaticale du verbe inspirée des principes de la logique classique, on ne peut souhaiter mieux que celle qu'expose la *Grammaire générale* de Lancelot, et qui, fait significatif, est passée telle quelle dans la *Logique de Port-Royal*. La doctrine de Port-Royal est simple. Elle se résume dans cette formule : le verbe est « un mot dont le principal usage est de signifier l'affirmation ». Nous disons principal usage, parce que, outre celui-là, le verbe en a plusieurs autres, comme de signifier le temps, ou même de signifier aussi le sujet. Si je dis, par exemple, *coenasti*, je donne à entendre que tu as pris un repas, et que tu l'as fait *dans le passé*. Il ne s'agit pourtant là que de fonctions accessoires du verbe et qui n'y sont pas nécessairement liées. Il existe souvent sans elles, au lieu qu'on ne le rencontre jamais sans une affirmation correspondante, la négation, si c'est elle qui l'accompagne, n'étant qu'une affirmation retournée. Ces consignifications accessoires du verbe ont, nous dit-on, détourné les plus habiles grammairiens d'en discerner clairement la nature. Ils ont été trompés surtout par l'immense quantité de verbes qui, dans toutes les langues, signifient un prédicat déterminé en même temps que son affirmation. On a donc cru que la fonction principale des verbes était de signifier ce que désignent les concepts des divers prédicats qu'ils impliquent. Si je dis, par exemple, *vivo*, *sedeo*, il semble d'abord que la fonction principale de ces verbes soit de signifier que je suis dans l'état d'être vivant ou dans la position assise. Il n'en est rien, car *je vis* se décompose en *je suis vivant*, comme *sedeo* signifie

je suis assis. Ce que ces deux verbes font, c'est donc une seule
et même chose : affirmer un certain prédicat. Et c'est cela qu'ils
font avant tout en tant que verbes ; le fait que ces deux-ci
connotent en même temps des affirmations différentes, tient
simplement à ce que l'usage leur associe, de manière tout accidentelle, des prédicats différents.

Il est impossible de réduire plus complètement la fonction
existentielle du verbe à sa fonction logique de prédication. C'est
d'ailleurs bien ainsi que Lancelot lui-même interprète sa doctrine : « Selon cette idée, l'on peut dire que le verbe de lui-même
ne devrait pas avoir d'autre usage que de marquer la liaison que
nous faisons dans notre esprit des deux termes d'une proposition. » Ce *ne devrait* en dit long sur la fin que vise une telle
grammaire générale. Si les langues étaient bien faites, elles se
régleraient exactement sur la logique, et puisque le verbe y
signifie essentiellement l'affirmation, il ne s'y chargerait d'aucune des significations accessoires qui en obscurcissent la vraie
nature. Les phrases seraient peut-être un peu longues, car c'est
pour aller vite qu'on a fabriqué des verbes qui signifient à la fois
l'affirmation en général et ce que l'on affirme en particulier ;
mais, plus longues, elles seraient aussi plus claires. Elles seraient
surtout plus simples. Puisque le verbe a pour fonction principale
d'affirmer, et que l'affirmation reste la même quoi qu'on affirme,
un seul verbe suffit pour tout affirmer. Or, ce verbe, nous l'avons.
Il y en a un, et un seul, qui ait gardé cette fonction propre,
c'est le verbe *être*, qu'on appelle verbe substantif. Encore ne se
trouve-t-il pas toujours dans cette simplicité. Il ne la préserve
qu'à sa troisième personne du présent, *est,* et lorsqu'on en use
à titre de copule dans la proposition affirmative. Cela suffit
pourtant à faire voir quelle est la fonction principale du verbe,
puisque, si l'usage le permettait, le verbe *est* nous dispenserait
de tous les autres. La langue se composerait alors d'un seul verbe
et d'autant de prédicats que l'on voudrait. Des verbes *comme
vivo, sedeo* et l'innombrable foule des autres deviendraient
inutiles ; on dirait *je suis vivant,* comme on dit *je suis assis,* et
de même dans tous les autres cas [1].

Réduite à l'essentiel, cette thèse revient à soutenir qu'il n'y
a réellement dans toute la langue qu'un seul verbe, *est,* et que ce

1. LANCELOT, *Grammaire générale,* ch. XIII; ou *Logique de Port-Royal,*
IIe partie, ch. II.

verbe est essentiellement une copule. Il n'est donc pas surprenant que, dans une logique fondée sur une grammaire qu'elle-même imprègne jusqu'à sa racine, le jugement d'existence n'occupe en fait aucune place. Il est vrai que la *Logique de Port-Royal* en a reconnu la présence parmi des propositions apparemment différentes, mais il ne l'a fait que pour l'éliminer aussitôt en le réduisant à la classe générale des jugements d'attribution. Dans tous les autres verbes, les hommes ont abrégé leur discours en créant des mots qui signifient à la fois l'affirmation et ce que l'on affirme ; le verbe substantif est le seul pour lequel ils ne l'aient pas fait. On aurait pu se demander pourquoi ! Au lieu de le faire, on l'élimine. C'est qu'alors le prédicat est sous-entendu : *Dieu existe* signifie *Dieu est existant* comme, dit-on, *je suis* signifie *je suis un être*, ou *je suis quelque chose* [1]. A bien prendre les choses, *Je pense, donc je suis*, signifie simplement : *je suis pensant, donc je suis étant*.

C'est précisément là qu'est le nœud de la question. Est-ce *je suis un être* que je veux signifier, lorsque je dis *je suis* ? Il n'y aurait rien de gagné à substituer *étant* à *être*, car dans une grammaire où le participe est un nom — et il faut bien qu'il le soit pour être attribut — les termes *étant* et *être* sont interchangeables. Il suffit pourtant de laisser la grammaire se détacher tant soit peu de la logique, pour éprouver des doutes à ce sujet. La seule manière correcte de transformer *je suis* en proposition attributive est de l'écrire sous la forme : *je suis un être*, mais il ne résulte pas de là que le sens des deux propositions soit identique, ni, par conséquent, qu'elles n'en fassent qu'une. C'est ce dont Bossuet semble s'être aperçu. Ayant à rédiger à son tour un manuel de logique pour le Dauphin de France, il a cru ne pouvoir suivre meilleur modèle que la *Logique de Port-Royal*, mais ce maître de la parole ne pouvait manquer d'être plus sensible aux nuances du langage, que ne l'étaient Lancelot et Arnauld. Il s'est donc demandé quel peut bien être le sens du verbe *est*, dans les propositions où il n'est suivi d'aucun prédicat expressément désigné.

Logicien formé à la discipline de Port-Royal, Bossuet était aussi mal placé que possible pour résoudre ce problème. D'une part, il savait que l'objet du concept n'est jamais l'existence de ce que le terme désigne, puisque, comme il le reconnaissait

---

1. *Logique de Port Royal*, II⁰ partie, ch. III.

lui-même, « soit que l'objet existe ou non, nous ne l'en entendons pas moins ». D'autre part, persuadé que toute connaissance porte sur un concept, il ne pouvait trouver au verbe *est* d'autre fonction que celle de signifier le concept d'existence. Seulement, puisque l'objet du concept n'est jamais l'existence de ce que le terme désigne, il n'y a pas de raison pour que le concept d'existence échappe à cette loi. En effet, pris en lui-même, il ne désigne que le fait d'exister en général, c'est à-dire la propriété qui appartient à ce qui existe, en tant précisément qu'il existe. Or ce n'est assurément pas cette existence indéterminée que signifie le verbe *est* ou le verbe *suis*, dans des propositions telles que *Dieu est*, ou *je suis*. Tout se passe alors comme si l'on raisonnait de la manière que voici. Je ne peux saisir l'existence, comme tout le reste, que par un concept. Ce concept de l'existence, nous l'avons, car « puisque nous la connaissons, il faut bien que nous en ayons quelque idée [1] ». Pourtant, prise dans la généralité abstraite qui lui est propre, l'idée d'être que nous en avons n'exprime pas suffisamment l'existence actuelle du sujet dont on l'affirme. Il faut donc la déterminer par une autre, qui précise le mode d'être auquel convient l'existence actuelle. C'est ce que fait Bossuet logicien, en affirmant que « l'idée de l'existence est celle qui répond à ces mots *être dans le temps présent* ». Que je dise *les roses sont, il y a des roses*, ou *les roses existent*, je ne fais toujours que joindre deux idées ensemble, « l'une, celle qui me représente ce que c'est qu'une rose, et l'autre, celle qui répond à ces mots : être dans le temps présent. En effet, à ces mots *être à présent*, répond une idée si simple qu'elle ne peut être mieux exprimée que par ces mots mêmes, et elle est tout à fait distincte de celle qui répond à ce mot *rose*, ou à tel autre qu'on voudra choisir pour exemple [2] ».

Cette ingénieuse solution suppose d'abord qu'un concept simple, comparable en nature à celui de *rose*, corresponde aux mots *être à présent*. Or nous devons ici distinguer deux termes, *être* et *à présent*, ce dernier n'étant lui-même autre que le terme, plus complexe encore, de *temps présent*. Comptons-le néanmoins pour un terme simple; suffira-t-il de le joindre au concept d'*être* pour concevoir que les roses en question existent? Évidemment non. Le concept d'être en général ne change pas de nature

---

1. BOSSUET, *Logique*, livre I, ch. XXXIX.
2. BOSSUET, *ibid*.

lorsqu'on le détermine par celui de temps présent en général. Je peux concevoir dans l'abstrait des roses passées, des roses présentes ou des roses futures, sans avoir autre chose dans la pensée que des roses possibles dans le passé, dans le présent ou dans l'avenir. Il est vrai que l'énonciation, *les roses sont à présent*, affirme bien une existence actuelle, mais ce n'est pas parce qu'elle inclut la notion de temps présent, qui n'ajoute rien au verbe. Reste donc que ce soit en tant qu'elle inclut le verbe *sont*, qui se suffit. Ce n'est pas le présent qui implique l'existence, c'est l'existence qui implique le présent, à tel point qu'on dirait plutôt qu'elle l'est. Il n'y a donc pas d'idée qui s'ajoute au verbe *est* pour lui faire signifier l'existence; il la signifie, à lui seul, de plein droit.

La situation se présenterait peut-être sous un aspect tout autre, si, au lieu de consulter la grammaire des logiciens, nous nous adressions à celle des purs grammairiens de l'usage. De prime abord, on ne gagne pas grand-chose à le faire, car eux-mêmes s'avouent embarrassés : « La théorie du verbe, dit le plus récent d'entre eux, est ce qui a le plus embarrassé tous les grammairiens anciens et modernes; et c'est, il faut en convenir, celle qui est la plus hérissée d'irrégularités, d'exceptions, d'anomalies, et enfin de difficultés de toute espèce [1]. » Il est vrai, mais raison de plus pour les consulter, car les embarras où s'engage cette grammaire tiennent surtout au souci constant dont elle fait preuve de se modeler sur la complexité des faits du langage au lieu de les simplifier en les pliant de force aux lois de la logique. Ici, d'ailleurs, elle fait preuve de plus de stabilité qu'on ne pouvait d'abord en espérer. Si l'on s'en rapporte à l'une des définitions classiques du verbe, celle de Priscien, la fonction propre de cette partie du discours serait de signifier l'action et la passion, avec leurs temps et leurs modes : *Verbum est pars orationis cum temporibus et modis, sine casu, agendi vel patienti significativum* [2]. Reproduite cent fois et plus par les grammaires de l'usage, cette définition ne semble pas complètement abandonnée de nos jours. Elle a laissé des traces visibles, même sur telle grammaire qui prétend

---

1. Ferdinand BRUNOT, *La pensée et le langage, Méthode, principes et plan d'une théorie nouvelle du langage appliquée au Français*. Paris, Masson, 1922, pp. XVIII-XIX. Cf. p. 898, le dernier paragraphe du livre.

2. PRISCIEN, *Institutiones grammaticae*, lib. VIII : I, 1; éd. M. Herz, Leipzig, Teubner, 1865; t. I, p. 369.

se fonder sur une théorie nouvelle du langage, et dont l'auteur commence par faire ses « adieux à Priscien [1] ».

Un des objets du langage, nous dit ce nouveau grammairien, « est d'exprimer les actions et les états [2] ». L'action et l'état peuvent être exprimés par un nom, lorsqu'il s'agit simplement de les nommer ou de les présenter, mais, s'il s'agit d'énoncer l'action, c'est-à-dire de l'exprimer en tant que telle, « le verbe demeure la forme par excellence. On l'a remarqué, et cela est véritable, il énonce l'action en temps et en mode [3] ». Et qui donc l'a remarqué, sinon Priscien ? Assurément, il y a ici quelque chose de changé. On nous demande expressément de ne plus soutenir, avec la vieille grammaire des « parties du discours », que le verbe ait seul le privilège d'exprimer l'action en temps et en mode. *En avant !* nous assure-t-on, est un impératif qui n'est pourtant pas un verbe. Il y aurait là-dessus bien à dire, mais laissons aux grammairiens le soin d'en décider. Ce qui nous importe surtout, et ce qui, ancien ou nouveau, reste vrai en tout état de cause, c'est le caractère spécifique de la fonction de signification que l'on attribue ici au verbe, et si ce ne sont pas vraiment des adieux à Priscien, ce sont du moins des adieux à Aristote, car bien qu'Aristote ait reconnu à l'occasion ces caractères grammaticaux du verbe, la pente logique de sa pensée l'a détourné d'en voir les implications ultimes. Il a complètement méconnu cette spécificité du verbe comme signe de l'action accomplie, que l'analyse de l'usage grammaticale met au contraire en évidence. Pour lui, les verbes sont des noms, qui ne signifient pas des actions accomplies ou les états qui en résultent, mais les concepts correspondant à ces actions, et qui en définissent la nature. Ce sont donc, comme l'on dirait aujourd'hui, des « noms d'action ». Ainsi, *il part* ne veut pas dire pour lui l'acte de se mettre en route, mais *le départ*, comme *il sort* ne signifie pas l'action même de sortir du lieu où l'on se trouve, mais *la sortie*. Ici, c'est manifestement la grammaire du logicien qui a tort et celle du grammairien qui a raison. Le verbe ne devient nom que si l'on méconnaît la fonction propre qu'il exerce dans le langage, et qui est précisément de signifier l'action en temps et mode.

1. Ferd. BRUNOT, *op. cit.*, p. XIX, note 1.
2. *Op. cit.*, p. 203.
3. *Op. cit.*, p. 210.

S'il en est ainsi, que devient le verbe *est*? Du point de vue de la grammaire logique, la solution du problème est simple. Ce verbe fait alors ce que font tous les autres verbes, il disparaît en tant que tel, mais il disparaît beaucoup plus totalement encore, car il n'est même pas possible d'en faire un nom. C'est précisément ce que nous avons eu occasion de constater, en étudiant la réduction de ce verbe au rôle de copule dans la théorie classique des propositions. En un sens, nous l'avons vu, la grammaire des logiciens exalte le verbe *est* par-dessus tous les autres. Elle en fait même le seul verbe qui soit, les autres n'en étant finalement que les formes accidentellement corrompues par le concept de l'action particulière qu'ils connotent. Mais nous savons aussi de quel prix se paie cette suprématie. S'il suffit désormais du seul verbe *est*, c'est qu'il n'a jamais d'autre fonction que celle de copule, c'est-à-dire d'attribuer un prédicat au sujet de la proposition. Le verbe *lire* peut se réduire au verbe *être*, parce qu'il signifie simplement *être lisant*. Or, dans *être lisant*, il y a un nom, *lisant*, qui signifie *la lecture*; quant à *être*, ce n'est même pas un nom, mais le symbole pur et simple de l'attribution d'un nom à un autre. Hors de cette fonction d'affirmation, il n'a pas de sens. C'est d'ailleurs ce qu'Aristote disait déjà aussi clairement que possible : « En eux-mêmes et par eux-mêmes ce qu'on appelle les verbes sont en réalité des noms, et ils possèdent une signification déterminée (car, en les prononçant, on fixe la pensée de l'auditeur, lequel aussitôt la tient en repos), mais ils ne signifient pas encore qu'une chose est ou n'est pas. Car *être* ou *ne pas être* ne présente pas une signification se rapportant à l'objet, et pas davantage le terme *étant*. En elles-mêmes, en effet, ces expressions ne sont rien, mais elles ajoutent à leur propre sens une certaine composition qu'il est impossible de concevoir indépendamment des choses composées[1]. » Ainsi, dire que *Socrate est homme* est dire quelque chose, mais si je dis que *Socrate est*, le terme *est* ne présente pas de signification se rapportant à Socrate. Je parle, mais je ne dis rien. Cette grammaire et cette logique, où le jugement d'existence se réduit à l'affirmation brute du sujet, sont la grammaire et la logique naturelle de toute ontologie qui identifie l'existence à l'essence du sujet existant.

---

1. ARISTOTE, *De l'interprétation*, ch. III; trad. J. Tricot, Paris, J. Vrin, 1936, p. 82.

Il en va tout autrement dans la grammaire des grammairiens. Le verbe *être* s'y présente naturellement comme exprimant, lui aussi, une action, mais d'une espèce particulière. Du point de vue de leur sens réel, qui domine toute grammaire ainsi conçue, les verbes se distinguent en deux classes principales, comme les actions mêmes qu'ils signifient. Certaines actions portent sur un objet, ce sont des actions objectives : *vous voyez le résultat ;* d'autres actions ne portent pas sur un objet, mais, se terminant pour ainsi dire au sujet, elles sont dites subjectives : *la foudre est tombée.* On ne peut hésiter sur la catégorie à laquelle appartient le verbe *être :* c'est un verbe subjectif. Et il est même éminemment tel, si du moins il est vrai de dire, que « la première des actions subjectives, c'est d'*exister* [1] ». Peu importe en effet sous quelle forme verbale ce fait fondamental s'exprime. L'usage seul en décide, qui règne ici en maître. Que l'on dise *il est, il existe* ou *il y a,* le sens reste le même. Toutes ces formules signifient l'action première que puisse exercer un sujet. Première, elle l'est en effet, puisque, sans elle, il n'y aurait pas de sujet.

Une telle grammaire est trop soucieuse des faits du langage pour risquer aucune aventure métaphysique. La méfiance envers la logique s'y développe naturellement en méfiance à l'égard de toute philosophie en général. On voit pourtant quelle ontologie, si elle en cherchait une, serait son complément naturel. Pour satisfaire aux aspirations confuses qui semblent ici guider le langage, il faudrait admettre la présence, au cœur même du réel, de ce que l'on nommait autrefois des « actes premiers », c'est-à-dire ces actes d'exister en vertu desquels chaque être est, et dont chacun se déploie en une multiplicité plus ou moins riche d' « actes seconds », qui sont ses opérations. C'est une grave question de savoir s'il y a lieu de céder ici aux suggestions du langage, mais ce n'est pas à présent de cette question qu'il s'agit. Le sens obvie de certains jugements est seul en cause, et l'on peut du moins constater que tout se passe comme si deux interprétations opposées des mêmes faits étaient ici aux prises : ou bien le verbe *est* doit être considéré comme copule et tous les jugements comme attributifs, ou bien ce même verbe signifie en outre l'acte premier en vertu duquel un être existe, et la fonction principale des verbes est alors de signifier, non pas des attributs, mais des actions.

1. Ferd. BRUNOT, *op. cit.*, p. 293.

On n'a pas attendu notre temps pour prendre conscience de cette antinomie ni pour essayer de la lever, mais les tentatives de ce genre sont toujours inspirées par le conceptualisme spontané de l'entendement. Elles reviennent en effet à transformer, par un procédé que nous savons désormais inefficace, les jugements d'existence en autant de jugements attributifs. Interprétant tous les verbes comme des adjectifs, on fait du verbe *être* le signe de l'existence en général, elle-même considérée comme le « genre universel » dont toute action particulière est une espèce [1]. Or c'est précisément là ce que nient les grammaires soucieuses de respecter le sens authentique du langage. Maintenant l'irréductible spécificité du verbe contre toute autre partie du discours, elles mettent du même coup la logique en présence de ce fait, troublant pour elle : des jugements sans prédicats, et qui ne sont pourtant pas dépourvus de sens [2]. Or, dans ce débat, il semble bien que la grammaire classique représente une position irrévocablement dépassée. Vraie dans son ordre, elle ne l'est pourtant qu'au regard de la classe particulière des jugements d'attribution. Bien loin de pouvoir réduire tous les verbes au seul verbe *est* pris dans sa fonction de copule, une logique du langage réel devrait au contraire considérer cette copule comme une fonction spécialisée du verbe *est*, dont le sens existentiel est aussi le sens principal. On peut concevoir des propositions attributives dépourvues de copule, telles les phrases nominales dont l'emploi est si fréquent en russe, où le verbe *est* ne sert de copule que dans les définitions [3]. Le véritable problème n'est donc pas de savoir comment on pourrait attribuer sans user de copule, mais, au contraire, pourquoi tant de langues ont introduit une copule dans les propositions attributives, et pourquoi cette copule est précisément le verbe *est*.

Poser cette question, c'est inévitablement s'obliger à dépasser le plan de la grammaire et même celui de la logique, pour aborder

1. Voir les remarques de François Thurot sur le livre de Jacques Harris, *Hermès, ou Recherches philosophiques sur la grammaire universelle*, Paris, Messidor, an IV, p. 93. Le texte de J. Harris lui-même, pp. 31-35, mérite d'être lu.

2. On a même parlé de jugements sans sujets. Voir le résumé du mémoire de Miklosich, avec les remarques de Fr. Brentano à ce sujet, dans la *Psychologie* de ce dernier, pp. 299-307.

3. A. Mazon, *Grammaire de la langue russe*, Paris, Droz, 1943; art. 143 et 162 : « lui vieux », « elle belle », « eux étudiants ».

celui de la noétique. Nous l'avons déjà rencontré au cours des discussions qui précèdent et si nous avons cru devoir provisoirement l'écarter, c'était afin de sauvegarder, dans toute la mesure du possible, la spécificité de l'ordre logique. On ne le peut cependant qu'au prix d'une abstraction qui, légitime en soi, fait violence à l'expérience psychologique et n'est par conséquent justifiable qu'entre de certaines limites. Prise en elle-même, la logique ne s'est jamais présentée comme indifférente à la vérité des propositions. Tout au contraire, elle se définit ordinairement comme un *organon*, c'est-à-dire comme un instrument qui, grâce à la science préalablement acquise des opérations de la pensée, permet d'atteindre le vrai et d'éviter le faux. Ajoutons pourtant que cet art de découvrir la vérité et d'éviter l'erreur ne s'étend pas au-delà des conditions formelles de la connaissance vraie en général, telles qu'elles résultent de la nature et de la structure même de l'esprit. « Le logicien », nous dit-on avec raison, « ne se demande pas si telle assertion est vraie ou fausse *en elle-même*, c'est-à-dire conforme ou non conforme à quelque réalité extérieure à l'esprit, ou plutôt susceptible d'être confirmée ou contredite par quelque expérience ou opération ultérieure. Car un jugement peut se trouver vrai par coïncidence fortuite et non par nécessité rationnelle [1] ».

L'art logique repose donc sur la science des conditions formelles de la validité de nos jugements. Pourtant, son exercice est psychologiquement inséparable de notre croyance spontanée à la vérité ou fausseté des assertions prises en elles-mêmes. Les noms mêmes que le logicien donne aux propositions, lorsqu'il les distingue en affirmatives et négatives, suggèrent qu'il en est bien ainsi. Il nous est à peine possible de concevoir une affirmation qui, d'intention première, ne serait pas vraie. Si la proposition *tous les hommes sont mortels* se présente sous la forme d'une affirmative, c'est en raison de cette conviction bien arrêtée que, dans la réalité, tout homme finit par mourir. Tout ce qui est affirmé l'est à titre de vrai, comme tout ce qui est nié l'est à titre de faux, et c'est pourquoi les logiciens hésitent si manifestement sur la nature même des faits qu'ils étudient. Les mêmes, qui commencent par constater que leur science ne s'intéresse pas à la vérité de fait des propositions qu'elle étudie, s'empressent d'ajouter que, si elle ne garantit pas cette vérité,

1. Edm. GOBLOT, *Traité de Logique*, Paris, A. Colin, 7e éd., 1941; p. 43.

elle la présuppose. Certains disent, par exemple, que toute affirmation logique inclut un jugement existentiel hypothétique préalable, que l'on se dispense pourtant de formuler. Dans le cas de l'exemple classique qui vient d'être rappelé, on penserait donc, en fait, que *s'il y a des hommes*, tous sont mortels. En effet, s'il n'y en a pas, toute affirmation à leur sujet est dénuée de sens. D'autres, après avoir soutenu que la logique n'exige aucune autre existence que celle des concepts comme tels, c'est-à-dire leur simple possibilité abstraite, en viennent à dire que « tout jugement prétend être vrai » et, à ce titre, affirment l'existence, en un sens quelconque, du sujet, ou du rapport entre l'attribut et le sujet. Si je dis, par exemple, que *Pierre est malade*, j'affirme implicitement l'existence de Pierre, car la qualification de malade n'aurait pas de sens « s'il n'était présupposé que Pierre existe [1] ».

Qu'il en soit réellement ainsi dans l'expérience de la pensée concrète, nul ne songe à le contester. Il est tout à fait certain que, dans le langage courant, la proposition *Pierre est malade* est grosse d'une signification existentielle que l'on pourrait même dire double, car, en l'énonçant, nous concevons comme existant le Pierre dont nous affirmons la maladie, et nous concevons même sa maladie comme existant de l'existence du sujet qui en souffre. Tel est assurément le sens réel et, si l'on peut dire, le sens vécu d'une proposition de ce genre, mais il ne suit pas de là qu'elle comporte ce double sens, ni même un seul d'entre eux, pour le logicien. Le fait seul qu'on puisse en user correctement comme d'un exemple logique, en est la preuve, car toute la discussion suppose que cette proposition ne soit pas un simple exemple de logicien. Si elle n'est que cela, elle n'implique en effet aucune existence réelle, et l'on ne voit même pas qu'elle implique, psychologiquement parlant, la notion d'une existence possible. Sans doute, pour que la proposition soit vraie, il faut que Pierre existe, et sa maladie aussi, mais quel logicien soutiendrait que les exemples dont il use sont des propositions vraies? En tant que sa pensée se tient sur le plan de la logique, l'existence en est absente, il n'y pense pas [2].

---

1. *Op. cit.*, pp. 184-185.
2. « Logicus enim considerat modum praedicandi et non existentiam rei. » Thomas d'Aquin, *In VIII Metaph.*, lect. 17; éd. Cathala, n. 1658.

Il est vrai que, psychologiquement parlant, toute affirmation se réfère à l'existence, mais on ne peut introduire l'existence dans la logique sans se résigner à une confusion d'ordres. Avouons d'ailleurs qu'elle est difficilement évitable, car elle naît de cette même ambiguïté fondamentale du terme *est* que nous avons déjà signalée, mais qui pose cette fois un problème nouveau. Pourquoi ce verbe, qui signifie primitivement exister, s'est-il spontanément adapté à la fonction de copule qu'il joue dans tant de langues? C'est que, justement, les langues ne se constituent pas en vue de faciliter la rédaction des traités de logique, mais plutôt de manière à exprimer le contenu réel de la pensée. Or la pensée vécue conçoit en effet ses propositions comme vraies ou fausses, et il est exact que leur vérité ou fausseté repose toujours, en dernière analyse, sur l'existence ou la non-existence des objets ou des rapports qu'elles affirment ou qu'elles nient. Il y a des siècles qu'on en a fait la remarque, et elle semble toujours valide : ce n'est pas finalement l'essence de l'objet conçu, mais son existence, que vise le jugement, et c'est donc bien sur cette existence que la vérité du jugement repose [1]. Telle est aussi la raison pour laquelle tant de langages ont fait du verbe *est* une copule et, en ce sens, il redevient vrai de dire que, même à titre de copule, ce verbe a un sens existentiel, ou, comme l'ont soutenu plusieurs logiciens, que même les propositions attributives sont existentielles. Ajoutons seulement que cela est vrai partout, sauf, précisément, en logique. Science et art des lois formelles de la pensée, elle n'atteint pas l'existence, parce qu'elle n'atteint pas les conditions réelles de la vérité ou de la non vérité des propositions. Il n'y a donc pas de jugements existentiels en logique. Ceux dont le logicien constate parfois la présence, lorsque d'aventure il les rencontre, n'y jouent aucun rôle; ils en disparaissent dès qu'ils y ont été reconnus.

C'est un fait bien digne de réflexion, que la grammaire nous laisse en présence de jugements inassimilables par la logique. S'il se pose ici un problème ontologique, il faut donc définir ses données en termes empruntés au langage vécu lui-même, c'est-à-dire en essayant de capter la pensée à sa source même, lorsqu'elle se coule spontanément dans le moule des mots. On

---

1. « Sed quando adaequatur ei quod est extra in re, dicitur judicium verum esse ». S. THOMAS D'AQUIN, *De Veritate*, qu. I, art. 3, Resp.

a souvent reproché à la métaphysique de n'être qu'une analyse du langage, et d'accueillir par là sans critique toutes les illusions de la conscience naïve, mais il se peut que tout n'y soit pas qu'illusion. Rien ne prouve *a priori*, que la pensée n'aille pas au contraire tout droit à ce qui constitue le noyau le plus résistant du réel. La métaphysique et le sens commun n'ont peut-être pas deux vérités différentes, mais la même, plus ou moins profondément saisie et distinctement exprimée. Il n'est donc pas impossible non plus que nous rencontrions deux fois la même existence, avant le concept et après le concept, dans la langue de la conscience commune et dans celle du métaphysicien.

Il est malheureusement assez difficile de déférer ici aux suggestions premières du langage, parce qu'elles ne sont pas nécessairement partout identiques et que, même dans les langues que nous connaissons du dedans, le sens primitif des racines nous échappe souvent. Les langues ont derrière elles des siècles de logique et, comme nous l'avons vu, leurs grammaires même se sont profondément logicisées. Rien d'étonnant qu'elles en portent la marque. Le verbe *est* lui-même, dont la fonction existentielle est certainement antérieure à sa fonction copulative, s'est tellement usé à servir de copule, que certaines langues actuelles semblent désormais hésiter sur son sens. *Je suis* signifie *j'existe* sans hésitation possible, mais *il est* semble déjà moins clair, comme si l'on attendait un prédicat oublié. Par un curieux paradoxe, *est* lui-même a donc perdu de son pouvoir de signifier l'existence, si bien qu'on lui substituera d'ordinaire, en français, soit la forme impersonnelle *il y a*, soit le verbe *existe* [1]. Le fait même que nous parlions couramment d'*existence* et d'*exister* pour signifier ce que devrait normalement signifier le verbe *être*, suffit d'ailleurs à mettre en évidence la dévaluation existentielle subie par ce verbe, dont la fonction propre est pourtant de dire que ce qui est, est, et que ce qui n'est pas, n'est pas. Car le verbe *exister* ne signifie pas d'abord ce que nous nommons actuellement l'existence, mais il en dénote plutôt l'origine. Ainsi, lorsque, pour dire qu'un être est vraiment, on dit qu'il existe, on remplace le terme qui signifiait primi-

---

1. Il n'est peut-être pas sans intérêt de noter qu'en russe, où le verbe *est* ne sert pas normalement de copule, il a au contraire gardé son sens existentiel.

tivement ce qu'on veut dire, par un terme qui signifiait primitivement autre chose. Il n'y a donc guère d'espoir, même si l'on peut retrouver le sens primitif des racines, d'atteindre par là leur sens le plus profond et le plus vrai. Seule une libre réflexion sur le langage, affranchie des contraintes de la lexicographie comme de celles de la logique, peut nous permettre de rejoindre les orientations premières de la pensée, qui se maintiennent stables sous la fluctuation des mots.

Pour que le jugement d'existence, pris sous sa forme la plus commune : x est, devienne intelligible, il faut admettre que le réel contienne un élément transcendant à l'essence même, et que notre connaissance intellectuelle soit naturellement capable de capter cet élément. Il y aura donc pour nous, comme pour Platon et Plotin, un « au-delà de l'essence », mais qui, au lieu d'être le Bien ou l'Un, sera l'acte d'exister. S'il est au-delà de l'essence, il est au-delà du concept. Admettre que la connaissance en est possible, c'est donc reconnaître par là même que notre connaissance peut atteindre un au-delà du concept. On pourrait dire, en d'autres termes, que parce que tout objet réel contient plus que son essence, notre connaissance de tout objet réel, pour lui être adéquate, doit contenir plus que son concept et sa définition. Le réalisme métaphysique de l'essence s'avère ici gravement déficient. Il est vrai, comme on l'a dit, que l'objet est « quelque chose de parfaitement défini, mais dont la définition nous est encore inconnue, et qu'il nous faut donc découvrir [1] ». Mais on doit ajouter que si l'objet est quelque chose de parfaitement défini par son essence, il l'est en outre, et dans un tout autre ordre, par son acte d'exister. Il faut donc, si notre connaissance doit l'atteindre dans sa réalité la plus profonde, qu'elle atteigne en lui cet acte ultime, qui détermine finalement tout ce qu'il est.

Puisque cet acte échappe au concept, il faut que sa connaissance nous soit impossible, ou qu'il tombe sous les prises du jugement, qui est lui-même un acte. Sans doute, le jugement n'est pas un acte au sens où l'exister en est un. L'exister de la chose est un acte premier, celui de qui découlent, selon la formule de l'essence qu'il actue, toutes ses opérations. Au contraire, le jugement lui-même n'est qu'un acte second, puisqu'il est l'opération par laquelle nous unissons ou divisons des

1. Simon FRANK, *La Connaissance et l'être*, Paris, Aubier, 1937, p. 19.

concepts. Toutefois, on remarquera d'abord que le jugement d'existence est une opération d'un genre tout particulier, car il ne consiste pas à composer ou diviser deux concepts, c'est-à-dire à les unir par l'affirmation ou à les séparer par la négation, mais à affirmer ou à nier l'existence réelle d'un sujet déterminé. C'est ce que nous donnions déjà à entendre en disant que le jugement : *Socrate est*, ne signifie pas *Socrate est un être*, ce qui vaudrait aussi bien pour un Socrate possible que pour un Socrate réel; il signifie que Socrate est réellement existant. Le problème est donc de savoir comment et pourquoi cette opération de l'intellect, qui n'en est que l'acte second, peut atteindre l'acte premier de son objet.

Pour le comprendre, il faut d'abord, comme le demande un réalisme fidèle à son esprit, renoncer à poser le problème dans l'abstrait. Il ne s'agit pas de savoir comment un intellect, en général, pourrait, à la manière d'un miroir ou d'un appareil photographique, enregistrer en général les essences de ses objets. On ne gagnerait rien à doubler cet intellect d'une sensibilité en général, pour expliquer comment cet intellect entre en relations avec des objets matériels et par conséquent sensibles. Poser le problème en réaliste, c'est d'abord se souvenir que ce n'est pas l'intellect qui connaît, ni d'ailleurs la sensibilité, mais l'homme. Le sujet connaissant est aussi pleinement réel que l'objet connu, et il l'est de la même manière, en ce sens que, comme l'objet, le sujet est une essence actualisée par un acte d'exister. Nous ne demandons pas ici que l'on modifie l'antique définition de l'homme comme « animal raisonnable ». Elle reste bonne, et elle le restera tant que l'homme lui-même sera un être vivant doué de raison. Nous devons cependant rappeler que cette définition ne concerne que l'essence de l'homme en général. S'il s'agit d'un homme réel, on doit dire qu'il est cette même essence, mais actualisée par son exister. Si l'on admet comme un fait que l'intellect soit naturellement apte à saisir les essences, pourquoi ne pas admettre pareillement qu'un existant doué d'intellect soit naturellement apte à saisir d'autres existants? Avant, si l'on peut dire, d'exercer ses opérations secondes d'intellection, l'intellect exerce cette opération première en vertu de laquelle il existe. Cela est si vrai, que toute réflexion subjective conduite jusqu'à son terme, comme celle de Descartes, s'arrête enfin à cette évidence immédiate première : l'existence du sujet lui-même saisie dans la pensée. La

démarche initiale de Descartes est incontestablement légitime.
Souvenons-nous de ses propres paroles : « et, remarquant que
cette vérité : *je pense, donc je suis*, était si ferme et si assurée,
que toutes les plus extravagantes suppositions des sceptiques
n'étaient pas capables de l'ébranler, je jugeai que je pouvais
la recevoir sans scrupule pour le premier principe de la philosophie que je cherchais ». Rien de plus correct, à deux conditions pourtant, dont la première est que ce premier principe
se pose immédiatement comme une transcription du réel : il
est vrai que, si je pense, je suis, mais cela même n'est vrai que
parce que, comme le dit Descartes lui-même, pour penser, il
faut être. Bref la formule *je pense, donc je suis* ne peut signifier
qu'une chose : si je sais que je pense, je sais que je suis. Elle
ne saurait valablement signifier que, parce que je pense,
j'existe. Tout au contraire c'est *parce que je suis que je pense*,
et c'est pourquoi il est vrai de dire que, si je pense, je suis. La
deuxième est de n'attribuer à ce principe aucune valeur privi-
légiée par rapport à la formule : si je perçois les êtres, ils sont,
dont il n'est qu'un cas particulier [1]. L'être pensant qui se
perçoit s'exprime immédiatement par un jugement qui affirme
sa propre existence, comme l'être pensant, qui perçoit d'autres
objets, les exprime immédiatement par un jugement qui
affirme leur existence et, dans les deux cas, la raison en est
la même : dans tout être, quel qu'il soit, l'existence actuelle
est ce qu'il y a de premier.

La possibilité du jugement d'existence, qui est un fait,
s'explique donc, si l'on admet que l'intellect de l'être intelligent
appréhende du premier coup dans son objet, quel qu'il soit, ce
qu'il y a en lui de plus intime et de plus profond : *l'actus essendi* [2].
Mais on comprend alors aussi comment il l'appréhende. Puisque
l'acte d'exister est la position d'une essence dans l'être, le jugement d'existence ne peut être que l'opération correspondante,
par laquelle l'être intelligent affirme cet acte. Comme il est
situé au-delà de l'essence, cet acte ne saurait être objet de
concept. C'est pourquoi, mimant en quelque sorte l'actualité
première du réel, l'intellect la signifie par un verbe, tel que le
verbe *est*, qui la pose purement et simplement comme réelle.

1. Sur les pseudo-difficultés qui naissent du cas de l'hallucination, voir
E. GILSON, *Réalisme thomiste et critique de la connaissance*, Paris, J. Vrin,
1939, ch. VII, pp. 197-200 et ch. VIII.
2. *Op. cit.*, p. 226.

Assurément, il y a ici encore composition ou division, et, par conséquent, jugement, mais il ne s'agit plus aucunement de composer ou de diviser des concepts. De même qu'il y a composition de l'essence avec l'exister, qui n'est pas une essence, dans l'objet connu, il y a composition du concept et du verbe existentiel, qui ne signifie pas un concept, dans la proposition construite par l'intellect qui en affirme l'existence. De là naît, dans le langage, le jugement de *secundo adjacente*, qui ne se compose que d'un sujet et d'un verbe, sans aucun prédicat. Les jugements de ce genre constituent donc bien une classe spéciale, douée de caractères propres, et irréductible à toute autre classe de jugements connus, spécialement à celle des jugements d'attribution. Le jugement d'existence ne consiste même pas à attribuer au sujet le prédicat « être ». Il est bien vrai que, le concept d'être étant la première conceptualisation de l'exister, le jugement attributif : « *x* est un être », est aussi la première traduction, en termes de jugement attributif, du jugement d'existence. Ce n'en est pourtant qu'une traduction qui, toute fidèle et légitime qu'elle est, n'équivaut déjà plus rigoureusement à l'original. Elle contient moins, et elle contient plus. Moins, parce qu'au lieu de poser immédiatement l'acte d'exister comme tel, le jugement attributif ne le saisit plus qu'indirectement dans l'être, qui inclut, avec l'acte d'exister, l'essence qui le reçoit. L'*ens*, ou *habens esse*, c'est ce qui a l'*esse* avec l'*esse* qu'il a. Le « ce qui est », c'est l'unité du « ce qui » et du « est ». L'acte intellectuel qui saisit l'être dans le concept perd donc le privilège, dont jouit le jugement d'existence, de signifier l'exister même dans sa pureté. On dira peut-être que la perte n'est pas grande, puisque l'*esse* se retrouve inclus dans l'être, qui ne peut être conçu que comme le possédant. Disons plutôt qu'en droit la perte devrait en effet être nulle, mais qu'elle est souvent grave, au point de devenir parfois catastrophique, puisque, l'histoire nous l'a fait voir, le conceptualisme spontané de la pensée commune tend constamment à renforcer l'essence de l'être au détriment de son acte d'exister. Ajoutons d'ailleurs que le fait s'explique aisément par ce que l'être a de plus que l'exister, c'est-à-dire l'essence, qui est le droit gibier de la raison raisonnante, toujours en quête de définitions. Dire que le jugement d'existence diffère spécifiquement du jugement d'attribution, ce n'est pas rejeter les droits du concept et de l'essence, c'est maintenir ceux du jugement existentiel et de l'exister.

Le seul fait qu'il y ait des jugements d'existence implique donc que l'existence soit accessible à la pensée. Pour que de tels jugements soient possibles il faut que l'intellect puisse capter directement ce qu'il y a dans l'être de plus profond, et l'exprimer dans une formule, la plus simple de toutes celles dont il use, qui reproduit, dans sa dualité interne, celle de la structure intime du réel. On ne peut contester que le fait soit surprenant et même mystérieux, mais son mystère n'est que celui de la connaissance même, et de l'être qu'elle exprime. Distinguer des jugements de prédication le jugement d'existence ainsi compris n'est pas découvrir un nouveau mystère, c'est pénétrer un peu plus profondément au cœur de celui que la philosophie n'a cessé de sonder, et qu'elle peut parfois oublier, mais non pas supprimer.

S'il en est bien ainsi, il semble impossible de voir dans le jugement d'existence la prédication du sujet par son verbe, ou, si l'on préfère, la position du sujet lui-même comme sujet. La nuance qui sépare le jugement d'existence de celui qui poserait le sujet comme tel est plus difficile à saisir, elle n'en existe pas moins pourtant. La proposition x *est* offre deux sens distincts, selon la manière dont on l'entend. Si l'on veut qu'elle prédique le sujet, elle doit immédiatement s'expliciter en proposition prédicative du type « x est x », mais ce qu'elle signifie alors n'est plus l'existence de x, c'est l'identité de x à lui-même avec toutes les conséquences qui en résultent. Nous avons donc une véritable prédication du sujet, mais nous revenons au jugement classique à deux termes, le sujet y reparaissant dans le rôle de prédicat. L'autre sens de la proposition « x est », signifie, non pas que le sujet est lui-même, ce qui est toujours vrai de tous, mais qu'il existe, ce qui n'est vrai, et encore pas toujours, que de quelques-uns. Le jugement n'affirme donc plus le sujet, mais, ce qui est tout différent, le fait même que ce sujet existe. Il l'affirme sans user à cette fin d'un prédicat, précisément parce que, l'exister n'étant pas une essence, il n'est pas objet de concept. Le jugement d'existence est donc un acte qui affirme un acte : un acte de la pensée qui affirme un acte d'exister. Ce qui fait de cet acte de pensée un jugement proprement dit, c'est que, bien qu'il n'affirme pas un prédicat d'un sujet, il reste néanmoins un acte de composition du concept avec autre chose. Le jugement d'existence affirme la composition du sujet avec son acte d'exister, il les unit dans la pensée comme ils le sont déjà dans la réalité.

CHAPITRE X

EXISTENCE ET PHILOSOPHIE

Les ontologies de l'essence ne commettent pas seulement l'erreur d'ignorer le rôle de l'existence, elles se trompent sur la nature de l'essence même. Elles oublient simplement que l'essence est toujours celle d'un être, que le concept de l'essence seule n'exprime pas tout entier. Il y a, dans le sujet que chaque essence désigne, un élément métaphysique transcendant à l'essence même. Ceci revient à dire que la réalité correspondante au concept contient toujours, outre sa définition abstraite, cet acte d'exister qui, transcendant à la fois l'essence et sa représentation conceptuelle, ne peut être atteint que par le jugement. La fonction propre du jugement est de dire l'existence, et c'est pourquoi le jugement est un mode de connaissance distinct de l'abstraction conceptuelle, et supérieur.

Il faut d'abord entendre par là que juger n'est jamais abstraire et qu'abstraire n'est pas juger. En tant qu'elle résulte d'une abstraction, l'essence est une partie séparée de la réalité concrète dont on l'abstrait. L'erreur fondamentale des métaphysiques de l'essence est de prendre la partie pour le tout et de spéculer sur l'essence comme si elle était l'être. Les essences ne devraient jamais être conçues comme les objets ultimes de la connaissance intellectuelle, parce que leur nature même les engage dans l'être réel concret. Abstraites de l'être, elles exigent de le réintégrer. L'abstraction intellectuelle n'a pas pour fin de poser les essences dans la pensée comme de pures présentations complètes et suffisantes en elles-mêmes. Nous n'abstrayons pas les essences en vue de connaître des essences, mais en vue de connaître les êtres mêmes auxquels elles appar-

tiennent. Comment connaîtrions-nous ces êtres sans leurs
essences? Pour chacun d'eux, l'essence est cela même qu'il
est. Mais comment saurions-nous que ces essences sont des
êtres, si nous ne pouvions dire d'elles qu'elles *sont*? A moins
donc qu'elle ne reste une spéculation abstraite sur de purs
possibles, la connaissance philosophique doit rendre les essences
à l'existence réelle au moyen du jugement.

Juger, c'est dire que ce qu'un concept exprime est, soit un
être, soit une détermination d'un certain être. Les jugements
affirment toujours que certaines essences sont unies ou séparées
de l'existence, car ils unissent à l'essence dans la pensée ce
qui est uni en réalité ou séparent dans la pensée ce qui est
séparé dans la réalité, et ce qu'ils unissent ou séparent ainsi
est toujours l'existence, soit comment l'essence est, soit le
fait même qu'elle est. Dans ce dernier cas, qui est celui du jugement d'existence, l'acte de connaissance répète exactement
l'acte existentiel de la chose connue. Si je dis : x est, l'essence
de x exerce, dans mon jugement, le même acte d'exister qu'elle
exerce dans l'essence x. Si je dis, x *n'est pas*, je sépare mentalement l'essence x de l'existence actuelle, parce que l'existence
n'appartient réellement pas à x. C'est pourquoi, alors que
l'abstraction peut légitimement concevoir à part ce qui est
un dans la réalité, le jugement ne peut légitimement l'en
séparer. S'il le fait, il trahit sa fonction, car l'abstraction est
là pour prélever provisoirement sur leurs touts certaines des
parties qui leur appartiennent, au lieu que le jugement est là
pour intégrer ces parties à leurs touts ou les y réintégrer. Un
jugement est vrai, lorsqu'il est normal, et les jugements sont
normaux, lorsque ce qu'ils unissent est uni en réalité, ou que
ce qu'ils séparent est réellement séparé. Ainsi, la connaissance
abstraite porte sur l'essence seule, mais le jugement porte
sur l'existence [1], c'est-à-dire sur la réalité. Les deux opérations
sont donc également requises pour qu'il y ait connaissance,
c'est-à-dire appréhension d'un être réel. Toute fondamentale
qu'elle soit, la distinction de la connaissance abstraite et du
jugement ne doit donc jamais être conçue comme une séparation. L'entendement peut abstraire l'essence d'un être et la

---

1. « Prima quidem operatio respicit ipsam naturam rei... secunda operatio
respicit ipsum esse rei. » THOMAS D'AQUIN, *In Boethium de Trinitate*, q. V,
art. 3; dans *Opuscula*, éd. Mandonnet, t. III, p. 110.

traiter pour un temps comme si elle était séparée de l'être
dont il l'abstrait, mais elle ne l'est pas, car une *essentia* appartient toujours à un *esse* et tandis même que l'entendement
la conçoit à part, l'essence ne se détache jamais de l'être réel.
Si le lien vital qui l'unit à l'être se trouve coupé, l'essence
meurt et nulle connaissance réelle n'en sortira jamais.

Tel est éminemment le cas en ce qui concerne la notion
d'être. Thomas d'Aquin se plaisait à répéter, avec Avicenne,
que l'être est ce qui tombe en premier lieu sous les prises de
l'entendement, et cela est vrai, mais cela ne signifie pas que
notre première connaissance soit le concept abstrait d'une
essence pure qui serait celle de l'être en général. On peut même
se demander si une telle connaissance est de soi possible. Ce
qui s'offre en premier est quelque perception sensible, dont
l'objet est immédiatement connu par l'entendement comme
quelque « chose », ou comme un « être », et cette appréhension
directe par un sujet connaissant comporte une opération double
mais simultanée, par laquelle il appréhende *ce que cet être est*
et juge qu'*il est*. Cette recomposition instantanée de l'existence
d'un objet donné avec son essence ne fait que prendre acte
de la structure métaphysique de cet objet, la seule différence
étant qu'au lieu d'être simplement appréhendé par l'expérience
sensible, il est désormais intellectuellement connu.

S'il en est ainsi, l'être n'est pas objet d'une connaissance
purement abstraite et ne saurait le devenir. Nous l'avons dit,
il y a quelque chose de mortellement dangereux pour l'essence
abstraite à la traiter comme si le lien vital qui l'unit à l'être
réel pouvait être en effet rompu, mais il est plus artificiel et
plus périlleux encore de manier abstraitement ce monstre
métaphysique que serait l'essence abstraite de l'être. A vrai
dire, cette essence n'existe pas, car on peut concevoir l'essence
d'*un être*, ou *étant* mais non pas celle de l'*être*. Si la définition correcte de l'étant est « ce qui est », elle inclut nécessairement un « est », c'est-à-dire l'existence. Comme le disait Thomas d'Aquin, tout *ens* est un *esse habens* et à moins que son
esse ne soit inclus dans la connaissance que nous en avons,
ce n'est pas un *ens* que nous connaissons, mais une forme vide
qui ne retient de l'être que la possibilité d'exister. Si cette
forme n'est pas celle de tel être déterminé, mais de l'être en
général, sa connaissance implique nécessairement celle de
l'existence en général. L'être ainsi conçu n'est donc que la

plus vide des formes, à moins qu'il ne désigne l'acte exercé par tout ce dont, de quelque manière qu'il soit, on peut dire qu'il « est ». Bref, la notion même d'une connaissance purement essentielle de l'être est contradictoire, et parce que l'être exige la reconnaissance immédiate, au moyen du jugement, de l'*esse* qu'il inclut, la connaissance en est essentielle et existentielle de plein droit.

Prise à la lettre et entendue à la rigueur, cette proposition en entraîne une autre, dont l'importance est décisive pour la connaissance métaphysique en général : toute connaissance réelle est à la fois essentielle et existentielle. L'être ne vient pas premier en ce sens que ce qui vient après ne serait plus de l'être. Arrivé le premier, l'être ne s'en va plus jamais. L'être accompagne toutes mes représentations. Cela même n'est pas assez dire, car, en vérité, toute connaissance est « connaissance de l'être ». La connaissance ne sort pas de l'être parce qu'en dehors de lui il n'y a rien. L'exemple classique, tant de fois cité par les scolastiques, recèle une profonde vérité dans sa banalité même. Ce que je ne vois d'abord que de loin n'est au début pour moi que quelque chose, un « être »; si l'objet se rapproche, je vois que c'est un animal, mais il reste encore « un être »; qu'il s'approche plus encore, je saurai que c'est un homme et, finalement, Pierre, mais toutes ces déterminations successives de l'objet connu ne sont toujours que des connaissances de plus en plus déterminées d'un être. En d'autres termes, où nul être réel, pris avec son acte d'exister, ne répond à ma connaissance, il n'y a pas de connaissance. L'être n'est donc pas seulement le premier objet de connaissance intellectuelle en ce sens qu'il serait impliqué dès le premier objet connu, mais encore en ce sens qu'il est impliqué dans tout objet connu et que toute connaissance, quelle qu'en soit l'objet, est aussi et même d'abord connaissance de l'être. Mais puisque tout *ens* inclut son propre *esse*, toute connaissance réelle se résout finalement en la composition d'une essence avec son existence, lorsqu'elles sont posées comme unies dans l'unité d'un être, par un acte de juger. C'est pourquoi la vérité même de la connaissance repose sur le jugement d'existence plutôt que sur le concept de l'essence, car toute connaissnce vraie porte sur l'être, et atteindre l'être, c'est savoir qu'il « est ».

Il convient donc de modifier à la fois notre notion de l'être et notre notion de la connaissance. La métaphysique classique suppose que l'être contient plus que le devenir et l'on peut dire que les apories où elle s'embarrasse reviennent presque toutes à celle-ci : comment le devenir, qui est moins que l'être, peut-il s'y rapporter? Si l'être est, comment deviendrait-il? Mais si le devenir n'est pas, comment expliquer qu'il semble être? Pour sortir d'embarras, on s'est demandé ce qui arriverait si le métaphysicien renversait l'ordre des termes et l'on a donc soutenu qu'il y a plus dans le devenir que dans l'être. Une telle révolution devait nécessairement affecter la noétique en même temps que l'ontologie. A partir du moment où le devenir est la réalité même, la connaissance de l'immobile par concept doit céder le pas à une sorte d'intuition, plus proche de l'instinct que de l'intelligence, posée comme seule capable de coïncider adéquatement avec son objet. Une telle philosophie triomphe assurément tandis qu'elle critique. L'être immobile et statique de l'ontologie classique ne résiste pas à ses coups. Chacun de ses efforts pour établir que l'on ne saurait faire du mouvement avec de l'immobile ni de la connaissance réelle avec des concepts, est couronné par un succès incontestable, mais on peut se demander si cette philosophie pouvait complètement triompher de son adversaire en acceptant de le combattre sur le terrain qu'il avait lui-même choisi. L'être immobile qui ne résiste pas à sa critique, c'est celui de l'essence pure. La connaissance intellectuelle abstraite, qu'elle accuse à bon droit de ne pouvoir penser le mouvant, c'est celle du concept. En les surmontant, elle-même s'ensevelit dans son triomphe, car la durée pure, qu'elle oppose à l'immobilité de l'être, exige que la connaissance renonce au concept afin de la mieux saisir. De là cette philosophie de l'ineffable, dont les enquêtes les plus objectives et les plus scientifiquement conduites aboutissent régulièrement à la plus uniforme et la plus infailliblement prévisible des conclusions : une intuition que suggère parfaitement l'art merveilleux du philosophe, mais que sa parole suggère toujours et ne communique jamais. La vraie métaphysique doit faire à l'art sa place, mais elle-même n'en est pas un. En se résignant à l'ineffable, la métaphysique de la durée pure se condamnait à une contemplation qui ne fût pas une connaissance intellectuelle et dont, pour le transcender, elle excluait le concept.

Rien ne l'obligeait à le faire, mais elle n'eût évité cette erreur qu'en cherchant dans l'être la source unique du même et de l'autre, de l'essence et de l'individuel, du stable et du mouvant, du concept et du jugement. Ce que cette métaphysique a toujours cherché, sous le nom de durée, c'est l'existence qui est l'acte de l'être, mais elle-même ne le savait pas. Comment n'en pas voir un signe certain dans la lente évolution, prévue dès l'origine par l'impitoyable clairvoyance de plus d'un adversaire, qui l'a sans cesse rapprochée de la métaphysique de l'Exode? De son vrai nom, l'évolution créatrice se nomme Yahweh. Seul, « Je suis » est un créateur qui crée des créateurs, un être dont l'essence, identique à son existence même, soit vie, fécondité et mouvement du même fonds dont il est l'être et en qui tout ait mouvement et vie du seul fait qu'il lui doit l'existence. La compossibilité des essences finies s'explique par leur coprésence à l'exister pur qui les contient toutes. Parce que ces participations à l'exister pur sont en elles-mêmes finies, leur nombre est infini et toute possibilité d'une réaction déterminante exercée par elles sur leur source est exclue par l'infinité même de leur nombre. Comment limiteraient-elles l'indépendance du suprême « Je suis », puisque, si elles sont en nombre infini, toutes les essences généralement quelconques sont également possibles et que l'existence de leur source garantit souverainement leur compossibilité?

Rapportés au réalisme de l'être, l'existentialisme et l'essentialisme font figure d'abstractions opposées dont on peut dire qu'elles sont pareillement arbitraires. Il est vrai que le savoir humain consiste pour une large part en spéculations sur des essences, dont la nature ne change en rien lorsqu'on leur donne le titre de lois. Pourtant, même la connaissance abstraite des essences, prises selon la signification la plus classique de ce terme, n'a rien de la connaissance « spéculaire » dont Kirkegaard dénonçait à bon droit l'insuffisance. C'est seulement dans certains manuels de philosophie que les entendements sont des miroirs où se refléterait la réalité et que les concepts sont les décalques de leurs objets. On s'excuse d'y insister, car l'erreur dont il faut se défaire sur ce point est si invétérée, qu'elle entache souvent jusqu'à ses réfutations mêmes.

Tel est éminemment le cas des discussions qui se poursuivent encore autour de l'*adaequatio rei et intellectus*. Il n'est candidat au baccalauréat qui ne la réfute, mais combien de maîtres en comprennent encore le sens? Pour en montrer le caractère ruineux et, à vrai dire, absurde, on commence par ramener l'*adaequatio*, en quoi la vérité consiste, à une *similitudo*, une *correspondentia*, une *convenientia intellectus ad rem*. Dès ce moment précis, tout est perdu, car il devient littéralement vrai de dire qu'on ne sait plus de quoi l'on parle. La première condition requise pour l'adéquation de deux termes, c'est que, d'une certaine manière, ils soient un, sans pourtant cesser d'être distincts. C'est bien ce que voulait dire la définition classique de la vérité. Or, si l'on y prend garde, ses non moins classiques réfutations lui font dire tout autre chose, car au lieu de concevoir la vérité comme une propriété transcendante de l'être, elles y voient un caractère de la connaissance. Il faut pourtant ici choisir entre le réalisme et l'idéalisme et, quelque choix que l'on ait fait, s'y tenir. On a souvent dénoncé le ridicule de ces réfutations de l'idéalisme, où le réalisme ne triomphe si facilement que parce que les formules qu'il réfute sont d'abord interprétées en un sens entièrement réaliste. Beaucoup de réfutations du réalisme par l'idéalisme souffrent du même défaut. On peut préférer une autre notion de la vérité à l'*adaequatio rei et intellectus*, mais, pour la juger absurde, il faut d'abord commettre une absurdité dont on est seul responsable. Après quoi l'on n'en est que plus à l'aise pour la lui reprocher.

Voici une doctrine qui définit la vérité comme l'adéquation de l'entendement et de l'être. La plupart du temps, celui qui la critique ne songe même pas que l'être ici visé par l'entendement est, en dernière analyse, l'existence, mais comment lui reprocher cette erreur, alors que, la plupart du temps aussi, le défenseur de la formule n'y songe pas davantage? Mais passons sur ce point et, supposant que la vérité à définir ne soit pas celle du jugement, mais du concept, essayons de nous représenter ce que pourrait bien être cette sorte de photographie mentale d'une chose par un intellect, opération dont on assure que la ressemblance serait automatiquement garantie! Pour y réussir, on commencera par attribuer la vérité à l'entendement seul; après quoi, la thèse ainsi transposée du réalisme à l'idéalisme, on se demandera comment elle peut bien avoir un sens.

En effet, elle n'en a plus aucun. Si la vérité consiste en une fidélité intrinsèque et pour ainsi dire autonome de la connaissance au réel, cette fidélité ne saurait être objet de contrôle et nulle vérification de la vérité n'est possible. Comment s'assurer que le concept reproduit exactement la chose dont il est le concept, alors que la chose même ne nous est connue que par le concept ? Une telle opération ne serait possible, que si l'entendement pouvait se former une représentation de ce qu'est la chose en elle-même et non représentée. Or cela seul serait contradictoire, mais à supposer même que l'opération fût possible, ne faudrait-il pas un deuxième concept pour vérifier cette fidélité du premier concept à l'objet, puis un troisième pour assurer celle du deuxième concept au premier, et ainsi de suite à l'infini ? Mais ces objections supposent toutes, ce que nie la doctrine à laquelle elles s'adressent, qu'il puisse y avoir vérité de la connaissance hors de son rapport à l'objet. Elles ignorent, ce qui est le sens même de la thèse qu'elles réfutent, que toute connaissance *est* vraie, en tant même que connaissance, tellement que, du point de vue d'un réalisme conscient de ses exigences propres, l'absurdité consisterait bien plutôt à chercher dans la connaissance la condition de la connaissance et dans la vérité la justification de la vérité. S'il y en a une, ce n'est ni dans la connaissance ni dans la vérité, mais dans l'être, qu'il convient de la situer.

Ce que l'on appelle les mésaventures de la connaissance depuis deux mille ans sont donc en grande partie purement imaginaires et si la route est sans issue, c'est parce qu'on lui demande de conduire à son point de départ. Le philosophe idéaliste est semblable au médecin qui chercherait ailleurs que dans la nature du corps le fondement de la santé. Le vrai est un cas particulier du normal, ne raisonnons pas comme si le normal était un cas particulier du vrai. La connaissance du réel tel qu'il est présuppose l'interaction normale du sujet connaissant réel et de l'objet connu réel. Disons plutôt qu'elle est cette interaction même. L'événement se produit ou il ne se produit pas ; il se produit normalement ou non, mais il ne saurait y avoir de connaissance, antérieure à la vérité, à partir de laquelle on puisse établir la vérité de la connaissance, et l'adéquation en quoi la vérité consiste, aucune vérité autre qu'elle-même n'existe qui puisse la fonder. Enfin, car on ne doit pas se lasser de le rappeler, encore même qu'elle fût recevable, une objection de ce genre ne s'appliquerait qu'à l'essentialisme des « idées représentatives », selon qui, l'être se réduisant à l'essence, il suffit que l'entendement en prenne un décalque mental pour obtenir à coup sûr une « quiddité » conforme au modèle. Il en va tout autrement dans une noétique où la connaissance de l'essence par un intellect est le devenir d'une essence existante, dans un sujet intelligent qui lui aussi existe. Cette conjonction vitale de deux existants n'est en rien le décalque dont on se demandait quelle vérité antérieure pourrait en garantir la fidélité; si elle se produit, il y a connaissance et c'est ce devenir intellectuel d'une essence réelle dans un être intelligent qui constitue, à la fois et indivisément, la connaissance intellectuelle et sa vérité. Un concept peut être à la rigueur imaginé comme une copie, mais non pas un jugement. La noétique des essences abstraites seule tombe sous les coups de cette critique, parce qu'elle oublie que ce qu'il a de plus essentiel à l'essence est sa relation même à l'existence de l'actuellement existant.

Le réalisme de la chose (res) est exposé aux mêmes objections. Il place la réalité avant l'existence au lieu de la mettre dans l'existence et, manquant l'existence, il manque la réalité. Connaître est un acte aussi profondément enraciné dans l'existence que l'objet sur lequel il porte et l'être même qui l'exerce. De même que l'acte premier d'un être connaissant est d'exister, sa première opération est de connaître, c'est-à-dire d'opérer comme il doit en sa qualité d'être connaissant. Être, au sens d'exister, est donc premier dans l'ordre des conditions de la connaissance, et la proposition reste vraie même s'il s'agit de la connaissance de soi-même par le sujet connaissant. C'est pourquoi nous disions : si je sais que je pense, je sais que je suis, mais il ne suit pas de là que je sois parce que je pense; au contraire je pense parce que je suis. D'où il résulte d'abord qu'il n'y a aucune incompatibilité entre pensée et existence. Le scandale dénoncé par Kirkegaard n'apparaît que pour une critique de la connaissance intellectuelle qui, acceptant sans discussion le caractère « spéculaire » que lui prêtait l'essentialisme, transforme en une irréductible opposition la plus intime des unions entre êtres réellement distincts qu'il soit possible de concevoir. Pour un être intelligent tel que l'homme, la pensée n'est pas cette objectivation abstraite de l'existence, dont on dit à bon droit qu'elle est impossible, mais l'existence n'est pas non plus cette perpétuelle interruption de la pensée dont parle le père de l'existentialisme moderne. L'être intelligent connaît du même fond dont il existe. Penser est agir, comme exister est agir; l'acte second découle de l'acte premier selon sa nature et, dans une substance intellectuelle, la pensée n'est que la manifestation, par mode d'opération, de l'acte même par lequel cette substance existe. Il faudrait réifier cet acte pour le représenter par un concept, mais le jugement du « je suis », qui le prolonge comme un acte né d'un acte, en respecte intégralement l'originalité.

Avec cette opposition entre la pensée du sujet et sa propre existence, on voit disparaître l'impossibilité, pour un existant, de connaître l'existence d'un autre existant. Si je pense parce que je suis, et si ce que je pense est doué d'existence actuelle, je ne « pense » pas, je « connais ». Normalement, l'homme n'est pas un être pensant, mais un être connaissant. L'homme pense lorsque ce qu'il connaît est sa propre pensée, l'homme connaît lorsque l'objet de sa pensée est un existant. Connaître un autre être n'est donc pas en concevoir abstraitement l'essence ni même en formuler la loi, c'est en saisir l'essence dans l'existence qui l'actualise. Loin de l'exclure, toute connaissance réelle inclut l'existence dans un jugement, expression dernière d'un échange vital entre deux êtres actuellement existants.

En bref, le réalisme vrai n'est ni un réalisme de l'essence ni un réalisme de la chose; c'est un réalisme « des êtres », et c'est pourquoi il est à la fois immédiat et naturel. L'être n'y est ni perçu par une intuition sensible ni conçu par un intellect, mais connu par un homme qui est lui-même un être. Une chaîne organique d'opérations mentales unit la perception de ce qui est donné comme étant, à l'abstraction et au jugement par quoi l'homme le connaît comme être. Même la formule justement fameuse de Cajétan, *ens concretum quidditati sensibili*, tout excellente qu'elle est, ne rend pas encore pleine justice à la vraie nature de ce réalisme immédiat, car c'est le sensible concret lui-même qui est connu comme être. Le cycle entier d'opérations qui commence dans l'intuition sensible finit dans cette même intuition sensible et à aucun moment, supposant que le moment ne soit pas unique, elle n'en sort. Les sensibles donnés sont directement connus comme des êtres, de sorte qu'une expérience intuitive de leurs actes d'exister se trouve incluse dans la connaissance intellectuelle que nous en avons.

Il n'y a pas de méthode *a priori* pour déduire la possibilité d'une telle connaissance. Toute justification de la connaissance présuppose la connaissance, qui est essentiellement l'intussus-

ception de l' « autre » dans un être connaissant. Si toute connaissance *est* saisie de l'être, l'opération qui consisterait à justifier
la possibilité d'une saisie de l'être par la connaissance ressemble
à un effort pour s'enlever dans les airs en se tirant soi-même
par les cheveux. Les réalismes l'ont toujours su. L'existentialisme moderne est un tel effort, pour autant qu'il identifie
l'existence avec l' « être au monde », car cette vérité est aussi
vieille que la notion aristotélicienne de la connaissance comme
acte commun du connaissant et du connu. Autant que l'état
d'existant, celui de sujet connaissant exclut toute solitude de
l'être à la fois pour le connaissant et pour le connu lui-même.
Quant à l'idéalisme, il est si radicalement irréel qu'il ne tolère
même pas d'être réfuté. C'est un pur produit de la pensée, né
dans les salles de cours des professeurs de philosophie et sans
aucun rapport à la connaissance réelle, où le problème ne se
pose jamais d'atteindre une connaissance de l'autre à partir
de l'expérience de soi, parce que la connaissance expérimentale
de soi est toujours donnée dans une connaissance expérimentale
de l'autre comme, inversement, toute expérience de l'autre
est immédiatement expérience de soi. Kirkegaard l'aurait sans
doute compris, s'il n'avait constamment pensé la connaissance
intellectuelle en termes d' « objectivisme » hégélien, car il
n'existe nulle part au monde d'être que son existence sépare
de tout le reste. Nul homme n'est seul, parce que, substance
connaissante, s'il était seul, il ne connaîtrait pas, donc il ne
serait pas. Si l'être est en lui inséparable du connaître, « être »
est en lui inséparable de « devenir autrui » et « devenir autrui »
se confond donc pour lui avec « être soi-même ». Je suis moi-
même parce que je deviens continuellement d'autres que
moi, grâce à l'assimilation constante d'essences qui, en moi,
participent de ma propre existence. Mon propre « je suis »
est toujours donné en moi dans un « cela est », et chaque « cela
est » m'est donné dans une perception sensible ou en rapport
avec elle. La perception sensible est donc l'échange vital qui
se produit sans cesse entre des êtres intelligents et des choses
réellement existantes. Elle est, en fait, le point de rencontre
de deux actes distincts d'exister.

C'est pourquoi la perception sensible est un principe premier
de la connaissance humaine. Elle ne saurait l'être dans ces
systèmes où tout principe est conçu comme le point de départ
d'une déduction abstraite totale. Elle l'est, au contraire,

dans une doctrine où, « principe » signifiant « commencement », on se garde de commencer par un commencement dont il est impossible de sortir, alors qu'avant même que la spéculation abstraite ne commençât, la connaissance réelle en était déjà sortie. A moins de préférer les jeux arbitraires de la pensée au travail sérieux de la connaissance, tout connaître commence dans la perception sensible et, par un acte instantané, il s'y termine. Percevoir est éprouver l'existence et connaître intellectuellement l'existence est dire par le jugement que cette expérience est vraie. Une connaissance intellectuelle de l'existence est donc possible, pour un sujet dont les opérations cognitives présupposent l'expérience vitale d'existants par un existant. Ainsi, la connaissance intellectuelle « conçoit » l'existence, mais le fruit de cette conception n'est pas un « concept objectif » de quelque essence, c'est un acte qui répond à un acte. Exactement, c'est l'acte d'une opération qui répond à un acte d'exister, et cette opération est elle-même un acte parce qu'elle jaillit directement, à titre d'acte second, d'un acte premier d'exister. Une épistémologie où le jugement, non l'abstraction, est l'acte de connaissance suprême, est nécessairement requise par une métaphysique où l'*esse* est suprême dans l'ordre de la réalité.

Pourtant, une telle métaphysique demeure une philosophie de l' « être ». De même que l'essentialisme est une philosophie de l'être moins l'existence, l'existentialisme est une philosophie de l'être moins l'essence. D'où les caractères particuliers de l'expérience sur laquelle il repose. On peut la décrire comme une pure sensation de l'exister, éprouvée par une sensibilité qui, pour quelques instants, est comme coupée de son intellect. Elle constitue, pour ainsi dire, une extase vers le bas, qui laisse un existant sans intellection ni essence au contact nu d'existants sans essences ni intelligibilité. Ici, plus de concepts, plus même de jugement, mais l'expérience nue, par un *est*, d'un *est* qui n'est pas un être. Comment s'étonner que, pour l'existentialisme moderne, l'expérience de l'existence se confonde avec celle de l'angoisse, de la nausée et de l'absurde? Les mots importent peu. Une telle expérience n'est que trop réelle et elle est assez poignante pour prêter au développement littéraire, mais la seule conclusion philosophique autorisée par elle est que l'être implique nécessairement essence et finalité intelligibles. Qu'on l'en dépouille, ne serait-ce qu'un instant, ce qui reste est dénué de sens : c'est ce dont la seule essence et le seul sens consistent à n'avoir plus ni essence ni sens. Celui qui se permet de sombrer ainsi dans sa propre sensibilité ne peut qu'éprouver un vertige métaphysique, une sorte de « mal d'existence », d'où il pense avoir droit de conclure que l'existence elle-même n'est qu'une maladie de l'être. Mais il devrait conclure autrement. Assurément, l'être sensible est un malade lorsqu'il se trouve réduit à l'existence nue ; rien n'est pourtant plus sain que l'être où l'existence est l'acte même de l'intelligibilité.

On dit parfois que l'existentialisme contemporain doit son succès au caprice d'une mode passagère. Nous n'en croyons rien. Pour la première fois depuis longtemps la philosophie se décide à parler de choses sérieuses et il serait à vrai dire désespérant que le grand public lui-même ne s'en fût pas aperçu. Quel que soit le mode d'expression qu'ils choisissent, les penseurs que l'on désigne commodément du titre d'existentialistes sont tout le contraire d'amateurs qui joueraient avec des idées. Passionnément attachés à ce qu'il y a de plus intime dans le réel, ils s'y accrochent obstinément, même s'il les blesse, et le sang ne coule dans leurs œuvres avec une sincérité si tragique, que parce qu'il s'y mêle souvent du leur. L'existence est chose sacrée, son contact est intolérable et toutes les ressources du divertissement pascalien ne sont pas de trop pour nous protéger contre lui. S'il y a du divin dans le monde, c'est là qu'il réside et nul ne saurait l'approcher sans éprouver, à son contact un effroi proprement religieux, dans une expérience de tout l'être à laquelle le corps même est vitalement intéressé. Si authentiquement réelle qu'elle soit, la connaissance intellectuelle n'est pas cette expérience de l'existence, elle n'est que connaissance des existants et la stable objectivité des essences y voile efficacement un mystère à la surface duquel se meut l'agilité du jugement. Il n'en va pas de même lorsque, par une sorte de coup de force métaphysique, la pensée tente en faveur de l'existence la dissociation que tant de philosophies ont paresseusement consentie en faveur de l'essence. Deux manières seulement de l'essayer sont possibles, ou bien, en consentant à cette extase vers le bas, traiter l'existence comme un produit de décomposition de l'être désormais privé de son essence, ou bien l'éprouver, au sein de l'être, comme l'acte suprême en quoi l'essence même s'enracine et aspire finalement à se résorber. Il y a la mystique diabolique, il y a la mystique divine, et leur point de partage est, au cœur de l'homme, le lieu d'un effroi sacré. On peut tenter de saisir l'existence pure et nue, pour elle-même et sans l'être qui la possède, l'*est* sans l'*id quod* de « ce qui est », tentative que rien ne condamne à l'échec, mais dont le succès implique les conséquences si pertinemment décelées par les philosophies existentialistes. Saisir à part l'existence contingente, ce n'est pas seulement risquer la vertigineuse expérience d'une inintelligibilité radicale qui subsiste et dure, c'est s'obliger à faire constamment jaillir l'existence de son propre néant. Une véritable création *a nihilo* s'impose alors et, comme celle du Dieu de l'Écriture, c'est une création continuée, dont l'effort du philosophe n'atteint la source secrète que dans la perception immédiate de sa propre contingence. Car, liée au néant, la contingence est dans l'être comme le ver dans le fruit. S'il est vrai de dire que l'exister pur du contingent comme tel soit lui-même contingence pure, comment s'étonner que l'expérience existentialiste du fini soit, non seulement celle de l'absurde, mais encore celle de l'angoisse qui étreint l'homme au contact de son propre néant?

Mais une autre manière d'expérimenter l'existence demeure possible. Transcender l'être n'est pas le mutiler, mais plutôt le recueillir totalement de sa dispersion pour remonter, en lui et par lui, jusqu'à la source unique d'où jaillissent les essences comme les existences, c'est-à-dire jusqu'au suprême Acte d'exister. Les mystiques ont de tout temps pratiqué cette voie, qui ne conduit pas au désespoir, mais à la joie. Plus humble, celle du philosophe ne s'en oriente pas moins vers le même terme, car l'être n'est ni l'existence ni l'essence, il est leur unité. Et c'est à quoi tient sa santé même, si du moins il est vrai qu'être « un être » soit « être » et qu' « être » soit nécessairement être « un être ». Toute existence empiriquement donnée est celle d'un être donné et notre connaissance de l'existence est donc normalement celle d'un être existant. C'est pourquoi il n'y a pas de concepts sans jugements ni de jugements sans concepts. Même l'appréhension de l' « être » ne saurait se passer de jugement, car tout *ens* étant un *esse habens*, la pure conception de l'*ens* inclut un *est*. Mais l'inverse n'est pas moins vrai, car exister est toujours être une essence intelligible. Bref, la réalité n'est ni un mystère totalement ineffable ni une collection de concepts réalisés, elle est un existant concevable, suspendu à un acte qui, bien que lui-même échappe à la représentation, n'échappe pourtant pas à la connaissance intellectuelle, parce qu'il est inclus dans toute énonciation intelligible. Nous faisons plus qu'expérimenter l'existence, nous la connaissons dans le jugement d'existence et, à vrai dire, sans cette connaissance intellectuelle, nous ne saurions même pas que c'est elle que l'expérience sensible expérimente. Pour l'admettre, il faut reconnaître une classe de jugements irréductibles à la liaison de deux concepts objectifs par une copule. Ce sont les jugements d'existence, qui affirment qu'un sujet exerce l'acte transessentiel d'exister.

La proposition l'*être est* peut donc s'entendre en deux sens différents. Développée sous la forme de la proposition attributive *l'être est l'être*, elle livre la loi suprême de toute connaissance abstraite, qui est la plus formelle de nos connaissances, mais aussi la plus vide de toutes. Ici, Parménide et Hegel ont raison, car l'être ainsi entendu n'est qu'une pure projection de la pensée conceptuelle s'objectivant hors d'elle-même sous forme d'une réalité intégralement soumise à sa propre loi. Mais l'*être est* peut également signifier que l'être est réel en vertu de son acte d'exister, auquel cas cette proposition devient à la fois la plus générale et la plus pleine des connaissances métaphysiques. Elle signifie alors cette vérité fondamentale que, dans chaque cas particulier, l'erreur la plus grave que l'on puisse commettre au sujet d'un être, est d'oublier l'acte en vertu duquel il est.

On demandera sans doute ce que peut bien gagner la connaissance réelle à poser dans chaque cas particulier un acte qu'il devrait suffire de poser une fois pour toutes. Cette précaution s'impose au contraire si l'on veut éviter de graves erreurs sur la place de l'essence dans le réel, et sur sa nature même. Il n'est pas sans danger pratique de poursuivre la réalisation du contradictoire. La pensée contemporaine semble obsédée par un désir passionné de pureté, mais la pureté qu'elle vise est toujours celle de quelque essence, comme si la condition première de la pureté des essences finies n'était pas de ne pas exister. Peut-être y a-t-il en effet une essence de la poésie pure, de la peinture pure et de la musique pure, mais la fin de l'artiste n'est pas de créer la poésie, la peinture ni la musique, c'est de peindre des tableaux et d'écrire des poèmes ou, comme l'on dit, des « morceaux » de musique. Les seules essences qu'il puisse viser sont donc celles d'êtres existants, dont l'existence même exigera que l'essence consente aux impuretés nécessaires. C'est pourquoi le germe de toute œuvre d'art n'est pas un concept, mais une idée. Si l'artiste est Dieu lui-même, l'idée inclut, outre les conditions générales auxquelles chaque être doit satisfaire pour appartenir à son espèce, toutes les conditions requises pour la complète détermination de l'individu dans l'espace, dans le temps et dans ses relations avec d'autres individus. L'idée individuelle d'un être engagé dans les déterminations que l'art divin prévoit et dispose, y compris, s'il y a lieu, celles qui naîtront de sa liberté même, inclut donc autre chose et plus que la notion de son espèce, mais ce qu'elle lui ajoute est d'un autre ordre. Car s'il est vrai de dire, avec Aristote, que l'espèce est plus parfaite que l'individu, c'est en ce sens seulement qu'elle inclut dans une essence unique la perfection spécifique d'une infinité d'individus possibles, mais si l'espèce est supérieure à l'individu dans l'ordre de l'essence, elle lui est inférieure dans l'ordre de l'être, car il existe et elle n'existe pas. Il y a plus d'être possible dans une seule essence que dans tous les individus qui existent, mais il y a plus d'être réel dans un seul existant que dans toutes les essences. En Dieu même, elles n'ont d'être que celui du suprême Existant. Toute tentative humaine pour faire être quelque essence métaphysiquement pure est donc vouée d'avance à l'échec. Ce n'est pas à dire que de telles tentatives soient inutiles ou, moins encore, condamnables. Que la liberté de l'artiste reste entière! Elle n'a d'autres limites que celles qui lui sont imposées par la structure métaphysique de l'être même, c'est-à-dire par les conditions requises pour que l'œuvre puisse exister. Chaque art peut conduire aussi loin qu'il voudra l'effort de fidélité à son essence, mais le passage à la limite est impossible, parce que l'impureté métaphysique est la loi même de l'être fini. Tout ce qui est réel est impur, car les choses *ont* des essences, mais elles *sont* des êtres, ce qui est assez différent.

Le problème se pose d'ailleurs, avec une force non moins pressante, sur le plan de l'espèce même, car il s'en faut de beaucoup que la notion de chacune d'elles corresponde au concept d'une essence métaphysiquement pure. Le problème platonicien du « mélange des genres » se pose encore et il n'est pas besoin d'une réflexion très profonde pour s'en assurer. Si l'on parle de « création » artistique, n'est-ce pas précisément parce que toute œuvre d'art vraiment nouvelle se présente comme une essence, dont on peut dire qu'elle était à la fois imprévisible et improbable avant que l'artiste ne la fît exister? Or l'art ne fait en cela même qu'imiter la nature. Les obstacles opposés par l'être à l'effort de la pensée pour le réduire à l'identique traduisent la distance qui sépare l'être de l'essence et la connaissance concrète du concept. Car l'être implique un acte suprême, dont on dirait qu'il est la source féconde de l' « autre », s'il n'était aussi bien la source de l'unité de l' « autre », dans un « même » transcendant à l'ordre des essences et capable de les faire coexister. Parce qu'il surmonte, avec la nécessité interne de l'identique, le pouvoir séparateur de l'essence, l'*esse* s'avère partout principe de diversité dans l'unité. S'il peut fondre sans confondre, c'est précisément qu'il n'opère pas cette fusion des essences sur le plan de l'essence. Comment expliquer, demandait Kant après Hume, que du fait qu'une chose soit, une autre chose soit? D'aucune manière, assurément, si c'est de l'essence qu'on parle, mais on n'expliquerait même pas ainsi qu'une seule chose soit. Toute essence réelle est un nœud d'essences dont chacune, prise à part, se retrancherait sur sa différence propre et ne pourrait exister comme telle qu'en refusant de coexister. Quoi de plus « autre » que le corps ne l'est pour la pensée? Quelle combinaison *a priori* plus improbable, pour ne pas dire contradictoire et impossible, que celle d'un « corps pensant »? C'est pourtant là ce qu'avec l'indifférence née d'un spectacle si commun, nous nommons un homme. Cet « animal raisonnable » que les manuels utilisent comme l'exemple le plus banal d'une essence et de son concept, c'est identiquement le « roseau pensant » de Pascal, c'est-à-dire un abîme de contradictions dont la profondeur paradoxale éclate aussitôt qu'on y pense et que tant de métaphysiques ont vainement tenté de sonder. Même pour qui voudrait prévoir rétrospectivement le monde où nous sommes, une métaphysique de l'essence y logerait sans peine des anges et des bêtes, mais comment y loger le métaphysicien lui-même, qui n'est ni ange ni bête et participe pourtant des deux à la fois? Comment, sur le plan de l'essence, un Descartes même pourrait-il concilier la pensée et l'étendue dans l'impensable notion claire et distincte d'une « union de l'esprit et du corps »? On en viendrait plus naturellement, avec Malebranche, à leur interdire de communiquer, à moins de les maintenir sur deux lignes parallèles qui se rencontreraient à l'infini comme le veut Spinoza, ou de supprimer le corps avec Berkeley, ou de supprimer l'esprit avec La Mettrie. Toutes ces réponses sont dialectiquement défendables, mais une seule tient compte de toutes les données du problème. L'existence est le catalyseur des essences. Parce qu'elle en est l'acte, elle seule peut les fondre, d'un seul jet et sans bavures, dans l'unité de ce qui « est ».

La source de toutes ces difficultés est donc toujours la même ; c'est la pente naturelle de l'entendement à méconnaître la transcendance de l'acte d'exister. L'essentialisme, auquel la connaissance intellectuelle ne cède que trop volontiers, a dès longtemps favorisé la curieuse illusion si parfaitement illustrée par la doctrine de Wolff, que si, pour pouvoir exister, il faut que l'être soit d'abord possible, la racine même de l'être se trouve dans sa possibilité. Mais le mot « possibilité » a plusieurs sens. Il peut signifier la simple absence de contradiction dans une essence, auquel cas toutes les combinaisons d'essences sont également possibles pourvu seulement qu'elles ne soient pas contradictoires, mais aucune d'entre elles n'a plus de chances qu'aucune autre de se réaliser. Il peut encore signifier qu'une essence est pleinement déterminée, de sorte qu'elle soit actuellement capable d'exister ou, comme disaient les Scolastiques, en état de puissance prochaine à l'existence. Pourtant, si parfaitement déterminée soit-elle, une telle possibilité n'en reste pas moins purement abstraite. Lorsque toutes les conditions requises pour la possibilité d'une chose se trouvent remplies, rien de plus n'est assuré que la pure possibilité de la chose. Si l'une d'elles venait à manquer, la chose serait impossible, mais du seul fait que toutes ces conditions soient remplies, il ne suit pas qu'elle doive effectivement exister. La possibilité abstraite de son essence n'inclut même pas la possibilité réelle de son existence, à moins, bien entendu, que nous ne comptions parmi les conditions ainsi requises l'existence même de sa cause, mais, si nous le faisons, c'est l'être de la cause qui fait de ce possible un être réel possible. *Omne ens ex ente*, tout être vient d'un autre être, c'est-à-dire non d'un possible, mais d'un existant.

Ne pas tenir compte de ce fait conduit à invertir la relation vraie des essences aux existences. Dans l'expérience humaine du moins, on ne rencontre rien de tel que des essences pleinement déterminées avant leur actualisation par l'existence. Leur *esse* est nécessairement requis pour la plénitude de leur détermination, ce qui revient à dire que, pour être ce qu'elles sont, il leur faut d'abord le devenir. Il en est ainsi des êtres humains et il en est ainsi des œuvres qu'ils produisent. Les chefs-d'œuvre ne planent pas éternellement dans quelque limbe des essences possibles où l'artiste n'aurait pour ainsi dire qu'à les cueillir au vol. Dès qu'il y eut un Bach, la *Passion selon saint Jean* devint un être possible, mais c'est en lui conférant l'existence que Bach la fit être ce qu'elle est : l'existence fut donc la source de sa possibilité. Nous savons que les trois chorals pour orgue de César Franck sont possibles, parce qu'il les a écrits, mais le quatrième est impossible, parce que le musicien est mort sans l'avoir écrit. Son existence est impossible et nous ne saurons même jamais ce qu'eût été son essence, parce que, pour savoir ce que ce quatrième choral eût pu être, César Franck lui-même aurait dû le composer. L'essence de l'œuvre lui fût venue en même temps qu'elle eût commencé de recevoir l'existence et dans la mesure exacte où elle l'aurait reçue. L'existence de l'artiste est la cause première de l'existence de l'œuvre d'art, y compris sa possibilité.

L'irrépressible essentialisme des entendements humains les aveugle à cette évidence. Au lieu d'expliquer la puissance par l'acte, nous expliquons l'acte par la puissance, ou plutôt nous oublions que ce ne sont ni l'existence ni l'essence qui sont ici en cause, mais l'être, qui est les deux à la fois. Nous imaginons que les essences, qui doivent à l'existence leur complète détermination, sont éternellement indépendantes de l'existence. Tout se passe comme si les essences des êtres possibles avaient été conçues éternellement par une pensée divine elle-même indépendante de tout acte d'exister. L'existence ainsi conçue n'affecterait donc en rien la détermination concrète des essences ; elle les trouverait simplement comme autant de formes toutes prêtes, complètement déterminées sans elle et qu'il ne lui resterait qu'à remplir.

Il n'en saurait être ainsi dans une métaphysique de l'être où tout réel implique et présuppose un *esse*. Même en Dieu, l'acte pur d'être est la source première de toute intelligibilité. L'idée divine n'est pas l'essence de Dieu en tant même qu'essence, mais en tant que l'essence de Dieu est la raison intelligible de tel ou tel être particulier. Rapportant, si l'on peut dire, son essence aux choses possibles, Dieu connaît leurs idées. Mais son essence même, qu'est-elle donc, sinon l'acte pur d'*esse*? Dans une doctrine où il est vrai de dire que l'essence de

Dieu est son exister même — *sua essentia est suum esse* —
c'est, semble-t-il, une conséquence inévitable que l'infinité des
essences possibles tienne dans l'*ipsum esse subsistens* comme
autant de limitations concevables d'actes d'existence participés.
L'illusion qui ferait imaginer les essences idéales comme s'imposant à la pensée divine est peut-être pour nous inévitable, du
moins faut-il et peut-on la connaître comme illusion. La liberté
du suprême Artiste n'est limitée par rien, pas même par les
essences, puisqu'elles sont réellement infinies à son égard et
que *toutes* sont pour lui possibles. Le contradictoire même ne
saurait jouer le rôle d'une limite, parce que le contradictoire
n'est rien, mais, surtout, la pire erreur serait ici de croire que
le contradictoire pour nous le soit nécessairement pour Dieu.
Ce qui l'est dans un certain système d'essences actualisé par
la volonté divine pourrait ne l'être pas dans un autre système
d'essences actualisé par la même volonté divine. Enfin, à s'en
tenir même à celles des essences possibles que nous savons être
telles parce qu'en effet elles existent, et même sans prendre en
considération l'acte suprêmement libre par lequel la volonté de
Dieu a choisi de créer celles-ci plutôt que d'autres, il reste que
leurs idées en Dieu ne sont pas les formules abstraites de choses
à créer, mais des actes créateurs et qu'elles le sont parce qu'elles
ne sont en lui que son essence, qui n'est elle-même que son *esse*.
Voilà pourquoi c'est une seule et même chose, pour un être fini,
de participer à l'existence et d'avoir en Dieu son idée, car il n'a
en lui son idée que parce qu'il reçoit de lui l'existence. Ainsi
l'essence même jaillit de l'*esse* comme de sa source : *similitudo rei quae est in intellectu divino, est factiva rei ; res autem,
sive forte sive debile esse participet, hoc non habet nisi a Deo ;
et secundum hoc similitudo omnis rei in Deo existit quod res illa
a Deo esse participat* [1]. En Dieu, infiniment plus encore que dans
les êtres finis, l'exister est la racine des essences, y compris
même leur possibilité.

On voit peut-être déjà en quoi cette notion de l'être peut
affecter notre interprétation du réel donné dans l'expérience.
L'univers des choses ne saurait se présenter sous le même aspect,
selon qu'on le conçoit comme la réalisation d'essences éternellement connues par une suprême Essence à laquelle appartiendrait
l'existence, ou comme celle d'êtres éternellement connus par un

---

1. THOMAS D'AQUIN, *Qu. disp. de Veritate*, qu. III, art. 2, Resp.

suprême Existant dont l'essence même est d'exister. Il y va de tout et c'est pourquoi, de même qu'il affectera nécessairement toute l'interprétation du réel, notre choix n'affectera pas moins notre conception générale de la connaissance philosophique. Il y a, dit avec raison E. Hocking, des philosophies qui commencent par « assumer » et d'autres qui commencent par « regarder ». Celle à laquelle conduirait naturellement notre notion de l'être appartiendrait certainement à la famille doctrinale des philosophies dont le premier acte n'est pas d'assumer, mais de voir, et cette décision initiale même n'est pas de celles que l'on assume, car la seule excuse qu'un philosophe puisse invoquer lorsqu'il assume, c'est précisément qu'il ne voit pas. Celui qui assume pense, mais celui qui voit connaît, et si l'on doit admettre qu'il n'y a pas de limites à ce qu'implique de pensée l'élaboration de la connaissance réelle, l'histoire de la science ne nous en enseigne pas moins que des années de spéculation théorique ne produisent aucune connaissance, jusqu'à ce que, par chance ou par art, les résultats en soient confirmés par une perception sensible que l'on dirait parfois instantanée.

La philosophie, y compris la métaphysique, devrait déférer à la même exigence, en commençant par ce qui se voit pour revenir à ce qui se voit. Elle le devrait du moins en tant qu'elle vise à la connaissance. Les magnifiques systèmes de ces idéalistes qui portent le titre de « grands penseurs », et le méritent pleinement, appartiennent au royaume de l'art plutôt qu'à celui de la philosophie. Afin d'écrire de telles œuvres, leurs auteurs ont dû renoncer à poursuivre l'effort de connaître pour se livrer tout entiers à celui de produire. Le succès pratique de leur volonté de construction y tient lieu de l'effort de vérification auquel s'astreint toujours la connaissance proprement dite. Ce n'est sans doute pas par hasard que l'Allemagne est, à la fois, le pays des grands systèmes idéalistes et celui de la musique. Fichte, Schelling, Hegel, Schopenhauer peuvent assumer un thème métaphysique pratiquement quelconque et en tirer un monde avec autant d'aisance et parfois de beauté que Bach peut écrire une fugue, mais Bach a raison, parce que la fin de l'art est en effet de créer et Hegel a tort parce que la fin de la philosophie est de connaître. Pas plus que la science, la philosophie ne peut être un système, car toute pensée systématique commence par assumer, au lieu que, comme connaissance, la philosophie commence et doit finir par voir.

Cette notion de l'être et de la métaphysique a déjà été proposée dès le XIII⁰ siècle, mais il serait intéressant de savoir combien de philosophes s'en sont aperçus. Un maître parisien, Bernard Lombardi, disait vers 1327 que les opinions des philosophes sur l'être étaient alors au nombre de deux : « celle du saint docteur Thomas, qui enseigne que, dans tous les êtres autres que Dieu, l'essence diffère de l'existence, et la deuxième, celle de tous les autres maîtres parisiens qui soutiennent unanimement le contraire [1] ». Même sans prendre ce témoignage au pied de la lettre, on doit reconnaître qu'une telle notion de l'être se rencontre rarement dans l'histoire de la métaphysique, à tel point que nombre de soi-disant « thomistes » l'ont tacitement abandonnée et parfois ouvertement combattue, certains d'entre eux allant jusqu'à prétendre que Thomas d'Aquin lui-même ne l'a jamais enseignée.

Pourtant, à moins qu'on ne le conçoive ainsi, ce qui reste de l'être n'est guère plus qu'une écorce vide. Pourquoi les philosophes choisiraient-ils une notion si stérile comme principe premier de la connaissance? Il est trop naturel que, plutôt que de poser l'être ainsi conçu comme leur premier principe, la plupart d'entre eux lui aient préféré n'importe lequel de ses aspects particuliers. N'importe lequel était en effet préférable, car si abstraites fussent-elles, leurs notions avaient du moins un contenu.

Au début de cette enquête, nous demandions comment il se faisait que, si l'être est l'objet premier de l'entendement humain, tant de philosophes aient refusé d'y voir le premier principe de la philosophie. L'explication tient sans doute dans la tendance de l'entendement humain à stériliser l'être en le réduisant à la condition d'une essence abstraite. Partout où cette tendance a prévalu, l'être est encore resté la règle formelle de toute pensée rationnelle, mais il a cessé d'être un principe de connaissance; bref, il a cessé d'être pour la connaissance un « commencement ». On peut se demander si le refus qu'oppose sans cesse le réel au cheminement d'une pensée qui, comme l'a si bien fait voir

---

1. « Est duplex modus dicendi : primus est doctoris sancti Thomae, qui ponit quod in omnibus citra Deum differt esse ab essentia : secundus est omnium aliorum concorditer parisiensium, qui ponunt oppositum. » Cité par J. KOCH, *Durandus de S. Porciano*, Beitr. zur Gesch. der Phil. d. M.-A., vol. XXVI, 1, p. 330. Cf. G. MEERSSEMAN, *Geschichte des Albertismus*, vol. I, Paris, R. Haloua, 1933, p. 31.

E. Meyerson, va spontanément d'identités en identités, ne serait pas une forme dérivée de celui que l'existence oppose à l'être du pur concept. Car s'il est vrai que l'être de l'essence soit le domaine du « même », celui de l'existence assure le triomphe de l' « autre », et cet « autre », dont on refuse d'expliquer par l'existence les incessantes irruptions au sein du même, il faut ou le nier, ou l'expliquer par un principe différent. Si, comme il semble que tel soit vraiment le cas, l'existence est un élément constitutif de l'être, le vide creusé dans l'être par son départ exige d'être comblé, et comme rien d'autre qu'elle n'en épouse exactement la forme, il restera toujours, dans l'être ainsi mutilé, quelque chose dont lui-même ne saurait rendre raison. La maladie chronique dont souffre l'être métaphysique n'est pas l'existence, mais sa tendance morbide à perdre l'existence. Rétablir l'existence à la place qu'elle occupe vraiment dans l'être est donc la première condition requise pour faire de l'être lui-même le principe de la métaphysique.

Il n'y aurait assurément là nulle innovation philosophique, mais ce serait tirer une vérité fondamentale d'un oubli qui n'a que trop duré. Fondée sur elle, la philosophie rendrait justice à toutes les découvertes métaphysiques déjà faites dans le passé. Elle accorderait à Parménide que, réduit à son essence pure, l'être se confond avec la pensée conceptuelle pure. Elle accorderait à Platon que l'essentialité de l'être est l'identité à soi-même de l'essence qui le constitue. Elle accorderait à Aristote que la substance est acte et source d'opérations selon sa spécification par la forme. Elle accorderait à Avicenne que l'existence est une détermination qui échoit à l'essence en vertu de sa cause. Enfin et surtout elle accorderait à Thomas d'Aquin que l'existence atteint l'essence d'une manière toute particulière, non comme une sorte de détermination accidentelle, mais comme son acte suprême, c'est-à-dire comme là cause de son être aussi bien que de ses opérations. Quant aux métaphysiques avec lesquelles elle ne saurait s'accorder, elle peut du moins comprendre quelles raisons expliquent leur naissance et pourquoi chacune d'elles s'est engagée dans sa voie propre. La connaissance de l'être implique une difficulté trop réelle et liée à sa nature même. Aux prises avec un élément du réel dont nulle représentation conceptuelle n'est possible, l'entendement humain se sent irrésistiblement tenté, sinon toujours de le réduire au néant, du moins de le mettre entre parenthèses, en sorte que la pensée puisse se croire fondée à n'en tenir aucun compte et que tout se passe comme s'il n'existait pas. Il est parfaitement vrai de dire, avec K. Jaspers, que « toute philosophie est philosophie en vertu d'une source qui, en tant que source, ne deviendra jamais son sujet adéquat », car la source de la philosophie sourd d'un plan plus profond que celui de la philosophie même, mais c'est une vérité à laquelle les philosophes n'aiment guère penser. De là leurs tentatives incessantes pour faire croire que cette source ultime n'existe pas ou que, si elle existe, nous n'avons aucune raison de nous en soucier.

Pourtant, l'histoire de la philosophie est là pour faire voir que prendre acte de l'existence est le commencement de la sagesse philosophique. Elle ne l'établit pas en tant qu'histoire, mais en offrant à la philosophie un thème fécond de réflexion critique. Il n'y a pas de jadis, auquel, tandis que lui-même dure, l'homme ne puisse conférer l'actualité de son propre présent. L'examen critique des données offertes par l'histoire de la philosophie conduit à la conclusion que l'acte d'exister ne contredit en rien l'être, car il est cause de l'être ; que l'existence ne contredit en rien les essences, puisqu'elle seule est au contraire capable de les couler, d'un seul jet et sans bavures, dans l'unité transcendante de son acte ; que le jugement enfin ne contredit en rien le concept, car tous les jugements prennent leur source dans l'acte existentiel de ce qui tombe d'abord sous les prises de l'entendement : l'être.

Une telle métaphysique de l'être ne révèle d'elle-même aucune essence, mais elle intéresse directement notre attitude à l'égard de toutes les essences, car si toutes sont connues par voie d'abstraction, leur condition abstraite ne doit entraîner pour elles aucune séparation d'avec l'existence. Une telle séparation ne se produit jamais, tant que l'essentialisme ne les traite pas comme des abstractions d'abstractions. C'est seulement alors que les essences deviennent des *entia tertiae intentionis*, mais dès ce moment même, elles sont mortes. La confusion ou le divorce de l'essence et de l'existence sont deux erreurs également fatales à la philosophie, car l'une et l'autre sont également inconciliables avec l'intégrité de l'être, condition première pour qu'une connaissance métaphysique réelle ait elle-même un objet.

Rien ne le montre mieux que l'interminable controverse qui met les philosophies de l'être aux prises avec celles du devenir.

Il est également facile de montrer que le devenir n'est là qu'en vue de l'être et que l'être n'est là qu'en vertu de son devenir. On ne voit aucune raison pour que les philosophies du « tout fait » capitulent jamais devant les philosophies du « se faisant », mais la raison profonde de leur inconciliable opposition tient à l'erreur commune qui les unit touchant l'être lui-même. Elles n'y voient rien de plus que l'essence réalisée. Où pourrait-on situer le devenir dans la stabilité de l'essence? Où pourrait-on situer l'essence dans la mobilité du devenir? Il n'en irait plus de même, si l'on réintégrait au contraire dans l'être l'acte existentiel, d'où jaillissent, selon le type de l'essence mais avec une liberté qui croît à mesure qu'on s'élève dans l'échelle des êtres, les opérations fécondes grâce auxquelles chaque sujet se conquiert progressivement sur le néant. Lorsqu'il est ainsi compris, l'être se pose comme la racine unique de ce qui demeure et de ce qui passe, jaillis l'un et l'autre d'un acte qui les transcende parce qu'il les inclut et que la pensée peut connaître bien qu'elle ne puisse se le représenter. Une véritable métaphysique de l'être intégral peut seule réconcilier l'histoire et le savoir objectif, l'existence avec l'essence et le temps avec l'éternité. Elle seule constitue le terrain où la philosophie peut poser la question dont la religion est la réponse. Aussi avide de concepts que celle de Hegel, non moins étroitement liée au philosophe et à l'homme que celle de Kirkegaard, cette métaphysique n'est ni un système abstraitement construit ni l'expression chiffrée d'une existence solitaire. Elle est, avant tout, sagesse, et la fonction propre qu'elle s'assigne dans l'ordre du savoir, est d'assurer l'adéquation progressive de la connaissance intellectuelle à l'être actuellement existant. Effort littéralement infini en vérité, mais non pas stérile, car si l'acte d'exister échappe à toute représentation abstraite, il n'en est pas moins inclus, grâce à la notion d'être, dans tous les concepts.

CONCLUSION

La spéculation philosophique est arrivée très vite à cette conclusion, qu'elle dépend tout entière, si elle veut remonter jusqu'à ses présuppositions rationnelles ultimes, de la connaissance d'un objet dont on peut dire qu'il est inclus dans tous les autres : l'être. Aristote, chez qui la conscience de ce fait a pour la première fois atteint sa pleine clarté et trouvé sa formule, en a conclu qu'il était nécessaire de couronner l'ensemble des disciplines scientifiques par une science suprême, qui serait celle de l'être en tant que tel, et qui porterait, en raison de son caractère ultime, le nom de « philosophie première » ou « métaphysique ». Aristote a d'ailleurs fait plus, car il a dénoncé l'erreur la plus grave qui n'allait pas cesser de mettre la philosophie première en péril : substituer à l'être en tant qu'être, comme objet de la métaphysique, l'une quelconque des formes de l'être. Cet avertissement n'a pas été entendu. Peut-être même est-il de la nature de l'esprit humain qu'un tel avis le laisse indifférent. La magnifique épopée que constitue l'histoire des sciences invite en effet à penser que, chaque fois que la raison découvre la méthode qui permet de rendre intelligible un certain genre d'être, incapable de dominer sa propre découverte, elle identifie à l'être même ce qui n'est que l'un de ses modes et érige en méthode de la philosophie première celle de la science particulière qu'elle vient de fonder.

Un simple coup d'œil sur l'histoire de la philosophie permet de constater la constance du phénomène. Les philosophes du moyen âge ne possédaient d'autre science que la logique, ils ont donc tenté de construire des métaphysiques, et jusqu'à des théologies, fondées sur les méthodes propres à la logique, comme si l'être en tant que tel pouvait s'identifier à l'être de raison. Au cours du xviie siècle qui a vu naître la mathématique moderne, il s'est trouvé un génie assez puissant pour être à la fois l'un des créateurs de cette science, et, comme philosophe, le prophète de son extension à la totalité du savoir. Le cartésianisme est une expérience de grand style sur ce qui arrive à la philosophie, si l'on admet que l'être matériel en tant que tel est l'être de l'étendue, et qu'il doit être traité par la méthode qui convient à la science du nombre. Au xviiie siècle, Kant prend conscience des implications philosophiques de la physique newtonienne ; il réforme donc la philosophie comme elle devait l'être, pour justifier à la fois l'univers de Newton et la science que nous en avons. Un peu plus tard, Auguste Comte pense créer enfin la science, si longtemps attendue, des faits sociaux ; il régénère donc la philosophie du point de vue de la sociologie, comme si les lois qui régissent l'être social nous ouvraient le point de vue suprême sur l'essence de l'être en général. Mais la biologie entrait presque au même temps, avec la notion d'évolution, dans l'ère de la réforme la plus profonde qu'elle ait jamais subie, et l'on a vu Spencer, à la fois contredit et suivi par Bergson, réduire la science de l'être à celle des lois du changement, puis réduire au changement l'être même. La série de ces expériences reste ouverte et l'on montrerait sans peine qu'elle se continue, en un temps comme le nôtre où les aventures spéculatives de la physique sont autant de tentations irrésistibles à l'extrapolation métaphysique. Il n'y a donc aucune raison de penser que les tentatives de ce genre doivent jamais cesser. On n'empêchera jamais que la création ou la réforme d'une science soit immédiatement comprise comme la création ou la réforme finale de la science de l'être, qui est la métaphysique. Pourtant, chacune de ces tentatives a toujours conduit à un échec, dont la métaphysique elle-même se tient pour responsable, à tel point qu'elle aboutit régulièrement au scepticisme et désespère de son entreprise. Tout se passe comme si l'histoire de la métaphysique était celle d'une science qui se trompe continuellement d'objet.

La constance même du phénomène en fait un problème. Il semble en effet paradoxal de soutenir que l'être soit l'objet premier de l'entendement humain, donc celui de la science la plus haute, et que ce même entendement fasse tout pour l'éviter. Il est vrai que cet objet est le plus abstrait de tous, mais la raison n'a pas horreur de l'abstraction, elle en vit, ou, en tout cas, elle y vit comme chez elle, et rien ne devrait au contraire lui donner une satisfaction plus complète que la certitude de trouver au cœur du réel une pure abstraction. En fait, ce qu'on reproche à cette notion n'est pas tant d'être abstraite au point de devenir insaisissable, mais de l'être au point d'être vide. A ce degré de dépouillement où elle exclut toute détermination particulière, il semble que la pensée soit vide, et si tant de métaphysiciens répugnent à poser l'être comme objet de la philosophie première, c'est qu'ils ne voient pas comment une pareille notion peut jeter le moindre jour sur la nature du réel. Ceci non plus ne va pourtant pas sans paradoxe, car il paraît à première vue surprenant que le terme qui, en droit, devrait signifier la plénitude du réel, ne signifie plus en fait que le vide. Être ne saurait consister à n'être rien. Ainsi renvoyée d'une interprétation de l'être qui s'impose comme nécessaire, à une interprétation qui ne s'impose pas moins nécessairement que la première, et pourtant la contredit, on conçoit que la réflexion métaphysique hésite à faire usage de cette notion et, finalement, s'en détourne. Le fait que tant de philosophies aient substitué à l'être indéterminé l'un des modes déterminés de l'être ne tient donc pas uniquement à la tendance, d'ailleurs naturelle, que nous avons à tenir pour le plus réel ce que nous concevons le plus clairement et comprenons le plus complètement ; il s'explique peut-être aussi par une indétermination primitive de la notion même de l'être, qui lui permet de désigner, indifféremment semble-t-il, ce qu'il y a de plus abstrait ou ce qu'il y a de plus concret dans la réalité.

La nature de cette indétermination même semble explicable par la présence simultanée, sous un même terme, de deux notions étroitement liées et qui devraient pourtant rester distinctes, la notion d'existence et la notion d'être. Telle que la conçoivent ordinairement les philosophes, la notion d'être n'implique pas nécessairement la notion d'existence, elle peut seulement l'inclure. Ils divisent en effet aussitôt l'être en *être réel* et *être possible* et c'est l'être ainsi pris dans toute son extension qui constitue pour eux l'objet propre de la métaphysique en général ou de l'ontologie en particulier. Remarquons pourtant que cette distinction préliminaire, si simple en apparence, est grosse de multiples difficultés. A la prendre au pied de la lettre, elle signifierait simplement que tout être est un existant soit actuel, soit possible. Le possible se présenterait donc comme une sorte de candidat à l'existence, qui serait elle-même la seule forme complète de l'être. De toute manière, le possible n'étant qu'un être qui n'a pas encore reçu l'existence, ou qui l'a déjà perdue, quitte peut-être à la retrouver ensuite, il serait en quelque sorte de l'être amoindri. Il faudrait donc alors tenir l'existence actuelle comme la marque ontologique la plus haute de l'être, et rien n'est d'ailleurs plus facile que de s'en assurer, puisque l'impossible est alors le néant absolu, c'est-à-dire ce qui n'existe pas et ne peut même pas exister. Le point de vue inverse n'est pourtant pas non plus ignoré des philosophes. On peut même dire, en un certain sens, qu'il leur est plus familier. S'ils s'en tenaient au premier, ils considéreraient n'importe quel existant comme supérieur, en tant qu'être, à n'importe quel possible, mais ce n'est généralement pas là ce qu'ils font. Tout se passe plutôt comme si, l'existence étant une propriété commune à tous les êtres qui ne sont pas de simples possibles, il n'y avait aucun inconvénient à n'en plus tenir compte après la leur avoir attribuée. L'existence d'un être réel ne saurait en effet servir à le distinguer d'aucun autre, elle ne fait que les poser tous, et de la même manière, hors de la classe des simples possibles. Ce qui introduit des distinctions et des degrés dans la hiérarchie des êtres réels, ce n'est pas le fait qu'ils soient, mais plutôt ce qu'ils sont. Or ce qu'ils sont tient à leur essence, qui reste identique à elle-même chez un être quelconque, soit qu'on le considère comme réel ou qu'on ne le considère que comme un simple possible. De là vient d'abord que tant de philosophes s'accoutument à traiter de l'être réel comme s'il ne s'agissait que de l'être possible, puis, cédant à la pente naturelle de l'esprit qui les entraîne en ce sens, à considérer finalement l'essence possible comme le noyau même du réel. L'existence ne se présente plus alors que comme une sorte d'appendice ou de concomitant de l'essence, bref, pour user du langage que le moyen âge latin prêtait à Avicenne, elle n'est plus qu'un accident.

Ces deux notions connotées par le terme « être » sont non seulement distinctes, mais, si l'on peut dire, incommensurables. Elles correspondent à deux aspects du réel qui ne sont pas vraiment comparables, parce qu'ils relèvent d'ordres distincts, ou, tout au moins, de points de vue distincts sur le réel. L'existence empirique s'offre à la pensée comme un fait brut et, pour ainsi dire, comme un indivisible. L'être fini dont on parle existe ou il n'existe pas, mais son existence n'est pas susceptible de plus ou de moins et il ne peut qu'exister tout à fait ou ne pas exister du tout. Il est vrai que nous imaginons parfois des existants plus réels les uns que les autres et que nous comparons de grandes existences à de plus petites, mais nous pensons moins alors au fait même de l'existence qu'à la nature de ce qui existe. C'est l'existant qui est grand, non son existence même, car à toute question sur elle on ne peut répondre que par un oui ou un non dépourvus de nuances. Il ne faut donc pas s'étonner de l'aspect paradoxal des solutions où conduisent les problèmes posés en termes d'existence pure. Ceux qui les posent ainsi sont rares, beaucoup plus même qu'on ne le dit, mais eux du moins n'ont pas le choix de la réponse. Si une mouche existe, observe Kirkegaard, elle n'existe pas moins que Dieu et Dieu n'existe pas plus qu'elle. En effet, l'existence brute est un indivisible et il n'y a pas de position intermédiaire entre elle et le néant. C'est d'ailleurs pourquoi même ceux des philosophes qui en parlent en disent finalement si peu de chose. On peut bien poser l'existence au nom d'un empirisme qui d'abord en prend acte, mais c'est à peu près tout ce qu'il est possible d'en faire. Elle se présente comme la condition préalable requise pour que la pensée ait un objet réel, mais elle-même n'est qu'à peine un objet de spéculation. Cela est si vrai, que lorsqu'un penseur entreprend de revendiquer les droits de l'existence, sa propre pensée n'est généralement rien de plus que cette revendication même, qui, si insistante et passionnée soit-elle, n'aboutit jamais à faire de l'existence elle-même un objet de spéculation. Ceux d'entre eux qui tentent d'y parvenir, n'y réussissent qu'en partie, et seulement grâce à l'artifice qui consiste à substituer à l'existence même ce qui n'est que l'un de ses modes, de préférence son mode humain. Il en va tout autrement de l'être, c'est-à-dire de « ce qui est ». Saisi par la pensée dans la définition de l'essence, il noue avec d'autres êtres de multiples relations intelligibles qui, dans certains cas privilégiés, prennent la forme précise de lois. Nous pouvons ainsi penser ce que les êtres sont, et parfois avec une exactitude telle qu'il devient possible de prévoir leurs comportements éventuels, ou même de les déter-

miner. Convenons, pour la brièveté du discours, de désigner
le point de vue d'où les connaissances de ce genre deviennent
possibles comme celui de l'essence. On comprendra dès lors
sans peine, que la pensée s'y établisse d'emblée comme dans
le seul d'où l'interprétation rationnelle du réel soit possible et
qu'elle refuse dorénavant d'en sortir. C'est pourquoi, même
lorsqu'on admet que le terme d'être, pris en son sens plein,
connote l'existence, celle-ci ne trouve effectivement aucune
place dans l'interprétation conceptuelle qu'on en donne. Le
fait qu'un être existe ne nous apprenant rien sur ce qu'il est,
la métaphysique de l'être, et beaucoup plus encore la science
des êtres, restent exactement ce qu'elles sont, soit que l'être
et les êtres existent, soit qu'ils n'existent pas.

Une telle attitude s'allierait aisément avec une noétique
idéaliste, et l'on peut même dire que c'est celle qu'elle appelle
naturellement, mais elle ne s'y trouve pas nécessairement liée.
Pour un esprit soucieux de maintenir le contact avec une
réalité indépendante de la connaissance, il suffit de neutraliser
l'existence pour l'éliminer. C'est ce qu'ont fait de nombreuses
ontologies de l'essence, où l'être est posé comme existant,
mais qui le traitent pratiquement comme s'il n'existait pas.
Le problème reste pourtant alors de savoir, si l'être devient
moins foncièrement mystérieux et plus exhaustivement intelligible après qu'on l'a ainsi désexistentialisé. L'histoire des
idées invite à penser qu'il n'en est rien, car de redoutables
difficultés continuent de surgir dès qu'on veut concevoir l'être
en tant qu'être, même pris sans aucune référence à l'existence,
et elles deviennent insurmontables si, refusant d'aller jusqu'à
l'idéalisme de Berkeley, on tente de concevoir cet être en
rapport avec l'existence qu'il a comme existant ou avec celle
qu'il donne à titre de cause. Dans l'un et l'autre cas, on se
heurte à autant ou plus d'inintelligible que l'élimination de
l'existence n'en avait provisoirement écarté.

Tout se passe en effet alors comme si l'existence dont on fait
abstraction continuait de hanter l'être dont on a voulu l'expulser. Elle tente de s'y réintroduire sous les formes les plus diverses, et l'on voit revenir avec elles les difficultés dont elle est
inséparable. Le fait qu'elles reparaissent désormais sous d'autres
noms n'en change en rien la nature. Ce fait remarquable s'explique d'ailleurs aisément, car il se peut que l'existence entre
vraiment, à titre d'élément constitutif, dans la structure du

réel et rien du moins ne nous autorise à éliminer cette hypothèse comme impossible. Or, si l'on suppose simplement qu'elle est vraie, on n'éprouve ensuite aucune surprise à voir ceux qui tentent de concevoir l'être sans l'existence se mettre en quête de substituts destinés à la remplacer. Le vide creusé par son départ attend qu'on le comble, mais, disions-nous, rien d'autre qu'elle-même n'en épousera assez exactement la forme pour réussir vraiment à le combler. A quelque succédané que l'on fasse appel, la difficulté que l'on voulait écarter reste la même : il subsiste toujours dans l'être quelque chose que l'essence en tant que telle est incapable d'expliquer. Réduit à sa forme la plus simple, ce quelque chose est l'altérité, avec la multiplicité qui nécessairement l'accompagne. Parménide avait prévu et fixé cette limite de l'ontologie de l'être pur, et elle n'a jamais été franchie. Pour l'être, l'autre est du non-être; on ne peut donc que réduire l'être à l'identique et à l'un en refusant l'être à l'autre, ou attribuer l'être à l'autre, et introduire ainsi dans l'être le néant qui en est la négation.

Les difficultés deviennent plus considérables encore si, méconnaissant la leçon de Parménide, on tente de reconnaître si peu que ce soit les droits de l'existence grâce à quelque compromis. Chaque fois qu'une tentative de ce genre s'est produite, et elles ont été nombreuses, on s'est trouvé conduit, au terme de la spéculation, à des situations philosophiques limites, où quelque succédané de l'existence se posait, hors de l'être, comme le seul principe concevable de l'existant, de son efficace causale et de son devenir. Tantôt on essayait un principe aussi proche que possible de l'être même, afin de ne postuler qu'une dualité qui se confondît pratiquement avec l'unité, comme c'est le cas, chez Platon ou chez Leibniz, avec le Bien dont ils font le principe des existences; tantôt, au contraire, entrant franchement dans la voie d'un dualisme absolu, on situait à l'origine des existences un principe radicalement distinct de l'être et transcendant à son égard, comme la Volonté, la Vie ou la Durée. Situer ainsi l'irrationnel brut à l'origine de l'intelligible même est une solution violente qui ne laisse pas l'esprit satisfait. Il s'est donc plusieurs fois trouvé des métaphysiciens pour tenter de jeter un pont sur l'abîme ainsi creusé entre l'intelligible et l'existence. C'est ce qu'ont fait Spinoza pour l'ontologie de Descartes et Hegel pour celle de Kant. Mais ces entreprises de grand style ont toujours fini par un échec. Non certes que leurs auteurs aient manqué de génie, car il en faut un de la plus belle hardiesse ne serait-ce que pour les concevoir. Leur échec tient d'abord à la nature contradictoire de la tentative elle-même. De quelque manière qu'on s'y prenne, l'existence refuse de se laisser déduire à partir de quoi que ce soit, fût-ce l'être même. Il ne reste plus alors à l'existence que de se retourner ouvertement contre l'être pris dans son objectivité intelligible, rompant ainsi avec la philosophie même. Rupture toujours passionnée, parfois éloquente, mais qui confirme seulement l'incompatibilité, constatée dès le temps de Parménide, entre deux notions que l'on s'efforce en vain de concilier.

Il n'en semble pas moins paradoxal que leur conciliation soit impossible, car l'une d'elles semble bien dériver de l'autre et s'y relier par le plus étroit des liens. Ce qui rend le problème si difficile, et peut-être même insoluble sous la forme où on le pose, c'est que la seule de ces deux notions qui soit conceptualisable dérive de celle qui ne se laisse pas conceptualiser. Nulle constatation n'est plus déconcertante pour la pensée logique, dont elle contrarie la tendance naturelle à tout objectiver sous forme de concepts. Lorsqu'on dit que l'être est ce qui « est », on le définit en fonction de l'existence; mais l'existence elle-même, en fonction de quoi peut-on la définir? A moins de l'expliquer comme une simple modalité de cet être même qu'elle est d'ailleurs censée fonder, on ne voit pas à quelle notion antérieure la rattacher pour l'éclaircir. D'autre part, la pensée répugne à en user pour justifier le concept d'être qui en dérive, car relier le concevable à l'inconcevable, c'est suspendre le connu à l'inconnu. Bien plus, puisqu'il s'agit ici du premier de tous les concevables, on ne peut le subordonner à cet inconcevable qu'est l'existence sans lui subordonner du même coup l'ontologie tout entière et, avec elle, la philosophie qui lui demande ses principes. Peut-être est-ce là pourtant le seul parti auquel, si elle veut ne sacrifier ni l'existence ni l'être, la philosophie doit finalement se ranger.

Choisir ce parti n'est pas prendre une décision arbitraire. Il est vrai que commencer par l'existence est suspendre la philosophie tout entière à une position absolue, mais chercher une philosophie qui commencerait sans une telle position, c'est poursuivre une chimère. Hegel lui-même n'a pas réussi cette opération, qui revient finalement à partir d'un néant

hypothétique dont, s'il est vraiment un néant, on ne pourra
jamais rien faire sortir. Pour en tirer quelque chose, il faut
d'abord l'y mettre, ce que l'on fait en le posant, non comme un
néant absolu, mais comme le néant, tout relatif celui-là, de
l'être même qu'on en veut obtenir. Il y a d'ailleurs au moins
un être que toute philosophie présuppose, c'est celui du philosophe lui-même, avec sa pensée et les lois qui la régissent. Or
cette pensée conçoit tout en fonction de l'être, et elle le fait si
nécessairement, que lorsqu'il a voulu chercher un point de
départ antérieur à l'être, Hegel a justement dû partir du néant,
dont le concept, s'il existe, n'a d'autre contenu que l'être même
qu'il nie. La question du premier principe ne se pose donc pas.
Si quelque option s'impose à son sujet, elle ne saurait porter sur
lui, car ce principe est l'être, mais sur la manière de le concevoir.

Une option n'est pas nécessairement arbitraire. Celle à laquelle
nous pensons peut d'autant moins être telle, qu'il s'agit au
contraire d'une option rationnelle entre des éléments empiriquement donnés. Le problème est en effet de savoir, si la raison
posera au cœur du réel le seul élément qui puisse lui permettre
de comprendre ensuite le réel total, c'est-à-dire le réel pris dans
la totalité des éléments qui le constituent. A la question ainsi
posée, il semble qu'une seule réponse soit possible, et tel serait
en effet le cas, si tous les éléments constitutifs du réel se lais-
saient également saisir par la raison. Mais nous avons vu que
l'un d'eux échappe aux prises de la pensée conceptuelle, et
c'est justement pour cela que toute ontologie, qu'elle le veuille
ou non, est comme suspendue à une option. Il s'agit en effet de
savoir si la connaissance rationnelle peut accueillir du non
conceptualisable et de l'incomplètement objectivable sans
renoncer pour autant à l'idéal de parfaite intelligibilité dont
elle s'inspire.

Deux réponses sont ici possibles. Le philosophe peut, non
pas simplement céder à sa pente naturelle vers le parfaitement
objectivable, mais même juger en connaissance de cause qu'il
a le devoir strict d'expulser de la philosophie, comme radicalement inintelligible, tout aspect du réel qui ne se laisse pas
objectiver par mode de concept. Mais une autre attitude, beaucoup plus rarement adoptée, reste également possible. C'est
celle qui consiste à accepter le réel total tel qu'il s'offre à la
connaissance, sans en exclure d'abord les aspects qui résistent
à l'abstraction. Tel est le choix qui s'offre au philosophe comme

condition première de toute démarche ultérieure : ou bien s'assigner comme but la conquête d'une connaissance totalement satisfaisante pour la pensée, quitte à sacrifier les éléments du réel que la pensée abstraite ne peut accueillir sans renoncer à ses exigences; ou bien au contraire accueillir le réel total, quitte à limiter les exigences de la pensée abstraite. Bien des noms ont été déjà donnés à l'une et l'autre de ces deux attitudes, mais il importe plus de les identifier que de les nommer. La première s'allierait plus spontanément à ce qu'on nomme idéalisme et la seconde à ce qu'on nomme réalisme, mais ce n'est pas exactement de cela qu'il s'agit ici. Car s'il est vrai que les divers degrés de l'idéalisme, de l'idéalisme méthodique à l'idéalisme, critique, puis à l'idéalisme absolu, sont les moments d'un même effort de la pensée abstraite pour se donner un objet fait à son image et ressemblance, donc assuré de la satisfaire, il l'est aussi que la plupart des réalismes ne retiennent du réel qu'ils posent comme un en-soi, que ce que la pensée conceptuelle peut soumettre à ses propres lois et faire tenir dans ses formules. Tel est éminemment le cas des ontologies de l'essence qui, plus encore que celles de la substance, élaguent du réel, au moyen de ce qu'elles nomment des « abstractions précisives », ce que la raison raisonnante échoue à réduire au concept.

De ces éléments rebelles, celui que ces métaphysiques ont écarté le plus soigneusement est l'existence. La raison en est simple. C'est que, si l'on accorde une place à l'existence, ce ne peut être que la première, si bien que l'ontologie tout entière, avec la philosophie qui en dépend, se trouve commandée par du non-conceptualisable. Il n'en va pas de même si l'on part de l'essence réelle, et moins encore si l'on part de la pensée. Assurément, il reste alors inévitable que l'on rencontre tôt ou tard l'existence, mais ce ne sera plus que dans ses manifestations secondaires et après s'être assuré de principes qui permettront plus ou moins heureusement de l'assimiler. Tels sont notamment les problèmes relatifs au devenir, à la causalité et à la qualité sensible, qui ne se posent que postérieurement au problème de l'être même et dont on peut toujours se débarrasser par un artifice quelconque, ne serait-ce qu'en les ignorant ou en les déclarant sans objet. Il est au contraire impossible de situer l'existence à la seule place qui lui convienne, sans se heurter dès le début à ce qui restera désormais pour la pensée conceptuelle un donné irréductible et refusera toujours, sous quelque forme dérivée qu'on le rencontre, de se laisser ni déduire ni ignorer. En suivant jusqu'au bout ces tendances antagonistes, on en est naturellement venu à deux types de spéculation qui, pris sous leurs formes pures, s'opposent de point en point. D'une part, les grands systèmes analytiques du type Spinoza, Wolff et Hegel, où le réel tout entier se distribue en concepts dont les articulations et les liaisons intelligibles sont celles de l'être même; d'autre part les revendications passionnées de l'existence, qui protestent contre ces systématisations conceptuelles, au nom de ce qui, dans le réel, refuse de se laisser conceptualiser. Philosophies sans existence, existence sans philosophie, telles semblent donc finalement les options auxquelles nous nous trouvons aujourd'hui condamnés.

Il y a pourtant eu, au cours de l'histoire, au moins une tentative pour conserver l'existence sans renoncer à la philosophie. Il est vrai qu'elle s'est produite au XIIIe siècle, mais les conclusions philosophiques auxquelles on aboutit dépendent des principes dont on part, non de l'époque où l'on part de ces principes. Car eux-mêmes n'ont pas d'âge; dès qu'ils sont conçus, ils se trouvent posés hors du temps. On pourrait aussi trouver surprenant que, si la solution de ce problème fondamental a été si tôt découverte, elle ne se soit pas immédiatement imposée à l'attention de tous. Assurément, le fait a de quoi surprendre et, plus on le scrute, plus il soulève lui-même de problèmes. Pour ne pas nous y engager plus loin qu'il n'est ici nécessaire, remarquons d'abord que la position philosophique dont il s'agit n'a pas été formulée par un philosophe de profession, mais par un théologien. Saint Thomas d'Aquin, dont la pensée témoigne d'un sentiment si vif du primat de l'existence, a souvent eu recours à ce principe; il l'a même si souvent invoqué qu'on ne peut se dispenser d'en tenir compte sans méconnaître le sens ultime de son œuvre; mais il n'en a pourtant pas fait la cheville ouvrière d'une métaphysique de l'être et des causes complètement développée. A cela s'ajoute que la répugnance naturelle de la raison raisonnante pour ce qui se dérobe aux prises du concept a de bonne heure invité certains de ceux mêmes qui se réclamaient de ses principes à transformer la métaphysique de l'être en une ontologie de l'essence, en réduisant à cette dernière tout ce qu'il avait dit de l'exister. Enfin, il n'est pas impossible que l'attitude requise de toute pensée soucieuse de respecter l'existence exige une soumission au réel et impose une modestie dans la démarche, qui la rendront toujours impopulaire. Le sentiment de l'existence ne prive certes pas du plaisir d'admirer les amples systèmes créés par le génie des métaphysiciens, mais il ne permet pas qu'on s'y laisse prendre, et il peut même ôter, à tel de ceux que tenterait pareille entreprise, le goût de s'y engager.

Que ce soit pour ces raisons ou pour d'autres encore, c'est un fait que l'exemple donné par saint Thomas d'Aquin n'a trouvé que peu d'imitateurs. On l'a beaucoup commenté, mais fort peu suivi. La seule manière de le suivre vraiment serait de refaire son œuvre telle que lui-même la ferait aujourd'hui à partir des mêmes principes et d'aller plus loin que lui dans le sens et sur la voie même qu'il a jadis ouverte. Si ces principes sont vrais, leur fécondité n'est certainement pas épuisée. Il n'y a donc rien d'absurde à les remettre en œuvre, dans l'espoir qu'ils jetteront quelque lumière sur les aspects du réel qu'ils furent, dès leur formulation première, destinés à éclairer.

Le premier et le plus fondamental de ces aspects de l'être est sa répugnance invincible à se laisser exhaustivement réduire à ce qu'il est. Définir l'être par l'essence seule reste assurément une tentation permanente de la raison, mais c'est une gageure, et ceux qui l'ont tenue jusqu'au bout n'ont pas été sans voir ce qu'elle a d'arbitraire. Elle suppose en effet, soit que l'on mette l'existence en parenthèses, par une abstraction précisive que rien ne justifie, sinon qu'on ne sait que faire de l'existence; soit que l'on remplace l'existence par un succédané qui, non moins inassimilable qu'elle à la pensée conceptuelle, soit en outre complètement étranger à l'être. En fait, le seul au-delà de l'essence auquel on puisse penser, sans être contraint de le penser comme radicalement étranger à l'essence même, c'est l'existence. Pour accepter le réel dans son intégrité, il faut donc concevoir l'être, au sens plein de ce terme, comme la communauté de l'essence et de l'existence, si bien qu'il n'y ait pas d'être réel, dans l'ordre de notre expérience, qui ne soit une essence actuellement existante et un existant concevable par l'essence qui le définit.

De ces deux éléments du réel, il convient de situer au premier rang celui sans lequel le problème de son intelligibilité ne pourrait même pas se poser. C'est l'existence, sans laquelle il ne saurait être question de rien, pas même du possible. En revanche, dans les limites de notre expérience, il semble que l'existence pure demeure insaisissable et qu'elle ne se laisse concevoir qu'à travers telle ou telle de ses modalités. C'est même sans doute pourquoi les philosophies qui se réclament aujourd'hui le plus vigoureusement de l'existence parlent en réalité de tout autre chose et se contentent d'analyser sous son nom les modalités propres au *Dasein* humain, qui n'est lui-même qu'une de celles de l'existence en général. Il faut donc en revenir à cette intuition fondamentale de Platon, complètement éclaircie plus tard par Plotin et Scot Érigène, que l'être inclut la manifestation première et immédiate d'un au-delà de l'essence qu'il révèle sans l'épuiser. Le choix de cet au-delà constitue précisément la position rationnelle initiale, qui décide de ce que seront notre métaphysique de l'être et des causes, notre philosophie de la nature et notre morale, en un mot notre philosophie. L'être intelligible peut se concevoir, soit, avec Platon, comme une « agathophanie », soit, avec Plotin, comme une « énophanie », soit encore, avec Scot Érigène, comme une « théophanie »; quelque décision que l'on prenne, on engage une fois pour toutes la métaphysique dans une voie dont il lui sera désormais impossible de s'écarter.

Ce qu'il y a de commun à ces diverses décisions, c'est le sentiment, pleinement justifié nous semble-t-il, que l'on ne peut scruter attentivement l'essence intelligible sans la relier à un au-delà de l'essence qui échappe aux prises du concept. Il est en effet remarquable que Platon, Plotin et Érigène aient pareillement considéré les termes ultimes auxquels les conduisait leur dialectique, comme autant de symboles d'un suprême inconnaissable, ou, pour mieux dire, d'un ultime transcendant sur l'intelligible. Ce n'est pas seulement pour nous, c'est pour lui-même que le Dieu d'Érigène est inconnaissable, et c'est par excès qu'il n'est pas intelligible, non par défaut. De même pour l'Un de Plotin, et pour ce Bien que Platon situait au-delà de l'être. Seulement, quand tout est dit, le fait demeure que, dans ces diverses doctrines, l'au-delà de l'être qu'on évite si soigneusement de concevoir, réussit toujours insidieusement à se laisser imaginer. Plus scrupuleusement on l'élève au-dessus de l'intelligible et de l'être, pour en mieux assurer la transcendance, plus inévitablement on en arrive à se le représenter comme une sorte de chose dont, si l'on peut dire, l'essence serait de n'en avoir aucune. De toute manière, on ne peut isoler de l'être ce principe pour en faire « une chose » sans en faire du même coup « une autre chose » et, puisqu'il s'agit nécessairement alors d'une chose « autre que l'être », sans en parler comme d'un néant.

L'impossibilité d'en parler disparaîtrait peut-être si l'on posait l'existence à la racine même de l'être. Adopter cette solution du problème, c'est assurément reconnaître une fois de plus la nécessité de poser un au-delà de l'essence, mais non pas nécessairement un au-delà de l'être. Un au-delà de l'essence n'est un au-delà de l'être que dans les ontologies qui, comme celles de Platon, de Plotin et d'Érigène, commencent par identifier l'intelligible à l'essence et l'essence elle-même à l'être. Il n'en va pas ainsi dans une métaphysique de l'exister, car l'essence et l'existence y entrant l'une et l'autre dans la structure de l'être réel, et le primat de l'existence sur l'essence s'y posant *dans* l'être, il ne saurait être entendu comme un primat de l'existence *sur* l'être, mais *en* lui. Là où il n'y a pas plus d'être sans essence que sans existence, l'être demeure donc le seul réel vrai et la philosophie première y reste donc, ce qu'elle n'aurait jamais dû cesser d'être depuis Aristote, la science de l'être en tant qu'être et des propriétés qui lui appartiennent comme tel.

Ce qui s'est au contraire modifié depuis Aristote, c'est la notion de l'être lui-même. Aristote savait déjà que ce qui mérite au degré suprême le titre d'être ne doit pas être conçu comme une chose ou une essence, mais comme un acte; seulement il avait identifié l'acte suprême à celui de la pensée pure et l'être absolu à la vie bienheureuse d'une pensée qui se contemple éternellement elle-même. Rien n'est plus caractéristique de sa position que cette divinisation de la pensée et cette béatification de la connaissance objective. Peut-être ne mesure-t-on pas toujours correctement l'immense portée de la révolution intellectuelle qui s'est accomplie, lorsque l'acte suprême d'être fut conçu comme l'acte absolu d'exister. La Pensée contient certainement une fois pour toutes la totalité du connaissable et la moindre ombre de nouveauté l'entacherait d'une imperfection mortelle à son essence; l'Exister, lui aussi, est tout d'une manière éminente, et il l'est une fois pour toutes, mais il est acte d'une infinité d'essences finies et puissance toujours libre d'en multiplier à son gré les existences. Bien plus, si l'on suppose que sa liberté crée certaines de ces existences, les êtres qui en résulteront seront tout autre chose que des Idées abstraites concrètement réalisées. L'Idée divine d'un être réel inclut l'existence sans laquelle il ne serait qu'un

pur possible et l'idée divine d'un être possible inclut aussi
l'existence par laquelle, s'il était créé, il serait un être. C'est
pourquoi tout être réel est, dans son intimité la plus secrète
et la plus profonde, une délégation de la fécondité créatrice
suprême à laquelle il doit, à la fois et inséparablement, d'être
et d'être ce qu'il est. Ici, la métaphysique des causes et celle
de l'être coïncident, car chaque être se comporte à son tour
comme un acte d'existence et, dans les limites de son essence, il
coopère comme cause à la fécondité de l'univers au sein duquel
il se trouve lui-même situé. Le monde issu d'une telle cause
présente ce caractère propre d'être et de rester ce que ne furent
jamais ceux d'Aristote, de Leibniz, ni de Wolff, l'un d'entre une
infinité d'autres univers possibles dont la structure nous est
imprévisible. Une liberté suprême préside à sa naissance et
jusqu'au choix des essences dont il tient sa structure intelligible.
Cette liberté, il ne l'a pas simplement subie une fois pour toutes,
il y participe à sa manière. Son histoire n'en est que le déploiement au cours du temps.

Pour qui préfère cette interprétation de l'être comme la plus
compréhensive et par suite la plus réellement intelligible, le
métaphysique n'est pas le résidu abstrait que l'on obtiendrait
en traitant le concret par une dialectique purementcon ceptuelle;
il se présente au contraire comme étant, dans le physique même,
la cause ultime de son existence et de ce qu'il est. C'est par sa
présence et son efficace qu'il y a de l'être et des êtres. Il est vrai
que ces êtres sont des choses et que nous ne pouvons pas ne pas
imaginer l'être lui-même, quelles que soient nos prétentions à
l'intellection pure, autrement que comme une sorte de chose qui
ne serait rien d'autre qu'une chose, sans être ni celle-ci, ni celle-
là, bref, la chose en soi. Mais si les multiples expériences métaphysiques qui jalonnent l'histoire de l'ontologie comportent un
enseignement, c'est assurément qu'en dernière analyse les choses
ne peuvent pas être conçues comme faites de choses. L'acte
d'exister n'en est pas une et l'essence, pas davantage. *Res* et
essentia, ces deux notions qui tombent des premières dans la
pensée, ne sont pourtant pas les dernières auxquelles elle
s'arrête dans son effort pour concevoir l'être. Tout être existe
grâce à la fécondation d'une essence par un acte d'exister.

Si l'on peut ici parler d'un véritable progrès métaphysique,
c'est que, sans rien sacrifier des résultats obtenus par la spéculation grecque, cette position semble être la seule qui puisse faire

droit aux conquêtes les plus précieuses de la philosophie
moderne. Platon, Aristote et Plotin ont fort bien vu, chacun à
sa manière, que l'Idée, l'essence, l'intelligible et l'intellection
même qui les appréhende, présupposent un au-delà dont ils
dépendent; mais ils n'ont pas discerné moins clairement
que cet au-delà trouve dans l'idée et dans l'essence intelligible
sa manifestation première et la plus immédiate. Il n'y aurait
ici rien de changé, sauf la manière de concevoir le principe
même dont l'essence et l'Idée sont les manifestations. L'Exister,
que nous posons à l'origine de tout, n'est pas lui-même une
Idée, ni, au sens que ce terme reçoit lorsqu'on l'applique aux
objets donnés dans l'expérience, une essence. Si l'on tient
absolument à ce qu'il en *soit* une, il n'en *a* certainement pas.
En revanche, puisque nous ne pouvons concevoir l'Être qu'à
partir des êtres connus de nous, il semble que nous ne puissions
éviter de le concevoir comme intelligible et si l'intelligibilité
n'a de sens qu'en fonction d'un intellect, comme intelligent.
L'exister de chaque être lui est plus intime que son intelligibilité,
mais tout se passe comme si chaque acte d'exister requérait
nécessairement cette détermination complémentaire, l'essence
intelligible qu'il actualise dans la synthèse dont jaillit l'être.

Nous n'avons pas à nous demander ici quel peut être le rapport des essences à l'Exister suprême, mais on peut du moins
prévoir à quelle conclusion la discussion de ce problème théologique, donc métaontologique, devrait probablement aboutir.
Si l'Exister prime tout, il doit être au-delà des essences mêmes.
On ne peut donc concevoir les Idées divines que comme les
conditions idéales d'actes finis d'exister, qui sont possibles en
vertu de l'Exister pur. C'est du moins ainsi que s'offre à nous le
rapport de l'essence à l'existence dans les seuls êtres que nous
connaissions empiriquement. L'intelligible apparaît donc, dans
l'être concret, comme la détermination nécessairement requise
pour qu'un acte fini d'exister se distingue de l'Exister. Ces déterminations intelligibles, qu'elles soient actuelles ou simplement
possibles, l'Exister lui-même les transcende toutes et, puisqu'elles
sont infinies en nombre, on ne conçoit pas qu'elles puissent
l'épuiser. Pour lui, le mot « toutes » n'a pas de sens; mais le
problème que nous posons ne se poserait même pas si certaines
des essences possibles n'avaient été en fait actualisées, car
chacune de celles qui le sont s'offre à nous comme l'union, dans
l'être, d'un acte d'exister et de l'essence intelligible qui le

détermine. L'intelligibilité se présente donc comme la limite même de l'exister fini. Que l'on supprime cette limite par la pensée, on ne pourra poser qu'un acte pur d'exister qui sera l'Exister lui-même; que l'on accepte au contraire les êtres tels qu'ils nous sont donnés, on les verra se hiérarchiser selon leur proximité plus ou moins immédiate à l'Exister pur, chaque genre se distinguant des autres par l'aire plus ou moins ample de ce qu'il est, c'est à-dire de son essence même. Pour les seuls êtres qui nous soient connus, cette hiérarchie ontologique est manifeste. De l'inorganique à l'organique, on en discerne au premier regard les degrés principaux, et tout s'y passe comme si la hiérarchie des êtres y attestait le lent effort d'une marche vers la connaissance. Rien de surprenant à cela, puisque l'intelligibilité nous est apparue comme la manifestation première de l'exister. Entre l'Exister pur, de qui naît tout intelligible, et les actes finis d'exister, passe la coupure qui sépare l'infini du fini; mais une infinité d'approximations finies de l'infini sont possibles; chaque essence est un de leurs degrés et chacune d'elles approche d'autant plus de la perfection par son origine que, par la connaissance, elle participe davantage à l'intelligibilité.

Un univers ainsi conçu relèverait assurément d'une métaphysique de l'être. La philosophie dont il se réclame prendrait ainsi la suite de beaucoup d'autres, et il y a d'ailleurs quelque consolation à penser que, dès l'origine, la pensée humaine s'est engagée sur le chemin du vrai, ses erreurs mêmes n'étant que les défaillances passagères d'une volonté constante de l'atteindre. Ce ne serait pourtant pas l'univers de n'importe quelle philosophie, ni même de n'importe quelle philosophie de l'être. On devrait en effet renoncer à tout espoir de le réduire, autrement que pour le plaisir de notre imagination la plus haute, en aucun système déductible *a priori*. La notion même de l'être dont il dépend s'y oppose. L'Exister dont il tient d'être, et d'être ce qu'il est, s'est pour ainsi dire communiqué à lui, car bien qu'il ne le soit pas, il en participe. Né d'une création, cet univers garde empreinte au plus intime de lui-même l'énergie novatrice dont il tire son origine, et non seulement il la garde, mais, à sa manière, il la continue. L'existence n'est pas une maladie de l'essence, elle en est au contraire la vie, et comme cette vie ne peut se propager qu'en d'autres déterminations intelligibles, elle est à son tour source d'essences nouvelles. C'est d'ailleurs pourquoi l'univers a une durée et une histoire dont, comme tout ce qui relève de l'existence, les moments se laissent plutôt observer que déduire. Au terme de toute ontologie de l'existence, on rencontre une phénoménologie qui s'éclaire de ses principes, mais aussi la complète, car la phénoménologie commence au point précis où la pensée s'efforce de saisir l'exister dans sa fonction propre de cause de l'être, c'est-à-dire dans son activité vitale et toujours inventive. C'est sans doute une erreur grave que de vouloir constituer une phénoménologie qui serait en quelque sorte elle-même sa propre métaphysique. Coupée de l'essence qu'elle actualise dans le temps, l'existence reste en une ignorance fatale de son origine et de sa nature la plus intime. Elle est littéralement dénuée de *sens*. Il n'est donc pas surprenant qu'elle ne s'en découvre aucun, et c'est pourquoi le terme vers lequel elle se dirige peut être prédit avec certitude, une morale du désespoir ou de la résignation et un nihilisme ontologique compensé par l'arbitraire pur dans la création des valeurs. Si l'on renie l'être, où peut-on se réfugier ailleurs que dans le néant? Mais il n'est pas moins nécessaire à la métaphysique de l'être de s'appuyer sur une phénoménologie qu'elle dépasse sans pourtant s'en séparer. C'est pour avoir manqué de ce lest salutaire, qu'elle s'est si souvent perdue dans le vide de l'abstraction pure et qu'elle a cru user du concept comme d'un équivalent du réel. La phénoménologie qui se prend pour une ontologie se trompe souvent, en tant même que phénoménologie, sur l'existence qu'elle décrit; l'ontologie qui se prend pour une phénoménologie se méprend sur la nature vraie de l'être en tant qu'être, qu'elle revendique pourtant comme son propre objet. L'histoire de la philosophie n'est pas close; le récit de tant d'aventures courues par la pensée invite au contraire à en courir de nouvelles, et le moment est peut-être venu de tenter la plus belle. Nul ne pourrait se flatter avec sagesse de la mener seul à son terme. Comme la science positive, à laquelle elle ressemblerait à tant d'égards, elle n'aurait pas de terme. Elle serait l'œuvre commune de générations se relayant les unes les autres, dans un effort incessamment repris pour cerner de plus près le mystère de l'existence, à l'aide de concepts dont on sait qu'il les transcendera toujours. Si l'avenir est là, nous n'avons même pas à nous mettre en peine de le prédire, car les voies de la pensée sont lentes, mais après des hésitations dont on ne saurait prédire ni la forme ni le nombre, elle ne manquera pas de s'y engager.

APPENDICES

N. B. — Le premier des deux appendices qui suivent inclut un article publié dans *Mediaeval Studies*, vol. VIII (1946), pp. 150-158. Le second répond à plusieurs questions qui furent posées à l'auteur depuis la publication du présent ouvrage en 1948.

NOTES SUR LE VOCABULAIRE DE L'ÊTRE

I. *Ens* et *Quod Est*.

Morphologiquement, *ens* dérive de *sum*, mais non pas directement, car le participe présent de *sum* serait *sens*, qui s'est d'ailleurs conservé dans des composés tels que *ab-sens*, *prae-sens*, *con-sentes*, etc. [1]. Ce mot, disent les philologues, a été « créé par la langue philosophique pour rendre le Grec ἄν; *entia-* τὰ ὄντα [2] ». On va voir que rien n'est plus exact, mais il n'est pas sans intérêt, pour l'histoire de la philosophie, de savoir comment cette création s'est effectuée.

Priscien fait observer que les Grecs usent du participe présent comme d'un substantif, ce que font rarement les Latins. Mais ils pourraient le faire et même, à l'en croire, César l'aurait fait, en proposant précisément le mot *ens* :

> Graeci autem participio utuntur substantive : ... quo nos quoque secundum analogiam possemus uti, nisi usus deficeret participii frequens. Quamvis Caesar non incongrue protulit *ens* a verbo *sum*, *es*, quomodo a verbo *possum*, *potes* : *potens* [3].

Malheureusement, Priscien ne cite ni texte ni source, et comme nous ne connaissons aucun ouvrage de César où ce terme soit

---

A. ERNOUT et A. MEILLET, *Dictionnaire étymologique de la langue latine* (Paris, C. Klincksieck, 1939), p. 302.

2. *Ibid.*

3. PRISCIEN, *Institutionum Grammaticarum*, lib. XVIII, 8, 75; ed. M. Hertz, (Leipzig, 1858), t. II, p. 239. Cf. à propos du mot *omnipotens* : Ex tribus corruptis, *omnium* et *potis* et *ens*, id est eo quo est *sum*, *es*. Ideo ergo a *possum* verbo *potens* nascitur, tam participium quam nomen. PRISCIEN, *Partitionum* X; *ed. cit.*, t. II, p. 506. Il ne précise pas qui sont ces *antiqui*, le seul qu'il avait jamais cité à ce propos étant César. Vu du début du VIe siècle de notre ère, César pourrait en effet passer pour un ancien.

employé, le témoignage de notre grammairien demeure sujet
à caution.

Aucun texte classique actuellement connu n'atteste le mot
ens. Il semble pourtant qu'un certain Sergius Flavius l'ait
employé, à l'imitation du Grec, et Quintilien, qui rapporte le
fait, regrette en somme que la timidité devant le néologisme
ait détourné les Latins de l'adopter :

> Multa ex Graeco formata nova ac plurima a Sergio Flavio,
> quorum dura quaedam admodum videntur, ut *ens* et *essentia* :
> quae cur tantopere aspernemur, nihil video, nisi quod iniqui
> judices adversus nos sumus, ideoque paupertate sermonis
> laboramus [1].

Par où l'on voit à la fois que le mot avait été déjà créé, antérieurement au Ier siècle de l'ère chrétienne, qu'on le sentait répondre
à un besoin, mais que l'on n'osait encore l'adopter. La preuve
certaine de cette hésitation nous est d'ailleurs donnée par un
texte bien connu de Sénèque, sur lequel nous aurons à revenir,
et dans lequel, ayant à traduire τὸ ὄν, il se déclare embarrassé,
puis propose enfin, non pas du tout *ens*, qui nous paraît aujour-
d'hui si simple, mais *quod est* [2]. Le terme *ens* ne venait donc
même pas à l'esprit d'un écrivain comme Sénèque vers l'an 30
de l'ère chrétienne. Même plus tard, ni Augustin ni, à ma
connaissance, aucun autre écrivain chrétien ne l'a employé, et
tout se passe même comme si on l'évitait, puisque Chalcidius,
écrivant vers la fin du IIIᵉ siècle ou le début du IVᵉ, traduit
les ὄντα de *Timée*, 35a par *existentia* [3] comme il traduit ὄν τε
καὶ χώραν καὶ γένεσιν (*Timée*, 52d) par *existens, locum et
generationem* [4]. Pour voir *ens, entia* franchement acceptés en

1. QUINTILIEN, *De institutione oratoria*, VIII, 3, 33. Sur Sergius Flavius,
indications dans A. Ernout et A. Meillet, *loc. cit.*

2. « Magis damnabis angustias Romanas, si scieris unam syllabam esse,
quam mutare non possim. — Quae haec sit, quaeris? to on. Duri tibi videor
ingenii : in medio positum posse sic transferri, ut dicam : *quod est*. Sed multum interesse video : cogor verbum pro vocabulo ponere; sed ita necesse
est, ponam : *quod est*. » SÉNÈQUE, *Ad Lucilium*, 58, 5-6. Comme on le voit,
Sénèque voudrait un nom pour traduire un nom, et il ne semble pas qu'*ens*
se soit offert à lui comme possible.

3. CHALCIDIUS, *In Timaeum Platonis*, cap. 28; ed. Mullach (Paris, Didot,
1881), p. 186.

4. CHALCIDIUS, *Timée*, *trad. cit.*, cap. XXVII; p. 180. *Existens* n'étant pas
alors un néologisme moins surprenant que ne l'eût été *ens*, il faut vraiment
que ce dernier terme soit resté inusité jusqu'au début du IVᵉ siècle. On

dépit des résistances de l'usage, c'est à Boèce, c'est-à-dire à la fin du Ve siècle, qu'il faut en venir.

On n'a jamais su très exactement combien il y eut de Boèces. Présentement, il n'y en a qu'un, auteur des Commentaires sur Porphyre, de la *Consolatio philosophiae* et des opuscules théologiques. Du point de vue du vocabulaire de l'être, tout se passe comme s'il y en avait deux : l'auteur des Commentaires sur Porphyre d'une part et, d'autre part, celui de la *Consolatio* et des opuscules. Le premier connaît le mot *ens* et s'emploie à le faire accepter ; le second l'ignore complètement et fait même tout pour l'éviter.

Il est d'ailleurs évident que le Boèce des Commentaires a conscience de recommander ici un terme inusité. Il fait violence à l'usage latin, mais c'est un terme commode. Le premier texte à citer présente l'intérêt de donner à la fois les deux formes *ens* et *entia* :

> At dicat quis haec omnia decem genera si vere sunt subsistentia, quodammodo vel entia dici posse. Flexus enim hic sermo est ab eo quod est esse, et in participii abusionem tractum est propter angustationem linguae Latinae compressionemque. Haec igitur, ut dictum est, entia poterunt appellari, et ens hoc ipsum, id est esse, genus eorum fortasse dici videbitur. Sed falso [1].

La décision une fois prise, Boèce usera du terme chaque fois que l'occasion lui en sera offerte. D'abord dans la traduction du texte de Porphyre, où il permet de serrer de près le grec [2], mais aussi dans le Commentaire qui l'accompagne :

> Fuere enim qui hac opinione tenerentur, ut rerum omnium quae sunt unum putarent esse genus quod ens nuncupant, tractum ab eo quod dicimus *est*; omnia enim sunt et de omnibus esse praedicatur. Itaque et substantia est et qualitas est itemque quantitas caeteraque esse dicuntur ; nec de his aliquid tracta-

---

notera, que, même au XIIe siècle, traduisant le *Ménon* de Platon, Henri Aristippe ne rendra pas *on* par *ens*, mais par *existens*. Cf. *Meno*, ed. V. Kordeuter et C. Labowsky (Institut Warburg, Londres, 1940). L'index latin pour le verbe *sum* ne signale pas *ens* (p. 90), mais il donne, p. 81, *existo-ens* comme traduction de *on*.

1. BOÈCE, *In Isagogen Porphyrii, ed. prima*, lib. I, c. XXIV ; ed. S. Brandt, CSEL, vol. XLVIII (Vienne, 1906), p. 74.

2. *Op. cit., ed. secunda*, lib. III, c. VII ; *ed. cit.*, p. 220, l. 14 et p. 221, l. 4, où *ens* traduit *on*. Cf. *ed. prima*, lib. I, c. XXIV, p. 74, l. 24 : « nam quoniam substantia ens est, et item qualitas ens,... »

retur, nisi haec quae praedicamenta dicuntur, esse constaret. Quae cum ita sint, ultimum omnium genus ens esse posuerunt, scilicet quod de omnibus praedicaretur. Ab eo autem quod dicimus *est* participium inflectentes, Graeco quidem sermone ὄν, Latine ens appellaverunt. Sed Aristoteles sapientissimus rerum cognitor reclamat huic sententiae nec ad unum res omnes putat duci posse primordium...[1].

On ne s'étonne donc plus de voir bientôt paraître le couple *ens-unum*, qui jouera un rôle si important dans la spéculation médiévale [2] : le terme *ens* est entré dans la langue philosophique, pour n'en plus sortir, vers la fin du Vᵉ siècle de l'ère chrétienne.

Le problème se complique pourtant quelque peu si l'on passe du premier Boèce au second. Car le deutéro-Boèce, si l'on peut dire, semble ignorer complètement le progrès réalisé par le premier dans l'ordre du vocabulaire philosophique. *Ens*, nous l'avons dit, ne se rencontre pas une seule fois dans la *Consolatio philosophiae*, ce qui peut s'expliquer par le caractère littéraire de l'œuvre, mais on ne le trouve pas davantage dans les opuscules théologiques, hérissés pourtant de termes techniques, et où Boèce pouvait l'introduire, non seulement sans les obscurcir davantage, mais plutôt en les éclaircissant [3].

En effet, Boèce a parlé de l'être dans ses traités théologiques mais jamais il ne le nomme *ens*. Tout se passe comme si l'auteur de ces écrits avait lu Sénèque et adopté sa terminologie sur ce point important. Comme on l'a vu, Sénèque propose de traduire τὸ ὄν par *quod est*. Il ne le fait pas sans scrupules, mais enfin

---

1. *Op. cit.*, *ed. secunda*, lib. III, c. VII; *ed. cit.*, pp. 221-222. Pour *entia*, p. 221, l. 2 et l. 5. Cf. *loc. cit.*, p. 223 : « Itaque id quod dicitur ens, etsi de omnibus dicitur praedicamentis, quoniam tamen nulla ejus definitio inveniri potest quae omnibus praedicamentis possit aptari, idcirco non dicitur univoce de praedicamentis, id est ut genus, sed aequivoce, id est ut vox plura significans. Convincitur etiam hac quoque ratione id quod dicimus ens, praedicatorum genus esse non posse. » Pour justifier la place de cette dernière virgule, *ibid.*, p. 225, l. 8.

2. « Ens igitur atque unum neutrum neutri supponitur; neque enim unius dicere possumus genus ens nec ejus quod dicimus ens, unum. Nam quod dicimus ens, unum est et quod unum dicitur, ens est », etc. *Op. cit.*, c. VII; p. 224.

3. Cette absence est une certitude quasi absolue, puisque le mot *ens* ne figure même pas dans *A Concordance of Boethius, the Five Theological Tractates and the Consolation of Philosophy*, de Lane Cooper (Cambridge, Mass., 1928). C'est un très précieux instrument de travail.

il le fait [1]. Or chacun sait que *quod est* un élément caractéristique de la terminologie de l'auteur des Traités. On en pourrait
citer plusieurs exemples tirés du seul *De Hebdomadibus*, où
quod est s'oppose curieusement à *esse*, le premier désignant la
substance, le second désignant un accident. Lorsqu'il écrit :
Diversum est esse et id quod est : ipsum enim esse nondum est ;
at vero quod est, accepta essendi forma, est atque consistit [2],
on ne peut guère hésiter sur le sens de sa formule. *Esse* est un
verbe, et ce verbe désigne ce qui échoit au *quod est* [3]; donc ce
que *quod est* désigne est une substance et la formule qui le
désigne fait elle-même fonction de nom. Ce nom, nous le connaissons par Sénèque, c'est τὸ ὄν. Chez le deutéro-Boèce, le couple
latin *esse-quod est* correspond exactement au couple grec εἶναι-
ὄν [4]. Boèce a donc mis en usage, parmi les écrivains chrétiens,
deux traductions du τὸ ὄν des Grecs : l'*ens* de ses Commentaires sur Porphyre et le *quod est* du *De Hebdomadibus*. Cette
dernière formule signifie simplement l' « être » substantif et,
chaque fois qu'on le juge utile, on ne doit pas hésiter à la traduire en français par le mot *étant*.

II. *Essentia.*

Sénèque n'a pas fait usage du mot *ens ;* il n'en a même pas
fait mention, fût-ce pour le rejeter ; mais il a pris *essentia* en
considération comme équivalent possible d'*οὐσία* et s'est réservé
le droit d'en user, quitte d'ailleurs à ne pas le faire. On va voir
qu'il invoque deux autorités en faveur de ce terme :

Quid, inquis, sibi ista vult praeparatio? Quo spectat? Non
celabo te : cupio, si fieri potest propitiis auribus tuis, *essentiam*
dicere ; sin minus, dicam et iratis. Ciceronem auctorem hujus
verbi habeo, puto locupletem ; si recentiorem quaeris, Fabia-

1. « Quid ergo erit, ex quo haec deducantur? Illud cui nomen modo parum
proprium imposuimus, *quod est*. Sic enim in species secabitur, ut dicamus :
quod est aut corporale est aut incorporale... Illud genus *quod est* generale,
supra se nihil habet. Initium rerum est... *quod est* in has species divido, ut
sint corporalia aut incorporalia. SÉNÈQUE, *Ad Lucilium*, 58, 11-14.
2. BOÈCE, *De hebdomadibus*, PL 64 ; 1311B.
3. « Diversum est, tantum esse aliquid, et esse aliquid in eo quod est :
illic enim accidens, hic substantia dicitur. » *Loc. cit.*, 1311C.
4. Sur la correspondance entre *einai* et *esse*, voir BOÈCE, *De persona et
duabus naturis*, cap. III; PL 64, 1344C.

num disertum et elegantem, orationis, etiam ad nostrum fasti-
dium, nitidae. Quid enim fiet, mi Lucili? Quomodo dicetur
οὐσία, res necessaria, naturam continens, fundamentum
omnium? Rogo itaque, permittas mihi hoc verbo uti : nihilo-
minus dabo operam, ut jus a te datum parcissime exerceam :
fortasse contentus ero mihi licere [1].

Nous n'avons aucun texte de Cicéron où paraisse le mot
essentia, mais le témoignage de Sénèque nous assure qu'il l'a
au moins proposé. Quant à Sergius Flavius Papirius Fabianus,
dont Sénèque parle ailleurs encore [2], il n'a certainement pas
assuré le succès de ce terme, que Sénèque lui-même se croit
obligé de réintroduire avec tant de précautions.

C'est peut-être le même Fabianus qui reparaît un peu plus
tard, dans un texte de Quintilien, sous le nom de Flavius :
*Et haec interpretatio non minus dura est, quam illa Flavii essen-
tia atque entia* [3]. Il est remarquable que Quintilien ne cite pas
Sénèque, mais remonte ici directement au rhéteur qui semble
n'avoir pas hésité devant le néologisme. Fabianus avait en effet
essayé, non seulement *essentia*, mais le substantif féminin *entia*,
qui serait à *essentia* comme un français *sence* serait à *essence*.
Pour des raisons diverses [4], et, de toute manière, en fait, *entia*
n'a pas vécu et l'on voit qu'*essentia* semble encore dur aux
oreilles de Quintilien, mais les écrivains chrétiens vont bientôt
en faire librement usage et le vulgariser. C'est que, selon la
remarque de Quintilien lui-même, il n'y a pas d'autre mot latin
pour traduire le nom dont Aristote désigne la première des
catégories :

Ac primum Aristoteles elementa decem constituit, circa quae
versari videatur omnis quaestio : οὐσία, quam Flavius *essentiam* vocat; neque sane aliud est ejus nomen latinum [5].

Il est d'ailleurs remarquable que Quintilien ait interprété ce
terme, non pas au sens d' « essence » comme nous faisons aujour-
d'hui, mais comme signifiant le fait même que la chose « est »,
car il ajoute aussitôt, parlant de l'*essentia : sed ea quaeritur :*

---

1. SÉNÈQUE, *Ad Lucilium* 58, 4-5. Le néologisme a continué de surprendre
copistes et éditeurs, qui ont longtemps écrit : *quid sentiam dicere* au lieu de
essentiam dicere.
2. SÉNÈQUE, *Consolatio ad Marciam* 23, 3.
3. QUINTILIEN, *De institutione oratoria* II, 14, 2.
4. Voir A. ERNOUT et A. MEILLET, *Dictionnaire étymologique*, p. 302.
5. QUINTILIEN, *De institutione oratoria* III, 6.

an sit? Ce qui répond pour lui à la question *quid sit* n'est pas
l'essence, mais la qualité.

Au IIIe siècle, Arnobe (260-327) use au contraire d'*essentia*
pour désigner, non le fait même d'être, mais la nature de ce
qui est : ... *sint unius essentiae vel unius debeant esse naturae*[1]...
D'un sens à l'autre, le passage est inévitable par la notion de
réalité :

> certum est utique Minervam non fuisse neque rerum in numero
> aut ulla esse in substantia computatam, sed ex quo capite
> Jovis enata est, et esse res coepit et nonnulla in essentia consti-
> tuta...[2].

C'est en effet à partir du moment où Minerve acquiert une
certaine *essentia* qu'elle peut être comptée pour une sorte de
substantia donc aussi de réalité.

Il semble donc qu'Arnobe ait usé sans scrupule de ce terme
technique et l'on peut d'ailleurs se demander, sans d'ailleurs
pouvoir répondre, si nos éditions actuelles des auteurs latins
n'ont pas involontairement éliminé *essentia* de textes où il se
lisait primitivement, mais d'où les copistes, qui ne le connais-
saient pas, l'ont spontanément éliminé. Le fait s'est produit
pour le texte de Sénèque, *Ad Lucilium*, 58, 4, que nous venons
de citer. Au lieu de *cupio, si fieri potest propitiis auribus tuis,
essentiam dicere*, certaines éditions anciennes s'accordaient à
donner : *cupio, si fieri potest propitiis auribus tuis, quid sentiam
dicere* ». En ce qui concerne Arnobe, Reifferscheid s'est corrigé
deux fois lui-même sur ce point, et il a dû rétablir dans sa Préface un *essentiae* auquel s'était substitué *sententiae*, puis un
essentia auquel s'était substitué un *substantia* [3]. C'est donc là
un point sur lequel les éditeurs ont lieu de se tenir en éveil.

Ainsi, l'essence commence à se faire accepter, en des sens
d'ailleurs variables, puisque le terme qui la désigne signifie tantôt

---

ʃ 1. ARNOBE, *Adversus Gentes*, éd. Aug. Reifferscheid (CSEL, t. IV),
p. 252, l. 3.

2. ARNOBE, *Adversus Gentes*, lib. II; *éd. cit.*, p. 105. Cf. lib. VII, p. 262,
l. 4-5 : « Cum enim sint essentiae dispares substantiaeque unae... »

3. « ...Deo, cujus nutu et arbitrio omne quod est constat et in essentiae
(*sic*, au lieu de *sententiae*) suae perpetuitate defixum est. » ARNOBE, *Adversus
Gentes*, lib. I; *éd. cit.*, p. 18; ll. 20-21. Pour la correction, voir Préface, p. xv...
« atque in sui nominis essentia (et non pas *esse substantia*) praedicari ». *Op. cit.*,
lib. II, p. 77. Pour la correction, voir Préface, p. xvii. On peut d'ailleurs
se demander si *sui nominis* n'est pas une autre erreur, pour *veri nominis*.

le fait même d'être, au sens d'*esse*, tantôt la nature de ce qui est, tantôt même la substance qui possède cette nature. *Essentia* n'en demeure pas moins rare à cette date. Je ne l'ai noté ni chez Minucius Felix, ni chez Tertullien, ni chez Lactance, ni chez Cyprien, ni chez saint Ambroise, et, sans oser affirmer qu'il ne s'y trouve pas, je crois pouvoir douter qu'on l'y rencontre. Au IVe siècle, les controverses sur le dogme de la Trinité, où l'οὐσία des Grecs et ses composés occupaient une place si importante, semblent avoir contribué à répandre l'usage du terme. C'est du moins ce que suggère un passage de saint Hilaire de Poitiers qui, argumentant contre les Ariens, définit l'*essentia :* « la chose qui est, ou ce dont elle est *(sc. composée)* et qui subsiste dans ce qui demeure [1] ». Ce dernier sens conduit au sens propre du terme : « ce qui est toujours », par où l'on rejoint une de ses connotations les plus fréquentes dans la langue de saint Augustin.

Le mot est donc déjà formé, et plus ou moins en usage, lorsqu'on en arrive au temps de saint Augustin. Pourtant, il n'a pas encore réussi à s'imposer puisque, dans le *De moribus Manichaeorum* (vers 388), nous le voyons une fois de plus présenté comme un néologisme :

> Itaque ut nos jam novo nomine ab eo quod est *esse*, vocamus *essentiam*, quam plerumque *substantiam* etiam nominamus : ita veteres qui haec nomina non habebant, pro essentia et substantia *naturam* vocabant [2].

1. « Sed quia frequens nobis nuncupatio essentiae ac substantiae necessaria est, cognoscendum est quid significet essentia, ne de rebus locuturi, rem verborum nesciamus. Essentia est res quae est, vel ex quibus est, et quae in eo quod manet subsistit. Dici autem essentia, et natura, et genus, et substantia uniuscujusque rei poterit. Proprie autem essentia idcirco est dicta, quia semper est. Quae idcirco etiam substantia est, quia res est quae est, necesse est subsistat in sese : quicquid autem subsistit, sine dubio in genere, vel in natura, vel substantia maneat. Cum ergo essentiam dicimus, significare naturam, vel genus vel substantiam intelligimus ejus rei quae in his omnibus semper esse subsistat. Nunc igitur praescriptas ab orientalibus fidei definitiones recenseamus ». Hilaire DE POITIERS, *De Synodis adversus Arianos*, dans *Opera* (Paris, 1572), p. 125 BC. Cf. AUGUSTIN, *De Trinitate*, V, 2, 3 ; PL 42, 912, où le terme *essentia*, présenté comme un équivalent du grec *ousia*, se trouve appliqué au Dieu de l'*Exode*, iii, 14, parce qu'étant l'être immuable par excellence, il mérite suprêmement et en toute vérité le titre d'*essentia*.

2. AUGUSTIN, *De moribus Manichaeorum* II, 2, 2 ; PL 32, 1346.

D'où une série d'équivalences qui permettent de s'assurer que le sens d'*essentia* est simplement ici : la propriété d'être un *sens*, si l'on peut dire. En d'autres termes, *essentia* signifie ce qu'aurait signifié, s'il eût réussi, le substantif féminin singulier mentionné par Sénèque : *entia*.

Les controverses trinitaires, dont nous avons noté l'influence sur la diffusion du terme *essentia*, invitent Augustin à l'employer souvent dans le *De Trinitate* pour rendre l'οὐσία des Grecs et, dans la *Cité de Dieu*, il n'hésitera pas à parler des degrés qui déterminent la hiérarchie naturelle des essences, l'essence suprême étant, bien entendu, Dieu lui-même :

> Cum enim Deus summa essentia sit, hoc est summe sit, et ideo immutabilis sit... naturas essentiarum gradibus ordinavit. Sicut enim ab eo quod est sapere, vocatur sapientia, sic ab eo quod est esse, vocatur essentia : novo quidem nomine, quo usi non sunt latini sermonis auctores, sed jam nostris temporibus usitato, ne deesset etiam linguae nostrae, quod Graeci appellant οὐσίαν. Hoc enim verbum e verbo expressum est, ut diceretur essentia [1].

Aussi, lorsqu'il écrivait la *Cité de Dieu*, Augustin pouvait constater que le terme *essentia*, quoique inconnu des Anciens, était usité de son temps. C'est la première fois, à notre connaissance, qu'on en ait parlé comme d'un terme usuel. Il semble donc l'être devenu vers la fin du IVe siècle ou le début du Ve. En fait, on le rencontre plus fréquemment à partir de cette date, par exemple au Ve siècle, dans un poème de Sidoine Apollinaire, avec le sens qu'a le terme « être » dans la formule « hiérarchie des êtres [2] »; dans la *De statu animae* de Claudianus Mamertus, où il est plusieurs fois employé au sens de ce qui a

---

1. AUGUSTIN, *De civitate Dei* XII, 2; PL 41, 350. Cet ouvrage date de 413-426, et il se peut que le terme *essentia* ait gagné du terrain depuis 388. — Pour l'équivalence *substantia - essentia* dans la langue théologique, cf. *De Trinitate* II, 2, 3 (PL 42, 912) avec préférence en faveur d'*essentia;* V, 8, 9-10; 917 : « Essentiam dico, quae *ousia* graece dicitur, quam usitatius substantiam vocamus »; VII, 4, 7, qui renvoie au texte précédent, *etc.*

2. Invenit hic princeps quid prima essentia distet
   A summo sextoque bono.

Sidoine APOLLINAIRE, *Epithalamium Polemio et Araneolae dictum*, PL 58, 714. Cette première *essentia* est celle des pierres, qui « sunt tantum », les autres êtres se hiérarchisant jusqu'au sixième degré, qui est Dieu.

l'*esse* [1]; enfin et surtout chez Boèce, dont l'influence seule aurait suffi à l'imposer.

De quel Boèce s'agit-il? Non plus, cette fois, de celui des Commentaires sur Porphyre, que nous avons vu adopter *ens*, mais de celui des opuscules théologiques, et d'eux seuls, car le terme *essentia* ne figurait même pas dans la *Consolatio philosophiae*. Entre les opuscules, il se rencontre une fois dans le *De Hebdomadibus*, une fois dans le *De Trinitate* et neuf fois dans le *De persona et duabus naturis* [2]. Reçu par lui comme équivalent de l'οὐσία grecque [3], il se retrouve étroitement lié à la spéculation théologique, et particulièrement au problème de la Trinité dont il semble avoir eu quelque peine à se détacher.

III. *Existentia.*

Nom féminin singulier dérivé du verbe *exsisto, is.* Ce verbe, composé de *ex* et de *sisto*, ne signifie pas « exister », du moins dans la langue classique. Il signifie proprement « sortir de », d'où, au figuré, « paraître », « se manifester ». Cf. *velles ut transiret quidquid existit in praesentia* [4] ...; *quod ex homine syro, docto prius graecae facundiae, post in latina etiam dictor mirabilis exstitisset* [5]... Certains emplois de ce verbe suggèrent combien était facile le passage au sens français d' « exister », par exemple : *Existunt in animis varietates* [6]. S'il « se rencontre » des diversités dans les esprits, c'est qu' « il y en a », donc qu'il en « existe ».

1. « Pati vero non est nisi passibilis creataeque substantiae, quae quoniam a summa essentia, quae Deus est, ut existeret vocata de nihilo est... » Claudianus MAMERTUS, *De statu animae* I, 3; ed. A. Engelbrecht, CSEL, XI (Vienne, 1885), p. 27... « qui (*sc.* creator) illi (*sc.* homini) ineffabilis benignitatis largitate essentiam cum lapidibus, vitam seminalem cum herbis et arboribus... dedit. « *Op. cit.*, I, 21, p. 71... » sicut tenebras luci, sicut essentiae nihilum, ita incorporeo corpus esse contrarium... « *Op. cit.*, II, 2, p. 103. On notera que l'*essentia* est entendue ici comme signifiant l'*entia*.

2. Voir *essentia — ae — am*, dans Lane COOPER, *A Concordance of Boethius* (Cambridge, 1928), p. 128.

3. ... « essentiam quidem *ousia*... Idem est igitur *ousia* esse quod essentiam... » BOÈCE, *De persona et duabus naturis*, cap. III; PL 64, 1344CD.

4. S. AUGUSTIN, *Conf.* VII, 11, 17; PL 32.

5. S. AUGUSTIN, *op. cit.*, IV, 14, 21; PL 32, 702.

6. CICÉRON, *De Officiis* I, 107.

Pourtant la langue classique a toujours maintenu la connotation d'origine introduite par *ex ;* le verbe *existere* n'y signifie
jamais « exister » au sens où nous disons qu'une chose « est »,
ou « existe ».

Le passage au sens français d' « exister » est chose faite,
semble-t-il, dès la traduction du *Timée* par Chalcidius (IIIe-
IVe siècles). Ainsi, τῷ δὲ ὄντως ὄντι (*Timée*, 52c) s'y trouve
rendu par : *At enim vere existentium rerum* [1] ..., où *existentium*
signifie, si non « qui existent », du moins « qui sont ». De même,
où Platon écrit ὄν τε καὶ χώραν καὶ γένεσιν (*Timée*, 52d)
Chalcidius traduit : *existens, locum, generationem* [2]. Dans le passage de *Timée* 52b, où Platon dit que ce qui n'est pas quelque
part n'est pas du tout, Chalcidius traduit οὐδὲν εἶναι par
minime existere [3]. Enfin, dans le Commentaire de sa propre
traduction, ayant à paraphraser τρία .. αὐτὰ ὄντα (*Timée*, 35a),
Chalcidius rend ce dernier mot par *existentia* [4]. Tout se passe
comme si le terme *ens*, qui aurait convenu dans tous ces passages, ne s'était même pas offert à son esprit. Notons en outre
que le dérivé *existentia* n'existe pas chez lui. Du moins ne l'y
ai-je pas rencontré. Les dictionnaires qui le lui attribuent se
fondent peut-être sur une méprise avec le pluriel neutre d'*existens* qui, on vient de le voir, appartient en effet à son vocabulaire.

Par contre, *existentia* féminin singulier paraît dès Candide
l'Arien (IVe siècle), qui en fait libéralement usage et l'accompagne d'ailleurs de plusieurs dérivés [5] : *Nulla enim neque
substantia neque substantialitas, neque existens neque existentitas, neque existentia neque existentialitas* [6]. Ainsi, l'*existentitas*
est le propre de l'*existens* comme l'*existentialitas* l'est de l'*existentia*. Or on ne peut douter que Candide n'entende désigner par

---

1. Ch. XXVI dans *Fragmenta philosophorum graecorum*, ed. Aug. Mullach II
(Paris, 1867), p. 180.
2. Ch. XXVII, *ibid.*
3. *Ibid.*
4. Ch. XXVIII, *op. cit.*, p. 186.
5. Cf. J. H. BAXTER et Ch. JOHNSON, *Mediaeval Latin Word-list from
British and Irish Sources* (Oxford University Press, 1934), p. 162, où *existentia*
est signalé vers 1220 et 1363; *existere* vers 1362; *existo*, au sens de l'auxi-
liaire *to be*, au XIIIe siècle et vers 1453. Il ne s'agit ici, notons-le, que de sources
anglaises ou irlandaises.
6. Candidus ARIANUS, *De Generatione divina* I; PL 8, 1013.

là ce que nous nommons l' « existence », en tant qu'elle est la propriété de ce qui « est » ou « existe ».

> Differt autem existentia ab existentialitate, quoniam existentia jam in eo est, ut sit jam esse ei : at vero existentialitas potentia est, ut possit esse, quod nondum est. Multo magis autem differt existentia a substantia, quoniam existentia ipsum esse est, et solum est, et non in alio non esse, sed ipsum unum et solum esse; substantia vero non solum habet esse, sed et quale et aliquid esse [1] (*Op. cit.*, 2; 1014).

Marius Victorinus, contemporain de Candide, use également du terme *existentia* au sens d' « être [2] ».

Il ne semble pourtant pas que, pris en ce sens, le mot ait d'abord réussi. On ne le retrouve ni chez Augustin, ni chez Boèce. Au moyen âge, il reparaît avec au moins deux sens différents, qui ne sont pourtant pas sans se refléter parfois l'un dans l'autre :

1° comme dérivé d'*exsistere* pris au sens classique, avec connotation d'origine; par exemple, dans le texte si intéressant de Richard de Saint-Victor :

> Possumus autem sub nomine exsistentiae utramque considerationem subintelligere, tam illam scilicet quae pertinet ad rationem essentiae, quam scilicet illam quae pertinet ad rationem obtinentiae; tam illam, inquam, in qua quaeritur quale quid sit de quolibet, quam illam in qua quaeritur unde habeat esse. Nomen exsistentiae trahitur ex verbo quod est exsistere. In verbo sistere notari potest quod pertinet ad considerationem unam; similiter per adjunctam praepositionem *ex* notari potest quod pertinet ad aliam. Per id quod dicitur aliquid sistere, primum removentur ea quae non tam habent in se esse quam alicui inesse, non tam sistere, ut sic dicam, quam insistere, hoc est alicui subjecto inhaerere... Quod igitur dicitur sistere, tam se habet ad rationem creatae quam increatae essentiae. Quod autem dicitur exsistere, subintelligitur non solum quod habeat esse, sed etiam aliunde, hoc est ex aliquo habeat esse. Hoc enim intelligi datur in verbo composito ex adjuncta sibi praepositione. Quid est enim exsistere nisi *ex* aliquo *sistere*, hoc est *substantialiter ex aliquo* esse? In uno itaque hoc verbo exsistere, vel sub uno nomine *exsistentiae*, datur subintelligi posse et illam considerationem quae pertinet ad rei qualitatem et illam quae pertinet ad rei originem [3].

1. Candidus ARIANUS, *op. cit.*, 2; PL 8, 1014.
2. Marius VICTORINUS, *De Generatione Verbi divini*, ch. II; PL 8, 1021.
3. Richard DE SAINT-VICTOR, *De Trinitate* IV, 12; PL 196, 937-938.

Ainsi définie à propos de l'existence des personnes divines, mais étendue à celle des personnes humaines (*Op. cit.*, IV, 14), l'*exsistentia* a désormais conquis droit de cité dans la théologie médiévale. Cf. chez Alexandre de Hales : *nomen exsistentiae significat essentiam cum ordine originis* [1];

2° comme dérivé d'*exsistere* pris au sens secondaire et impropre du français « exister »; par exemple dans la traduction latine du *Fons Vitae* de Gebirol, où l'on rencontre *exsistere per se in actu, accidens non intelligitur exsistens per se* [2], *esse est exsistentia formae in materia* [3]. Notons pourtant qu'*exsistentia* peut, chez Gebirol, connoter franchement l'origine, et qu'il semble qu'un reste de cette connotation première l'accompagne généralement :

> Nonne vides quod exsistentia essentiae omnium rerum non est nisi ex materia et forma, et exsistentia materiae et formae ex voluntate, ideo quia ipsa est actor earum et conjunctor et retentor earum [4]?

Ici, le rapport d'origine est aisément reconnaissable. Il l'est moins dans la phrase suivante : *omnis forma ad exsistentiam suam eget materia quae sustinet eam* [5], et plus loin : *minor pars quantitatis non est exsistens in non-materia.* Il me semble avoir disparu dans la phrase que voici :

> et quando volueris imaginari quomodo est exsistentia simplicis substantiae in substantia simplici... imaginare exsistentiam colorum et superficierum in corporibus... etc. [6].

Pris en ce sens, les termes *exsistentia* et *exsistere* ne me paraissent pas appartenir à la langue de saint Thomas, qui emploie *esse*, par exemple, en décrivant la composition de l'*esse* avec l'*essentia*. Par contre, peu après lui, Gilles de Rome introduit une distinction intéressante entre *esse* et *exsistere :*

> Redeamus ergo ad propositum et dicamus quod quaelibet res est ens per essentiam suam; tamen quia essentia rei creatae

---

1. Alexandre DE HALES, *Summa theologica*, pars II, Inq. II, Tr. I, Quaest. I, no. 349, éd. Quarrachi, 1924, I, pp. 517-518.
2. *Fons Vitae* V, 23, éd. C. Baeumker (Beiträge zur Geschichte !der Philosophie des Mittelalters, Texte und Untersuchungen, Münster, 1892), p. 300.
3. *Op. cit.*, V, 10, *éd. cit.*, p. 274.
4. *Op. cit.*, V, 39, *éd. cit.*, p. 327.
5. *Op. cit.*, II, 19, *éd. cit.*, p. 59.
6. *Op. cit.*, II, 15, *éd. cit.*, p. 50.

non dicit actum completum sed est in potentia ad esse, ideo non
sufficit essentia ad hoc quod res actu exsistat nisi ei superadda-
tur aliquod esse quod est essentiae actus et complementum.
Exsistunt ergo res per esse superadditum essentiae vel naturae.
Patet itaque quomodo differat ens per se acceptum et exsistens [1].

Ainsi l'être existe en vertu de l'addition de son *esse* a son *essentia*. D'où la formule *actu exsistere* [2] et l'identification : *verum
quia nominibus utimur ut volumus, multotiens pro eodem accipitur ens et exsistens* [3]. La controverse avec ⌊Henri de Gand
sur l'*esse essentiae* et l'*esse exsistentiae* doit avoir contribué à
vulgariser l'emploi du terme. En tout cas, à partir du XIVe siècle,
exsistentia se rencontre fréquemment.

En français, « existence » semble n'avoir été que tardivement
accepté. Dans la 2e édition de *La Métaphysique ou science surnaturelle* [4], Scipion du Pleix, traitant de la différence qu'il y
a « entre essence et existence », écrit au Liv. II, ch. III, 8;
p. 124) : « Il est donc certain qu'il y a notable différence entre
l'existence et l'essence des choses. Mais pour le mieux entendre
il faut observer qu'en notre langue française nous n'avons
point de terme qui réponde énergiquement au latin *existentia*,
qui signifie la nue entité, le simple et nu être des choses sans
considérer aucun ordre ou rang qu'elles tiennent entre les
autres. » Par contre, en 1637, Descartes use du terme « existence » sans aucun scrupule, comme on peut s'en assurer en
relisant la IVe Partie du *Discours de la méthode :* « ... je pris
garde aussi qu'il n'y avait rien du tout en elles (*sc*. ces démonstrations) qui m'assurât de l'existence de leur objet »; et un
peu plus loin : « Au lieu que, revenant à examiner l'idée que
j'avais d'un être parfait, je trouvais que l'existence y était
comprise... » etc. [5]. Le terme « existence » s'est donc fait recevoir des philosophes d'expression française entre 1609 et 1637.

En anglais, le substantif *existence* est relativement ancien.
Il s'y double d'un autre nom, dont le sens semble le même :
existency. Le *New English Dictionary* [6] distingue deux sens

1. Gilles DE ROME, *Theoremata de esse et essentia* XIII, éd. Edgar Hocedez
(Louvain, 1930), p. 83.
2. *Op. cit.*, XXI, *éd. cit.*, p. 130.
3. *Op. cit.*, XIII, *éd. cit.*, p. 83.
4. Ed. Paris, Gueffier, 1617; première édition, 1609.
5. *Discours de la méthode*, IVe partie, éd. E. Gilson (Paris, 1935), p. 91.
6. *New English Dictionary* III (Oxford, 1897), p. 413.

principaux d'*existence*, dont les deux premiers intéressent notre problème : 1° *Actuality*, *reality*, opposé à *appearance*, comme nous disons aujourd'hui « apparence et réalité »; on cite trois exemples, dont deux empruntés à Chaucer (1384 et 1400), et un à Lydgate (1430); 2° être *(being)*, le fait ou l'état d'exister; exemple de 1430, Lydgate : *Thing counterfeyted hath non existence*. On peut donc dire que, au sens 1°, ce nom date du XIV⁰ siècle, et, au sens 2°, du XV⁰ siècle. Sans réserve, bien entendu, d'attestations plus anciennes que l'on pourra éventuellement découvrir.

RÉPONSES A QUELQUES QUESTIONS

La première édition de ce livre date de 1948. Invité par l'amitié de mon éditeur à le réimprimer, et même à l'augmenter de quelques pages nouvelles, je l'ai relu la plume à la main, apportant çà et là au texte quelques corrections de détail, mais peu nombreuses et toutes de pure forme. Ses conclusions d'alors restent aujourd'hui les miennes, mais il ne sera pas inutile d'éclaircir deux ou trois points qui pourraient faire difficulté dans l'esprit de ses lecteurs.

*
* *

En premier lieu, si j'avais aujourd'hui à écrire le livre, j'en modifierais la terminologie sur un point important. J'ai été sans cesse gêné, en l'écrivant, par l'absence d'un mot français distinct, et reçu par l'usage, pour traduire *esse* comme distinct de *ens*. Nous n'avons qu'un seul mot pour les deux : être, qui désigne indifféremment l'acte d'être *(esse)* et ce qui est *(ens)*. J'ai usé aussi souvent qu'il le fallait de périphrases pour dire en quel sens j'entendais le mot être dans chaque cas particulier. J'ai parfois dit « acte d'être », parfois aussi « existence », qui n'est pas un emploi moderne du terme, puisque Bañez, en s'en expliquant d'ailleurs, l'a déjà pris en ce sens. La crainte française du néologisme ne justifie pas une timidité si dommageable à la clarté et à la précision philosophiques. J'écrirais aujourd'hui sans hésiter, d'un bout du livre à l'autre, *étant*, pris substantivement, pour désigner l'*ens*, ou « ce qui a l'être », et je réserverais le mot *être*, pris lui aussi substantivement, pour signifier ce que saint Thomas nommait *esse*, ou *actus essendi*, qui est l'acte en vertu duquel un étant est un être actuel. Il eût fallu introduire dans le livre maint changement de rédaction pour l'astreindre à cette nouvelle terminologie sans que la pensée même en fût aucunement changée. Il a semblé, que, dans plus d'un cas où certaines nuances de pensée risquaient de se perdre au cours de l'opération, le remède serait parfois pire que le mal.

Du côté de l'école thomiste, certains se sont émus de m'entendre dire que nous n'avons aucun concept de l'être pris au sens précis d'*esse*. On m'a justement objecté que saint Thomas disait le contraire, et cela est vrai, mais ce livre n'est pas une histoire de la philosophie, ni même un exposé de la philosophie thomiste. Bien qu'il s'en réclame, il ne l'expose pas. Au sens où je prends le mot, « concept » signifie le « concept quidditatif », qui en est le sens moderne de loin le plus fréquent. Il ne suffit d'ailleurs pas de citer des passages où saint Thomas parle d'un *conceptus* de l'être pour mettre mon usage du mot en contradiction avec le sien. Dans sa propre langue, *conceptus, us*, signifie tout fruit de l'acte de *concipere*, c'est-à-dire tout produit d'une conception : la progéniture, le fruit, le fœtus. Dans la pensée, le *conceptus* est toute conception de l'esprit. Ce que nous nommons aujourd'hui concept entre bien dans la classe de ce que saint Thomas nommait une conception, car si nous ne pouvions concevoir l'acte d'être, comment pourrions-nous en parler? Mais il ne suit pas de là que nous puissions avoir un concept quidditatif de l'*esse*. La supposition est même impossible, car si l'acte d'être est une quiddité, il ne peut aucunement se distinguer de l'essence, en étant lui-même une. Il devrait donc suffire, dans ce livre qui traite de philosophie, non d'histoire de la philosophie, de toujours entendre le mot concept au sens de concept quidditatif, chaque fois qu'il y est dit que nous n'avons pas de concept de l'exister. Nous concevons l'être *(esse)* et nous nous en formons une conception, mais nous n'en avons pas de concept, sauf, bien entendu, si nous le pensons comme implicitement inclus dans celui de l'*étant (ens)* qui, dénotant une essence, est objet de concept.

.*.

Plus important est le regret, plusieurs fois exprimé, que notre enquête philosophique sur l'histoire de la philosophie se soit arrêtée au seuil de notre époque et n'ait parlé que par allusion de l'existentialisme contemporain; de celui, si c'en est un, de Martin Heidegger en particulier.

Le langage dont usait le livre rendait le reproche inévitable. Dès que je parlais d'existence, je pouvais être sûr qu'on me sommerait de me mettre en règle avec l'existentialisme. Il doit pourtant être permis de parler d'existence au sens qu'avait *existentia* chez Bañez, pour signifier l'acte d'être thomiste en tant qu'il se distingue réellement de l'essence. En fait, la philosophie de Martin Heidegger ne jouait aucun rôle dans cette histoire et je n'aurais pu l'y introduire qu'arbitrairement pour sembler accommoder mon enquête au goût du jour. Outre un manque personnel d'inclination pour une entreprise de ce genre, j'avais une raison de m'abstenir. Je l'ai encore. L'existentialisme n'est entré que très tardivement dans ma vie philosophique, trop tard en vérité pour que je pusse nouer avec lui les longues années de familiarité sans lesquelles, pour moi du moins, il est impossible d'entrer an communion avec la pensée d'un philosophe. Je l'ai sincèrement regretté, non pourtant sans trouver une consolation dans la pensée que, de toute manière, la philosophie continuera après moi et que si le sens vrai du premier principe de la métaphysique vient seulement d'être découvert, je suis dans la situation de celui qui meurt d'une maladie dont on vient tout juste de trouver le remède. Ce n'est pas impossible, mais j'ai des doutes à ce sujet.

La seule chose dont je sois sûr, à propos de l'existentialisme, c'est que je ne sais pas ce que c'est. Je n'ai d'ailleurs jamais rencontré un seul métaphysicien qui acceptât ce terme pour désigner sa philosophie et je n'en connais pas deux qui entendent au même sens le mot « existence ». Peut-être puis-je confirmer cette remarque par un témoignage personnel. Je me suis trouvé moi-même classé comme un « existentialiste chrétien ». Je reconnais que je n'ai pas qualité pour protester, car, comme le disait plaisamment un historien récent, nous avons bien le droit de négliger ces détails et de faire des groupes; s'il fallait s'occuper de ce que disent les philosophes eux-mêmes du sens exact de leur doctrine, en écrire l'histoire serait impossible. Je me contenterai donc simplement de faire observer que, pas plus que les autres, je ne comprends le sens de l'étiquette dont on affuble ma pensée. Si j'en suis un, je ne peux être, comme eux, qu'un existentialiste sans le savoir.

La seule raison qui m'invite à dire aujourd'hui quelque chose de doctrines sur lesquelles j'ai cru jadis sage de me taire, est qu'alors que je les évitais comme n'ayant joué aucun rôle dans ma réflexion personnelle, sauf peut-être Kirkegaard que j'ai lu tardivement mais avec un extrême intérêt, je me suis entendu dire cette chose pour moi stupéfiante, que les conclusions auxquelles m'ont lentement conduit de longues années de réflexion sur l'histoire de la philosophie médiévale et moderne ne se seraient formées dans mon esprit que sous l'influence de l'existentialisme contemporain. Voici ce qu'écrivait à ce sujet M. William Barrett, à la page 94 d'*Irrational Man. A Study in Existential Philosophy*, Doubleday, New York, 1958 :

« Les philosophes catholiques modernes auxquels nous faisions précédemment allusion ont beaucoup parlé de saint Thomas comme représentant la forme vraie et originale de ce que devrait être un existentialisme chrétien, une assomption qui permet à certains Thomistes d'adopter une attitude plutôt papale et condescendante à l'égard de l'existentialisme moderne comme s'il s'agissait d'un héritier dégénéré. Quoi qu'il en soit, l'existentialisme de saint Thomas est extrêmement discutable ; un fidèle fils de l'Église, Miguel (de) Unamuno — dont le témoignage devrait à première vue avoir autant de poids que celui de n'importe quel érudit médiéviste, puisqu'il était à la fois un érudit et un poète — a critiqué la mentalité de saint Thomas, telle qu'elle s'exprime dans les *Summae*, comme purement légaliste. Les *Summae* plaident une cause, dit Unamuno, elles servent à étayer l'Église comme institution, comme les anciennes codifications du Droit Romain servaient à étayer l'Empire, et, à cet égard, il faut se rappeler combien l'Église du Moyen Age avait hérité de l'esprit de l'ancien Empire Romain. Une bonne part de l'existentialisme thomiste qui circule aujourd'hui ressemble d'ailleurs vraiment à quelque plaidoyer spécial et inventé après coup. Un livre comme celui de Gilson, par exemple, trahit si fortement l'influence de Kirkegaard (bien qu'elle s'y exerce sur un esprit thomiste comme le roc) qu'on peut dire avec certitude que, si Kirkegaard n'avait pas vécu, le livre n'aurait pas été écrit. En effet, sans Kirkegaard, Gilson n'aurait pas trouvé dans saint Thomas ce qu'il réussit à en extraire, et le fait est qu'un grand nombre d'autres thomistes y ont trouvé des choses toutes différentes avant que l'influence de Kirkegaard ne se fût exercée. Allons d'ailleurs plus loin : ce que Gilson trouve ne suffit pas. L'historicité de la vérité est un fait auquel rien n'échappe, pas même, en dépit de leur pérennité, les problèmes de philosophie, et nous devons tenir d'avance pour suspecte toute prétention de trouver au XIIIᵉ siècle une réponse aux problèmes modernes. Même si l'on admet la thèse de saint Thomas sur la primauté de l'existence et sur la distinction réelle de l'existence et de l'essence, nous serions encore loin d'une réponse aux questions qui ont amené des penseurs modernes, tels que Heidegger et Sartre, à rouvrir toute la question de l'Etre. »

L'inconvénient qu'il y a pour un historien des idées à mettre en cause ses contemporains, c'est qu'ils ne sont pas encore morts. Naturellement, l'explication qu'on leur donne d'eux-mêmes les intéresse, mais surtout lorsqu'elle s'exprime sur ce ton péremptoire qui n'a même pas l'excuse d'être celui d'un pape, il est inévitable qu'elle appelle une réaction. Je ne me permettrai pourtant de répondre à cette mise en cause que pour essayer de m'éclairer sur moi-même. Je reconnais d'ailleurs qu'en elle-même la thèse est irréfutable, car c'est une *conclusion historique* fondée sur un *principe philosophique*. Par là même elle est à l'abri de toute contestation, car il n'y a pas de fait qui vaille contre un principe. Il ne peut donc s'agir pour moi que de savoir où j'en suis et, pour ainsi dire, de faire le point.

Quel est ce principe? C'est que « the historicity of truth is inescapable, however perennial the problems of philosophy may be ». Cette historicité de la vérité, même philosophique, ne s'affirme ici qu'au terme de la dispute, mais elle la domine dès le début, car elle seule permet de comprendre ce qu'elle aurait autrement de déconcertant. On nous affirme que certains thomistes présentent aujourd'hui la doctrine de saint Thomas comme représentant ce que devrait être un véritable existentialisme chrétien. Puisque je suis un de ces philosophes auxquels l'auteur a fait précédemment allusion, je me permets de le renvoyer à la page 167 de *Being and Some Philosophers*, où, après avoir dit que la métaphysique thomiste est existentielle à sa manière, j'ajoutais : « Yet, Thomistic philosophy is no existentialism, at least as the word is now understood, unless one prefers to say that it is existentialism as it should be understood. » Je dis donc que le thomisme *n'est pas* un existentialisme au sens moderne du terme, et quand j'ajoute que, si l'on tient au mot (ce qui n'est pas mon cas, d'autant plus que

nul existentialiste n'y tient) il devrait désigner la métaphysique
thomiste, c'est autant dire que notre propre thomisme serait
exactement ce qu'il est, même si l'existentialisme moderne
n'avait jamais existé.

Il est vrai que notre thomisme est de qualité douteuse.
Comme la plupart des philosophes « modernes », notre critique
fait grand cas du principe d'autorité. Ayant affaire à un érudit
qu'il veut confondre, il lui faut trouver mieux; il va donc
chercher un autre érudit, mais qui soit, en outre, un poète.
N'étant aucunement un poète, je reconnais volontiers que
mon critique a gagné. A vrai dire, la compétence de Miguel de
Unamuno en matière de thomisme me semble à peu près égale
à la mienne en matière de « casticisme », mais l'homme du
XIIIe siècle que je suis n'attribuant aucune importance à l'argument d'autorité, je m'incline devant la décision de l'arbitre
doublement qualifié qui vient de trancher le débat.

Rendu en ce point, notre critique s'aperçoit que son interprétation pose un problème. A l'en croire, j'ai dit que la métaphysique thomiste était un existentialisme; mais je me suis
trompé en le disant, puisque Miguel de Unamuno, qui s'y
connaissait et, en outre, était un poète, a dit que le thomisme
était autre chose; d'où la question : puisque je n'ai pas pu
trouver dans le thomisme un existentialisme qui n'y est pas,
où puis-je l'avoir trouvé? La réponse est simple, et c'est le
troisième point : dans Kirkegaard. Là-dessus, on pourrait
penser qu'ayant mis en avant cette assertion, il en apporterait
la preuve. Car enfin, qu'en sait-il? A quelle date ai-je commencé
de lire Kirkegaard dans ses traductions françaises, notamment
le *Post-Scriptum*, d'où j'ai tiré ma première information sur
la doctrine? La vérité, autant que je la connais moi-même,
est que la découverte progressive de l'importance de la notion
d'*esse* chez saint Thomas, que depuis le XVIe siècle on traduit en
latin par *existentia*, et en français, depuis le XVIIe siècle par
« existence », est ce qui m'a inspiré la curiosité de voir ce que
pouvait bien être cet « existentialisme » dont on commençait
à parler. J'ai aussitôt compris, par le peu que j'en pouvais
comprendre, qu'il ne s'agissait pas de la même chose. Je
n'invite pas mon critique à lire mes livres, bien que ce puisse
être utile pour savoir ce que je pense. S'il a du temps à perdre,
il pourra se reporter à la cinquième édition de mon *Thomisme*
(1948), p. 510, il y trouvera cette mise en garde expresse contre

ce qu'il me reproche d'avoir fait. Parlant de la formule « philosophie existentielle », qui peut s'appliquer en un sens au thomisme, j'écrivais ce qui suit : « L'expression est moderne, et bien que les préoccupations qui l'ont inspirée soient aussi vieilles que la pensée occidentale elle-même, il est à peine possible de l'appliquer à saint Thomas, sans paraître vouloir rajeunir celle-ci en l'habillant à la mode d'aujourd'hui. Une telle préoccupation ne serait ni intelligente ni même habile, mais elle aurait en outre pour effet d'agréger le thomisme à un groupe de doctrines dont, sur certains points fondamentaux, il est exactement le contraire ». Je dénonçais enfin cette vaine entreprise de rajeunissement comme sans élégance et sans profit pour personne, mais risquant au contraire « de créer des malentendus dont les répercussions se feraient longtemps sentir ».

C'est donc saint Thomas qui m'a conduit à Kirkegaard, et non le contraire. Je ne leur ai trouvé de commun qu'une saine réaction contre les doctrine du primat de l'essence, et quant à prétendre que, sans Kirkegaard, je n'aurais pas trouvé dans saint Thomas une doctrine de l'*esse* que tant d'autres de ses interprètes n'y trouvent pas, la proposition implique un tel mépris des faits les plus certains qu'on est tenté de se demander si l'on ne fait pas preuve de naïveté en prenant au sérieux les propos d'un aimable collègue qui s'amuse seulement à discuter pour le plaisir de dire quelque chose de *clever*. Car enfin, l'interprétation du thomisme que je propose n'est pas de mon invention. D'autres l'ont soutenue avant moi : Thomas Sutton à la fin du xiiie siècle, Bernard d'Auvergne au début du xive, et d'autres après eux jusqu'à Dominique Bañez au xvie siècle. Est-ce dans Kirkegaard qu'ils ont appris à comprendre en ce sens la métaphysique thomiste de l'être? Mon critique plaisante agréablement; ne prenons pas ses propos plus au sérieux qu'il ne fait lui-même, sauf peut-être le dernier auquel je crois qu'il s'attache vraiment, parce qu'il y va de ce qu'il tient pour un principe inébranlable : l'historicité de la vérité.

Car à toutes les fautes précédemment mentionnées, j'en aurais ajouté une autre. Après avoir dit que le thomisme est la vraie forme de l'existentialisme chrétien, ce qui est faux puisque Miguel de Unamuno dit qu'il est autre chose; après avoir ensuite interprété saint Thomas à la lumière de Kirkegaard pour être plus sûr de retrouver Kirkegaard dans le thomisme, une dernière mésaventure m'attendait, bref, en dépit de ces naïfs subterfuges, je n'aurais même pas réussi à l'y retrouver ! Je ne pouvais d'ailleurs pas y réussir, car il est impossible *a priori* qu'un philosophe du XIIIᵉ siècle ait trouvé d'avance réponse à des problèmes qui ne devaient être posés qu'au XXᵉ siècle. On le voit, mon critique me reproche d'avoir échoué à faire ce que j'ai expressément déclaré qu'il était vain de tenter. Il m'a donc gratuitement prêté une thèse assez simpliste pour être aisément réfutable. Quand on voit, page 95, ce que lui-même comprend du *De ente et essentia* de saint Thomas, c'est-à-dire strictement rien qui se rapporte au problème de l'existence, on ne s'étonne pas qu'il ait situé assez bas les positions qu'il entendait réfuter.

C'est pourtant en ce point que mon critique finit par dire quelque chose de raisonnable et avec quoi je me sens entièrement d'accord : même si l'on accorde la thèse thomiste du primat de l'existence et de sa distinction réelle avec l'essence, nous serions encore loin d'avoir réponse aux questions que Heidegger et Sartre ont posées. Rien de plus juste. Je peux assurer le professeur William Barrett que je m'en étais aperçu. J'ai même souvent réfléchi à la question, mais sans en trouver la réponse. Je l'avoue, et je n'aurais jamais écrit le peu que j'en vais dire, si je ne soupçonnais que, de son côté, mon critique n'est pas très au clair sur la manière dont se pose le problème soit chez saint Thomas d'Aquin, soit chez Martin Heidegger lui-même. C'est donc pour mieux répondre à sa question que je vais à présent prendre congé de lui.

*
* *

Je me suis, disais-je, parfois posé la question, non pas de savoir si l'on peut trouver dans saint Thomas la réponse aux questions que se sont posées Heidegger et Sartre, car puisqu'il n'a pas connu tous les termes de leurs questions et qu'il n'est plus là pour y répondre, j'ignore ce que lui-même aurait répondu, mais simplement de savoir quel sens avaient pour moi ces doctrines, et je ne saurais m'en poser aucune autre à leur sujet.

Il est un de leurs aspects par lequel je me sens moins étranger à leur esprit qu'on ne pourrait le croire. Quand je parle de saint Thomas, je sais fort bien que lui-même ne concevait pas sa philosophie comme la forme suprême de la sagesse. Il ne philosophait que pour aider à l'œuvre de rédemption dont la révélation chrétienne détenait seule les moyens. La philosophie thomiste était une philosophie « engagée ». Celles de Heidegger et de Sartre le sont aussi, la deuxième ouvertement et de propos délibéré, la première spontanément et sans plus de scrupules que n'en éprouva jadis Platon à écrire la *République* et les *Lois*, car ces deux œuvres, dont nous faisons aujourd'hui des utopies, peuvent être entendues tout autrement, comme des programmes d'action, dont Martin Heidegger a peut être lu certains passages, au temps où la politique arrêtait son attention, avec plus de sympathie qu'on ne pense. Retenons seulement de cette remarque générale, qu'aucun de ces trois philosophes ne fut, comme le furent jadis Descartes, Spinoza, Kant ou Bergson, des philosophes de cabinet.

En ce qui concerne Sartre, il n'est pas difficile d'imaginer une réponse thomiste à sa question philosophique personnelle. C'est que, dans les termes où lui-même la pose, elle ne comporte pas de réponse. Je parle naturellement de cette philosophie telle que je crois la comprendre et telle qu'elle peut apparaître à un esprit formé aux disciplines de la philosophie traditionnelle.

En un sens, et si l'on fait abstraction des éléments adventices dont elle s'est chargée dans son commerce avec d'autres philosophies modernes, la philosophie personnelle de Sartre me semble être une philosophie de la liberté. C'est par le problème de la liberté que cette doctrine communique avec ceux de l'existence humaine et de l'être en général. Aristote disait déjà à ce sujet que toutes les opérations et actions dérivent de l'un ou l'autre de deux principes, les natures ou les volontés. A quoi il ajoutait que toutes les opérations causées par une nature sont déterminées, au lieu que toutes les opérations causées par une volonté sont libres. L'homme seul ayant une volonté, lui seul est libre. Tout ceci reste vrai dans la doctrine de Sartre, avec cette modification d'importance décisive que, selon lui, l'homme n'est pas une nature, mais uniquement une volonté. S'il ne l'est, il veut l'être et les durs chemins qu'il faut suivre pour surmonter tous les déterminismes de la nature sont précisément « les chemins de la liberté ». C'est en ce sens que cet existentialisme est un humanisme. Il l'est en tant qu'il revendique la liberté du vouloir comme le bien propre de l'homme et que cette revendication prend la forme d'une révolte contre la nature, avec ses essences nécessaires, ses lois et, bien entendu, son Dieu. Car parmi les attributs de Dieu, il n'en est pas qui le manifeste plus clairement que celui d'Auteur de la Nature. Dieu et la nature suivent la même destinée; ils ont, si l'on peut dire, partie liée. Les théologiens d'ailleurs le savent bien, et c'est pourquoi ils attachent tant de prix aux preuves physiques de l'existence de Dieu.

Voici donc l'homme sans Dieu pour lui prescrire ce qu'il doit faire. La situation ne serait pas sans issue dans une philosophie naturaliste, car bien qu'il y ait un Dieu dans la philosophie d'Aristote, ce Dieu n'a rien révélé à l'homme, il n'a prescrit aucun « commandement de Dieu » ni établi aucune défense; l'homme y porte alors encore en lui-même la règle de son activité morale : sa nature, qu'il lui suffit de connaître pour savoir ce que doit choisir sa volonté. Par sa raison, l'homme peut choisir; ce libre choix est le privilège qui lui permet d'échapper au déterminisme de la nature, mais sa volonté devra poursuivre le bien de l'homme, et comme ce bien est défini par sa nature, l'homme trouvera toujours en elle les règles de sa volonté. Une liberté qui se meut ainsi à l'intérieur d'une nature garantie par un Auteur de la Nature est assurée de toujours savoir ce qu'elle doit faire. Elle ne le sait que trop, selon Sartre; il faut donc se libérer de la nature pour assurer la liberté.

Ce climat philosophique nous est devenu familier. C'est celui de la doctrine de Nietzsche, dont l'*humanisme* profond entend bien remplacer le *déisme* du xviie et du xviiie siècle. Non plus de l'aimable humanisme de salon que servent les professeurs de Belles-Lettres, mais une revendication du droit qu'a l'homme de créer lui-même les valeurs morales, parce qu'il est lui-même leur source et sa propre fin. Ce point est important, car lui seul explique l'attrait que le marxisme exerce sur la pensée de Sartre. Si profondément différentes qu'elles soient en dernière analyse, ces doctrines ont en commun une décision feuerbachienne prise par l'homme d'occuper la place si longtemps usurpée par Dieu. L'avènement de l'homme n'est qu'une autre expression pour signifier la mort de Dieu. On peut concevoir un athéisme philosophique purement négatif. Il se rencontre dans toute philosophie d'où la notion de Dieu est absente. Cette simple absence de Dieu, telle qu'elle s'observe chez Heidegger par exemple, est très importante, mais elle reste ouverte à bien des explications différentes, comme, par exemple, la conviction personnelle que Dieu n'est pas un objet de connaissance philosophique. Dans le marxisme, au contraire, chez Nietzsche et chez Sartre, l'athéisme engendre des conséquences philosophiques positives, mais, à cet égard, le marxisme léninisme occupe une position beaucoup plus cohérente ou, si l'on préfère, beaucoup plus complète, que celle de l'humanisme sartrien. Le matérialisme dialectique implique l'existence d'une nature régie par des lois nécessaires, préférablement conçues comme mécaniques, mais pourtant orientées en un sens défini ou subissant une évolution dont la ligne générale est observable et prévisible. S'il est une philosophie où la question : Que doit-on faire? comporte une réponse, c'est bien celle-là : on doit toujours agir « dans le sens de l'histoire ». Ceux qui vivent en régime communiste n'ont aucune incertitude à cet égard. Tout y est nature, même la liberté.

L'existentialisme de Sartre souffre au contraire sur ce point d'une grave incertitude. Comme celui du marxisme, son athéisme est positif. Il consiste essentiellement en une revendication de l'homme contre Dieu. Ni dans le marxisme ni dans l'humanisme de Sartre il ne s'agit là d'une conséquence philosophique nécessairement déduite d'aucun principe. A parler en philosophe, si l'on arrive à la conclusion qu'il n'y a pas de Dieu (c'est-à-dire qu'au mot dieu aucune réalité ne correspond) il ne reste qu'à n'en rien dire; il est absurde de parler de ce qui n'existe pas. La notion de dieu devrait entrer alors dans l'histoire de la philosophie comme celle de phlogistique est entrée jadis dans l'histoire de la chimie. On n'écrit pas de livres pour annoncer au monde que phlogistique est mort; il n'y a pas plus de raisons d'écrire longuement au sujet d'une notion désormais sans objet.

Ce qui explique l'aspect positif et même agressif de ce genre d'athéisme est la notion toute différente, que la place laissée libre par le départ de Dieu doit être désormais occupée par l'homme. Inutile de faire observer que la conséquence ne suit pas. A première vue elle semble plutôt absurde. La théorie de l'aliénation ne saurait la justifier, car il n'est pas vrai que l'homme ait construit la notion de Dieu en lui prêtant les perfections dont il se dépouillait lui-même en sa faveur. Au contraire, l'homme a fait la notion de Dieu en lui attribuant toutes les perfections qu'il aimerait avoir, mais dont il ne se voit que trop clairement dépourvu. L'immortalité, la toute-puissance, l'omniscience sont des perfections de ce genre; ne les ayant jamais eues, l'homme n'a jamais pu s'en dépouiller. Or il se trouve précisément que, par une inconséquence supplémentaire, l'athéisme positif dont nous parlons entend revendiquer pour l'homme ces mêmes perfections qu'il n'a jamais eues, qu'il ne saurait avoir et dont, loin de s'être dépouillé au profit de Dieu, il veut dépouiller Dieu à son profit.

C'est pour l'humanisme existentialiste une source de difficultés. Je laisse ici de côté la dialectique pseudo-heideggerienne dont il se charge, car si plein de talent qu'il s'y montre, on sent que son auteur joue ici avec un jeu de cartes dont il n'a pas lui-même inventé les règles. Je prends ici en considération deux œuvres à mon sens capitales, *les Mouches* et *L'existentialisme est un humanisme*, et sans en discuter le détail, j'en soulignerai ce qui me semble leur trait le plus important.

L'homme est un être en qui l'existence précède l'essence. Il n'y a donc pas de « nature humaine ». L'homme n'est qu'une sorte d'élan vers l'existence; il est tel qu'il se veut et tel qu'il se conçoit après cet élan vers l'existence. La doctrine se résume sur ce point en deux phrases : « Il n'y a pas de nature humaine, puisqu'il n'y a pas de Dieu pour la concevoir », ensuite : « l'homme n'est rien d'autre que ce qu'il se fait. Tel est le premier principe de l'existentialisme ». Puisque c'est un principe, on ne saurait le discuter, mais on peut au moins s'interroger sur son évidence. Elle semble douteuse. Pourquoi l'absence d'un Dieu pour concevoir une nature entraînerait-elle celle de cette nature? En d'autres termes, quelle impossibilité y a-t-il à concevoir une nature que ne penserait aucun Dieu? Si l'on consulte l'histoire, on constatera que Descartes s'en prenait au contraire à certains théologiens selon qui le fait d'être pensées par un Dieu ne changeait rien aux natures, tellement que ces natures seraient exactement ce qu'elles sont, même, disaient-ils, si Dieu n'existait pas. Le premier principe de l'humanisme existentialiste est une affirmation gratuite, sans ombre de justification.

Cela ne serait rien, si cette première position ne se doublait d'une deuxième. Puisque l'homme se trouve sans nature, réduit à l'état de projet et chargé de se faire lui-même, il est une pure liberté. Le premier usage à faire de cette liberté est pour lui de poser d'abord ses propres valeurs, dont il est entièrement responsable, comme il est responsable de ce qu'il est. Cela aussi peut se comprendre à la rigueur et tant qu'il ne s'agit que de l'individu, mais il est caractéristique de l'humanisme existentialiste que le contraire y est vrai. Précisément parce que l'existence y précède l'essence, l'existant crée l'essence par ses choix libres, et c'est là que la doctrine me devient si difficile à suivre que je soupçonne une lacune grave dans le peu d'intelligence que j'en ai. Car de quoi parle-t-on en parlant ici de l'homme? S'il s'agit de l'individu, j'admets que je me définisse moi-même par mes libres choix successifs; c'est même là l'essentiel de la morale personnelle, mais je ne me définis moi-même qu'à l'intérieur des limites d'une essence, celle de l'homme, qu'il n'est pas question pour moi de créer. La remarque est si simple qu'il n'est pas possible que J.-P. Sartre ne l'ait pas prévue. C'est pourquoi je me contenterai d'avouer mes difficultés comme des incompréhensions plutôt que de les présenter comme des objections.

D'abord, qu'entend-on ici par le mot « essence »? Il semble invraisemblable que cette doctrine laisse à chacun le choix d'être homme, cheval, arbre, etc. Si l'on veut éviter cette absurdité, il faut bien admettre que chaque être humain naît comme un individu de l'espèce homme et qu'à ce titre son essence lui est donnée en même temps que son existence. Partant ensuite de l'hypothèse que la doctrine a un sens, il faut nécessairement admettre que le mot essence signifie ici autre chose que l'entité dont il est traditionnel d'admettre que la quiddité s'exprime dans la définition. Mais alors, qu'est-ce? Je dois avouer que je ne parviens pas à l'imaginer.

Puisqu'il faut en courir le risque, je supposerai que cette notion classique de l'essence est ici tenue pour grossière et veut être remplacée par une autre. L'homme de la doctrine n'est peut-être que l'être pensant, abstraction faite du corps qui l'engage dans une nature et lui en impose les déterminismes. Soit, mais même à m'en tenir au plan de la pensée et de la liberté, qui est un plan tout spirituel, j'éprouve une sérieuse difficulté à comprendre en quel sens l'existence peut précéder l'essence et la causer. Le cœur de cette difficulté tient à ce que, dans mon esprit du moins, la notion d'essence est inséparable de la généralité. Comment est-il possible qu'en décidant de ce que je serai, je prenne une décision capable de constituer, non pas seulement mon essence individuelle, ce qui est compréhensible, mais mon essence d'homme? Je demande, comment cela est-il possible, s'il n'existe ni nature ni essence de l'homme antérieurement à ma décision libre et au sein de laquelle celle-ci serait prise? Or c'est bien de cela qu'il s'agit ici, puisque selon notre philosophe, « quand nous disons que l'homme est responsable de lui-même, nous ne voulons pas dire que l'homme est responsable de sa stricte individualité, mais qu'il est responsable de tous les hommes'». Le sens profond de l'existentialisme humaniste est donc, si l'on veut, un subjectivisme, mais comme il signifie, au-delà du pouvoir qu'a chaque sujet de se choisir soi-même, l' « impossibilité pour l'homme de dépasser la subjectivité humaine », ce subjectivisme est en quelque sorte objectif. En me choisissant, je choisis tous les hommes et cela, à ce que je crois comprendre, parce que, de toute manière, mon choix est nécessairement un choix d'homme. Sans doute, mais j'avoue ne pas voir de différence autre que verbale entre cette subjectivité humaine, le caractère humain de cette subjectivité, et la « nature » humaine qu'on voulait exorciser pour ne faire de l'homme qu'une liberté. Cette subjectivité humaine précède-t-elle ou non l'existence? Si oui, c'est l'essence qui précède l'existence et non pas inversement. Si non, pourquoi l'existence se heurterait-elle à cette subjectivité humaine comme à une limite infranchissable?

Cette question nous conduit à une autre notion, mais nous ramène à la même difficulté sous une autre forme. Pour expliquer comment un choix individuel peut avoir une portée universelle, notre philosophe recourt à la notion talisman de « valeur ». Rappelons le problème. Il s'agit de savoir comment, dans une doctrine sans nature et où l'essence suit l'existence, il est permis de dire qu'en se choisissant, chacun de nous choisit tous les hommes. Voici la réponse : nous choisissons toujours le bien, « car nous ne pouvons jamais choisir le mal »; choisir, c'est donc en même temps affirmer que ce que nous choisissons est bon; c'est du même coup en affirmer la valeur et comme « rien ne peut être bon pour nous sans l'être pour tous », chacun de nos choix, ou de nos actes, « en créant l'homme que nous voulons être..., crée en même temps une image de l'homme tel que nous estimons qu'il doit être ». On ne peut se défendre de quelque inquiétude en présence de ce tour de prestidigitation, car on ne voit pas comment il est fait, mais on ne doute pas qu'il y en ait un.

Pas un des termes de ce raisonnement n'est défini, or celui de « valeur » a particulièrement besoin de l'être. Faut-il l'entendre, au sens idéaliste, comme désignant ce qui vaut pour moi et selon mon jugement? Alors, comment se fait-il que, *dans un monde sans nature humaine*, et où l'existence précède l'essence, ce qui vaut pour moi vaille aussi pour tous? Nous voici revenus au problème de l'essence, qui est au fond le vieux problème des universaux. Comme celle d'essence, la notion de valeur implique généralité. Cette généralité ne peut se fonder que sur une convention ou sur une communauté de nature; un billet de banque qui n'aurait de valeur que pour celui qui l'émet n'aurait aucune valeur, car ce qui ne vaut que pour moi seul ne vaut rien; une action bonne qui ne l'est que pour moi reste bonne assurément, mais elle est sans valeur aucune, puisque sa bonté n'a pas cours. On pourrait à la rigueur décider qu'une valeur solitaire est chose possible, mais on peut difficilement soutenir qu'elle est, à la fois et en même temps, solitaire et universelle, dans une doctrine où la valeur est une libre création de la volonté. Reste donc à revenir à la notion de bien, mais qu'est-ce que le bien sinon un rapport de convenance entre deux natures? Et s'il n'y a pas de natures, comment y aurait-il encore possibilité de choisir un bien pour moi qui le soit aussi pour tous? Les chemins de la liberté ainsi comprise semblent ne conduire nulle part.

Mais l'œuvre n'a pas dit son dernier mot. Il se peut qu'elle aboutisse un jour à justifier la notion d'une liberté excluant toute nature humaine ou essence déjà donnée, et dont les décisions seraient pourtant objectivement valables. Je dis seulement qu'à prendre le problème dans les termes mêmes où il se pose dans cet humanisme existentialiste, je n'en conçois pas la possibilité. C'est une expérience philosophique de plus qu'il aura peut-être été utile de tenter, ne serait-ce que pour constater qu'on n'aboutit nulle part en s'engageant dans cette voie. L'histoire de la science abonde en tentatives de ce genre et les échecs mêmes ont leur utilité.

*
* *

De la philosophie de Martin Heidegger, s'il me faut en parler, je dirai moins encore, et je le dirai avec une extrême prudence qu'impose, pour moi du moins, la manière dont elle s'exprime. Ma connaissance de la langue allemande est trop superficielle pour me permettre de comprendre vraiment l'usage, assez personnel, qu'en fait notre philosophe. Il m'est donc imparfaitement compréhensible en allemand, et il m'est tout à fait incompréhensible en français. La faute n'en est pas à ses admirables traducteurs, mais à la nature même de l'entreprise. Ceux qui le traduisent ont toujours conscience du rapport entre le mot français dont ils usent et le mot allemand qu'ils traduisent; ils comprennent leurs traductions à travers l'original, mais celui qui lit ces traductions ne peut reconstituer l'original à partir de l'équivalent qu'on leur en propose, et s'il entreprend la confrontation des deux textes, ce que le traducteur l'invite souvent à faire en donnant le mot allemand entre parenthèses, un problème encore plus déroutant se pose à lui, car il a désormais deux textes dont il se demande souvent avec inquiétude comment l'un d'eux peut se croire la traduction de l'autre? D'où des notes, des commentaires et des gloses de toute sorte qui ne remplacent pas la clarté normale de traductions dont, parce que l'original du moins est facilement compréhensible, on peut toujours vérifier le sens. La pensée de Heidegger est si profondément enracinée dans le langage qu'il serait puéril de lui reprocher son obscurité. Il ne la cherche pas, mais elle lui est inévitable. On ne la mentionne ici que pour expliquer la méfiance envers soi-même que l'on doit éprouver en parlant de sa doctrine. Heureux ceux qu'une longue familiarité avec l'œuvre rend capables de la parler dans sa propre langue, comme si elle leur était naturelle! On se demande seulement parfois, en écoutant ces virtuoses, s'ils ne prennent pas pour intelligence de la doctrine ce qui n'est qu'aisance à la parler.

Une deuxième raison d'être prudent est que la pensée de Heidegger n'a peut-être pas achevé sa courbe, qu'il a naturellement varié dans sa position des problèmes et dans son langage, enfin que sa doctrine inclut plusieurs thèmes directeurs que lui-même trouve difficile de poursuivre tous à la fois. Le plus

connu est celui du *Dasein*, qui est précisément le mode d'être
propre à l'existant, c'est-à-dire à l'être humain. Or, contraire-
ment à ce que l'on a paru supposer, ce n'est pas celui-là qui
me semble devoir retenir d'abord l'attention d'un thomiste.
Il y a malentendu dans le langage. Quand Bañez traduisait
l'effet de l'*esse* thomiste par le mot *existentia*, il entendait
exactement le contraire de ce que Heidegger nomme l'ex-
sistence. Celle-ci est la condition de ce dont le mode d'être
consiste à se trouver « en dehors de soi-même »; tout au contraire
l'*esse* thomiste est ce qu'il y a de plus intime au cœur de l'être,
étant *aliquid fixum et quietum in ente*, comme acte de tous ses
actes. Les variations du langage philosophique au cours des
siècles, en divers pays et sans qu'aucun effort de coordination
pût être tenté, a donc créé ici une confusion permanente dont
il sera difficile de sortir. Quand on dit que l'*esse* thomiste est
existentiel pour le contredistinguer de l'essence, et lorsqu'on
dit que le thomisme est une philosophie « existentielle » pour
la contredistinguer de celles où l'être s'identifie à l'essence,
on use d'un langage légitime en soi, mais sans aucun rapport
avec celui de la philosophie moderne de l'ex-sistence. Celui-ci
est également légitime; il faut seulement ne pas entendre les
réponses données dans la langue du premier au sens qu'elles
auraient dans la deuxième. Bref, il faut ne parler qu'une seule
langue philosophique à la fois.

À cet égard, celle dont use Heidegger mérite d'être citée en
modèle. Quand on demande à un thomiste ce qu'il pense de
la philosophie de Heidegger, il ne peut guère répondre que pour
une partie de la doctrine, celle qui pose des problèmes communs
à l'ontologie thomiste et à celle de la philosophie de l'ex-sistant.
Tout le reste, qui en est peut-être le plus important, c'est-à-
dire la phénoménologie du *Dasein*, est sans contrepartie que
je puisse discerner dans la doctrine de saint Thomas. Sur la
notion d'être elle-même, et sur celle de la métaphysique qui
s'y trouve liée, la comparaison est au contraire possible et le
langage heideggerien est parfait.

Nous le prendrons tel qu'il se définit dans un écrit bref mais
plein de substance : *Was ist Metaphysik?* Nous ne pourrions
souhaiter mieux pour fonder une comparaison entre deux philosophies premières, et il se trouve que, sur ce point, la terminologie de la nouvelle métaphysique est comparable avec celle
de l'ancienne. Heidegger distingue en effet entre *être (Sein)* et

étant (das Seiende). C'est la distinction thomiste entre *esse* et *ens* (en italien *essere* et *ente*) que l'usage a effacée en français depuis que le mot *être* y a assumé les deux fonctions de verbe et de substantif. Il faut absolument revenir, en métaphysique du moins, à l'usage ancien proposé par certains traducteurs français du XVIIe siècle, qui rendaient *ens* par *étant.* Il n'y a pas lieu de modifier l'usage commun du mot, car la langue commune n'assume aucune responsabilité métaphysique, mais si ennemis que nous soyons du néologisme inutile, nous devons accepter ce néologisme nécessaire. Le présent livre eût été beaucoup plus clair si nous avions régulièrement usé du mot « étant » pour traduire *ens* et réservé *être* pour traduire *esse.*

Il est vrai, et ses traducteurs le savent bien, que saint Thomas lui-même ne s'astreint pas toujours à cette discipline. Mais ce n'est pas sans raison. Dans sa doctrine, il y a composition, non opposition, de l'étant et de l'être. Il n'y a pas d'être fini sans un étant, qui inclut son propre acte d'être, ni d'étant réel sans l'acte d'être qui en fait un étant. Il est donc souvent possible, ne serait-ce que pour tourner les difficultés grammaticales causées par l'indéclinabilité du verbe *esse,* de substituer l'un de ces termes à l'autre. Le contexte permet alors, non toujours sans difficulté, de préciser le sens.

Admettant cette convention, comment définirons-nous l'objet de la métaphysique? Heidegger ne demande pas : quel devrait-être l'objet de la métaphysique, mais simplement, quel est-il? D'où sa réponse : en fait, la métaphysique dit ce qu'est l'étant en tant qu'étant : « Die Metaphysik sagt, was das Seiende als das Seiende ist » (*Was ist Metaphysik?* 7e éd., p. 19). On reconnaît, quant à l'essentiel, la définition aristotélicienne de la philosophie première, mais il faut noter une légère modification de la formule, car elle semble y être introduite dans une intention précise. Aristote ne définit pas la métaphysique comme « disant » ce qu'est l'étant en tant qu'étant, mais comme le prenant en considération; bien entendu, puisque c'est là son objet propre, il faut bien qu'elle en parle, mais elle le contemple avant d'en parler, et elle est cette contemplation même. La philosophie première est un savoir *(épistèmè);* elle consiste à considérer et à regarder pour voir *(théôrèsai),* et l'objet sur lequel son regard se fixe est en effet l'étant en tant qu'étant : *to on è on (Met.* E, 1, 1025 b, 9; 1026 a, 31-32). Heidegger est ici irréprochable, car il ne cite pas, il expose; il a donc le droit

d'exposer à sa manière et de préparer ses propres conclusions.
Nous notons seulement ce détail, que là où Aristote parle de
considérer l'étant en tant qu'étant *(péri tou ontos è on... théôrèsai)*, Heidegger parle de dire de l'étant ce qu'il est. Ceci lui
permet d'introduire le nom qui fut donné plus tard à la philosophie première : *ontologie*. En effet, ce mot désigne d'abord un
« discours » *(logos, Aussage)*, et ce discours porte sur l'étant
(to on, das Seiende). C'est donc en tant qu'elle est ontologie
que nous nous interrogeons sur ce qu'est la métaphysique.

Tout ceci est correct. Heidegger sait fort bien que le nom
d'*ontologie* donné à la métaphysique, ou philosophie première,
ne date que du XVIIᵉ siècle de notre ère; il ne l'attribue donc
pas à Aristote, mais sa définition de la métaphysique est telle
qu'elle l'identifie, en fait, à l'interprétation tardive de la pensée
d'Aristote où la philosophie première est en effet un discours
sur l'étant comme tel, c'est-à-dire une ontologie. Nous en
avons assez dit à ce sujet pour qu'il soit superflu d'y
revenir. Il importe au contraire d'observer que cette démarche
est ici tout intentionnelle et délibérée. Dès le moment où lui-
même se pose la question : qu'est-ce que la métaphysique? il
a déjà décidé de la dépasser. Omettons ici les remarques de
Heidegger sur la dualité foncière de l'objet de la philosophie
première, qui en fait une onto-théologie; importantes en elles-
mêmes, elles ne font rien à notre propos. Qu'il s'agisse de
l'essence de l'étant (l'*ousia* de l'*on*), considéré dans son universalité, ou qu'il s'agisse de l'étant considéré sous sa forme
suprême (le *théion on*), ce que la métaphysique se propose
(vorstellen) comme objet reste toujours l'étant comme étant :
« Die Metaphysik ist in sich, und zwar weil sie das Seiende als
das Seiende zur Vorstellung bringt, zwiefach-einig die Wahrheit
des Seienden im Allgemeinen und im Höchsten ». C'est cette
science de l'étant ainsi conçue, et parce qu'en fait c'est ce qu'elle
est, qu'il s'agit précisément de dépasser. Revenant sur le sens
de la question dans la postface de son écrit, Heidegger le déclare
expressément : « Die Frage « Was ist Metaphysik » fragt über
die Metaphysik hinaus. » Ce n'est qu'une question, mais qui
vise un au-delà de la métaphysique, car elle se pose pour une
réflexion sur la métaphysique en voie de la dépasser : « Sie
entspringt einem Denken, das schon in die Ueberwindung der
Metaphysik eingegangen ist » (p. 43). Ceci change la nature de
notre problème. Comme le remarque justement Heidegger, ce

dépassement ne peut s'opérer sans avoir encore recours au langage de ce qu'il dépasse. C'est pourquoi notre philosophie parle en tout ceci un langage qui n'est déjà plus le sien, mais comme il est encore le nôtre, nous y avons droit de regard, et c'est un fait que l'onto-théologie de l'étant en général et de l'étant suprême est la notion précise de la métaphysique que Heidegger nous invite à dépasser avec lui.

C'est ici que mes hésitations commencent, parce que je ne suis plus certain de comprendre. Au contraire, la démarche me semble si arbitraire que je suis à peu près certain de m'y méprendre. A ce que je crois voir, la métaphysique est ici définie comme un fait empiriquement donné dans l'histoire et que nous devons prendre tel qu'il est. Elle est ce qui vient d'être dit, et si ce qui vient d'être dit doit être dépassé, la métaphysique doit être dépassée. J'admets qu'on pose la question en ces termes, mais je n'en vois pas la nécessité philoso-phique, ni d'ailleurs, comme on verra, historique. A s'en tenir au premier point de vue, on observera d'abord que la notion d'une philosophie première à dépasser ne présente guère de sens. S'il faut dépasser la métaphysique de l'étant comme étant, c'est simplement que celle-ci n'est pas la philosophie première; remplaçons-la donc par une philosophie nouvelle qui soit vraiment première, celle de Heidegger par exemple, mais en dépassant une certaine métaphysique, nous n'aurons pas dépassé la métaphysique. Par définition, et en tant que philosophie première, la métaphysique est un savoir qui ne peut pas être dépassé.

Ces remarques sont d'une extrême simplicité, il est donc impossible que notre philosophe ne se les soit pas faites; puis-qu'il ne s'y arrête pas un instant, c'est qu'elles sont sans rapport avec la question telle qu'elle se pose dans son esprit. Ne sachant comment elle s'y pose, je me trouve réduit à cette hypothèse, incroyable de la part d'un tel philosophe, que la métaphysique est pour lui ce que d'autres ont dit qu'elle est et que, parce que, telle quelle, elle ne lui convient pas, il se met en quête d'autre chose. La seule manière de poser la question que je puisse comprendre, *s'il s'agit de la philosophie et non de son histoire*, est toute différente. Demander ce qu'est la métaphysique, c'est en chercher une notion telle que, la définissant exactement comme philosophie première, elle ne puisse plus être dépassée. Procéder autrement, c'est discuter sur le plan de l'empirisme la possibilité d'une science des conditions réelles de toute expérience. A partir de cette divergence initiale, la conversation devient impossible. Personnellement, je cesse de parler, bien que je ne me prive pas du plaisir d'écouter.

Nous voici donc redescendus au plan de l'histoire. Si étrange qu'il semble d'y être ramené par un tel philosophe, il faut l'accepter. La question est alors de savoir si, en fait, la métaphysique a toujours été et est encore conçue par tous comme une onto-théologie? La réponse dépendra du sens du mot « étant » tel qu'on l'entend dans la question. Si, dans l'ontologie, l'étant est compris en un sens tel que sa notion doive être dépassée, alors l'ontologie doit être dépassée, mais s'il est un sens du mot « étant » qui dépasse déjà cette première manière de le comprendre, il devient possible de dépasser l'ontologie sans dépasser la métaphysique. Il reste donc à savoir en quoi consiste le dépassement qu'il s'agirait d'opérer?

Heidegger s'exprime sur ce point avec une clarté et une force telles qu'on ne peut plus guère craindre de s'y tromper. Ce qu'il objecte à la métaphysique, entendant par là cette ontologie platonico-aristotélicienne qui est pour lui la métaphysique même, c'est précisément qu'elle ait pour objet l'étant et ne pousse jamais jusqu'à l'être : « Die Metaphysik denkt, insofern sie stets nur das Seiende als das Seiende vorstellt, nich an das Sein selbst » (p. 8). Au lieu de se recueillir sur son propre terrain, la philosophie en sort continuellement, et c'est par la métaphysique qu'elle le quitte. Les paroles de notre philosophe méritent ici la plus grande attention. Si, en tant qu'elle est ontologie, la métaphysique s'évade du domaine propre de la philosophie, qui est l'être, on cherchera naturellement à la dépasser à partir d'elle-même. Je me permets de remarquer moi-même à ce propos que c'est en effet ce qu'une philosophie thomiste tentera naturellement de faire : aller, dans l'étant, au-delà de l'étant et y pousser jusqu'à l'être. Il est donc dès à présent certain que tout accord métaphysique profond entre le thomiste et la philosophie de Heidegger est impossible, car cet effort pour dépasser l'étant du dedans et en allant plus loin dans son propre sens, est à ses yeux impossible. Or jamais le thomisme ne consentira ni à ce que la métaphysique ne soit pas la science de l'étant comme étant, ni à chercher la racine de l'étant hors de lui, dans un ordre qui lui serait étranger, ou du moins qui serait autre. En philosophie thomiste (ou plato-

nico-aristotélicienne) il n'y a pas de dépassement de la métaphysique qui soit concevable, parce que la métaphysique est
le *nec plus ultra* de la pensée et que la pensée ne saurait dépasser
la pensée. Il n'en est pas ainsi dans la doctrine de Heidegger.
Son effort pour atteindre l'être n'est pas dirigé contre la métaphysique, il en cherche le fondement. Or le fondement de la
métaphysique ne peut être métaphysique, autrement la métaphysique se fonderait elle-même, ce qui est impossible. Refusant ainsi d'admettre que la métaphysique soit elle-même *le*
fondement qui, à ce titre, fonde tout le reste sans avoir besoin
d'être fondé, Heidegger s'engage sur une voie telle, que chercher
le fondement de la métaphysique soit déjà être sorti de la métaphysique. Sans doute, il ne s'agit pas d'arracher la racine de
la métaphysique, mais de la saisir et d'en approfondir le sol;
encore faut-il comprendre pour cela qu'un sol n'est pas une
racine. En admettant que l'étant soit l'objet propre de la
métaphysique, on concédera que celle-ci « atteint le premier
de la philosophie, mais qu'elle n'atteint pas le premier de la
pensée » (p. 9). L'homme est un animal métaphysicien, et il
le restera; surmonter la métaphysique ne saurait donc consister
à éliminer la métaphysique; il s'agit exactement pour la pensée
de la dépasser en pensant la vérité de l'être, c'est-à-dire en
pensant l'être dans sa vérité : *Andenken an das Sein selbst*,
dépasser la métaphysique sans sortir de la pensée, c'est cela.

L'embarras d'un métaphysicien de tradition grecque est ici
extrême, et il atteint son comble si l'aristotélisme est dépassé
dans son esprit par la métaphysique de saint Thomas d'Aquin.
Je viens d'insister sur le sens qu'a la notion de dépassement
telle que l'entend ici Heidegger parce que, faute d'en partir, on
soupçonnerait quelque colossale méprise. Littéralement parlant, et si on l'entend en son propre sens, comme elle a droit
d'être entendue, la métaphysique traditionnelle n'est aucunement telle qu'elle est ici représentée : « Die Metaphysik denkt,
insofern sie stets nur das Seiende als das Seiende vorstellt,
nicht an das Sein selbst. » Si l'on me demandait quelle conclusion me suggère à moi-même *L'être et l'essence*, je répondrais
sans hésiter : que la métaphysique a de tout temps voulu se
proposer pour objet l'essence de l'étant, mais que, par la force
des choses, elle s'est trouvée sans cesse contrainte à dépasser
l'étant pour en chercher la racine au-delà de lui. Certains l'ont
cru trouver dans le bien, ou dans l'un, ou dans la volonté, bref,

dans quelque *épékeina tès ousias*, mais l'un au moins l'a précisément trouvée dans l'être. Si l'on voulait décrire brièvement ce que fut la métaphysique de saint Thomas, en tant précisément qu'elle est sienne, on pourrait prendre le contre-pied de la formule proposée par Heidegger et dire : en tant qu'elle ne se propose jamais pour objet que l'étant en tant qu'étant, la métaphysique pense toujours à l'être même ; en effet, l'étant comme tel est l'*ens* ; chez saint Thomas, l'*ens* est l'*habens esse* ; dans une métaphysique où l'étant est conçu comme « ce qui a l'être », il est impossible de penser à l'un sans penser à l'autre. C'est même pourquoi la métaphysique thomiste s'accommode mal du nom d'onto-logie, car elle est une considération de l'être plus encore qu'un discours sur l'étant. Elle n'est même pas une onto-théologie, pour la simple raison qu'elle pose Dieu au-delà de l'étant, comme l'Être même : *ipsum purum esse*. Bref, cette philosophie est tout ce que, selon Heidegger, la métaphysique ne peut pas être, et c'est parce qu'il ne peut pas l'ignorer qu'il me faut chercher ailleurs le sens de sa réponse. Si je me trompe sur elle, on saura du moins que je me suis égaré en le cherchant.

Tel est mon problème. On me reprochait d'avoir trouvé dans l'existentialisme moderne la notion d'être que j'ai prêtée à saint Thomas ; fort du principe de l'historicité de la vérité, on m'a mis ensuite au défi de l'y trouver ; or voici que, sans l'avoir cherché, j'y trouve quelque chose qui lui ressemble à s'y méprendre, s'il est exact de dire que, dans le thomisme de saint Thomas lui-même, c'est l'être qui est la vérité de l'étant. Et comment en douter puisque, selon cette doctrine du XIIIe siècle, de son nom propre, l'être de l'étant se nomme Dieu ? Or je sais fort bien que ce que je croirais ainsi retrouver chez Heidegger n'est pas ce que j'y trouve. L'erreur que je commettrais en le croyant vient de l'illusion, assez excusable d'ailleurs, qui fait prendre la doctrine de Heidegger pour une philosophie de plus, différente des autres mais de même genre : *philosophia occidentalis*, var. *Germanica*. C'est oublier que Nietzsche est passé par là. Dans quelle mesure et à quelle profondeur, nous l'ignorons, car Heidegger est parfaitement capable de communiquer de lui-même et directement avec l'éruption d'anti-platonisme qui caractérise l'époque moderne. Chez lui, d'ailleurs, cette tendance trouve assez vite ses limites. Heidegger n'a jamais parlé, que je sache, de la mort de l'onto-théologie. Il la tiendrait plutôt pour indestructible. Ce qui fait penser à Nietzsche est la péripétie finale (provisoirement) de la doctrine de Heidegger, qui constitue à sa manière un renversement des vieilles tables. S'il ne pense pas contre la métaphysique, il conteste sa prétention d'atteindre le terme du pensable. La racine de la philosophie n'est plus à chercher dans la philosophie et si la métaphysique est le sommet de la philosophie, il faut chercher cette racine au-delà de la métaphysique. C'est là le moment catastrophique de la doctrine. On pourrait dire aussi, révolutionnaire, en ce sens que si l'homme réussissait à saisir la racine de la métaphysique, il subirait un changement d'essence, d'où résulterait à son tour une transformation de la métaphysique, mais la racine resterait au-delà.

L'équivoque créée par cette position dans l'esprit d'un thomiste tient à l'usage qu'elle fait du mot « être » pour désigner cet au-delà de l'étant dont elle reproche à la métaphysique de ne pas s'occuper. Cet être transontologique n'a rien de commun avec l'*esse* transessentiel de saint Thomas d'Aquin. S'ils avaient quoi que ce soit de commun, on devrait pouvoir aller à l'être en passant par l'étant dans la doctrine de Heidegger comme on fait dans celle de saint Thomas. Il ne semble pas que la chose puisse se faire, ne serait-ce que parce qu'une telle opération se ferait encore à l'intérieur de la philosophie, alors que ce qui est en cause est précisément le rapport de la philosophie à l'être. La raison principale qui retient un thomiste de prendre position vis-à-vis de Heidegger est qu'il ne parvient pas à trouver au mot être un sens précis chez ce philosophe. Le thomiste en est responsable pour une part, car sa propre notion de l'être lui bouche la vue, mais la responsabilité doit être partagée, car Heidegger lui-même semble trouver difficile de dire ce qu'il entend par ce mot. *Sein und Zeit* informe moins généreusement sur *Sein* que sur *Zeit*. Et cela encore est naturel. Nous avons insisté sur la raison du silence des philosophes au sujet de l'être. C'est que dès qu'on le pose à part de l'essence, il devient inexprimable. Il n'y avait pas de raison pour que la philosophie qui pose le *Sein* au-delà du *Seiende* échappât à cette loi. La différence est que la philosophie traditionnelle posait l'être au-delà de l'étant, mais en quelque sorte sur la même ligne et toujours dans les limites de la métaphysique. Invités à le chercher cette fois au-delà de la métaphysique, nous ne savons de quel côté nous tourner.

A ces questions, Heidegger donne de multiples réponses. Toutes sont des métaphores, et nous aurions mauvaise grâce à ne pas les accepter comme telles, puisqu'elles sont là pour nous aider. La métaphore est d'ailleurs inévitable quand on veut parler de l'être comme antérieur à l'étant. C'en est une que de nous inviter à chercher dans l'être la racine de l'étant ; le sens de l'expression ne se tourne pas ici vers ce qu'est l'être, mais vers son extranéité à l'égard de la totalité de l'étant, objet de la métaphysique. La même métaphore revient naturellement à propos de celle dont avait usé Descartes au début de la traduction française des *Principia philosophiae* : « Ainsi toute la philosophie est comme un arbre, dont les racines sont la métaphysique, le tronc est la physique, et les branches qui sortent de ce tronc sont toutes les autres sciences... » Heidegger ne pouvait laisser passer sans quelques remarques cet usage d'une métaphore qui contredisait le sien. Si la métaphysique est racine, on ne peut plus chercher la sienne. C'est pourquoi, l'amenant à son propre sens, notre philosophe demande : en quel sol ces racines s'enfoncent-elles ? De quel fond les racines reçoivent-elles leur sève et leur force, pour les communiquer à l'arbre tout entier ? Quel élément, « caché dans le fonds et le sol *(in Grund und Boden)* entretisse les racines porteuses et nourricières de l'arbre ? » Autant de formules imaginées pour demander *en quoi* la métaphysique a le mouvement et l'être. Qu'est-ce que la métaphysique vue *de* son fondement ? *Dans* son fondement même, qu'est-ce que la métaphysique ?

L'intérêt de ces formules est qu'elles suggèrent l'image de quelque chose, d'un élément, et même d'un élément nourricier, pour situer l'être par rapport à l'imagination. Entendue cette fois comme racine, la métaphysique se perd dans le sol, et il est clair que tout l'effort du philosophe va, une fois de plus, à séparer le sol de la racine. Car la racine a beau se nourrir du sol, elle-même ne fait pas partie du sol, elle n'est pas sol ; elle fait partie de l'arbre, elle est arbre. C'est bien pourquoi la métaphysique, en tant qu'elle se « prépose » l'étant comme objet, ne pense jamais à l'être. L'une des fonctions principales de la métaphysique est de permettre à la philosophie de tourner le dos à l'être et de s'en évader. Nous voici donc revenu à la question même. Surmonter la métaphysique, c'est penser à l'être même : *Andenken an das Sein selbst.* Sans doute, mais y penser n'est pas le penser. Notre philosophe ne cesse de rappeler qu'il n'y a pas d'être sans étant, ni d'étant sans être. Dans notre expérience d'existants, il a raison, et c'est ce qui rend difficile de croire que la métaphysique ne s'en soit jamais aperçu. On se demande parfois (mais je n'en sais rien) si Heidegger ne veut pas que la métaphysique n'ait jamais pensé à l'être et même, en un sens, s'il ne lui interdit pas d'y penser, la retenant au bord de ce problème qui la hante, loin qu'elle l'oublie, mais dans lequel elle ne peut que tomber, plutôt qu'entrer? Dans cette onto-théo-logie, c'est alors le *logos* qui fait défaut, et rien ne sert de commenter Hegel pour se procurer un langage; ce que l'on y trouve de plus utile, c'est un bon sujet de séminaires ou de leçons, ce qui n'est pas sans importance pour un professeur, mais n'en a aucune pour le progrès de la philosophie. On ne peut pas se contenter de répéter que l'être est la racine de l'étant, ou qu'il est le sol où croît cette racine. Heidegger a bien raison de refuser l'artifice qui consiste à substituer à l'être soit l'un, soit le vrai, soit l'un quelconque des remplaçants appelés par les métaphysiques classiques à occuper sa place, mais alors il se trouve logé à la même enseigne que tous ses grands prédécesseurs : il « pense à » l'être, il « parle de » l'être, il enveloppe l'être de maint et maint commentaire, mais quand le moment est venu de dire ce qu'est l'être, il se tait.

On ne saurait que l'en louer. Parce qu'il n'y a jamais d'*esse* sans *ens*, la pensée hésite devant l'effort requis pour le saisir en lui-même. Nul n'a mieux parlé que Heidegger de l'angoisse de la pensée au contact de l'être pur. Moins romantique, mais au même sens, saint Thomas disait plus simplement de l'intellect s'efforçant de dépasser le plan de l'étant et de l'essence, qu'il « se trouve alors dans une sorte de confusion ». L'intellect n'est pas heureux dans la confusion, il souffre. Cette angoisse parente du vertige saisit l'homme dès que, comme seul de tous les étants il peut le faire, il constate cette merveille des merveilles : « que l'étant, *est* » (p. 47). Mais cela n'est pas nouveau. C'est même dans ce silence obligé devant *Est*, que les onto-théologiens situaient le point où, pour reprendre une autre question posée par Heidegger, Dieu fait son entrée en philosophie. saint Thomas ne situait pas sans raison la théologie négative, sous sa forme superlative, au sommet de la méditation sur Dieu et sur l'être. L'angoisse devant l'être pur n'est peut-être qu'un autre nom de la crainte de Dieu.

Ces quelques réflexions n'ont pas la naïveté de s'adresser à Martin Heidegger. Ce vrai philosophe n'entend, comme les autres, que les paroles qu'il s'adresse à lui-même ou qui passent par sa propre voix. Il suivra son chemin solitaire et reviendra buter sur le même obstacle, que lui-même n'espère pas franchir, mais dont il se croit appelé du moins à reconnaître la nature plus attentivement qu'on ne l'a fait avant lui. Je laisse intentionnellement de côté tout ce qui, dans sa doctrine, concerne le *Dasein*, l'ex-sistant, c'est-à-dire, finalement, l'homme. Là, la parole ne lui fait pas défaut, mais on n'est plus sur le terrain de l'être de l'étant, on est dans l'étant même, qui constitue un ordre distinct de celui du *Sein*. J'évite pour une autre raison toute la spéculation de Heidegger sur les rapports de l'être et du néant, car lui aussi a son ontologie négative, mais la confrontation avec le thomisme devient inutile, et même trompeuse, à partir des divergences initiales que nous avons marquées. On ne compare plus ensuite que des mots.

L'objet de mes remarques était simplement de répondre à la question qui me fut plusieurs fois posée à l'occasion de *L'être et l'essence* : que pensez-vous de la réponse de Heidegger au même problème? Je pense que cette réponse se fonde sur une grande vérité : « L'être n'est pas un produit de la pensée. Au contraire, la pensée essentielle est un produit de l'être » (p. 47). Je pense en outre qu'il a fort bien défini le domaine du rapport de l'étant à l'être comme l'aire propre de la métaphysique platonico-aristotélicienne; et aussi qu'il a fort bien vu que l'être est l'ultime fonds de l'étant; et enfin que l'effort requis pour « penser à l'être » s'accompagne d'une sorte de vertige métaphysique propre et nous aheurte à l'indicible. Je m'étonne un peu que Martin Heidegger ne paraisse pas informé d'une tradition philosophique animée de soucis semblables aux siens, mais j'ajouterai que, s'il l'est, je peux m'expliquer son silence, et que s'il ne l'est pas, je suis certain que, toute parente qu'elle semble parfois de sa propre doctrine, cette tradition n'a rien à lui apprendre. Telle que je la comprends sur le point en question, le propre de la philosophie de Heidegger consiste à dire que, parce que l'étant est l'objet de la métaphysique, le dépassement nécessaire de l'étant vers l'être ne peut s'effectuer à l'intérieur de la métaphysique. On lui offrirait donc en vain la dialectique du *De ente et essentia* ; métaphysique, elle n'atteindra jamais l'être. On lui suggérera non moins

vainement l'appel à la méditation religieuse que conseille
l'*In Boethium de Trinitate*, car ce pur philosophe ne permet
pas que Dieu s'introduise du dehors dans la philosophie : seule
une exigence propre de la philosophie comme telle peut y
légitimer sa présence. Si j'avais l'outrecuidance de lui chercher
une place dans l'histoire du dialogue entre l'être et l'essence
que j'ai tenté de retracer, j'oserais dire qu'elle est toute trouvée.
Elle y introduit un cas de plus, où le philosophe décide de
s'évader des limites de l'étant, c'est-à-dire de l'essentialité de
l'essence, pour s'engager courageusement sur le chemin
déserté de l'être. Il s'aperçoit alors bientôt que ses pas se
perdent dans le brouillard et que lui-même n'est plus tout à
fait sûr s'il marche. Pourtant, il le sait, c'est bien là que doit
se tenir un vrai philosophe. Pour y rester au-delà de sa métaphysique, saint Thomas prie ; Heidegger s'occupe d'autre chose
ou écrit des commentaires sur Hölderlin : « In quo satis apparet
quantam angustiam patiebantur hinc inde eorum praeclara
ingenia » (C. G. III, 49). Car il y a de bonnes raisons pour que
la raison redoute à ce point de s'engager dans l'épaisseur de
l'être. De même que Dieu, dont il est le nom, nous ne l'atteignons que comme inconnu, « quod quidem contingit dum de eo
quid non sit cognoscimus, quid vero sit penitus manet ignotum ».
Que Martin Heidegger se rassure, même parmi les thomistes
les plus fervents, il n'en rencontrera qu'un bien petit nombre
pour entendre ce *penitus ignotum* au pied de la lettre. Moïse
entra seul de tout son peuple dans l'obscurité de la nuée :
« Unde et ad hujus sublimissimae cognitionis ignorantiam
demonstrandam, de Moyse dicitur, Exodi xx, 21, quod *accessit
ad caliginem in qua est Deus.* »

On voudrait savoir comment dire à Martin Heidegger
combien il a de compagnons inconnus de lui sur la voie où l'on
dirait parfois qu'il se croit seul. Et peut-être aussi que sur ces
sentiers perdus de la haute pensée philosophique, les forestiers
les plus perspicaces s'illusionnent parfois en croyant savoir
où ils sont.

*
* *

Les remarques qui viennent d'être faites n'ont pour objet de
prouver aucune thèse. Leur seul objet est de faire voir qu'il

serait vain de chercher dans la philosophie contemporaine de l'existence la source d'une interprétation de la doctrine thomiste de l'acte d'être déjà maintenue contre Cajétan par Bañez plus de trois siècles avant que Kirkegaard ne fût né.

Ceci dit, on ne saurait nier que la renaissance du thomisme authentique, jamais oublié mais parfois laissé en sommeil, ne doive s'inscrire à sa place dans un ensemble de faits analogues qui resteront sans doute dans l'histoire comme exprimant l'esprit de notre temps. Ceux qui voudront savoir sous quelles influences, toutes appelées et désirées du dedans avant d'avoir été subies, s'est formée dans notre esprit la métaphysique de l'être défendue dans ce volume, trouveront réponse à leur question dans notre livre sur *Le philosophe et la théologie*, Paris, Librairie Arthème Fayard, 1960. Kirkegaard n'y joue aucun rôle, mais il y est beaucoup question de Bergson. C'est de son côté qu'il conviendrait plutôt de chercher.

LANGAGE ET DOCTRINE DE L'ETRE
CHEZ SAINT THOMAS D'AQUIN (1)

La manière dont la structure et le-vocabulaire d'un langage peuvent affecter la pensée philosophique ou même scientifique, a été remarquée par le physicien P.W. Bridgman dans un article intitulé *Quo Vadis ?* dans « Daedalus », 87 (1958) 88. Il y fait observer, par exemple, que la réification est presque inévitable dans un langage tel que l'anglais et autres langues européennes : « On peut y dire : je fais, sans sous-entendre : je fais *quelque chose*, et ce quelque chose se trouve réifié ».

Cette remarque prend un sens troublant, quand on se souvient de certaines controverses, qui ont mis aux prises pendant des siècles théologiens, philosophes et historiens sur le sens de certaines thèses fondamentales du Thomisme. On se demande en effet si tant de mots n'ont pas été dits par des interlocuteurs qui ne les employaient pas dans le même sens.

Pour ne pas nous écarter de l'exemple allégué par P.W. Bridgman, considérons brièvement l'interminable dispute qui s'est poursuivie, et dure encore, sur le sens de la fameuse « distinction réelle » d'essence et d'existence dans l'être fini selon saint Thomas d'Aquin. L'objection favorite des adversaires de cette distinction est que, pour que la distinction soit réelle, il faut que l'essence

1) Conférence prononcée le 4 Septembre 1972 à la Fondation Cini, Venise. Civiltà europea e civiltà veneziana, Aspetti e Problemi 7. Concetto, storia, miti e immagini del Medio evo a cura di Vittore Branca. Firenze, Sansoni, 1973, pp. 11-18. Nous remercions le professeur V. Branca d'avoir autorisé cette réimpression.

soit une chose et l'existence une autre chose. Il s'agit alors d'une distinction de *res et rei*, selon la formule attribuée à Gilles de Rome, et qui ne présente manifestement aucun sens, car une essence sans existence n'est rien et une existence sans essence ne serait l'existence de rien. L'ardent polémiste suarézien que fut le Père Pedro Descoqs, S.J., s'est retranché dans cette position, dont nul ne l'a jamais délogé.

En fait, autant qu'on en puisse juger en attendant qu'un ordinateur ait relevé tous les mots dont Thomas a fait usage dans ses œuvres complètes, je risquerai la proposition qu'il n'y est pas une fois question d'une *distinctio realis essentiae et existentiae*. D'abord, Thomas parle ordinairement de « composition » plutôt que de « distinction ». Une fois au moins, il a qualifié cette composition de réelle, mais en parlant ainsi il entend spécifier, non qu'il y a composition de deux choses, mais qu'il ne s'agit pas d'une simple composition de raison. D'ailleurs, loin d'impliquer la notion de distinction, celle de composition implique celle d'union : « omnis compositio est unio ». Assurément, il ne peut y avoir union et composition qu'entre choses distinctes, mais il peut y avoir union et composition entre des parties qui n'existent jamais à part. Tels sont l'acte et la puissance, la forme et la matière, l'essence et son être.

Saint Thomas ne dit donc pas, en tout cas ce n'est pas son usage de dire, que l'être de la créature est distinct de son essence, mais plutôt que l'être de la créature est en outre de son essence, car la nature de la chose créée est en état de possibilité par rapport à son être : « Cum enim esse sit *praeter essentiam* cuiuslibet rei creatae... » *(De potentia*, q. 5, a. 3, Resp.). Même langage dans *Contra Gentiles*, I, 22, paragraphe 6 : « oportet quod hujusmodi esse sit *aliquid praeter* essentiam ejus ».

Nous voici ramenés à la remarque de P.W. Bridgman : saint Thomas dit que l'*esse*, l'être, est *aliquid* outre l'essence ; mais que veut dire *aliquid* ? C'est *aliud quid*. Et comment traduire ces deux mots ? en français, le traducteur dira inévitablement : quelque *chose* d'autre, introduisant ainsi la notion de chose qui, en latin, serait *res*, mais *aliquid (aliud quid)* n'est pas *aliqua res* ; c'est nous qui, cédant aux impératifs de la langue, engageons sans y penser la doctrine sur la voie d'un réalisme chosiste auquel elle est profondément étrangère, pour ne pas dire hostile. Comme il arrive souvent, un traducteur allemand serait mieux partagé ; il pourrait recourir à *etwas Anderes* mais ici l'anglais est aussi dépourvu de ressources que le français : « *aliquid* praeter essentiam ejus », devient en anglais : « *something* outside its essence ». Où le latin dit : « Sed nulla res in qua est *aliud* essentia et *aliud* esse... » *(Cont. Gentes*, I, 22, paragraphe 8), il ne devrait pas se traduire par : « dans laquelle

autre chose est l'essence et autre chose l'être », mais plutôt : « dans
laquelle autre est l'essence et autre l'être ». On voit pourtant aussitôt
ce qui détourne de cette traduction, car *aliud* ne signifie pas
simplement *un autre,* ou *autre,* mais bien *autre chose.* Ainsi revient
cette *chose* dont le latin ne dit rien ; on dirait presque plutôt :
au contraire, car c'est la créature finie qui est une chose composée
de l'union de son essence et de son être. Ceux qui, au moyen âge et
depuis, ont composé les choses finies de deux autres choses ont
engagé le thomisme dans une suite de confusions que ses adversaires
ont dénoncées à plaisir et dont eux mêmes ne sont jamais sortis.

Il ne s'agit pas là d'un cas isolé. Le point que je désire faire
voir est que saint Thomas lui même n'a jamais conçu l'essence et
l'existence comme deux choses séparables ou unissables dans la
réalité. Plus précisément, le point en question est que, étant donné
la langue qu'il écrit, il ne peut avoir dans l'esprit rien de ce genre.

Considérons un autre cas. Dans le célèbre opuscule *De ente
et essentia,* Thomas vient de dire que, s'il existe une chose telle
qu'elle soit son être, il ne peut y en avoir qu'une. Notons au passage
qu'il y use librement du mot *res,* chose, qui convient parfaitement :
« talis *res* quae sit suum esse », savoir, la suprême réalité hors de
la pensée, qui est Dieu. Passant alors aux choses qui ne sont pas
de leur être (les choses autres que Dieu, ses créatures qui *ont* leur
être comme reçu de Dieu, mais ne le *sont* pas), Thomas poursuit :
« unde oportet quod, in qualibet alia re, praeter eam, sit *aliud* esse
suum, et *aliud* quiddidas vel natura seu forma sua » (Op. cit., ed.
Marietti, p. 16). Il faut ici traduire : autre est son être, autre sa
quiddité, nature ou forme. Mais avouons que même cela n'est pas
satisfaisant, car ce que Thomas veut dire est que, l'un par rapport
à l'autre, l'être et l'essence sont de *l'autre.* Pour un francophone,
l'absence de *chose* se fait cruellement sentir.

L'ambiguïté du mot *ens,* quand on le traduit par *être,* est
encore plus grave. Ses effets pour l'interprétation du thomisme
de saint Thomas sont dévastateurs.

Je prends en exemple un excellent petit livre intitulé *La
métaphysique de saint Thomas.* Je souligne à dessein qu'il est
excellent, pour qu'il soit bien entendu que la difficulté en question
ne réside pas dans l'intelligence de la doctrine, qui est ici très
pénétrante, mais le langage. Exactement : dans le fait que Thomas
écrit en latin et que son interprète écrit en français.

Voici le début du livre : « Chapitre Premier. *La réalité concrète. »* Première phrase : « Primo in intellectu cadit ens » *(In Met.,*
I, 2). L'être est le premier connu (S.T. 1, 5, 2). Cette simple phrase
contient toute la métaphysique de saint Thomas, depuis l'analyse de
la réalité concrète jusqu'aux preuves de l'existence de Dieu » *(Op.*

cit., Joseph Rassam, PUF, 1968, p. 1). Je m'empresse de stipuler que ma remarque ne vise pas l'auteur du livre, elle viserait aussi bien maint passage de mes propres livres, car l'usage courant français n'a pas d'équivalent pour *ens*.

La difficulté vient de loin: Il n'y a pas de mot plus fréquent que *ens* dans le latin de saint Thomas, mais il n'y en a pas de plus rare dans le latin classique. En fait, jusqu'à preuve du contraire, je crois pouvoir dire qu'il n'y existe pas. La portée du fait est considérable, car il explique peut-être que les Romains de l'époque classique ne nous aient légué aucune métaphysique de leur crû. Sans être, pas d'ontologie, donc pas de métaphysique. Je n'ai trouvé, comme exception à la règle, qu'un exemple cité dans le *Dictionnaire étymologique latin* de Meillet et Ernout : *atque entia*. Comme je disais un jour à mon ami Alfred Ernout mon admiration devant sa découverte de cet accusatif pluriel neutre du mot *ens,* il me répondit en riant : « Oui, malheureusement le cas si rare n'existe pas ; il ne faut pas lire : *atque entia,* mais bien : *at queentia,* de *queo, quivi,* pouvoir. En effet, mon bon vieux Dictionnaire latin-français Benoist et Goelzer commente ainsi *Ens, entis :* participe présent de *esse,* traduit du grec *to on,* Priscien, ce qui est, être, objet. Au pluriel (cfr. grec *ta onta),* Etres ». Bref, le mot *ens* n'est pas latin, mais grec ; il s'est tardivement latinisé ; au XIIIᵉ siècle, chez saint Thomas, l'acclimatation de cet hellénisme est depuis longtemps complète : *ens, entia* sont des formes rendues inévitables par la nécessité de traduire Aristote : *to on, ta onta.*

Poussons un peu plus loin l'étude de notre dictionnaire. Benoist et Goelzer ont tout à fait raison de donner *ens* pour une traduction tardive de *to on,* mais ont-ils raison de le traduire en français par *être,* et, au pluriel, *to onta, entia,* par des êtres ? Si *ens* est un participe présent d'*esse,* son équivalent français devrait être le participe présent du verbe *être,* c'est-à-dire un *étant*. *On,* un étant, *ta onta,* les étants. Dire que *primo in intellectu cadit ens,* signifie : l'être est le premier connu, c'est faire dire à Thomas que *primo in intellectu cadit esse*. Il ne l'a jamais dit et refuserait sans doute de le dire, pour des raisons qui tiennent au plus profond de sa métaphysique. Ce n'est pas l'être, c'est l'*étant* qui est premier connu. Il est même connu avant le bien, parce que pour être bon, il faut être. L'étant tombe en premier dans l'intellect, parce que toute chose est connaissable en tant qu'elle est : « Unde ens est proprium objectum intellectus et sic est primum intelligibile, sicut sonus est primum audibile ». (S. Th. 1, 5, Resp.) On peut dire, si l'on veut, que cette simple affirmation contient toute la métaphysique de saint Thomas, mais elle n'est strictement vraie que de l'étant.

Qu'est-ce donc exactement que l'*ens* en cette philosophie ?
Dans un de ces calembours étymologiques auxquels il se complaisait,
saint Thomas répond, dans son Commentaire sur la *Métaphysique*
(XII, 1) : « ens dicitur quasi esse habens » : un étant, c'est comme
qui dirait *un ayant l'être*. Que la langue française ne possède pas
le mot étant est cause que les exposés français du thomisme ont
presque toujours remplacé *étant* par *être*, alors que l'étant thomiste
est l'union indissoluble d'un sujet qui a l'être avec l'être actuel
qu'il a. Nous retrouvons ici l'objet de notre première difficulté
de vocabulaire due à la différence des langues. Nous parlions de
composition d'essence et d'être ; en effet, l'essence, c'est ce qui
a l'être et est par là même un étant.

On dira peut-être que c'est une question de mots. Pas tout
à fait, car c'est une question de sens des mots, et selon qu'on
distingue ou non l'étant de l'être on obtient une métaphysique
toute différente. J'ai cherché un passage de saint Thomas qui mît
en évidence l'importance suprême de la notion d'*esse* dans sa doctrine, et parmi beucoup entre lesquels on pourrait hésiter, je me suis
finalement arrêté à celui-ci :

Dans les choses composées, il faut considérer deux actes et deux
puissances. D'abord en effet la matière est comme en puissance à l'égard
de la forme, et la forme est son acte ; et à son tour la nature constituée de
matière et de forme est comme en puissance à l'égard de l'être même, en
tant qu'elle le reçoit. Ainsi donc, le fondement matériel une fois enlevé, s'il
reste quelque forme de nature déterminée subsistant par soi sans être dans
une matière (comme une âme intellectuelle ou un ange), elle sera encore à
l'égard de son être *(esse)* dans le rapport de puissance à acte : je ne parle
pas d'une puissance séparable de son acte, mais que son acte accompagne
toujours. Et ainsi la nature de la substance spirituelle, qui n'est pas composée
de matière et de forme, est comme en puissance à l'égard de son être. *(De
spirit. creat.*, a. I, Resp.).

Si on essaie de traduire saint Thomas, comme il arrive trop
souvent, sans tenir compte de la différence de sens entre *ens* et
esse, on ruine complètement l'ontologie thomiste. Le danger est
facile à éviter dans les langues qui, comme l'italien, disposent de
deux termes correspondant à *esse* et *ens,* savoir, *essere* et *ente,*
ou comme en allemand : *sein* et *das Seiende,* mais le français classique ne dispose que du mot *être* pour signifier l'un ou l'autre de
ces deux concepts distincts. L'anglais n'est pas mieux équipé que
le français, car il dispose bien de *being,* comme parfait équivalent
de l'*étant* ou de l'*ens,* mais son verbe *to be* ne lui fournit aucun
infinitif verbal satisfaisant comme celui qu'a fabriqué saint Thomas
à la grande indignation des humanistes. Le Français qui enseigne
Thomas d'Aquin dans sa propre langue n'a pas de mot pour dire
ens, l'Anglais n'en a pas pour dire *esse.*

Les répercussions de cette situation de fait vont loin, non seulement en histoire, mais en philosophie. Il ne suffit pas de dire : exposons le thomisme dans la langue de Thomas d'Aquin, c'est à dire en latin, car la plupart des interprètes donneront à ces termes clefs le sens des équivalents insatisfaisants dont ils disposent dans leur propre langue. Certains de ces équivalents, d'ailleurs, ne sont pas mauvais bien qu'ils ne soient pas parfaits. The *act of being* dit mieux ce qu'il veut dire ; de même, en Français, l'*acte d'être* s'il le glose légèrement, ne trahit pas l'*esse*.

Il en est pourtant un, en français, auquel j'ai moi-même succombé, et d'autres comme moi, contre lequel je crois devoir mettre en garde, ne serait-ce que pour limiter les dégâts que mon mauvais exemple peut avoir causés, c'est le mot « exister » comme traduction d'*esse*. Non seulement les deux mots ne sont pas de même sens, mais ils sont de sens opposés. L'existence est la condition de ce dont l'être se déroule à partir d'une origine. Il est donc correct de dire que l'étant *(ens)* existe, mais être n'est pas exister. On a dit avec raison que si Dieu *est*, il n'existe pas. Le mot existence a introduit dans l'exégèse du Thomisme les brumes modernes de l'existentialisme, non sans causer un déplacement de perspective qui ne facilite pas la tâche de l'historien.

Je ne me pardonnerais pas de terminer ces remarques sans suggérer la profondeur à laquelle ces problèmes de langage affectent l'interprétation de la doctrine.

Le manque d'un vocabulaire approprié a souvent masqué le sens authentique de la doctrine. Certains thomistes tiennent fermement à ce que la composition d'essence et d'être dans l'étant soit objet de démonstration dialectique. A l'appui de leur thèse, ils invoquent une argumentation célèbre d'Avicenne, que Thomas d'Aquin a reproduite et qu'il a par conséquent jugée utile de faire connaître à l'appui de sa propre doctrine. Après avoir établi que, dans les substances composées de forme et de matière, le nom, l'essence *(essentia, ousia)* signifie le composé des deux *(De ente et essentia,* II, 6), Thomas ajoute (op. cit. IV, 20) :

Tout ce qui n'est pas compris dans la quiddité ou essence, lui vient du dehors et fait composition avec l'essence car, nulle essence ne peut être comprise par l'intellect sans ce qui fait partie de l'essence. Or toute essence ou quiddité d'une chose peut être intelligée sans que l'on pense quoi que ce soit de son être, car je peux intelliger ce qu'est un homme, ou un phénix, tout en ignorant s'il y a de tels êtres dans la nature. Il est donc évident que l'être est autre que l'essence ou la quiddité *(Ergo patet quod esse sit aliud ab essentia vel quidditate).* A moins peut-être qu'il n'existe quelque chose, dont la quiddité soit son être même, et cette chose là ne peut être qu'unique et première.

Ce texte, qui s'inspire d'Avicenne, est parfaitement clair, et il entend certainement démontrer la distinction d'essence et d'être dans le composé. Aristote avait d'ailleurs déjà fait observer que le concept d'homme existant n'ajoute rien à celui d'homme existant ou non, c'est du même homme qu'il s'agit. Mais il s'en faut de beaucoup que Thomas d'Aquin ne s'en tienne là. Tout le monde, d'Aristote à Avicenne, à Thomas d'Aquin, et même à Kant, accorde que la notion d'un objet quelconque n'inclut pas celle de son existence actuelle : il n'y a pas de différence, dira Kant, entre la notion de 30 thalers réels et celle de 30 thalers simplement possibles. On peut donc démontrer que la notion d'un objet n'inclut pas celle de son existence, sauf s'il s'agit de Dieu, mais c'est là une thèse admise par tous les philosophes et théologiens du moyen âge chrétien. Si c'était là tout le sens de la composition d'essence et d'être dans le fini, tout le monde aurait été thomiste aux XIIIe et XIVe siècles. Or il s'en faut de beaucoup que tel ait été le cas. Ce que Thomas d'Aquin soutient, et fort peu avec lui, est que dans la substance actuellement existante, posée dans la réalité par sa cause, l'être s'ajoute au composé de forme et de matière pour en faire un étant. Cette notion proprement thomiste de l'*esse*, *être*, cause interne de la substance réelle, qui en fait un *ens*, *étant*, et pour cela compose avec la quiddité, ou essence, présuppose la présence à l'esprit de la notion première de l'être comme tel, *ipsum esse*, *ipsum purum esse*. Beaucoup de philosophes et théologiens du moyen âge ont récusé cette notion et la composition de l'être fini qui en résulte. Pour la plupart d'entre eux, dire qu'un être déjà produit par sa cause efficiente est doué d'un acte d'être propre qui s'ajoute à tout ce qu'il est, et en fait un étant, c'était le faire exister deux fois. Jean Duns Scot, qui connaissait à fond Avicenne, refuse absolument que, dans l'étant fini, l'être soit autre que l'essence : *simpliciter falsum est quod esse sit aliud ab essentia (Op. Ox.* IV, 13, 1, 38).

Voilà une grande leçon de modestie pour les philosophes et théologiens. La thèse sur laquelle repose toute la métaphysique thomiste de l'être est quelque chose de simplement faux, selon Duns Scot. Le plus remarquable est que cette thèse n'est ni réfutable ni démontrable, parce qu'elle appartient à l'ordre des principes, qu'on ne peut que voir ou ne pas voir. C'est une question de degré d'abstraction. Si on la pousse jusqu'à isoler l'être de l'étant dans la pensée, il devient évident que l'un est autre que l'autre, comme l'acte de ce dont il est l'acte, mais ce n'est pas plus démontrable que réfutable, c'est une vérité de simple vue. On ne s'étonne donc pas que tant de traducteurs en langue française aient cédé à la tentation de supprimer le problème en substituant partout l'être à l'étant dans les textes de saint Thomas d'Aquin.

INDEX DES AUTEURS CITÉS [1]

---

1. Le présent index a été établi par Mlle C. Passot qui, à la lecture de la précédente édition, en avait déploré l'absence ; qu'elle en soit ainsi remerciée.

TABLE DES MATIÈRES

ACHEVÉ D'IMPRIMER
EN JUIN 2008
PAR L'IMPRIMERIE
DE LA MANUTENTION
A MAYENNE
FRANCE
N° 121-08

Dépôt légal : 2ᵉ trimestre 2008